ESG e *Compliance*

Interfaces, desafios e oportunidades

Terence Trennepohl
Natascha Trennepohl
coordenadores

ESG e *Compliance*
Interfaces, desafios e oportunidades

Av. Paulista, 901, Edifício CYK, 4º andar
Bela Vista – São Paulo – SP – CEP 01310-100

SAC | sac.sets@saraivaeducacao.com.br

Diretoria executiva	Flávia Alves Bravin
Diretoria editorial	Ana Paula Santos Matos
Gerência de produção e projetos	Fernando Penteado
Gerência editorial	Thais Cassoli Reato Cézar
Novos projetos	Aline Darcy Flôr de Souza
	Dalila Costa de Oliveira
Edição	Livia Cespedes (coord.)
	Estevão Bula Gonçalves
Design e produção	Jeferson Costa da Silva (coord.)
	Rosana Peroni Fazolari
	Camilla Felix Cianelli Chaves
	Tiago Dela Rosa
Planejamento e projetos	Cintia Aparecida dos Santos
	Daniela Maria Chaves Carvalho
	Emily Larissa Ferreira da Silva
	Kelli Priscila Pinto
Diagramação	SBNigri Artes e Textos Ltda.
Revisão	Carmem Becker
Capa	Tiago Dela Rosa
Produção gráfica	Marli Rampim
	Sergio Luiz Pereira Lopes
Impressão e acabamento	Gráfica Paym

DADOS INTERNACIONAIS DE CATALOGAÇÃO NA PUBLICAÇÃO (CIP)
VAGNER RODOLFO DA SILVA – CRB-8/9410

E75   ESG e *Compliance*: Interfaces, Desafios e Oportunidades / coordenado por Terence Trennepohl, Natascha Trennepohl. – São Paulo: SaraivaJur, 2023.

448 p.

ISBN: 978-65-5362-397-2

1. Direito. 2. ESG. 3. *Environmental*. 4. *Social and Governance*. 5. Governança. 6. *Compliance*. 7. Desenvolvimento sustentável. 8. Negócio sustentável. 9. Agronegócio. 10. Instituições financeiras. 11. Reserva legal. I. Trennepohl, Terence. II. Trennepohl, Natascha. III. Título.

CDD 340
2023-1265   CDU 34

Índices para catálogo sistemático:

1. Direito   340
2. Direito   34

Data de fechamento da edição: 6-7-2023

Dúvidas? Acesse www.saraivaeducacao.com.br

Nenhuma parte desta publicação poderá ser reproduzida por qualquer meio ou forma sem a prévia autorização da Saraiva Educação. A violação dos direitos autorais é crime estabelecido na Lei n. 9.610/98 e punido pelo art. 184 do Código Penal.

| CÓD. OBRA | 718135 | CL | 608402 | CAE | 832756 |

APRESENTAÇÃO

A sociedade e os investidores estão cada vez mais exigentes em relação ao posicionamento e às ações das empresas nas questões ambientais, sociais e de governança corporativa.

A tríade formada pelo termo ESG (*Environmental, Social and Governance*) ganha importância exponencial nos negócios, saindo do vocabulário do setor financeiro para alcançar o dia a dia da população e as manchetes dos principais jornais no Brasil e no mundo.

Não é novidade que o equilíbrio entre os aspectos econômicos, ambientais e sociais faz parte do tão almejado desenvolvimento sustentável e que as empresas que não estiverem atentas e alinhadas com as novas exigências podem ter suas operações impactadas, seja através da perda de investimentos, de clientes ou até mesmo de credibilidade no mercado.

Prevenir é melhor do que reparar danos, sejam eles de ordem ambiental ou reputacional.

Nesse cenário, a interface entre *compliance* e ESG passa a ser essencial na compreensão do perfil de risco de uma empresa e quão preparada ela está para o futuro. Atualmente, a busca por dados relacionados com ESG procura responder perguntas críticas para melhor avaliar os riscos e as estratégias da empresa. Perguntas que vão desde saber quão robusto são os planos para prevenir violações de direitos fundamentais até a compreensão da formação da liderança e do conselho e sua capacidade de compreender os diferentes mercados em que a empresa atua.

Nesta coletânea, buscamos reunir a visão e a experiência de profissionais que trabalham diariamente com *compliance* e com os diversos aspectos da temática ESG para apresentar uma visão multifacetada e prática. Na primeira parte, são apresentados conceitos gerais e iniciais para, na segunda parte, abordar as aplicações em diferentes setores da economia.

Boa leitura.
Terence Trennepohl
Natascha Trennepohl

AUTORES

Ana Carolina Haliuc Bragança

LL.M em Direito e Políticas Públicas de Meio Ambiente pela University College London. Especialista em Direito Ambiental pela UFPR. Formada em Direito pela USP. Procuradora da República no Estado do Amazonas e ex-coordenadora da Força-Tarefa Amazônia.

Anna Karina Omena Vasconcellos Trennepohl

Promotora de Justiça no Ministério Público do Estado da Bahia — MPBA. Ex-coordenadora do Centro de Apoio Operacional da Criança e do Adolescente do Ministério Público do Estado da Bahia. Colaboradora da Corregedoria do Conselho Nacional do Ministério Público — CNMP. Subcoordenadora do Grupo de Trabalho de enfrentamento à violência contra crianças e adolescentes do CNMP. Especialista em Direito. Pós-graduanda em Infância e Juventude pela Fundação Escola Superior do Ministério Público — FMP e Mestranda em Direitos Humanos pela Pontifícia Universidade Católica de São Paulo (PUC/SP)

Ane Isabelle Alencar Nunes Parzianello

Advogada, Gerente Jurídica e *Compliance* na Via Brasil BR-163 Concessionária de Rodovias. Bacharel em Direito pela Universidade do Oeste Paulista, pós-graduanda MBA em Infraestrutura, Concessões e Parcerias Público-Privadas pela Pontifícia Universidade Católica (PUC Minas). Atua há 3 anos exclusivamente em Departamento Jurídico de Concessão de

Rodovias, responsável pela estruturação societária, acompanhamento em operações financeiras, gestão da equipe jurídica e contencioso em geral. Atuação direta no Programa de *Compliance* e apoio à Licenciamento Ambiental.

Antonio Emilio Freire

Mestre em Administração de Negócios pela Universidade de Tampa, nos Estados Unidos, Pós-Graduado em Assuntos Governamentais, Controle Externo (UNB) e obteve Diploma de Líder em Administração Pública pela Escola Nacional de Administração Francesa (École Nationale d'Administration Française). Ingressou na Controladoria e Auditoria Geral no Brasil e foi responsável por aumento constante de lucro em empresas como Exxon Mobil Corp, Wyeth Pharmaceuticals e RP Risk Management. Possui também experiência global como Executivo de Vendas e Marketing no Brasil, Filadélfia e Tampa (EUA), Auckland (Nova Zelândia) e Genebra (Suíça).

Bruno Teixeira Peixoto

Advogado. Mestre em Direito Internacional e Sustentabilidade pela UFSC e especialista em Direito Ambiental e Urbanístico pelo Cesusc/SC. Possui formação Executiva em *Compliance* e Governança no Setor Público pelo Insper (2019) e em *Compliance* Ambiental, Social, de Governança e de Proteção de Dados (ESG&D) pela PUC-RJ (2020). Auditor Líder em Sistemas de Gestão de *Compliance* (ISO 37301) e Gestão Antissuborno (ISO 37001) e certificado pela GRI Sustainability Reports. Entre 2021 e 2022 exerceu a Gerência de Integridade e *Compliance* na CGE/SC.

Camila Laragnoit

Advogada. Pós-Graduada em Direito Ambiental e Gestão Estratégica da Sustentabilidade pela Pontifícia Universidade Católica de São Paulo. Graduada em Direito pela Universidade Presbiteriana Mackenzie.

Cristiano Borges Castilhos

Diretor Executivo Jurídico na Álya Construtora S.A., Advogado de Negócios de Infraestrutura e Conselheiro no Conselho Empresarial Jurídico e Estratégico. Ocupou o cargo de Diretor Regional do Estado do Rio de Janeiro pelo Instituto Brasileiro de Direito da Construção (IBDiC) e possui pós-graduação em Direito Ambiental Nacional e Internacional pela Universidade Federal do Rio Grande do Sul (UFRS).

Daniela Beatriz Goudard Bussmann

Bióloga, especialista em Economia em Meio Ambiente pela UFPR, Professora de pós-graduação. Gerente de Meio Ambiente de Grandes Obras do Grupo Arteris.

Deise Cristine Barra

Pós-graduanda em MBA Gestão e Business Law, FGV (2023), pós-graduada no MBA em Gestão Empresarial, FGV (2012) e *Business and Management for Internacional Professionals, University of Irvine/USA* (2011). Diplomada em Ciências Jurídicas e Sociais pela Universidade do Vale do Rio dos Sinos (Unisinos) (1993). Advogada com atuação no Direito Civil, com ênfase em Direito Imobiliário, Regulatório e Ambiental. E-mail: deise@basa.adv.br.

Fabio G. Barreto

MBAs em Gestão e Tecnologias Ambientais e Gestão de Áreas Contaminadas & Revitalização de *Brownfields* pela USP e em Perícia e Valoração de Danos Ambientais pela PUC-Minas. Bacharel em Administração de Empresas pela Unip. Diretor Regional América Latina de Subscrição de Seguros para Riscos Ambientais em Seguradora Multinacional líder de mercado.

Flávia Regina Ribeiro da Silva Villa

Diretora Jurídica Global. PMO do Programa de Cultura Organizacional e Membro do Conselho Consultivo de Sustentabilidade e Inovação na Minerva S.A. Mestre em Direito pela

Universidade de Ribeirão Preto. Autora de artigos em processo coletivo e do livro *Ação Popular Ambiental* (RT, 2008). Conselheira Deliberativa na Make-A-Wish Brasil.

Flavia Sallum Jaluul

Especialista em *Compliance* com Certificação CPC-A (2021), pós-graduada em Administração de Empresas pela FGV (2017), diplomada em Direito pela Pontifícia Universidade Católica de São Paulo (PUC-SP) (2003). Advogada com atuação em Direito Civil, com ênfase em *Compliance*, Societário, Imobiliário e Regulatório.

Flávia Ramos Galvão

MBA em Administração Pública pela FGV/Ebape. Pós-graduada em Direito do Consumidor e Responsabilidade Civil pela Emerj. Especialização em Direito Aeronáutico e Espacial pela Universidad Argentina de la Empresa. Advogada e Gestora de *Compliance* com mais de 20 anos de experiência jurídica em Direito Empresarial, com atuação em empresas de grande porte e dos mais variados segmentos de atividade. Membro do *Compliance* Women Commite/RJ.

Gabriela Bertolini

Advogada Ambiental. Presidente da Comissão de Direito Ambiental da Ordem dos Advogados do Brasil, subseção de Tangará da Serra/MT. Pós-graduada em Direito Ambiental com ênfase no Agronegócio pela Faculdade Cers. Pós-graduada em Direito e Gestão do Agronegócio pela Verbo Jurídico.

Humberto Eustáquio César Mota Filho

Advogado e atua na área de Direito Empresarial, voltado para consultoria nos ramos Regulatório, *Compliance*, Proteção e Gestão de Dados, Securitário e Bancário. É Doutor em Ciência Política, Mestre em Direito empresarial e pós-graduado em Direito Econômico. Palestrante e Coordenador da Pós-Graduação *Compliance* 4.0 do IAG/PUC e Professor na FGV LLM

Law Program, além de Ex-Assessor Sênior da Presidência do BNDES e integrante da Comissão Brasileira para o Relato Integrado da ONU.

Juliana Nunes de Menezes Fragoso

Graduada em Direito em 1999. Pós-graduada em Direito Processual Civil pela PUC/SP. Superintendente Jurídica do Grupo Arteris.

Juliana Nascimento

Especialista em Direito Contratual com ênfase em gestão, negociação, elaboração e análise de contratos de baixa e alta complexidade. Atua como profissional executiva em áreas como ESG, *Compliance*, Governança Corporativa, Riscos, Direito Empresarial, Gestão de Crises, Contrato e Regulatório. Além disso, possui vasta experiência com pesquisas de sustentabilidade corporativa, mudanças climáticas e seus respectivos riscos, alinhamento da Visão ESG, com as linhas de defesa e governança da organização. Tem Conhecimento das Diretrizes do Grupo de Trabalho sobre Divulgações Financeiras Relacionadas ao Clima – TCFD, Conselho de Normas Contábeis de Sustentabilidade (Sasb), Banco de Compensações Internacionais (BIS), Banco Central Europeu (BCE), Banco Europeu de Autoridades (EBA), Global Reporting Initiative (GRI) e Princípios da ONU para o Investimento Responsável (PRI).

Juliano Griebeler

MBA em Negócios e formação em Ciência Política. Liderou por cinco anos a equipe de Assuntos Governamentais do BMJ, desenvolvendo estratégias vinculadas a estes Assuntos junto aos Poderes Executivo e Legislativo. Além disso, liderou também a equipe de Assuntos Institucionais e Sustentabilidade da Cogna Educação, como parte da alta direção da empresa, auxiliando nas melhorias de políticas públicas e na força reputacional do setor educacional.

Laura Garcia Venturi Rutz

Advogada Ambiental. Vice-presidente da Comissão de Meio Ambiente da OAB/MT. Professora no Curso de Pós-graduação de Direito e Gestão do Agronegócio – Verbo Jurídico. Conselheira no Conselho Estadual de Recursos Hídricos do Estado de Mato Grosso – Cehidro/MT. Pós-graduada em Direito Constitucional e Administrativo pela Fundação Escola do Ministério Público. Pós-graduada em Direito do Agronegócio pela Universidade Federal do Estado de Mato Grosso

Marina Pequeneza de Moraes

Mestre em Ciências Sociais pela Pontifícia Universidade Católica de São Paulo (PUC-SP). Pós-graduada em Negociações Econômicas Internacionais pelo Programa San Tiago Dantas (Unesp, Unicamp e PUC-SP). Bacharel em Relações Internacionais (Belas Artes) e em Direito (Anhanguera). Certificações em Direitos Humanos (UCLouvain), Gestão de Políticas Públicas e Relações Governamentais (EPD) e Economia Circular (MIT). Gerente de Sustentabilidade e Impacto Social na Cogna Educação e gestora do Instituto SOMOS.

Marcel Alexandre Lopes

Mestre em Política Social pela UFMT/MT, professor universitário, advogado.

Natalia Zanon

Sócia fundadora e CEO na ZanonAgro, Engenheira Agrônoma, Mestre em Agronomia pela Unesp. Pós-graduada em Gestão Agroindustrial e Engenharia de Segurança (UDOP). Atuou por 12 anos em Multinacionais do setor sucroenergético, liderando equipes de alta performance! A frente de um time de mais de 800 pessoas, bateu todos os recordes agrícolas em 2020. Em 2021, deixou o regime CLT para empreender: fundou a ZanonAgro, empresa de produção e exportação de produtos agropecuários, novas tecnologias e franquias do

Agro. Atua também como consultora de planejamento estratégico e gestão de desempenho para empresas.

Natascha Trennepohl

Doutora em Direito pela Humboldt-Universität zu Berlin na Alemanha e Mestre pela Universidade Federal de Santa Catarina. Professora do MBA em Direito Corporativo e *Compliance* e do MBA em Direito do Agronegócio, Sustentabilidade e Comércio Exterior da Escola Paulista de Direito (EPD). Autora dos livros e artigos: *Legislação Ambiental Comentada, Mercado de Carbono e Sustentabilidade, Infrações Ambientais* e *Compliance no Direito Ambiental*. Autora de diversos livros e artigos em matéria ambiental, incluindo *Mercado de Carbono e Sustentabilidade* (SaraivaJur, 2022). Sócia do escritório Trennepohl Advogados em São Paulo.

Onara Oliveira

Formada em Engenharia Ambiental e Sanitária pela Universidade do Vale do Paraíba, em Engenharia de Segurança do Trabalho pela Universidade Paulista, com especialização em Gestão de Pessoas (ênfase em liderança organizacional) pela FIA e MBA em Gestão Empresarial pela FGV, Curso ESG: Como Repensar e Inovar os Negócios pelo IBGC, Sustainable Business Strategy – Harvard Business School e Programa Avançado em ESG na Saint Paul. Linkedin: https://br.linkedin.com/in/onaralima.

Rafael Aizenstein Cohen

Mestre em Direito Público pela FGV Direito/SP. Pós-graduado em Direito Ambiental e Gestão Estratégica da Sustentabilidade e graduado em Direito pela PUC-SP. Certificado em Relações Governamentais pelo Insper. Advogado especializado em matéria ESG, resolução de conflitos, questões regulatórias e relações governamentais. Experiência na implantação de projetos de infraestrutura de alta complexidade e gestão corporativa. Professor em cursos de extensão e pós-graduação. Professor da PUC-MG. Associado da UBAA.

Rafael da Silva Rocha

Procurador da República no Amazonas, coordenador do GT Amazônia Legal da 4ª CCR/MPF e ex-coordenador adjunto da Força-Tarefa Amazônia. É graduado e mestre em Direito pela Uerj.

Renato Buranello

Reconhecido como altamente especializado em temas do agronegócio, contratos e mercados financeiro e de capitais pelas principais publicações e rankings jurídicos, incluindo a posição de Star Individual pelo ranking Chambers and Partners Latin America (2018). Atua como professor da B3 Educação e Coordenador do curso de Direito do Agronegócio do Insper. É membro da Câmara de Crédito, Comercialização e Seguros do Ministério da Agricultura, Pecuário e Abastecimento (Mapa) e Doutor em Direito pela Pontifícia Universidade Católica de São Paulo (PUC).

Ricardo Luiz Russo

MBA em Gestão de Negócios, Comércio e Operações Internacionais e é especialista em Direito Administrativo e Contratual. Atuou na área de Governança Corporativa, *Compliance* e Controles Internos, bem como na área Ambiental, auxiliando clientes internos na elaboração de estudos e relatórios de impacto e na obtenção de licenças prévias, instalação e operação. Possui experiência em Direito Administrativo e Regulatório (responsável por processos licitatórios), em Direito Contratual (elaborando, analisando e administrando contratos comerciais financeiros e administrativos) e em Direito Societário (elaboração de atos societários, publicações e registros).

Rochana Grossi Freire

Mestre em Administração e Negócios pela Escola Superior de Propaganda e Marketing (ESPM), atuando com capacitação e implementação em Gestão de Riscos, Governança Corporativa, *Compliance* e Auditoria em empresas privadas e governos.

Tatiana Monteiro Costa e Silva

Doutora em Direito pela PUC-SP. Mestre em Direito Ambiental pela UEA/AM, professora universitária, advogada e consultora ambiental.

Terence Trennepohl

Pós-Doutor pela Universidade de Harvard. Doutor e Mestre em Direito pela Universidade Federal de Pernambuco (UFPE). Também possui LL.M. em International Business Transactions, pela Fordham Law School, em Nova York. Terence tem vasta experiência em questões ambientais relacionadas a projetos de investimentos em infraestrutura no Brasil. Trabalhou como advogado visitante em Dewey & LeBoeuf LLP e em Pillsbury Winthrop Shaw Pittman LLP, ambos em Nova York. Além disso, é *Visiting Professor* no LLM em *Energy Law* da Queen Mary University of London desde 2013. Advogado em São Paulo.

Talden Farias

Advogado e professor da UFPB e da UFPE. Pós-Doutor e Doutor em Direito da Cidade pela Uerj com estágio de doutoramento sanduíche pela Universidade de Paris 1 – Pantheón--Sorbonne, doutor em Recursos Naturais pela UFCG e mestre em Ciências Jurídicas pela UFPB. Autor de *Licenciamento ambiental:* aspectos teóricos e práticos (8. ed. Fórum, 2022) e *Competência administrativa ambiental* (2. ed. Lumen Juris, 2022), e organizador de Direito ambiental brasileiro (2. ed. RT, 2021). Membro da Conda/CF-OAB, do IAB e da UBAA.

Tiago Souza Nogueira de Abreu

Juiz de Direito. Ex-Presidente da Amam – Associação Mato-Grossense de Magistrados (biênios 2019/2020 e 2021/2022). Pós-Graduado em Direito Ambiental pela UFMT.

Wesley Sanchez Lacerda

Doutorando em Direito pela Faculdade de Direito da Universidade Federal de Minas Gerais, na linha Direito Internacional, Direito Comparado, Estudos Culturais e Jusfilosóficos, sob a orientação da Prof.ª D.ra Mariah Brochado.

SUMÁRIO

Introdução: como contratar um Grande Chief ESG Officer 1

Antonio Emilio Freire

PARTE I
A INTERFACE DA AGENDA ESG E DO *COMPLIANCE* NOS NEGÓCIOS

ESG e *compliance* ambiental como impulsionadores dos negócios sustentáveis 29

Natascha Trennepohl, Flávia Regina Ribeiro da Silva Villa e Camila Laragnoit

Sentido jurídico ao "ESG" 51

Bruno Teixeira Peixoto e Talden Farias

Notas introdutórias à governança corporativa 71

Rafael Aizenstein Cohen

A evolução da agenda ESG 85

Onara Oliveira de Lima

A relevância de ESG nas empresas e a conexão com *compliance* 101

Deise Cristine Barra e Flavia Sallum Jaluul

ODS e sua repercussão no ESG: uma perspectiva pós-pandemia 115

Anna Karina Omena Vasconcellos Trennepohl

XVII

Integridade e direitos humanos no panorama social do ESG.. 135

Juliana Oliveira Nascimento

PARTE II
ESG E *COMPLIANCE* NOS SETORES: INFRAESTRUTURA, INSTITUIÇÕES FINANCEIRAS E AGRONEGÓCIO

Educação e ESG: Como quem educa promove a agenda de sustentabilidade?.................................. 159

Juliano Miguel Braga Griebeler e *Marina Pequeneza de Moraes*

ESG, integridade e *compliance* nas contratações públicas: destaques das Leis n. 14.133/2021 e 13.303/2016.. 179

Flávia Ramos Galvão, Ricardo Luiz Russo e *Cristiano Borges Castilhos*

Conformidade ambiental na gestão contratual de grandes obras em concessões rodoviárias.............. 201

Juliana Nunes de Menezes Fragoso e *Daniela Beatriz Goudard Bussmann*

A responsabilidade civil climática das instituições financeiras... 217

Humberto Eustáquio César Mota Filho

O crescimento do agronegócio brasileiro e os desafios de logística: a busca por projetos de infraestrutura sustentáveis.. 237

Ane Isabelle Alencar Nunes Parzianello e *Natalia Zanon*

ESG nas cadeias agroindustriais 257

Renato Buranello

ESG e o agronegócio: uma relação que está posta... 283

Tatiana Monteiro Costa e Silva e *Marcel Alexandre Lopes*

O *compliance* ambiental como precursor do ESG no agronegócio: a alternativa para transformar a sustentabilidade no agronegócio e a importância da regularização ambiental dos imóveis rurais. Processo de regularização ambiental de imóveis rurais no Estado de Mato Grosso 303

Laura Garcia Venturi Rutz e *Gabriela Bertolini*

Potencialidades e limitações de mecanismos de *compliance*: um estudo de caso de duas cadeias produtivas amazônicas.. 321

Ana Carolina Haliuc Bragança e *Rafael da Silva Rocha*

Pagamento por serviços ambientais e biocrédito: caminhos convergentes para a preservação da biodiversidade 341

Rochana Grossi Freire

As florestas públicas e a dupla face da defesa do meio ambiente – direito e dever fundamental – Concessão de serviço ou de uso de bem público? ... 363

Wesley Sanchez Lacerda

Reserva legal: uma análise sob a perspectiva da sustentabilidade 395

Tiago Souza Nogueira de Abreu

ESG e riscos ambientais: alinhando o princípio do poluidor-pagador e o seguro ambiental às novas exigência do mercado 409

Fabio G. Barreto

XIX

INTRODUÇÃO
COMO CONTRATAR UM GRANDE CHIEF ESG OFFICER

Antonio Emilio Freire

A uma mente que está quieta, todo o universo se rende.
Lao Tzu

Bem, se você adquiriu esta coletânea, parabéns. O que posso dizer é que a leia em sua totalidade de três a cinco vezes para uma boa assimilação das ideias aqui escritas.

Como esta obra poderá ser muito mais profundamente aproveitada por você e como você pode aplicar o conhecimento dos próximos capítulos tanto para a empresa que você trabalha, quanto para as empresas que trabalham para você numa visão bem sistêmica de escopo 4?

A resposta para essa pergunta é uma reflexão íntima de você para com você mesmo sobre o que você faz quando pensa em contratar alguém e essa pessoa trabalha para seu maior concorrente.

Com isso em mente, ao ler cada capítulo desta coletânea convido-o a refletir sobre como contratar um grande Chief ESG Officer.

Se você refletir sobre isso no decorrer desta leitura, contrate e promova tal profissional com base nos seguintes critérios: primeiro na ética; segundo, motivação; terceiro, capacidade; quarto, compreensão; quinto, conhecimento; e por último, experiência.

Em outras palavras:

Sem ética, a motivação é perigosa.

Sem motivação, a capacidade é impotente.

Sem capacidade, a compreensão é limitada.

Sem compreensão, o conhecimento não tem sentido.

Sem conhecimento, a experiência é cega.

Isso se alinha com as mensagens subjacentes desta coletânea de vontade, valores, resultados, habilidades, e, reconhecidamente, ética.

A ética deve vir sempre em primeiro lugar.

Expanda sua perspectiva, maximize sua compreensão, aprofunde seu conhecimento e domine tópicos com as análises especializadas desta obra, explorando no seu próprio ritmo os desenvolvimentos mais importantes que estão por vir, pois, por meses, tem havido turbulência nos mercados e crescentes evidências de estresse na economia mundial.

E você pode até pensar que esses são apenas os sinais normais de um mercado em baixa e uma possível recessão global. Mas eles também marcam o surgimento de uma nova fase ESG na economia mundial – uma mudança que pode ser tão importante quanto a ascensão do keynesianismo após a Segunda Guerra Mundial e o pivô para o livre mercado e globalização na década de 1990.

Para entender o porquê, olhe além do tumulto para os fundamentos de longo prazo. Em uma grande mudança desde a década de 2010. As mudanças climáticas e a busca por segurança impulsionarão os investimentos governamentais globais em energia, desde infraestrutura renovável até terminais de gás. E as tensões geopolíticas estão levando os governos a gastar mais em política industrial.

O admirável mundo novo

Esse admirável mundo novo de gastos governamentais um pouco mais altos e inflação um pouco mais alta teria vantagens. No curto prazo, isso significaria uma recessão menos severa ou nenhuma recessão. E, no longo prazo, isso significaria que os bancos centrais teriam mais espaço para cortar as taxas de juros em uma recessão, reduzindo a necessidade de compra de títulos e resgates sempre que algo der errado, o que causa uma distorção cada vez maior da economia.

No entanto, também vem com grandes perigos. Milhões de contratos e investimentos escritos com a promessa de 2% de inflação seriam interrompidos, enquanto uma inflação ligeiramente mais alta redistribuiria a riqueza dos credores para os devedores. Enquanto isso, a promessa de um governo moderadamente maior pode facilmente sair do controle, se políticos populistas fizerem promessas de gastos imprudentes ou se investimentos estatais em energia e política industrial forem mal executados e se transformarem em projetos corruptíveis que reduzem a produtividade.

Essas oportunidades e riscos são desafiantes sim, mas é hora de começar a pesá-los e suas implicações para os cidadãos e as empresas. Os maiores erros em ESG são falhas de imaginação que refletem a suposição de que o regime de hoje durará para sempre e isso nunca acontece: a liderança de riscos eficaz é um componente essencial de uma cultura com ESG saudável.

Perceba que códigos de governança corporativa em todo o mundo têm sublinhado que uma gestão eficaz de riscos dos fatores ESG exige que as pessoas e recursos certos estejam em ação. Eles também enfatizaram a importância da responsabilidade clara para esta função e, em última análise, a responsabilidade pela gestão dos riscos ESG recai sobre o conselho, mas esse conselho precisa ter confiança de que está delegando a responsabilidade do dia a dia a uma pessoa adequadamente competente, que também será responsável por dar-lhes os conselhos de alta qualidade para apoiar a tomada de decisões baseadas em riscos.

Uma excelente função de gestão de riscos, com um líder ético e competente, indubitavelmente agrega valor ao permitir que a organização alcance objetivos explorando oportunidades e tomando a quantidade adequada de risco, protegendo assim pessoas, ativos, reputação corporativa e o meio ambiente.

Se eles são chamados de Chief ESG Officer ou de Chief Sustentability Officer é secundário, é só uma questão de no-

3

menclatura e rearranjo organizacional, mas a contratação da pessoa certa para a organização é claramente uma nomeação importante e isso se aplica não apenas em setores onde haja requisitos regulatórios para cumprir, mas em organizações de todos os tipos, públicas e privadas, e em todos os setores onde a gestão de riscos ESG pode aprimorar o sucesso dos negócios.

A contratação do Chief ESG Officer, naturalmente, não é realizada isoladamente, mas no contexto da cultura e maturidade de risco da organização, dos objetivos dos *shareholders* e das habilidades e experiência das equipes existentes. ESG está na vanguarda da definição de padrões profissionais de gestão de riscos desde sua formação, em 1986.

Portanto, na concepção desta introdução, objetivo fornecer para você orientações sobre como definir os principais papéis de risco ESG, não apenas em termos dos conhecimentos e habilidades técnicas necessárias, mas também as características pessoais e comportamentais necessárias.

Para isso, fundi a experiência moderna de recrutamento com a experiência prática de ajudar profissionais seniors a entender com maior clareza os links entre os capítulos deste livro e a importância da contratação de grandes Chief ESG Officers.

Pelo Chief ESG Officer, quero dizer o executivo mais sênior da organização com responsabilidade e responsabilização pelos processos de gestão de riscos, qualquer que seja o título da posição responsável pela realização do trabalho.

Em alguns setores, particularmente os serviços financeiros, o papel do Chief ESG Officer é estipulado pela regulamentação. Outras organizações passaram a ver os méritos de tal nomeação como parte de um processo de amadurecimento de sua gestão de riscos, garantindo que ela agrega valor ao negócio.

A seguir, você encontrará orientações sobre:

A. entender o contexto da nomeação do Chief ESG Officer;
B. identificar as principais habilidades e atributos relacionados aos capítulos do livro;
C. conhecer um bom processo de recrutamento e aprender como avaliar candidatos.

Liderança, cultura e colaboração: a mudança dos papéis organizacionais

O mundo mudou enormemente nos últimos dez anos. As mudanças financeiras, políticas, regulatórias, de governança e tecnológicas estão impulsionando um cenário de negócios de mudanças cada vez mais rápidas.

Novos riscos estão surgindo e a vida organizacional em geral está se tornando mais complexa e imprevisível. A reputação é duramente conquistada, facilmente danificada e as práticas de recrutamento, seleção e desenvolvimento também devem mudar rapidamente para enfrentar esses desafios.

Enterprise Risk Management (ERM) é na era ESG um processo complexo incorporado na governança e gestão das organizações que requer uma compreensão profunda e detalhada dos negócios, estratégia e cultura.

Nesse contexto, um grande Chief ESG Officer deve ser um parceiro de negócios confiável que lidera equipes de alta performance, ajudando e encorajando a organização a assumir a quantidade adequada de risco e construir uma cultura com responsabilidade socioambiental.

Para isso, a equipe de risco, sob a direção do Chief ESG Officer, tem que criar fortes relacionamentos e colaborar de forma proativa e ética com funções que vão desde *compliance*, operações, atendimento ao cliente, finanças e recursos humanos até vendas e tecnologia.

Isso está longe da percepção típica, e bastante antiquada, de uma função de risco: uma função preocupada apenas com o gerenciamento de problemas por meio de uma trituração complexa de relatórios e demonstrativos ou rotinas burocráticas.

Habilidades de liderança, construção de relacionamentos e a capacidade de gerenciar a mudança são cada vez mais atributos fundamentais para um Chief ESG Officer.

A proficiência no lado quantitativo da gestão de riscos permanece importante. No entanto, muitas vezes é mais relevante para aqueles que estão nos estágios iniciais de sua carreira.

Os profissionais de risco seniors hoje passam muito mais tempo trabalhando com colegas de outras funções e considerando questões mais amplas, como cultura de risco, comportamento e incentivos, entrega de projetos e riscos emergentes, além de garantir que a organização esteja pronta para lidar habilmente com crises quando elas surgirem.

Profissionais de alta performance se envolvem cada vez mais em gestão executiva e nível de diretoria em questões estratégicas de negócios. Esse profissional precisa da inteligência política e emocional para gerenciar tanto para cima quanto para baixo, ajudando o conselho a definir o "tom do topo" certo em relação à ética de risco e à construção de uma cultura saudável e equilibrada em termos de resultados.

Articular o apetite ao risco como o equilíbrio entre risco e retorno na forma como a organização busca alcançar sua estratégia e objetivos é fundamental para esse papel. Ajudar o conselho a considerar a incerteza que poderia impactar o modelo de negócios da organização é necessário para manter a resiliência e a sustentabilidade no longo prazo.

Há também crescente exigência de interação com partes externas em toda a extensão da cadeia de negócios da empresa, desde parceiros comerciais e cadeia de suprimentos até reguladores e investidores.

Como resultado, os profissionais de alta performance de hoje precisam muito mais do que conhecimentos técnicos para se manterem eficazes. Ao mesmo tempo, uma abordagem equilibrada olhando para toda a equipe executiva precisa ser tomada – a contratação de líderes estratégicos exige que os pontos fortes técnicos estejam presentes nas equipes que estão liderando.

Observe, entretanto, que a profissão executiva ESG é relativamente nova e continuo percebendo organizações onde ainda há escassez de candidatos em níveis superiores que vieram através de promoções e arranjos internos, e que construíram suas qualificações de risco e experiências da mesma forma que, por exemplo, a profissão de contabilidade ou de direito.

Essa escassez de oferta, juntamente com o foco em liderança de alto nível e habilidades de mudança, significa que as organizações têm sido às vezes obrigadas a recrutar seus líderes ESG de fora da função de gerenciamento de riscos.

Esse desafio é particularmente agudo no mundo em desenvolvimento, onde a expertise profissional em gestão de riscos ESG ainda é muito baixa e, mesmo para entidades regulamentadas, os requisitos ainda não foram totalmente compreendidos e definidos.

Portanto, a "primeira geração" de Chief ESG Officers que está sendo formada está sendo pioneira no desenvolvimento deste papel, está abrindo as portas para as futuras gerações executivas olhando para o futuro. Mas há muito trabalho a ser feito.

Ao mesmo tempo em que preenchem uma vaga específica, as organizações devem se perguntar como podem gerenciar efetivamente suas estruturas de desenvolvimento profissional e planos de sucessão para nutrir talentosos Chief ESG Officers do futuro. O desenvolvimento destes talentos precisa se adaptar para oferecer a opção de futuros líderes de dentro da organização.

Etapas para a contratação de um grande Chief ESG Officer

Quanto a qualquer contratação, a nomeação de um Chief ESG Officer bem-sucedida precisa reunir um conhecimento sólido do que é necessário com as práticas modernas de recrutamento conforme as seguintes etapas:

1. entenda o papel dessa função executiva, o contexto de negócios e estratégia da empresa e a equipe ESG existente;
2. identifique as principais habilidades, competências de gestão de riscos ESG e competências comportamentais individuais;
3. avalie o processo de recrutamento com opções de suporte externo;
4. avalie o candidato por meio de ferramentas apropriadas que busquem critérios de sucesso e capturem vieses cognitivos;
5. entreviste, decida e contrate conforme abaixo.

A definição do papel começa com uma revisão detalhada da organização e suas necessidades com as seguintes questões:

- Qual é o propósito da organização?
- Qual é o propósito desse papel?
- Quais são as normas culturais da organização e como as decisões são tomadas?
- Como a organização deve mudar a curto, médio e longo prazo?
- Qual é o modelo de negócio da organização e como ela cria valor? Como resultado, qual é a contribuição do novo Chief ESG Officer para ele?
- Quais são as principais relações que precisam ser gerenciadas? Pense na empresa estendida da organização, bem como nas relações internas.
- O que o titular deste trabalho precisa fazer no dia a dia para alcançar o acima?
- Como saberemos que encontramos o que estamos procurando?
- Quais são as habilidades e competências da equipe ESG existente?
- Quais serão os *disclosures* e relatórios e se eles estão claramente definidos nos níveis de diretoria executiva? Quais habilidades e abordagem o conselho traz para a gestão de riscos ESG e qual é a sua compreensão e expectativa do papel do Chief ESG Officer?
- Quão madura é a gestão de riscos ESG da organização?
- O que queremos fazer de diferente – qual é a nossa aspiração?
- Quanta mudança a organização pode assumir?

Observe que as questões acima formam padrões de profissionais que atuam com ESG, de Verdade, ao estabelecerem tanto as competências técnicas de gestão quanto as competências comportamentais necessárias que trabalham diferentes níveis de carreira, desde o nível de apoio júnior até o nível de liderança. Esses padrões são orientadores para apoiar qualificações, treinamentos e desenvolvimento profissional contínuo.

Perceba que no nível de liderança que abrange funções como Chief ESG Officer, Diretores ou *Heads*, que são profissionais tipicamente responsáveis por criar a estratégia de risco ESG de uma organização e fornecer supervisão adequada, estarão influenciando e informando órgãos reguladores e tomadores de decisão sobre estratégias de gestão de riscos ESG.

Além de suas funções imediatas, eles serão de tal *status* na comunidade profissional mais ampla, ao influenciar a direção e o perfil da gestão de riscos e da profissão ESG.

Competências destes profissionais

Aqui, gostaria de detalhar um pouquinho mais a gama de competências destes profissionais para que você perceba o inter-relacionamento entre os conhecimentos especializados desta coletânea e as potenciais necessidades da empresa que você trabalha e que trabalham para você.

Competências de um Grande Diretor de Risco ESG:

1. *Insights* e Contexto ESG: Princípios e práticas de gestão de riscos, ambiente organizacional, ambiente de negócios externo.
2. Estratégia e Desempenho: Estratégia & arquitetura de gerenciamento de riscos dos fatores ESG: Política e procedimentos de gestão de riscos, Cultura e apetite a riscos, Desempenho e formulação de relatórios de riscos ESG.
3. Processo de Gestão de Riscos: avaliação e tratamento estratégico de riscos dos fatores ESG da matriz de materialidade.
4. Capacidade organizacional: comunicação e consulta, gerenciamento de mudança e gestão de pessoas.
5. Coragem e Confiança: ficar de pé por suas convicções apesar das adversidades.
6. Influência e Impacto: inspirar outras pessoas a entender o valor da gestão de riscos dos fatores ESG para a empresa e para a sociedade.
7. Integridade, Ética e Valores: defender e viver os valores éticos de uma organização, setor, indústria, culturas e países.
8. Inovação: ser o catalisador da inovação se esforçando constantemente para liderar o desenvolvimento de soluções criativas.

9. Capacidade de construção: facilitar o trabalho dos outros para alcançar resultados positivos para a organização e para a sociedade.

10. Colaboração e Parceria: engajar-se com as partes interessadas na entrega de resultados.

Perceba que os padrões profissionais podem ser usados para ajudar a estruturar um perfil de trabalho que forma uma base para avaliação de bons candidatos. Eles também podem ser usados para construir perguntas de entrevista.

As organizações também devem considerar:

- Quais são as competências de gestão de risco necessárias para ter sucesso nesse papel?
- Quais são as qualificações do titular da função?
- Quais comportamentos precisam ser avaliados de perto?
- Como o sucesso será medido para este papel?
- Queremos olhar para percepções de risco pessoal e ética?
- Queremos usar os comportamentos como catalisador para fazer as coisas de forma diferente em vez de duplicar abordagens atuais?

Contratação baseada em mudança, liderança e comportamento

Dois comportamentos particulares que se destacam no que diz respeito ao recrutamento do Chief ESG Officer hoje são a "mudança" (ou seja, até que ponto a pessoa está confortável com, ou mesmo busca, mudança) e "liderança".

Essas são características no modelo geral de padrões profissionais, conforme estabelecido no diagrama acima, mas merecem uma exploração adicional no ambiente atual.

Mudança

O resultado de uma avaliação baseada em comportamento ajudará a entender a abordagem e a reação do candidato à mudança e à incerteza.

Uma ponta da escala é a relutância em mudar.

Esta pessoa será alguém que está focada em completar uma estratégia definida, independentemente do que está acontecendo ao seu redor.

Na outra ponta, encontramos profissionais proativos que aprendem com confiança e lidam bem com inovação, ajuste ou modificação.

Isso requer resiliência e uma vontade de abraçar a ambiguidade e a incerteza.

Em outras palavras, uma ou um grande Chief Risk ESG Officer precisa se desenvolver e operar com alto apetite de risco pessoal.

Um desenho simples de como este pode ser útil na avaliação e comparação de candidatos.

Onde, na escala da "relutância" para "advogado de mudança", você gostaria de encontrar o seu Chief ESG Officer?

Como o candidato entrevistado corresponde a essa exigência?

Mudar

Relutância ------------------------X---------X--------- Advogado

Para encontrar líderes de mudanças mais dinâmicas, as organizações precisam procurar profissionais que serão motivados a pesquisar informações e cenários e avaliá-los com a mente aberta.

Esses profissionais ouvirão atentamente, desenvolverão opções e priorizarão informações adquiridas.

Ponha em mente que Chief ESG Officers de alto desempenho serão capazes de operar com sucesso com um nível reduzido de certeza e um alto nível de ambiguidade.

O equilíbrio do candidato entre flexibilidade e rigor precisa atender às necessidades do negócio.

A curiosidade se destaca nesse sentido, pois é responsabilidade de Chief ESG Officers pesquisar e identificar questões relacionadas a riscos além da agenda imediata.

Liderança

A capacidade do candidato de abordar e processar mudanças é importante.

No entanto, para fazer a melhor contratação, o potencial da pessoa para liderar, influenciar e conectar também tem que ser considerado. Isso determinará o quão bem-sucedidos eles trazem as pessoas e incorporam seus conhecimentos e atividades nos negócios mais amplos.

Em outras palavras, eles podem definir uma visão convincente para a gestão de riscos e ter a inteligência política e emocional para trazer colegas, de dentro e de fora da equipe de risco, com eles na jornada do ERM.

Esse comportamento determinará o quão bem-sucedida será a equipe de risco e quão bem eles se envolvem com o negócio e todas as suas facetas.

Em uma extremidade da escala encontramos indivíduos que seguem bem as instruções e são melhores quando trabalham por conta própria.

Eles são potencialmente determinados, difíceis de distrair e não serão retidos por uma variedade de influências uma vez que eles tenham se decidido.

Um Chief ESG Officer impactante precisa liderar pelo exemplo, pesquisando ativamente e se envolvendo com uma variedade de *stakeholders*. Isso também requer uma conexão contínua da gestão de riscos com o desempenho dos negócios e a estratégia de negócios.

O Chief ESG Officer deve ser capaz de definir, seguir e revisar a estratégia, e se envolver igualmente com indivíduos e equipes.

Esse engajamento precisa inspirar outras pessoas a usar canais formais e informais para apresentar ideias de forma clara e persuasiva.

Eles também precisarão ser capazes de assimilar e dar sentido a grandes quantidades de diferentes tipos de dados e informações dessa rede de *stakeholders*, tanto diretamente quanto por sua equipe.

Assim, o novo Chief ESG Officer precisa ser revisto em relação à sua capacidade de entregar entre funções e níveis de antiguidade, bem como para as partes interessadas internas e externas.

Um desenho simples como este pode ser muito útil na avaliação e comparação de candidatos.

Onde na escala de "seguidor confiável" para "líder de conexão" você gostaria de encontrar o seu Chief ESG Officer?

Como o candidato entrevistado corresponde a essa exigência?

Liderança

Líder de conexão ----------------------X-------------X----

O processo de recrutamento

Algumas organizações estão suficientemente confiantes de suas habilidades de contratação para gerenciar o processo de recrutamento do CRO sozinhos.

Outros buscarão o conselho e o apoio de consultores de recrutamento ou *headhunters* em relação ao todo ou parte do processo.

Outras partes, internas e externas, também podem precisar estar envolvidas na decisão de recrutamento.

Opções de suporte externo

Existem várias opções sobre a quem abordar para apoio especializado ao recrutar um Chief ESG Officer.

Estes são mostrados na tabela abaixo, juntamente com suas vantagens e desvantagens. Você pode usar mais de uma das opções para acessar a melhor gama de candidatos.

Processo	Prós	Contras	Comentário
Pesquisa executiva. "Caçadores de Cabeças". Processo de especialistas direcionados, orientados por pesquisas, orientado por uma parte externa.	Terceiro neutro representando sua empresa. Pesquisas e avaliações imparciais. Tão confidencial quanto você precisa.	Parte externa que precisa de integração cuidadosa e *briefing*. Compromisso financeiro.	Mais adequado para contratações de idosos.

	Candidatos passivos (não ativamente procurando emprego) podem ser ativados. Risco de contratação reduzido. Pode aconselhar sobre remuneração e taxas de mercado.		
Referência "Perguntando por aí". Networking proativo de pessoas diretamente envolvidas com a empresa (funcionários, assessores e suas redes).	Ajuste cultural muitas vezes preestabelecido. Baixos custos de aquisição.	Falta de escolha. Nenhuma visão independente (pode ser necessária para cumprir os requisitos regulatórios).	Pode funcionar se a diligência subsequente for feita em nível profissional.
Publicidade Editando o material em publicações relevantes ou conselhos de trabalho online.	Aborda candidatos ativos. Pode ser de baixo custo, dependendo da mídia usada. A publicidade pública pode ser necessária para atender aos requisitos regulatórios ou de transparência.	Falta de escolha. Sem visão independente (pode ser necessário cumprir os requisitos regulatórios).	Pode funcionar se subsequente a *due diligence* é feita em nível profissional.

Agência de Recrutamento Abordagem competitiva para identificação e seleção de candidatos pelos quais um ou mais partidos externos são recompensados apenas pelo sucesso.	Vários recrutadores concorrentes estão pesquisando o mercado. Vantagem de custo devido aos termos contingente.	Risco de reputação. Conflito de interesses entre recrutadores. Ambição por solução rápida pode entrar em conflito com a qualidade. Difícil gerenciar a confidencialidade.	Mais relevante para recrutamento júnior e potencialmente médio, provavelmente não um CRO.

Para selecionar profissionais ESG de alto perfil, a consulta antecipada com profissionais especializados de recrutamento, juntamente com uma avaliação interna completa do que é necessário, aumentará a probabilidade de sucesso.

Isso permitirá que os profissionais de recrutamento façam uma contribuição adequada para a pessoa e as especificações do trabalho.

Eles também podem agregar valor em relação a uma verificação de mercado sobre compensação e inteligência geral do mercado.

Como escolher a consultoria executiva certa

As seguintes perguntas podem ajudar na sua decisão:

- Como é o sucesso tanto para a organização de contratação quanto para a empresa de pesquisa – ela se alinha?
- O *headhunter* entende seus critérios comportamentais e baseados em habilidades?
- Eles podem demonstrar sua competência e histórico?
- Qual é a sua compreensão de mercado sobre gestão de riscos e como os Chief ESG Officers agregam valor no negócio?
- Qual é a abordagem deles sobre viés inconsciente e diversidade?
- O parceiro de busca está pronto para desafiar seu pensamento adequadamente?

Outros fatores no processo de recrutamento

Dependendo da organização, pode haver a necessidade de consultar ou levar em conta os fatores a seguir.

Isso pode envolver aprovação formal, consulta ou comunicação.

Pensar em: procedimentos internos de aprovação, requisitos do regulador, provisão do orçamento, escalas salariais internas e externas, envolvimento interno das partes interessadas, presidente do Comitê de Risco, CEO, Chief ESG Officer existente ou sucessor potencial, COO, CTO, CFO, CCO, Recursos Humanos, Conselho de Administração, Conselho Fiscal, Chefe do Comitê de Auditoria/Controles Internos, equipe de risco existente, *stakeholders* externos, investidores e analistas, reguladores e agências de classificação de crédito, auditores externos, principais fornecedores/empreiteiros, principais clientes.

Vieses cognitivos

Antes que qualquer avaliação comece, precisamos estar atentos aos efeitos dos vieses cognitivos.

A ciência nos diz que o preconceito é um comportamento natural. Humanos são mais propensos a confiar em outros que são como eles.

Vieses cognitivos nos levam a escolher pessoas que são como nós e, para melhores escolhas, recomendo alguns passos que podem ajudar a reduzir os efeitos dos vieses cognitivos:

1. pensar devagar – uma decisão rápida será naturalmente baseada em fatores mais inconscientes. Em vez disso, tome tempo e considere cuidadosamente os critérios de avaliação;
2. conscientização – considere fazer um Teste de Associação Implícita (IAT) para aprender sobre vieses individuais existentes para ser autoconsciente e preparado;
3. ferramentas psicométricas – um profissional de avaliação pode fornecer *insights* confiáveis com base em informações muito limitadas sobre a pessoa como resultado de um teste online;
4. evite o estresse – os humanos são mais tendenciosos quando estão cansados ou estressados;

5. faça um *peer review* – integrar uma variedade de pessoas no processo de tomada de decisão;
6. texto neutro – verifique perfis de posição para palavras típicas de gênero. Ferramentas online podem ajudar;
7. *Blind* CVs – tirando o nome e endereço do candidato do CV para revisão inicial. Considere também remover outros detalhes pessoais, como idade e datas de escola/faculdade;
8. seleção – peça ao seu consultor executivo de pesquisa para trazer uma ampla variedade de perfis para a mesa em primeira instância. Gênero e raça são os maiores proxies da diversidade; mas, obviamente, não os únicos que levam à diversidade no pensamento.

Lista de verificação do processo de pesquisa

Um processo robusto fará uma grande diferença para uma grande contratação. Isso vai mitigar o risco de não ser capaz de atrair a melhor pessoa para o trabalho e responsabilizar todos os envolvidos. Também garante uma gestão de tempo eficiente para *stakeholders* e tomadores de decisão. É essencial pensar através do seguinte:

Briefing: Garantir um *briefing* adequado da equipe de recrutamento (seja externa ou interna) é a chave para o sucesso. Ajuda: a articular os objetivos, a entender os requisitos a avaliar os candidatos de forma transparente. Se os *score cards* ou escalas de classificação foram preparados, então eles precisam ser compartilhados com os recrutadores.

Investigação: Integrar candidatos internos ao processo externo: Se forem bons, isso apoiará sua promoção. Se eles ainda não estão prontos, isso vai ajudá-los a identificar áreas de desenvolvimento. Se necessário e possível discutir perfis ou encaminhamentos existentes no início do processo para alinhar as expectativas da equipe de contratação com a pesquisa executiva que a empresa está realizando. Permaneça com a mente aberta.

Short Lists: Reduza a seleção para um número otimizado entre 2 e 5 candidatos. Isso economiza tempo ao organizar entrevistas e aguça o foco no que realmente importa. Entrevistar muitas pessoas pode ser intrigante, mas leva muitas vezes mais tempo do que o previsto.

Processo de entrevista e seleção:

- Quem está entrevistando?
- Que tópicos eles abordarão? (Certifique-se de que o candidato não precisa repetir sua história várias vezes e evitar que uma entrevista de sessenta minutos seja gasta na história da carreira.)
- Prepare perguntas padronizadas e uma rubrica para respostas esperadas.
- Como os entrevistadores captarão seus *feedbacks*?
- Sistemas de RH?
- Enviar um e-mail para o gerente de contratação dentro de 24 horas após a reunião?
- Ditar *feedback* para apoiar a equipe?
- Avaliações proforma?
- Quem lidera a relação com o *headhunter*?
- Quem é o dono do processo?

Decisão final:

- Quais partes interessadas estão envolvidas?
- Quem toma a decisão?
- Existe um colega interno ou membro do conselho que não entrevista, mas pode funcionar como um revisor de pares?

Essa pessoa precisa: estar familiarizada com os requisitos e ter a confiança para fazer perguntas difíceis caso o processo ou os candidatos não sejam do melhor interesse da empresa.

Oferta e negociação: Mova-se rápido, use o *headhunter* para negociar. Comunicação transparente e direta é fundamental.

Avaliação e entrevista de candidatos

Nesta fase do processo você deve ter uma boa ideia dos requisitos do trabalho e a triagem inicial deveria ter produzido uma lista de candidatos para entrevista.

As entrevistas devem ser sempre estruturadas.

Toda entrevista deve ter uma agenda para evitar a repetição desnecessária de informações.

As perguntas devem ser definidas antes do processo de entrevista.

As respostas às perguntas comportamentais não precisam se relacionar apenas com situações de trabalho.

Teste psicométrico

A lista de ferramentas psicométricas que apoiam processos de recrutamento e desenvolvimento é longa e oferece ótima escolha.

Os profissionais de recrutamento variam em sua opinião sobre os testes, mas a maioria concordaria que os critérios mais importantes ao decidir usar tal ferramenta de avaliação é estabelecer se ele realmente mede o que pretende medir, e se isso está de acordo com seus requisitos para o cargo.

Para ajudar a garantir a aptidão para o efeito, a Sociedade Psicológica Britânica, por exemplo, publicou uma lista de testes registrados e revisados.

Para garantir a interpretação e administração de tais testes de alta qualidade, os profissionais que gerenciam o teste e estão ajudando a interpretar os resultados devem ser comprovadamente qualificados.

Ao escolher um teste, você deve considerar cuidadosamente se e como ele mede características relacionadas à função de alta gestão e performance de gerenciamento de riscos dos fatores ESG em que o candidato estará operando, de acordo com a especificação do seu trabalho.

Você tem que saber como essa pessoa é "boa", em relação a este compromisso em particular.

Também pode ser útil considerar se os resultados seriam úteis para o desenvolvimento, bem como para fins de recrutamento, e no que diz respeito à adaptação a uma equipe.

O custo pode ser outra consideração importante.

Como todas as outras ferramentas, as avaliações devem ser usadas corretamente. Eles não devem ser usados fora do contexto ou como fator de tomada de decisão único.

A má execução e interpretação pode não só ser uma perda de tempo, mas também pode fazer mais mal do que bem.

Avalie se:

- a ferramenta mede o que promete;
- apoia o recrutamento e/ou o desenvolvimento;
- apoia a avaliação das competências comportamentais relevantes;
- a pessoa que lidera e interpreta os resultados da avaliação é profissionalmente qualificada;
- quais são os custos e como funcionaria a avaliação com seus processos de contratação/desenvolvimento.

Competências comportamentais do Chief ESG Officer – lista de verificação de perguntas de amostra

Competência Comportamental	Perguntas Observe se o candidato dá suas respostas em algo como o formato "STAR" – com foco em Situação, Tarefa, Ação e Resultado
Coragem e confiança	Descrever uma ocasião em que você fez algo que ia contra o que outras pessoas, particularmente mais idosas, queriam ou pensavam. Você pode dar um exemplo em que foi definido em uma estratégia ou resultado específico e teve que mudar de ideia?
Influência e impacto	Você pode dar um exemplo de uma situação em que teve que resolver um problema sem a autoridade para tomar uma decisão definitiva você mesmo? Como você normalmente lidera e apoia seus colegas e membros da equipe?
Integridade, ética e valores	Você pode dar um exemplo em que favoreceu fazer a coisa certa ao seguir o caminho mais fácil? Você já esteve em uma situação de conflito de interesses?
Inovação e catalisador	Qual é a inovação da qual você mais se orgulha nos últimos dois anos? Como você usou a análise de risco para ajudar seus colegas a entender melhor uma situação e, portanto, ser capaz de agarrar uma oportunidade e obter vantagem competitiva?

Capacidade de construção	Como você elevou o padrão de desempenho da sua equipe? Como você habilita o aprendizado em suas equipes e o integra em ambientes liderados por desempenho?
Colaboração e parceria	Você pode pensar em um relacionamento em que teve que trabalhar proativamente duro para melhorar? Descreva suas principais partes interessadas internas e externas e relacionamentos. Que valor você traz para eles e o que eles ganham de você?

Lista de verificação de perguntas técnicas da amostra de gerenciamento de risco ESG

Área do Assunto	**Perguntas**
	Estes são projetados para estabelecer o nível do papel do candidato e como ele foi avaliado.
Geral	Quais os principais indicadores de desempenho (KPIs e KRIs) que o candidato tem atualmente em relação ao seu papel? Quão bem fizeram contra eles? Como foi o sucesso pessoal ligado ao desempenho da empresa? O que eles aprenderam? O que fariam de diferente? Quais foram suas maiores conquistas nos últimos anos? Que tipo de equipes e quais funções foram relatadas no CRO anteriormente? Eles tinham um sucessor ou um deputado nomeado? Eles têm um envolvimento mais amplo na atividade de desenvolvimento profissional na comunidade de risco?
Capital	Qual foi o envolvimento do candidato na gestão de capital e risco? Eles estão familiarizados com estruturas de capital comparáveis à organização de contratação?

	Como eles influenciaram o sucesso da empresa? Onde eles precisavam de ajuda?
Conformidade	Qual é a abordagem do candidato para a conformidade? Qual é a experiência de conformidade deles incorporada à gestão de riscos?
Estratégia	Que experiência o candidato tem de questões estratégicas de risco?
Projeto	Que experiência o candidato tem de gerenciamento de risco de projetos?
Operações	Qual é a experiência de risco operacional do candidato? O que esse termo significa em sua experiência?
Risco Emergente	Que envolvimento o candidato teve para lidar com riscos emergentes?
Regulatório	Com que ambiente regulatório e quadros o candidato está familiarizado? Por exemplo, Basileia III, Solvência II, FCA, PRA, outros órgãos profissionais, padrões de clientes ou padrões de segurança, como a ISO 31000, O COSO, a ISO 27001, a SOX etc. Que desafios enfrentaram e quão bem fizeram contra eles? O que eles aprenderam? Quão relevante e transferível é sua experiência na situação atual?
Expertise setorial relevante	Que experiência setorial o candidato tem? O que é relevante e necessário? Por que é relevante?

Competências de gestão de risco ESG – avaliação do nível de liderança

As perguntas de entrevista podem ser estruturadas em torno dessas áreas funcionais:

Insights e contexto

Usando o conhecimento de influências internas e externas para garantir uma gestão robusta de riscos em organizações responsivas e ágeis.

Princípios e práticas de gestão de riscos ESG – compreender os princípios e a prática da gestão de riscos e a relevância e uso de teorias, processos e ferramentas: Relevância de gestão de riscos, Ferramentas e técnicas, Princípios de gestão de riscos ESG.

Ambiente organizacional – compreender o ambiente interno de uma organização e suas implicações para as práticas de gestão de riscos. Interno: Influência interna através da gestão de riscos e Propensão à Propriedade.

Ambiente de negócios externo – entendendo como o ambiente externo influencia a organização e suas implicações para as práticas de gestão de riscos: Relevância externa, Contexto operacional externo e Impacto regulatório.

Estratégia e desempenho

Desenvolver uma estratégia de gerenciamento de risco ESG para atender às necessidades organizacionais

Estratégia e arquitetura de gestão de riscos ESG – o desenvolvimento e implementação de uma estratégia e arquitetura de gestão de riscos: Mandato, Estratégia e Estrutura.

Política e procedimento de gestão de riscos ESG – desenvolvimento e implementação de uma política proporcional de gestão de riscos, diretrizes, procedimentos e planos de ação: Políticas, Deveres e responsabilidades e Recursos.

Cultura de risco e apetite a riscos ESG – a criação de uma cultura de risco intrínseca à cultura de uma organização: Maturidade da cultura, Apetite a riscos ESG e Comportamentos e valores.

Desempenho e Report – o desenvolvimento e implementação de um desempenho de medição de risco ESG e estrutura de relatórios integrados: Metas e Métricas, Extrato de desempenho e Protocolos de relatórios.

Processo de gestão de riscos ESG

Gerenciamento do processo de gestão de riscos

A avaliação do risco – a identificação, análise e avaliação da natureza e impacto dos riscos e oportunidades.

Análise do impacto do risco. Avaliação das consequências do risco. Se o tratamento de riscos está implementado – desenvolvimento, seleção e implementação de estratégias e controles de tratamento de risco. Se o tratamento de risco está alinhado ao apetite a risco. Se o custo do tratamento de risco ESG é racional e eficaz. Quais as consequências na materialização de riscos para o negócio e qual o custo da gestão de crises.

Capacidade organizacional

Para o desenvolvimento e gerenciamento de uma organização de risco ESG qualificada, ágil e responsiva recomendo também observar a comunicação e consulta no desenvolvimento e implementação de estruturas e planos de comunicação: se existem procedimentos de comunicação, o conteúdo de comunicação e o conceito de proprietário.

A gestão de mudanças no gerenciamento de riscos dentro de mudanças estratégicas e operacionais: sem resposta aos riscos ESG, o desenvolvimento de planos de mudança, a implementação de mudança.

As asserções gerenciais na gestão sistemática de desempenho e desenvolvimento de habilidades para atender às necessidades estratégicas ESG: os objetivos pessoais, a capacidade de gerenciamento do Risco e as competências de alto nível da gestão de riscos dos fatores ESG.

E, quase acabando,

Indução e *on-boarding*

Por fim, uma vez tomada uma decisão de contratação, o que pode ser feito para fazer uma grande contratação de um membro de equipe de sucesso o mais rápido possível?

A pessoa deve se sentir bem-vinda e ter tudo o que precisa para ser bem-sucedida.

O impacto de ter uma ou um Grande Chief ESG Officer em plena atividade em seis meses, em vez de doze meses, pode ser considerável.

Como tudo, o *on-boarding* precisa ser adaptado e considerar os aspectos pessoais e corporativos.

Alguns fundamentos, no entanto, são importantes em qualquer ambiente:

- Pense de forma empática sobre o apoio que a/o Chief ESG Officer precisa para ter sucesso;
- considere *coaching* – isso tem uma influência comprovada na rota dos candidatos para a eficácia ao ingressar em uma nova empresa;
- uma forte rede interna pode reduzir significativamente o tempo para a eficácia total. Pré-organize reuniões com todas as partes interessadas e pares relevantes o mais rápido possível após a contratação;
- defina introduções ao RH, TI, operações e outros suportes infraestruturais;
- garanta que todos os sistemas de suporte estão configurados e prontos para utilização.

Salte e você descobrirá como abrir suas asas enquanto cai.
Ray Bradbury

PARTE I

A INTERFACE DA AGENDA ESG E DO *COMPLIANCE* NOS NEGÓCIOS

ESG E *COMPLIANCE* AMBIENTAL COMO IMPULSIONADORES DOS NEGÓCIOS SUSTENTÁVEIS

Natascha Trennepohl[1]
Flávia Regina Ribeiro da Silva Villa[2]
Camila Laragnoit[3]

1. Introdução

Nas atividades empresariais, termos como *compliance* ambiental e ESG (do inglês *Environmental, Social and Corporate Governance*) são cada vez mais presentes no dia a dia e nas discussões internas dos diferentes departamentos.

Com o *compliance* ambiental, parte-se de um conceito básico e geral de cumprimento de regras e regulamentos, inicialmente empregado no combate às práticas de corrupção nas empresas que possuíam relações contratuais com o setor público, para o desenvolvimento de uma visão sistêmica e que integra

---

1 Sócia do escritório Trennepohl Advogados. Doutora em Direito pela Humboldt-Universität zu Berlin, na Alemanha, e Mestre pela Universidade Federal de Santa Catarina. Professora de cursos de pós-graduação e autora de diversos livros e artigos em matéria ambiental, incluindo *Mercado de carbono e sustentabilidade* (SaraivaJur, 2022).

2 Diretora Jurídica Global, PMO do Programa de Cultura Organizacional e Membro do Conselho Consultivo de Sustentabilidade e Inovação na Minerva S.A. Mestre em Direito pela Universidade de Ribeirão Preto. Autora de artigos em processo coletivo e do livro *Ação Popular Ambiental* (RT, 2008). Conselheira Deliberativa na Make-A-Wish Brasil.

3 Advogada. Pós-graduada em Direito Ambiental e Gestão Estratégica da Sustentabilidade pela Pontifícia Universidade Católica de São Paulo. Graduada em Direito pela Universidade Presbiteriana Mackenzie.

no planejamento estratégico e no desenvolvimento de negócios sustentáveis as outras dimensões trazidas pelo ESG e destacando os aspectos ambientais, sociais, e de governança corporativa.

A cultura organizacional capaz de se desenvolver a partir da implementação dos elementos de um programa de *compliance ambiental* e do desenvolvimento de práticas alinhadas com uma visão ESG do negócio engloba um conjunto muito mais amplo de atuação e direcionamento do que apenas as ações de uma empresa e de seus colaboradores, podendo, muitas vezes, impactar e alcançar fornecedores e *stakeholders*[4].

O termo *compliance*, além de ser associado na esfera doméstica ao cumprimento de normas, às práticas de empresas e às condutas de seus funcionários, também é muito utilizado na esfera internacional quando se discute os mecanismos previstos para o cumprimento de obrigações assumidas por particulares[5] e por governos em instrumentos internacionais. Nesse contexto, à medida que acordos internacionais intensificam exigências e requerem grandes mudanças, os governos podem acabar não cumprindo com os objetivos e ações previstas.

No entanto, em âmbito internacional, uma abordagem com viés sancionatório geralmente é ineficaz e outros meios acabam sendo mais utilizados, como negociações diplomáticas entre as partes signatárias de determinado acordo, nas quais se espera que a pressão diplomática e da opinião pública possa influenciar e levar a uma mudança de comportamento e ao estabelecimento de políticas públicas e programas voltados para o atingimento de determinados objetivos comuns.

---

4 "Uma cultura próspera não é mais algo 'bom de se ter'. Está entre os investimentos mais essenciais que você pode fazer em sua organização, com impactos de longo alcance no envolvimento dos funcionários, na satisfação do cliente e na lucratividade". (Tradução livre.) No original: *"A thriving culture is no longer a 'nice-to-have'. It is among the most essential investments you can make in your organization, with far-reaching impacts on employee engagement, customer satisfaction, and profitability"*. BVC. *BVC Wellbeing Assessment*. Barrett Values Centre, 2023.

5 O Departamento de Justiça dos Estados Unidos dedica uma parte considerável do Manual de Justiça a análise de Programas de *Compliance* corporativos e sua efetividade. DOJ. *Principles of Federal Prosecution of Business Organizations*. The United States Department of Justice, 2023.

Na verdade, pensar a temática do *compliance* ambiental é destacar a estreita relação com o próprio Direito Ambiental. Neste ramo jurídico, a prevenção é um dos princípios norteadores da matéria e tem como objetivo evitar a ocorrência de eventos danosos ao meio ambiente. Com base nesse princípio podem ser impostas medidas acautelatórias e mitigatórias (ex. monitoramentos, inspeções, estudos ambientais, condicionantes) para as atividades cuja capacidade danosa já seja conhecida[6]. A finalidade é agir antecipadamente e evitar que o dano ambiental ocorra com base em riscos monitorados.

No entanto, a eficiente análise do risco, por si só, não é uma garantia de que este será bem gerenciado. Ainda que as empresas possuam sistemas de gestão e planejamento ambiental, realizem auditorias e desenvolvam práticas de prevenção, mesmo assim, podem ocorrer prejuízos aos bens ambientais.

Quando isso acontece, entra-se na seara da responsabilização, momento posterior em que o prejuízo já está concretizado. Assim, a incidência preventiva do *compliance* ambiental ocorre, na verdade, de forma indireta, desestimulando que condutas lesivas sejam repetidas.

Como no *compliance*, um dos principais objetivo das regras de Direito Ambiental é mitigar riscos e evitar a necessidade de reparação. Nesse contexto, o *compliance* ambiental aparece como importante ferramenta para a identificação de riscos e o Direito Ambiental dá a base normativa para suporte e avaliação. O resultado dessa relação é a elaboração de programas específicos e o gerenciamento dos riscos das atividades potencial ou efetivamente poluidoras, bem como a identificação das responsabilidades.

Já na esfera das ações ESG, a estruturação robusta da governança corporativa, pilar base da temática, e o aperfeiçoamento de práticas imbuídas do caráter ambiental e social ganham cada vez mais destaque nos diferentes setores da economia. Não é difícil encontrar práticas sustentáveis que tenham sido adotadas não em razão de uma obrigação legal,

---

6   MILARÉ, Édis. *Direito do ambiente*. 11. ed. rev., atual. e ampl. São Paulo: Thomson Reuters Brasil, 2018, p. 266-267.

mas em razão de exigências do comércio internacional e de uma sociedade que tem buscado cada vem mais por produtos e empresas com ações sustentáveis.

No agronegócio brasileiro não é diferente. Um dos setores mais importantes para a economia nacional e em constante transformação, as práticas sustentáveis podem ser encontradas tanto na agricultura de pequeno porte quanto nas atividades de grandes produtores, seja, por exemplo, através da implementação de um sistema de rotação de culturas ou da integração lavoura-pecuária-floresta. É um dos setores econômicos em que possuir o *compliance* ambiental bem estruturado é indispensável. São diversos os grupos que pressionam para que o setor observe as diretrizes de ESG e *compliance* ambiental: população, imprensa, bem como governos nacionais[7] e internacionais.

Dessa forma, neste artigo será abordado o papel da cultura organizacional como alavanca para o sistema de governança e processos de *compliance*, a relação do *compliance* ambiental e do ESG com as principais normas do Direito Ambiental brasileiro, usando-se o agronegócio como exemplo. Na sequência, serão abordadas algumas tendências regulatórias, principalmente da União Europeia, para se concluir que uma estruturação robusta de governança, *compliance* ambiental e ações de ESG podem ser grandes ferramentas e impulsionadoras de negócios sustentáveis.

2. Cultura organizacional, governança corporativa e *compliance*

A cultura organizacional é o jeito de ser de uma organização, expressa pelos valores, crenças, rituais, símbolos, costumes e comportamentos de um determinado grupo de pessoas, e que confere a seus integrantes identidade e senso de pertencimento.

---

7   A recente Resolução da Comissão de Valores Mobiliários n. 59/2021, atendendo à demanda de investidores, priorizou a transparência de informações relativas a questões ambientais, sociais e de governança (ESG) na divulgação dos Formulários de Referência de Companhias Abertas, à semelhança do que já é feito em outras jurisdições.

Cultura alinhada é a força motriz na execução de objetivos estratégicos. E os resultados, inclusive financeiros, podem ser mensurados[8].

Não é por outra razão que o tema tem sido cada vez mais objeto de atenção, não apenas de empresas privadas, mas também de entidades as mais diversas, inclusive órgãos governamentais.

Definir o propósito de uma organização, seus valores, trabalhar os comportamentos desejados e os não aceitáveis de seus colaboradores, ter processos claros, comunicação transparente de sua estratégia, impacta para além de suas fronteiras, atingindo outros *stakeholders*.

"E a sustentabilidade, nas suas três dimensões (ambiental, social e governança), como pilar estratégico ou como valor, está cada vez mais presente no manifesto de cultura organizacional, dentro de um processo evolutivo ou de um processo transformacional da cultura almejada: Nesse contexto, a articulação de um propósito tem um papel estratégico e pode acelerar a adoção e a integração da agenda ESG pelas organizações. O propósito expressa a razão de ser de uma organização. Pode, ainda, dizer de maneira simples e de fácil compreensão a relevância de um negócio na promoção de impactos positivos para a coletividade e estreitar sua conexão com as partes interessadas"[9].

E se a Cultura de uma organização é uma jornada que tem forte influência no comportamento de seus membros, o sistema de governança corporativa, dinâmico, sempre em movimento, deve refletir uma cultura de *compliance* para além de estabelecer políticas e procedimentos internos[10]. As organiza-

---

8   Existem hoje várias metodologias para avaliar e medir o processo de evolução ou transformação da cultura organizacional. Uma delas, criada por Richard Barrett, aborda os sete níveis de consciência em que se relacionam os valores do indivíduo, aqueles percebidos na empresa e a cultura desejada, *vide*: BVC. *BVC Wellbeing Assessment*. Barrett Values Centre, 2023.

9   IBGC. *Boas práticas para uma agenda ESG nas organizações*. Instituto Brasileiro de Governança Corporativa (IBGC), 2022.

10   *Compliance* e ética podem ser considerados como uma evolução em graus de maturidade. Enquanto na cultura de *compliance* pessoas, empresas, organizações têm por objetivo cumprir o que está estabelecido em um determinado sistema normativo, na cultura ética se trata de fazer o que é certo, independentemente de determinação normativa. Ver também PITTA, Claudia. *Desenvolvendo a cultura da ética organizacional*. Plurale, 2020.

ções devem estabelecer metas e persegui-las, identificando e gerenciando os riscos norteadores da tomada de decisões de seus administradores.

Referência indiscutível nesta seara, o Instituto Brasileiro de Governança Corporativa, organização da sociedade civil, busca "[...] gerar e disseminar conhecimento a respeito das melhores práticas em governança corporativa e influenciar os mais diversos agentes em sua adoção, contribuindo para o desempenho sustentável das organizações e, consequentemente, para uma sociedade melhor"[11].

Suas produções científicas encontram repercussão e credibilidade também porque são produzidas com a participação direta de profissionais respeitados por sua capacidade técnica e por representarem diversas organizações da sociedade civil. Um de seus mais expressivos trabalhos, o Código de Melhores Práticas de Governança Corporativa, na sua 5ª edição[12], em seus fundamentos, no item 4.5., destaca que os riscos sociais e ambientais devem ser objeto de gerenciamento pelos órgãos da Administração.

Como lidar com o risco faz parte do processo de tomada de decisão, o Conselho de Administração, responsável pela estratégia nas Companhias, desempenha, atualmente, papel mais que fundamental ao supervisionar as atividades de gerenciamento de riscos corporativos, dentre eles, os ligados ao meio ambiente.

Diretamente ou por meio dos comitês ligados ao Conselho, o *Framework* trazido pelo COSO[13] aponta áreas nas quais o papel do Conselho adquiriu ainda mais importância: "governança e cultura; estratégia e definição de objetivos; performance; informação, comunicação e divulgação; e a análise e revisão das práticas para melhorar a performance da organização". E prossegue: "No longo prazo, o gerenciamento de riscos corporativos

---

11 IBGC. *Boas práticas para uma agenda ESG nas organizações*. Instituto Brasileiro de Governança Corporativa (IBGC), 2022.

12 IBGC. *Código de melhores práticas de governança corporativa*. 5. ed. Instituto Brasileiro de Governança Corporativa (IBGC), 2015.

13 *Committee of Sponsoring Organizations* "é uma entidade sem fins lucrativos, dedicada à melhoria dos relatórios financeiros através da ética, efetividade dos controles internos e governança corporativa". COSO. *Gerenciamento de Riscos Corporativos – Estrutura Integrada*. Portal de Auditoria, 2022.

pode também aumentar a resiliência da organização – a capacidade de se antecipar e responder a mudanças..."[14].

Como toda ação derivada de *compliance*, resistências são esperadas, na medida em que podem impactar vários setores quando da implantação de processos resultantes de ajustes na política de gerenciamento de riscos corporativos. Medidas que descentralizam controles e criam processos normalmente são tidas como burocráticas, que engessam a realização dos trabalhos, além de gerarem resistências porque tiram pessoas da zona de conforto e descentralizam o poder de decisão.

Governança deve ser um mecanismo que traz mais formalidade aos processos internos (*compliance*), tirando a pessoalidade das decisões, gerando confiança nos *stakeholders* externos e senso de pertencimento aos *stakeholders* internos. E o *compliance* ambiental está na agenda de debates da administração, seja por força da legislação em vigor, seja por pressão de *stakeholders* externos.

Recentemente, em 2022, o IBGC publicou suas orientações de Boas Práticas para uma agenda ESG nas organizações, enfatizando que:

> "As organizações devem implementar sistemas de gestão de recursos naturais para identificar, mensurar, monitorar seus dados ambientais, estabelecer metas, reaproveitar e reciclar recursos e fazer a logística reversa, englobando todo o ciclo de vida dos produtos e serviços. Também devem contar com indicadores de monitoramento da dependência desses recursos por fornecedores e terceirizados".

---

14 "O papel do conselho na supervisão dos riscos inclui as seguintes atividades: – revisar, questionar e colaborar com a administração em relação: à estratégia proposta e ao apetite ao risco; ao alinhamento da estratégia e dos objetivos de negócio com a missão, a visão e os valores fundamentais da entidade; às decisões de negócio relevantes, incluindo fusões e aquisições, alocações de capital, financiamentos e dividendos; à resposta a variações significativas da performance da entidade ou do portfólio de riscos; às respostas aos casos de desvio em relação aos valores fundamentais; - aprovar a remuneração e os incentivos da administração; – participar nas relações com investidores e *stakeholders*". COSO. *Gerenciamento de riscos corporativos integrado com estratégia e performance*. Committee of Sponsoring Organizations of the Treadway Commission. Sumário Executivo, 2017.

Um sistema de *compliance* ambiental, no qual os administradores são instados a ter visão menos alocada no curto prazo; a trabalhar para o fortalecimento da cultura organizacional, primando pelo exemplo aos liderados; a direcionar com transparência os potenciais problemas identificados durante a gestão; a aprimorar o gerenciamento de riscos para otimizar a performance da Companhia, com olhar de longo prazo e responsabilidade social, com olhar para "aumento do leque de oportunidades; identificação e gestão do risco na entidade como um todo; aumento dos resultados positivos e da vantagem com a diminuição das surpresas negativas; diminuição da oscilação da performance; melhor distribuição de recursos; aumento da resiliência da empresa"[15].

A Resolução CVM n. 59, de 2021, alterou o Formulário de Referência e trouxe a obrigação de inclusão de informações ESG mais detalhadas, deixando a governança das companhias mais transparente por meio da abordagem "pratique ou explique", na descrição das atividades do emissor, nos comentários dos diretores quanto ao plano de negócios, nos fatores de riscos, no papel da administração frente aos riscos climáticos, indicadores de desempenho relacionados a ESG que afetem remuneração de executivos, dentro outros, numa clara demonstração de que o cenário regulatório brasileiro está alinhado à demanda global de transparência nas comunicações com stakeholders em matéria de *compliance* ambiental.

3. *Compliance* e Direito Ambiental: o propósito comum[16]

A relação do agronegócio com o meio ambiente é intensa, na medida em que as atividades desenvolvidas pelo setor são intrinsecamente ligadas aos diversos recursos providos pelo

---

15 COSO. *Gerenciamento de Riscos Corporativos – Estrutura Integrada*. Portal de Auditoria, 2022.

16 Alguns pontos mencionados neste item foram discutidos com um enfoque maior para o setor do agronegócio no artigo: TRENNEPOHL, Natascha; LARAGNOIT, Camila. *Compliance* como impulsionador do agronegócio. In: RODRIGUES, Rafael Molinari e SOUZA, Lucas Monteiro (coords.). Direito do agronegócio, sustentabilidade e comércio exterior. São Paulo, LTr, 2022.

meio ambiente. É por esse motivo que o Direito Ambiental prevê normas visando a regular o uso dos recursos naturais, garantindo a sustentabilidade do desenvolvimento econômico. Como expresso no art. 225 da Constituição Federal, é dever do poder público fiscalizar referidas atividades e garantir a proteção ambiental.

Uma das formas que os órgãos ambientais utilizam para fiscalizar e dar conhecimento sobre o *compliance* das atividades desempenhadas pelo agronegócio é o acesso à informação. De acordo com a Lei Federal n. 10.650/2003, os órgãos e entidades ambientais devem publicar em Diário Oficial e disponibilizar em lugar físico, os dados referentes aos pedidos de licenças para supressão de vegetação, autos de infração e respectivas penalidades[17].

Já no que diz respeito à busca de informação pelas empresas, o Decreto Federal n. 6.514/2008, por exemplo, penaliza administrativamente a aquisição ou comercialização de produto ou subprodutos de origem animal ou vegetal produzidos sobre áreas embargadas[18], sendo importante avaliar fornecedores para identificar a origem de produtos antes da sua aquisição, verificando, assim, se são provenientes de áreas embargadas por desmatamentos ilegais, por exemplo[19].

Na mesma linha da publicidade de informação, a Lei Federal n. 12.651/2012, popularmente conhecida como Código Florestal, trouxe diversas obrigações aos proprietários e possuidores de imóveis rurais, dentre elas a inserção de informações no Cadastro Ambiental Rural ("CAR"), que trata de um "registro público eletrônico exigido em âmbito nacional com a finalidade de integrar as informações ambientais das propriedades e posses rurais, compondo base de dados para controle, monitoramento, planejamento ambiental e econômico e combate ao desmatamento"[20].

---

17 Art. 4º, II e III, da Lei Federal n. 10.650/2003.

18 Art. 54, Decreto Federal n. 6.514/2008.

19 TRENNEPOHL, Terence; TRENNEPOHL, Curt. ESG no agro. In: NASCIMENTO, Juliana (Org.). *ESG:* o cisne verde e o capitalismo de *stakeholder*: a tríade regenerativa do futuro global. São Paulo: Thomson Reuters Brasil, 2021, p. 156.

20 Art. 29, Lei Federal n. 12.651/2012.

Percebe-se que o CAR pode funcionar como um raio-x da situação ambiental e fundiária rural no país ao contemplar as informações sobre os imóveis rurais, incluindo a identificação do proprietário ou possuidor rural, a comprovação da propriedade ou posse, a identificação do imóvel por meio de planta, material descritivo e as coordenadas geográficas, o remanescente de vegetação nativa e as áreas de proteção ambiental localizadas na propriedade, tais como a Reserva Legal e a Área de Preservação Permanente (APP).

De forma resumida, a Reserva Legal consiste em limitação administrativa de observância obrigatória pelos proprietários rurais, os quais devem manter em suas propriedades um percentual de área com cobertura de vegetação nativa variável de 80%, 35% e 20% (se localizado na Amazônia Legal e a depender do tipo de vegetação) e de 20% em imóveis situados nas demais regiões do país, conforme previsto no art. 12 do Código Florestal. Nos termos do art. 3º, III, do Código, a função desta limitação administrativa é: "Auxiliar a conservação e a reabilitação dos processos ecológicos e promover a conservação da biodiversidade, bem como o abrigo e a proteção de fauna silvestre e da flora nativa". Destaque-se que é permitido nesta área do imóvel o uso econômico de seus recursos naturais, desde que de modo sustentável.

Outra obrigação que deverá ser observada pelo proprietário rural é a proteção e preservação, em seu imóvel, da APP, que também consiste em limitação administrativa. Nos termos do art. 3º, II, do Código, as APPs são locais cobertos ou não por vegetação nativa, com a função ambiental de preservar os recursos hídricos, a paisagem, a estabilidade geológica e a biodiversidade, facilitar o fluxo gênico de fauna e flora, proteger o solo e assegurar o bem-estar das populações humana. Normalmente, margeiam cursos d'água (as metragens variam conforme a largura do curso d'água), áreas em torno de reservatório de água, nascentes e olhos d'água, encostas, restingas, manguezais, bordas de tabuleiros e chapadas[21].

O registro no CAR é um dos principais documentos de

---

21 Art. 4º, Lei Federal n. 12.651/2012.

compliance ambiental exigido no agronegócio, assim como as obrigações relativas à manutenção de áreas de Reserva Legal e de APP nas propriedades.

No entanto, existem outras normas ambientais que exigem atenção para aqueles que atuam no setor, como a Lei Federal n. 11.428/2006, que dispõe sobre a vegetação nativa do bioma Mata Atlântica, e a Lei Federal n. 9.985/2000, que disciplina as Unidades de Conservação, entre outras.

A observância de todas as normas ambientais relativas aos usos de recursos naturais e suas proteções são de extrema importância para o agronegócio brasileiro estar em *compliance* e ser competitivo junto ao mercado, *vide* a pressão e movimento internacional para que as empresas se adequem a critérios que respeitem aspectos ambientais, sociais e de governança corporativa.

4. A fronteira ESG no agro e novas exigências internacionais

Em 2004, uma iniciativa encabeçada pela Organização das Nações Unidas e com a participação de vinte grandes instituições financeiras de vários países, as quais detinham a gestão de ativos que ultrapassavam seis trilhões de dólares, buscou estruturar diretrizes para a integração dos elementos ambientais, sociais e de governança corporativa ("ESG") na gestão de ativos de empresas. O resultado foi o relatório *Who Cares Wins*, com recomendações para os diferentes *stakeholders*, tanto instituições financeiras quanto reguladores e empresas, destacando impactos de uma abordagem que leva em conta esses elementos:

> "Empresas com melhor desempenho em relação a essas questões podem aumentar o valor para o acionista, por exemplo, gerenciando adequadamente os riscos, antecipando ações regulatórias ou acessando novos mercados, ao mesmo tempo que contribuem para o desenvolvimento sustentável das sociedades em que atuam. Além disso, essas questões podem ter um forte impacto na reputação e nas marcas, uma parte cada vez mais importante do valor da empresa"[22].

---

22 Tradução livre. No original: *Companies that perform better with regards to these issues can increase shareholder value by, for example, properly*

Em janeiro de 2020, Larry Fink, CEO da Black Rock, grande empresa de investimentos, inaugurou um novo marco em relação à temática ESG ao divulgar na *Carta aos CEOs*[23] que não faria negócios com empresas que não disponibilizassem relatórios demonstrando ações relativas à sustentabilidade e observassem parâmetros ESG.

A justificativa dada, em suma, foi que:

i. as mudanças climáticas são decisivas nas perspectivas das empresas a longo prazo, os investidores têm procurado "entender tanto os riscos físicos associados às mudanças climáticas, como também as formas pelas quais as regulamentações climáticas terão impacto nos preços, custos e demanda em toda a economia", "estas questões estão conduzindo uma reavaliação profunda do risco e do valor dos ativos" e, portanto, o risco climático é um risco de investimento;

ii. a necessidade de uma imagem mais clara de como as empresas estão endereçando internamente as questões relacionadas à sustentabilidade e;

iii. diretores de empresas que não observam questões materiais, relacionadas à sustentabilidade, devem ser responsabilizados.

Diversas têm sido as iniciativas para disseminar as práticas de ESG nas empresas, caminhando para o que os autores têm chamado de "capitalismo de *stakeholder*",[24] no qual múlti-

---

managing risks, anticipating regulatory action, or accessing new markets, while at the same time contributing to the sustainable development of the societies in which they operate. Moreover, these issues can have a strong impact on reputation and brands, an increasingly important part of company value. UNITED NATIONS, 2004. Acompanhando a tendência mundial, o IBGC traz esta e outras recomendações no documento IBGC. *Boas práticas para uma agenda ESG nas organizações.* Instituto Brasileiro de Governança Corporativa (IBGC), São Paulo, 2022. Disponível em: https://conhecimento.ibgc.org.br/Lists/Publicacoes/Attachments/24587/IBGC_Orienta_ESG.pdf . Acesso em: 24 mar. 2023.

23 FINK, Laurence. *Uma mudança estrutural nas finanças.* BlackRock.

24 NASCIMENTO, Juliana. Do cisne negro ao cisne verde: o capitalismo de *stakeholder* e a governança corporativa ESG no mundo dos negócios, 2020. In: TRENNEPOHL, Terence; TRENNEPOHL, Natascha. *Compliance no direito ambiental.* São Paulo: Thomson Reuters Brasil. v. 2.

40

plos *stakeholders* (indivíduos, investidores e consumidores) estão envolvidos[25].

Dentre essas iniciativas, em nível governamental, a pressão internacional relativa ao combate ao desmatamento, mudanças climáticas e a adequação das empresas aos critérios ESG, fez com que a Proposta de Regulamento Sobre Produtos Livres de Desmatamento para operadores de *commodities* exportadas e importadas para a Europa[26] ganhasse grande destaque nos últimos tempos.

De acordo com a proposta legislativa apresentada pela Comissão em 2021, todos os operadores e comerciantes que coloquem, disponibilizem ou exportem óleo de palma, carne bovina, madeira, café, cacau e soja e produtos derivados, como couro, chocolate e móveis, devem garantir que os seus produtos não sejam provenientes ou de alguma forma interligados ao desmatamento.

Em dezembro de 2022, o texto final do regulamento foi pactuado entre o Parlamento Europeu e o Conselho da União Europeia e além dos produtos listados inicialmente, a borracha passou a integrar o rol de *commodities* abrangida[27].

Segundo o texto, os operadores de *commodities* deverão realizar procedimentos de *due diligence* anteriormente à inserção de produtos no comércio europeu[28], comprovando, assim, o *compliance ambiental* da origem.

O procedimento de *due diligence* inclui três etapas: coleta de informações e documentos necessários para preencher os

---

25 CLARK, Gordon; FEINER, Andreas; VIEHS, Michael. *From the Stockholder to the Stakeholder:* How Sustainability can drive Financial Outperformance, 2015, p. 48.

26 EUROPEAN COMMISSION. Proposal for a Regulation of the European Parliament and of the Council on the making available on the Union market as well as export from the Union of certain commodities and products associated with deforestation and forest degradation and repealing Regulation (EU) n. 995/2010, 2021.

27 EUROPEAN PARLIAMENT. Provisional Agreement Resulting from Interinstitutional Negotiations, 2022.

28 No original: *Article 4 (1): Operators shall exercise due diligence in accordance with Article 8 prior to placing relevant products on or prior to their export from the Union market in order to ensure their compliance with Article 3(a) and (b).*

requisitos da diretiva; medidas de avaliação de riscos e medidas de mitigação de riscos[29].

Caso o resultado da diligência conclua que as *commodities* e produtos atendam aos requisitos da norma, os produtores deverão colocar uma declaração de diligência prévia à disposição das autoridades competentes, via sistema indicado na iniciativa, antes de importar ou exportar os produtos[30]. A declaração consiste em assunção de responsabilidade pelo operador, o qual deverá guardá-la por pelo menos cinco anos[31].

Além disso, a norma cria um sistema de *benchmarking*, que atribui aos países uma classificação de risco relacionado com o desmatamento, o qual pode ser baixo, normal ou elevado, exigindo um monitoramento mais detalhado para países de alto risco e uma *due diligence* simplificada para países de baixo risco[32].

---

29 No original: *Article 8 (2): For the purposes of this Regulation, the due diligence shall include: (a) the collection of information and documents needed to fulfil the requirements set out in Article 9; (b) risk assessment measures as referred to in Article 10; (c) risk mitigation measures as referred to in Article 10a.*

30 No original: *Article 4 (2): Operators shall not place relevant products on the Union market nor export them without prior submission of a due diligence statement. Operators that by exercising due diligence as referred to in Article 8 have come to the conclusion that the relevant products comply with the requirements of this Regulation shall make available to the competent authorities via the information system referred to in Article 31 a due diligence statement before placing on the Union market or exporting the relevant products. Such electronically available and transmittable statement shall confirm that due diligence was carried out and no or only negligible risk was found and shall contain the information set out in Annex II for the relevant products.*

31 No original: *Article 4 (3) By making available the due diligence statement to competent authorities, the operator assumes responsibility for the compliance of the relevant product with the requirements of this Regulation. Operators shall keep record of the due diligence statements for 5 years from the date the statement is made available via the information system referred to in Article 31.*

32 No original: *Article 12 (1) When placing relevant products on the Union market or exporting them from it, operators are not required to fulfil the obligations under Article 10 and 10a where they can ascertain, that all relevant commodities and products have been produced in countries or parts thereof that were identified as low risk in accordance with Article 27, after having assessed the complexity of the relevant supply chain and the risk of circumvention or the risk of mixing with products of unknown origin or origin in high risk or standard risk countries or parts thereof. The operator shall be able to make available to the competent authority upon request relevant documentation that there is a negligible risk of circumvention or of mixing with products of unknown origin or origin in high risk or standard risk*

Há algumas exigências centrais para a integridade do procedimento de *due diligence* que estão no cerne dessa nova iniciativa europeia:

i. verificações importantes sobre a confiabilidade das informações da cadeia de abastecimento que os operadores da UE recebem de seus fornecedores;

ii. os operadores devem considerar a complexidade de suas cadeias de abastecimento;

iii. as dificuldades em conectar as *commodities* à terra onde foram produzidas;

iv. o risco de que produtos de origem desconhecida ou de áreas de desmatamento tenham sido misturados com as *commodities* de sua cadeia de abastecimento, como parte de sua avaliação de risco.

A data de corte estabelecida será 31 de dezembro de 2020. Nenhuma das *commodities* e dos produtos derivados poderão ser importados ou exportados da União Europeia, se produzidos em terras que sofreram desmatamento ou degradação ambiental após essa data[33].

Um ponto que merece ser analisado com atenção e que tem causado grande discussão é a não diferenciação para a legalidade ou ilegalidade do desmatamento na conceituação do que está incluído como desmatamento zero nesta iniciativa da União Europeia[34]. Esta cláusula ainda deve ser questio-

---

countries or parts thereof. (2) However, if the operator obtains or is made aware of any relevant information, including via the assessment carried out under paragraph 1, and including regarding substantiated concerns submitted under Article 29, that would point to a risk that the relevant products may not fulfil the requirements of this Regulation or that the rules of this Regulation are circumvented, all obligations of Article 10 and 10a have to be fulfilled. The operator shall immediately communicate any relevant information to the competent authority.

33   EUROPEAN PARLIAMENT. Provisional Agreement Resulting from Interinstitutional Negotiations, 2022.

34   No original: *Article (8) 'deforestation-free' means: (a) that the relevant products contain, have been fed with or have been made using, commodities that were produced on land that has not been subject to defo restation after December 31, 2020, and (b) in case of relevant products that contain or have been made using wood, that the wood has been harvested from the forest without inducing forest degradation after December 31, 2020.*

nada na Organização Mundial do Comércio, pois é importante que o aspecto ambiental não seja endereçado com viés de barreira comercial:

> "Uma vez que a não conformidade aos preceitos legais, ou o *compliance* ambiental, não pode ser ancorada em interesses diferentes de proteção do meio ambiente e social, tampouco encontrar guarida em motivações econômicas ou ideológicas de países, grupos ou organizações"[35].

5. O ESG e o *compliance* ambiental como impulsionadores de incentivos positivos ao agronegócio

O "G" da tríade ESG, ou seja, a governança corporativa, é um dos principais aspectos na estruturação e direcionamento na organização de uma empresa. Em conjunto com o *compliance ambiental*, esses aspectos se complementam e se alinham para alcançar o mesmo objetivo: a transparência. Como vimos, o *compliance* visa ao atendimento às normas, leis, regulamentos e a governança corporativa busca direcionar as ações dos gestores, sócios, administradores e evidenciar as responsabilidades de cada um, evitando crises reputacionais decorrentes de temas como sustentabilidades, fraude, corrupção e crises financeiras.

Conceitualmente, a governança corporativa:

> "Pode ser definida como um conjunto eficiente de boas práticas, regras e mecanismos, tanto de incentivo e ampla divulgação de informações, quanto de monitoramento e controle, que visam assegurar um alinhamento entre os interesses dos acionistas (incluindo os minoritários), dos gestores e dos demais *stakeholders*"[36].

---

35 TRENNEPOHL, Terence; TRENNEPOHL, Curt. ESG no agro. In: NASCIMENTO, Juliana (Org.). *ESG: o cisne verde e o capitalismo de stakeholder:* a tríade regenerativa do futuro global. São Paulo: Thomson Reuters Brasil, 2021, p. 158

36 BLANCHET, Gabriela Alves Mendes. ESG como métrica de investimentos. In: NASCIMENTO, Juliana Oliveira (Coord.). ESG: *O cisne verde e o capitalismo de stakeholder:* a tríade regenerativa do futuro global. São Paulo: Thomson Reuters Brasil, 2021, p. 459-460.

Ou seja, faz parte estruturante da organização da empresa quanto às políticas internas, gestão, costumes e mentalidade dos integrantes, guiando a atuação da empresa.

No agronegócio, a governança corporativa tem sido um gargalo conhecido do setor. Segundo relatório do Instituto Brasileiro de Governança Corporativa (IBGC)[37] e da consultoria KPMG, publicado em 2021 e abordando a governança no setor, "85% da amostra considera a governança importante ou muito importante para o seu negócio", mas faltam "informações sobre governança adequadas e adaptadas para as necessidades do agronegócio". Diversas são as preocupações, como o receio de criar burocracia e aumento dos custos, a descentralização do poder de decisão, ou a falta de conhecimento do "por onde começar".

No tocante aos aspectos ambientais, que interagem com as obrigações do Direito Ambiental, o resultado da pesquisa aponta que o assunto é debatido em reuniões estratégicas, mas *"essa informação muitas vezes não chega ao mercado"*, demonstrando a necessidade de aperfeiçoamento em relação a transparência e comunicação com os *stakeholders*.

Percebe-se que há a dialética de que os interesses do agronegócio e suas atividades são antagônicas à manutenção, proteção, regeneração e preservação do meio ambiente e, de outro lado, que o ambiental é burocrático e limitante ao desenvolvimento econômico do setor (e de outros setores). Tais entendimentos são ultrapassados, pois, como destacado por Ming:

"Não existe o agronegócio sem o respeito ao meio ambiente, o agricultor é o primeiro a saber que a sua terra é interligada a todo ecossistema e somente o manejo de forma sustentável permite que sua atividade exista. Ações agroambientais que vão desde restrições de percentual de área de plantio de acordo com os biomas, documentação e estudos que avaliam, monitoram e mitigam os impactos da atividade agrícola, até utilização de alta tecnologia no monitoramento das áreas de plantio, pastagem e proteção ambiental, técnicas de baixa emissão de poluentes, cultivos que preservem o solo de erosão e utilização de bioinsu-

---

37 IBGC. *Governança no agronegócio: percepções, estruturas e aspectos ESG nos empreendimentos rurais brasileiros*. KPMG. Instituto Brasileiro de Governança Corporativa (IBGC), São Paulo, 2021.

mos são apenas algumas das diversas ações que permitem a sustentabilidade do agronegócio"[38].

A diversidade de interesses envolvendo as questões agroambientais obrigam o equilíbrio entre os *stakeholders* e os *players* do setor, "a dinâmica de negócios do mercado agro entre seus integrantes exige sustentabilidade de sua atividade"[39].

No entanto, nem só de obrigações vive o setor agrícola. O *compliance ambiental*, além de trazer impactos positivos para toda a cadeia, beneficia aqueles que cumprem com as suas determinações. Um exemplo é o Selo Agro + Integridade instituído pelo Ministério de Agricultura, Pecuária e Abastecimento (MAPA), "destinado a premiar empresas do agronegócio que, reconhecidamente, desenvolvam Boas Práticas de gestão, de integridade, ética e sustentabilidade"[40].

Os principais objetivos com a implementação desse benefício são "estimular a implementação de programas de integridade, ética e de sustentabilidade" sob o aspecto econômico, social e ambiental, e "mitigar riscos de ocorrência de fraudes e corrupção nas relações entre o setor público e o setor privado ligado ao Agronegócio"[41].

Os premiados com o Selo Agro + Integridade terão benefícios relacionados à publicidade e imagem positiva no mercado, como[42]:

"I – ter seu nome amplamente divulgado no site do MAPA e em quaisquer outros meios de comunicação e publicidade, ou mesmo em ocasiões em que se dê destaque à premiação; e
II – utilizar o "Selo Agro + Integridade" em seus produtos e em meios de comunicação, publicidade e afins.

---

38 MING, Rafael. Quer saber o que é *compliance* ambiental? O agro te ensina. In: TRENNEPOHL, Terence; TRENNEPOHL, Natascha (Org.). *Compliance no direito ambiental*. São Paulo: Thomson Reuters, 2020. v. 2, p. 126.
39 MING, Rafael. Quer saber o que é compliance ambiental? O agro te ensina". In: TRENNEPOHL, Terence; TRENNEPOHL, Natascha (Org.). *Compliance no direito ambiental*. São Paulo: Thomson Reuters, 2020. v. 2, p. 136.
40 Portaria MAPA n. 2.462/2017.
41 Art. 1º, Portaria MAPA n. 212/2019.
42 Art. 13, Portaria MAPA n. 212/2019.

Para ser elegível, as empresas deverão comprovar que: não utilizam trabalho escravo ou análogo ao escravo; não possuem infrações trabalhistas relacionadas ao trabalho infantil e do menor aprendiz, inexistem infrações na área de fiscalização agropecuária. Além disso, deverão apresentar medidas anticorrupção e Relatório de Sustentabilidade com certificação[43].

Outro incentivo positivo, proveniente da observância ao *compliance* ambiental, é o Programa "Floresta + Agro"[44] criado pelo Ministério de Meio Ambiente (MMA). Trata-se de modalidade de pagamento por serviços ambientais instituído dentro do Programa Nacional Floresta +[45]. Esta modalidade de pagamento por serviços ambientais tem como objetivo promover o reconhecimento da sustentabilidade das atividades de conservação e gerar benefícios aos produtores rurais, fomentando o desenvolvimento de arranjos setoriais entre os participantes das cadeias produtivas.

6. Considerações finais

Incorporar os aspectos de ESG nos negócios é mais do que uma tendência, é uma realidade que cada vez mais se desenvolve e se estrutura no país.

A conexão entre o Direito Ambiental e as diretrizes do *compliance* tradicional se interligam no pilar da prevenção a danos ambientais. A partir da estruturação de programas robustos de *compliance* ambiental é possível avaliar os riscos relacionados às atividades utilizadoras de recursos naturais e elaborar programas que visem a mitigar possíveis riscos.

Com a conexão do aspecto ESG ao planejamento estratégico, dá-se um passo a mais, e as exigências vão além do cumprimento dos requisitos legais, pois o mercado nacional, bem como o internacional, exige cada vez mais a demonstração de alinhamento com diretrizes ambientais, sociais e de governança. Nesse contexto, a cultura organizacional tem papel fundamental para impulsionar esta agenda nas organizações.

---

43 Art. 4º, Portaria MAPA n. 212/2019.
44 Portaria MMA n. 487/2021.
45 Portaria MMA n. 288/2020.

7. Referências bibliográficas

BLANCHET, Gabriela Alves Mendes. ESG como métrica de investimentos. In: NASCIMENTO, Juliana Oliveira (coord.). ESG: *o cisne verde e o capitalismo de stakeholder:* a tríade regenerativa do futuro global. São Paulo: Thomson Reuters Brasil, 2021.

BRASIL. Constituição da República Federativa do Brasil de 1988.

_____. Decreto Federal n. 6.514, de 22 de julho de 2008.

_____. Lei Federal n. 10.650, de 16 de abril de 2003.

_____. Lei Federal n. 12.651, de 25 de maio de 2012.

_____. MAPA. Portaria n. 2.462, de 12 de dezembro de 2017.

_____. MAPA. Portaria n. 212, de 18 de janeiro de 2019.

_____. MMA, Portaria n. 288, de 2 de julho de 2020.

_____. MMA, Portaria n. 487, de 26 de outubro de 2021.

BVC. *BVC Wellbeing Assessment*. Barrett Values Centre, 2023. Disponível em: https://www.valuescentre.com/.

CLARK, Gordon; FEINER, Andreas; VIEHS, Michael. *From the Stockholder to the Stakeholder: How Sustainability can drive Financial Outperformance*. Arabesque Partners. University of Oxford, 2015. Disponível em: https://arabesque.com/research/From_ the_stockholder_to_the_stakeholder_web.pdf

COM 706 final. *Proposal for a Regulation on deforestation-free products*. European Commission, 2021.

COSO. *Gerenciamento de Riscos Corporativos – Estrutura Integrada*. Portal de Auditoria, 2022. Disponível em: https://portaldeauditoria.com.br/coso-gerenciamento-de-riscos-corporativa-estrutura-integrada/

_____. *Gerenciamento de Riscos Corporativos Integrado com Estratégia e Performance*. Committee of Sponsoring Organizations of the Treadway Commission. Sumário Executivo, 2017.

DOJ. *Principles of Federal Prosecution of Business Organizations*. The United States Department of Justice, 2023. Disponível em: https://www.justice.gov/jm/jm-9-28000-principles-federal-prosecution-business-organizations#9-28.800

EUROPEAN COMMISSION. *Proposal for a Regulation of the European Parliament and of the Council on the making available on the Union market as well as export from the Union of certain commodities and products associated with deforestation and forest degradation and repealing Regulation (EU) N. 995/2010, 2021.* Disponível em: https://environ ment.ec.europa.eu/system/files/2021-11/COM_2021_706_1_EN_ACT_part1_v6.pdf.

EUROPEAN PARLIAMENT. 2021/0366(COD). *Deforestation Regulation. European Parliament.* Disponível em: https://oeil.secure.europarl.europa.eu/oeil/popups/summary.do?id = 1716198&t = e&l = en.

_____. *Provisional Agreement Resulting From Interinstitutional Negotiations,* 2022. Disponível em: https://www.europarl.europa.eu/RegData/commissions/ envi/inag/2022/12-21/ENVI_AG(2022)740655_EN.pdf.

FINK, Laurence. *Uma mudança estrutural nas finanças.* BlackRock. Disponível em: https://www.blackrock.com/br/larry-fink-ceo-letter. Acesso em: 27 out. 2022.

IBGC. *Boas práticas para uma agenda ESG nas organizações.* Instituto Brasileiro de Governança Corporativa (IBGC), 2022. Disponível em: https://conhecimento.ibgc. org.br/Lists/Publicacoes/Attachments/24587/IBGC_Orienta_ESG.pdf.

_____. *Código de Melhores Práticas de Governança Corporativa.* Instituto Brasileiro de Governança Corporativa (IBGC), 5. ed., 2015. Disponível em: https://conhecimento.ibgc. org. br/Paginas/Publicacao.aspx?PubId = 21138.

_____. *Governança no Agronegócio: Percepções, Estruturas e Aspectos ESG nos Empreendimentos Rurais Brasileiros.* KPMG / Instituto Brasileiro de Governança Corporativa (IBGC), São Paulo, 2021. Disponível em: https://conhecimento.ibgc.org. br/Paginas/Publi cacao.aspx?PubId = 24539.

MING, Rafael. Quer saber o que é *compliance* ambiental? O agro te ensina. In: TRENNEPOHL, Terence; TRENNEPOHL, Natascha (Org.). *Compliance no direito ambiental.* São Paulo: Thomson Reuters, 2020. v. 2.

MILARÉ, Édis. *Direito do ambiente.* 11. ed. São Paulo: Thomson Reuters Brasil, 2018.

MITCHELL, Ronald. Compliance Theory: An Overview. In: Cameron, James; Werksman, Jacob and Rodrick, Peter (Editors). *Improving Compliance with International Environmental Law*. Earthscan,1996

NASCIMENTO, Juliana. Do cisne negro ao cisne verde: o capitalismo de *stakeholder* e a governança corporativa ESG no mundo dos negócios, 2020. In: TRENNEPOHL, Terence; TRENNEPOHL, Natascha. *Compliance no direito ambiental*. São Paulo: Thomson Reuters Brasil, 2020. v. 2.

PITTA, Claudia. *Desenvolvendo a cultura da ética organizacional*. Plurale, 2020. Disponível em: https://www.plurale.com.br/site/noticias-detalhes.php?cod = 18034&codSecao = 29. Acesso em: 3 mar. 2023.

SERRA, ANA. *A importância da aplicação das normas de Compliance no Agronegócio*. Migalhas. Disponível em: https://www.migalhas.com.br/depeso/341202/a-importancia-da-aplicacao-das-normas-de-compliance-no-agronegocio.

TRENNEPOHL, Natascha; LARAGNOIT, Camila. *"Compliance* como Impulsionador do Agronegócio". In: RODRIGUES, Rafael Molinari; SOUZA, Lucas Monteiro (coord.). *Direito do agronegócio, sustentabilidade e comércio exterior*. São Paulo: LTr, 2022.

TRENNEPOHL, Terence; TRENNEPOHL, Curt. ESG no Agro. In: NASCIMENTO, Juliana (coord.). *ESG: o cisne verde e o capitalismo de stakeholder:* a tríade regenerativa do futuro global. São Paulo: Thomson Reuters Brasil, 2021.

UNITED NATIONS. *Who Cares Wins: Connecting Financial Markets to a Changing World*. 2004. Disponível em: https://www.ifc.org/wps/wcm/connect/topics_ext_content/ifc_external _corporate_site/sustainability-at-ifc/publications/publications_report_whocareswins__wci__ 1319579355342.

ZAELKE, Durwood; KANIARU, Donald; KRUZÍKOVÁ, Eva (Editors). *Making Law Work:* Environmental Compliance and Sustainable Development. v. I. Cameron, May 2005.

2021/0366(COD). *Deforestation Regulation. European Parliament.* Disponível em: https://oeil.secure.europarl.europa.eu/oeil/popups/summary.do?id = 1716198&t = e&l = en.

SENTIDO JURÍDICO AO "ESG"

Bruno Teixeira Peixoto [1]
Talden Farias [2]

1. Introdução

Em *Alice através do espelho*, de *Lewis Carroll*, o personagem *Humpty Dumpty* é descrito como quem concede às palavras o significado que deseja, que faz uso da linguística para o sentido que lhe provém, dando conceitos inventados a palavras ditas "difíceis". Fora do universo literário, entre as palavras, letras e acrônimos, nenhum tem sido tão interpretado em diversos sentidos nos últimos anos como o termo "ESG" ou "ASG", ligado à tendência da preocupação com a governança e a gestão dos impactos ambientais, sociais e de governança, em todo e qualquer tipo de organização humana, pública ou privada.

---

1   Advogado. Mestre em Direito Internacional e Sustentabilidade pela UFSC e especialista em Direito Ambiental e Urbanístico pelo Cesusc/SC. Possui formação executiva em *Compliance* e Governança no Setor Público pelo Insper (2019) e em *Compliance* Ambiental, Social, de Governança e de Proteção de Dados (ESG&D) pela PUC-RJ (2020). Auditor Líder em Sistemas de Gestão de *Compliance* (ISO 37301) e Gestão Antissuborno (ISO 37001) e certificado pela GRI Sustainability Reports. Entre 2021 e 2022 exerceu a Gerência de Integridade e *Compliance* na CGE/SC.

2   Advogado e professor da UFPB e da UFPE. Pós-doutor e doutor em Direito da Cidade pela Uerj com estágio de doutoramento sanduíche pela Universidade de Paris 1 – Pantheón-Sorbonne, doutor em Recursos Naturais pela UFCG e mestre em Ciências Jurídicas pela UFPB. Autor de "Licenciamento ambiental: aspectos teóricos e práticos" (8. ed. Fórum, 2022) e "Competência administrativa ambiental" (2. ed. Lumen Juris, 2022), e organizador de "Direito ambiental brasileiro" (2. ed. RT, 2021). Membro da CONDA/CF-OAB, do IAB e da UBAA.

Muitos são os sentidos dados ao acrônimo "ESG" e a suas extensões e aplicações. Entre as concepções mais difundidas está a exposta pelo relatório *Who Cares Wins*, de 2004, do Pacto Global da Organização das Nações Unidas. No relatório, o termo estaria ligado à integração e à incorporação de aspectos ambientais, sociais e de governança na gestão e nas tomadas de decisão em organizações, assim como para aferição e critérios em investimentos sustentáveis e favoráveis a todos os *stakeholders* (partes interessadas no negócio)[3].

Para o Instituto Brasileiro de Governança Corporativa (IBGC), o termo "ESG" não seria um conceito em si, e, sim, um acrônimo que expressaria os critérios ambientais, sociais e de governança para que se avalie o avanço das organizações em direção à sustentabilidade, demandando uma agenda capaz de indicar práticas e ações viabilizadoras da integração dos aspectos sociais e ambientais na estratégia e na tomada de decisão das organizações[4]. Ainda para o IBGC, "ESG" explicitaria as questões sociais, ambientais e de governança relacionadas aos negócios, proporcionando os processos e métricas para acompanhar a evolução dessas variáveis de maneira orgânica e em relação à estratégia empresarial[5].

No mesmo sentido, fixou a norma ABNT PR 2030:2022 para o tema "ESG", indicando ser uma abordagem do modelo de gestão e orientação para relatórios de comunicação e engajamento com as partes interessadas. Para a ABNT, "ESG" pode ser definido como um conjunto de critérios ambientais, sociais e de governança, que devem ser considerados por organizações ao gerenciarem suas operações, e por investidores ao rea-

---

3 ORGANIZAÇÃO DAS NAÇÕES UNIDAS (ONU). *The Global Compact. Who Cares Wins: Connecting Financial Markets to a Changing World.* Dezembro. 2004, p. 22, tradução livre. Disponível em: https://www.unepfi.org/fileadmin/events/2004/stocks/who_cares_wins_global_compact_2004.pdf. Acesso em: 23 fev. 2023.
4 INSTITUTO BRASILEIRO DE GOVERNANÇA CORPORATIVA (IBGC). *Boas práticas para uma agenda ESG nas organizações.* São Paulo, SP: IBGC, 2022, p. 9.
5 IBGC, op. cit., 2022, p. 10.

lizarem investimentos em relação aos impactos (riscos e oportunidades) pertinentes ao negócio[6].

Nada obstante esses e outros referenciais, o termo e acrônimo "ESG" de algum modo deve apontar para um sentido estratégico no estabelecimento/reunião de critérios e de ações na estrutura e na atuação de uma pessoa jurídica ou então em relação a determinada política, iniciativa ou projeto, articulação essa com a eminente função de orientar, portanto, a governança e a gestão organizacional.

Além disso, referida estratégia "ESG" se relacionaria com a tarefa de qualificar investimentos e subsidiar as decisões nas organizações e no mercado financeiro, diretriz que, por certo, necessita considerar de forma sistêmica os aspectos dos riscos e impactos ambientais, sociais e de governança causados, direta ou indiretamente, pelas atividades econômicas. Cuida-se de uma visão para além do viés econômico-financeiro, sobretudo o despropositado e avesso a suas externalidades negativas, falando-se, sim, de propósito social, humano e institucional acima ou no mesmo nível da eficiência/lucro, e nunca abaixo.

No entanto, apesar de todas essas conceituações, para fins de avanços na pauta, prevenindo e combatendo as famigeradas práticas de "*greenwashing*" e falácias do tipo, fundamental que o mundo jurídico e seus operadores apreendam e busquem o concreto significado destas estratégias "ESG" em seu sentido jurídico, a partir dos seus efeitos para o Direito aplicável. Neste caso, quanto à relação com as normas jurídicas incidentes sobre as organizações e os seus impactos ambientais, sociais e de governança. Afinal, com a agenda "ESG", para além da pressão social, o setor empresarial passa a ter um conjunto de razões jurídicas para levar a sério o imperativo de *ser* e de *parecer* mais sustentável[7].

---

6   ASSOCIAÇÃO BRASILEIRA DE NORMAS TÉCNICAS (ABNT). ABNT PR 2030. Dezembro de 2022. *Ambiental, social e governança (ESG) – Conceitos, diretrizes e modelo de avaliação e direcionamento para organizações.* São Paulo: ABNT, 2022.

7   ARAGÃO, Alexandra. *Compliance* ambiental: oportunidades e desafios para garantir um desempenho empresarial mais verde, real e não simbólico. In: ARAGÃO, Alexandra *et al. Compliance e sustentabilidade:* perspectivas

Em outro dizer, com tantos sentidos *"ad hoc"* dados à agenda "ESG", é preciso sublinhar – ainda que inicialmente – que linhas jurídicas podem descrever o que minimamente representa ou pode nortear essa estratégia nas empresas e organizações, especialmente naquelas detentoras de significativos impactos e riscos ao meio ambiente e à sociedade.

Em tempos de emergência climática e de crises social, econômica e pandêmica, o mundo perpassa por literal metamorfose, exigindo das políticas e normas estatais um controle sobre desafios inéditos e incertos, como sublinha Ulrich Beck[8]. Uma metamorfose em face dos conceitos, definições e teorias que outrora eram sinônimo de avanços, mas que, hoje, são confrontadas desde sua origem, justamente influenciadas por efeitos colaterais deletérios dos riscos não controlados ou mitigados em décadas por instituições públicas e mercado.

No mesmo passo dessas mudanças, a responsabilidade corporativa e empresarial, por óbvio, também se alterou, indagada cada vez mais acerca dos efeitos negativos das atividades econômicas gerados à sociedade, às pessoas e ao planeta, sendo um fato o dado de que grande parte do agravamento do aquecimento global dos últimos 30 anos, por exemplo, teria sido causado por rol de apenas cem empresas[9]. Assim, a atual reorientação dada à responsabilidade corporativa, impulsionada pela agenda da estratégia "ESG" nas estruturas e nas ações de governança e gestão em empresas e organizações, merece atenção acerca de seus fundamentos e sentidos jurídicos, exercício a favor de sua própria efetividade.

Até aqui, possível se cogitar um sentido jurídico da estratégia "ESG" no âmbito de uma organização, pública ou priva-

---

brasileira e portuguesa. ARAGÃO, Alexandra; GARBACCIO, Grace Ladeira (Coords.). Coimbra: Instituto Jurídico da Faculdade de Direito da Universidade de Coimbra, 2020.

8   BECK, Ulrich. *A metamorfose do mundo*: novos conceitos para uma nova realidade. Tradução Maria Luiza X. de A. Borges. Rio de Janeiro: Zahar, 2018.

9   CARBON DISCLOSURE PROJECT (CDP). *The Carbon Majors Database*. Disponível em: https://cdn.cdp.net/cdp-production/cms/reports/documents/000/002/327/original/Carbon-Majors-Report-2017.pdf?1501833772. Acesso em: 2 fev. 2023.

da, como na observação mínima a comportamentos preventivos, detectivos e reparadores, induzidos ou exigidos pelo ambiente regulatório incidente, cuja articulação seja capaz de conformar e constituir efetivas governança e gestão acerca dos riscos e impactos ambientais, sociais e de governança causados, conduzindo as atividades econômicas ao caminho de um desenvolvimento sustentável. Daí se pensar, inclusive, a agenda "ESG" como um meio à consecução da sustentabilidade.

Nessa linha, falar de sentido jurídico traz a ideia de juridicidade, a qualificação ou estado/caráter do que é jurídico e em conformidade com as normas vigentes, a propriedade das práticas sociais de responderem a uma finalidade, sob pena de sanções, entre outros efeitos[10].

Nessa perspectiva, embora os fatores não compulsórios ou impositivos possuam grande importância para a difusão e internalização da atual cultura da agenda "ESG", refletir a respeito de um sentido jurídico mínimo – voluntário ou não –, para toda e qualquer abordagem estratégica de "ESG" em uma empresa, deve indicar a consideração de seus deveres jurídicos, para os fins desta análise, enquanto pessoa jurídica sujeita a normas legais ligadas a sua estrutura, fins e atividades, observando, sobretudo, a sua constitucional função social.

Sem a pretensão de esgotar o tema – que é indiscutivelmente complexo e multifacetado – haveria sentidos jurídicos iniciais específicos para cada aspecto que sustenta o acrônimo "ESG" e que constitui a conjugação articulada desses vieses em uma pessoa jurídica de direito privado – escopo desta análise.

2. Sentido jurídico de "ESG" na dimensão "E" ambiental

Dentro da chamada dimensão "E", do inglês *Environmental,* ou do "A", de Ambiental, devem estar abarcadas as ques-

---

10 VILLAS BÔAS FILHO, O. Juridicidade: uma abordagem crítica à monolatria jurídica enquanto obstáculo epistemológico. *Revista da Faculdade de Direito,* Universidade de São Paulo, [S. l.], v. 109, p. 281-325, 2014. Disponível em: https://www.revistas.usp.br/rfdusp/article/view/89235. Acesso em: 6 dez. 2022.

tões ambientais e climáticas relacionadas aos riscos e aos impactos potenciais ou concretos que uma pessoa jurídica, no desempenho de suas atividades, projetos e investimentos, causa ou pode causar ao meio ambiente, ao clima e à sociedade.

Pelo ordenamento jurídico brasileiro, a literalidade do art. 225, *caput*, da CF de 1988, preconiza a proteção do meio ambiente ecologicamente equilibrado, bem de uso comum do povo e essencial à sadia qualidade de vida, como um direito fundamental (art. 5º, § 2º, CF/88), mas também – e sobretudo – como um *dever* do Estado e *também de toda a coletividade*, neste caso, dos agentes privados e demais detentores de atividades econômicas que causem impactos ambientais, observando o interesse das presentes e futuras gerações. Trata-se de um direito-dever fundamental imposto ao Estado e à coletividade, incluídas, por óbvio, organizações privadas dotadas de atividades poluidoras e impactantes.

Ainda na CF/88, o § 3º do mesmo art. 225 define a responsabilização civil, criminal e administrativa da pessoa jurídica por ilícitos e danos ao meio ambiente[11]. Em sede infraconstitucional, a Lei n. 6.938/81 (Lei da Política Nacional do Meio Ambiente – PNMA), em seu art. 3º, IV, define como poluidores "a pessoa física ou jurídica, de direito público ou privado, responsável, direta ou indiretamente, por atividade causadora de degradação ambiental", assim como fixa pelo art. 14, § 1º, que, sem obstar a aplicação das penalidades administrativas ou criminais, "é o poluidor obrigado, independentemente da existência de culpa, a indenizar ou reparar os danos". Refere-se, portanto, à responsabilização objetiva por ilícitos ambientais, dispensando-se a verificação da culpa do agente ou responsável, cuja perquirição deverá envolver, *in casu*, os atores direta ou indiretamente envolvidos na causação do ilícito.

No âmbito criminal, o sentido jurídico da dimensão "E" em uma pessoa jurídica deve nortear-se pela Lei n. 9.605/98, pela qual, em seu art. 2º, "quem, de qualquer forma, concorre

---

11 Art. 225. [...] § 3º As condutas e atividades consideradas lesivas ao meio ambiente sujeitarão os infratores, pessoas físicas ou jurídicas, a sanções penais e administrativas, independentemente da obrigação de reparar os danos causados.

para a prática dos crimes previstos nesta Lei, incide nas penas a estes cominadas, na medida da sua culpabilidade", envolvendo, nessa lógica, "o diretor, o administrador, o membro de conselho e de órgão técnico, o auditor, o gerente, o preposto ou mandatário de pessoa jurídica, que, sabendo da conduta criminosa de outrem, deixar de impedir a sua prática, quando podia agir para evitá-la". A estratégia "ESG" precisa, pois, abarcar tais sujeitos nas relações jurídicas ou comerciais entabuladas pelas pessoas jurídicas.

O art. 3º da mesma lei define que "as pessoas jurídicas serão responsabilizadas administrativa, civil e penalmente conforme o disposto nesta Lei", isso para os casos em que a infração seja cometida "por decisão de seu representante legal ou contratual, ou de seu órgão colegiado, no interesse ou benefício da sua entidade". Trata-se de uma juridicidade da dimensão "E" (Ambiental) de "ESG" que se estende, inclusive, às ações e/ou omissões praticadas por agentes ou representantes da pessoa jurídica cuja eventual imputação de violação a algum padrão normativo ambiental e/ou climático seja apurada ou fixada.

Neste regime jurídico, portanto, a estratégia "ESG" de uma empresa ou organização deve considerar toda a rede de agentes de sua estrutura, sobretudo em sua cadeia logística, sob uma eficiente *"due diligence"* no tema. Isso porque notória é a expansão da interpretação jurídica acerca da responsabilidade corporativa "ESG", neste caso, de administradores e diretores pelo gerenciamento de riscos ambientais e climáticos, com destaque ao *case* internacional envolvendo ação judicial em face do conselho de administração da multinacional petrolífera britânica *Shell*[12], em razão, principalmente, do movimento mundial em ascensão chamado de litigância climática, o qual tem avançado sobre empresas privadas.

---

12 SABIN CENTER FOR CLIMATE CHANGE LAW. *The Fiduciary Duty of Directors to Manage Climate Risk:* An expansion of corporate liability through litigation? 2023. Disponível em:.https://blogs.law.columbia.edu/climate-change/2023/02/15/the-fiduciary-duty-of-directors-to-manage-climate-risk--an-expansion-of-corporate-liability-through-litigation/. Acesso em: 23 fev. 2023.

Em relação ao planejamento, implementação e operação de uma atividade, obra ou empreendimento potencialmente poluidor ou que possa causar *significativa* degradação ao meio ambiente, a Lei n. 6.938/81, no art. 10, fixa a obrigatória sujeição ao processo administrativo de licenciamento ambiental, análise prévia estatal que é condição sem a qual inúmeros setores econômicos nacionais não poderão ser concebidos, tampouco operarem, sob pena de incorrer em infrações ou ilícitos ambientais. Neste ponto, é necessário destacar o papel do dever fiduciário ambiental dos financiadores dessas atividades, como bem dispõe o art. 12 e parágrafo único da PNMA[13], dever este pressuposto pelo sentido jurídico de toda estratégia "ESG" lida sob as lentes do ordenamento jurídico brasileiro vigente.

Cumpre neste ponto destacar o papel estratégico que os processos administrativos de licenciamento ambiental exercem como veículo regulatório primordial para o avanço da agenda ESG no Brasil. Isso porque o licenciamento mostra-se um mecanismo voltado a concretizar o desenvolvimento sustentável, o modelo de desenvolvimento econômico que procura conjugar a eficiência econômica, a justiça social e a proteção ecológica[14].

Como um instrumento capaz de manifestar e concretizar os sentidos jurídicos e legais para as estratégias ESG em empresas, os processos de licenciamento ambiental, especialmente quando presente a exigência de EIA/RIMA, podem abarcar fomento da implementação de efetivos programa de integridade e *compliance,* pautado por padrões ESG, tornando-se fundamental não só para a prevenção a riscos e danos, como também para o próprio monitoramento e controle da obra,

---

13 "Art. 12. As entidades e órgãos de financiamento e incentivos governamentais condicionarão a aprovação de projetos habilitados a esses benefícios ao licenciamento, na forma desta Lei, e ao cumprimento das normas, dos critérios e dos padrões expedidos pelo Conama. Parágrafo único. As entidades e órgãos referidos no *caput* deste artigo deverão fazer constar dos projetos a realização de obras e aquisição de equipamentos destinados ao controle de degradação ambiental e à melhoria da qualidade do meio ambiente."
14 FARIAS, Talden. *Licenciamento ambiental*: aspectos teóricos e práticos. 9. ed. Belo Horizonte: Fórum, 2022, p. 22.

atividade ou empreendimento licenciado[15]. Cabe destacar que essa perspectiva de consideração de práticas ESG nos licenciamentos ambientais já encontrava alguma abertura no § 3º do art. 12 da Resolução n. 237/97, do Conama, a qual procurava incentivar iniciativas empresariais ecologicamente corretas para além das exigências legais[16].

No Brasil, a competência constitucional administrativa de proteção do meio ambiente é, como sabido, comum entre todos os entes federativos (art. 23, CF/88), o que sobreleva a importância da abordagem estratégica de "ESG" de governança e de gestão organizacional acerca dos aspectos ambientais e climáticos, sobretudo nas empresas ou organizações que desenvolvem atividades, obras ou empreendimentos com grandes impactos, sendo um princípio da Ordem Econômica nacional, conforme art. 170, IV, da CF/88[17]. A repartição da competência administrativa foi regulamentada pela Lei Complementar n. 140/2022, que distribuiu entre os três níveis federativos a responsabilidade para fiscalizar, impor sanções administrativas e fazer licenciamento e conceder autorizações ambientais[18].

---

15 PEIXOTO, Bruno Teixeira. *Compliance* ESG no licenciamento ambiental. *Jota*, 13 de maio de 2021. Disponível em: https://www.jota.info/opiniao--e-analise/artigos/*compliance*-esg-no-licenciamento-ambiental-13052021. Acesso em: 18 mar. 2023.

16 "Art. 12. O órgão ambiental competente definirá, se necessário, procedimentos específicos para as licenças ambientais, observadas a natureza, características e peculiaridades da atividade ou empreendimento e, ainda, a compatibilização do processo de licenciamento com as etapas de planejamento, implantação e operação. (...) § 3º Deverão ser estabelecidos critérios para agilizar e simplificar os procedimentos de licenciamento ambiental das atividades e empreendimentos que implementem planos e programas voluntários de gestão ambiental, visando a melhoria contínua e o aprimoramento do desempenho ambiental."

17 "Art. 170. A ordem econômica, fundada na valorização do trabalho humano e na livre-iniciativa, tem por fim assegurar a todos existência digna, conforme os ditames da justiça social, observados os seguintes princípios: [...] VI – defesa do meio ambiente, inclusive mediante tratamento diferenciado conforme o impacto ambiental dos produtos e serviços e de seus processos de elaboração e prestação;".

18 FARIAS, Talden. *Competência administrativa ambiental*: fiscalizações, sanções administrativas e licenciamento ambiental na Lei Complementar

Nesse recorte do quadro regulatório basilar, o sentido jurídico direcionado ao pilar "E" ambiental da abordagem "ESG" em um pessoa jurídica, à luz do ordenamento jurídico brasileiro, está minimamente ligado ao necessário nível de *compliance* (conformidade) com o conjunto de políticas e normas de proteção do meio ambiente e de gestão dos riscos e dos impactos potenciais ou concretos causados à sua integridade e qualidade incidentes sobre a atividade ou setor econômico e que devem ser observados e difundidos para a efetividade de toda e qualquer estratégia "ESG".

3. Sentido jurídico de "ESG" na dimensão "S" social

Em relação à dimensão "S", de Social, da abordagem "ESG" em uma pessoa jurídica, a tarefa se concentra em dar a devida prioridade ao componente humano relacionado à determinada estrutura empresarial e ao exercício da atividade econômica desempenhada.

Considerando a dimensão social de uma estratégia "ESG" para empresas, importante se torna a garantia da prevenção, controle e reparação em face de potenciais ou concretas violações a direitos sociais, humanos e de proteção de minorias. Cabe salientar que não se constituirá efeito jurídico algum para aquelas estratégias em matéria "ESG" desprovidas de compromissos públicos com o combate ao trabalho escravo, infantil e degradante.

É importante ter em mente, dentre outros fatores, a incidência das normas de proteção ao consumidor (Lei n. 8.078/90 – Código de Defesa do Consumidor), vez que "consumidor é toda pessoa física ou jurídica que adquire ou utiliza produto ou serviço como destinatário final" (art. 2º), equiparando-se a consumidor "a coletividade de pessoas, ainda que indetermináveis, que haja intervindo nas relações de consumo" (art. 2º, parágrafo único).

140/2011. 2. ed. Rio de Janeiro: Lumen Juris, 2022, p. 53-113. Mais informações sobre o assunto no livro de FARIAS, Talden (Org.). *10 anos da Lei Complementar 140*: desafios e perspectivas. Rio de Janeira, Meraki, 2022.

Essencial para toda estratégia "ESG" de governança e gestão, a regulação consumerista pela Política Nacional das Relações de Consumo exige a observância dos direitos básicos dos consumidores no desenvolvimento, oferta e comercialização de produtos e serviços (art. 6º), com a responsabilização objetiva por danos causados por fatos dos produtos e serviços (art. 12), paradigma que sujeita grupos societários e controlados (art. 28, § 1º), em caso de eventual abuso de direito, excesso de poder e infrações legais, além de coibir práticas comerciais enganosas e abusivas (art. 37).

Da mesma forma, a acepção jurídica a ser extraída da dimensão "S" social da estratégia "ESG" não poderá se desviar das obrigações e práticas trabalhistas, na medida em que a todos os colaboradores e colaboradoras são garantidos os direitos e garantias de saúde, segurança e proteção do trabalho, à luz do art. 6º da CF de 1988, relativos aos direitos sociais dos trabalhadores urbanos e rurais, além da observação ao Decreto n. 9.571/2018, instituidor das Diretrizes Nacionais sobre Empresas e Direitos Humanos no Brasil.

Conforme esse Decreto, o seu art. 1º dispõe que as Diretrizes Nacionais sobre Empresas e Direitos Humanos são estabelecidas para médias e grandes empresas, incluídas as empresas multinacionais com atividades no Brasil, ressalvando, no § 1º, que "as microempresas e as empresas de pequeno porte poderão, na medida de suas capacidades, cumprir as Diretrizes de que trata este Decreto, observado o disposto no art. 179 da Constituição".

No seu art. 5º está previsto que caberá às empresas "monitorar o respeito aos direitos humanos na cadeia produtiva vinculada à empresa" (inciso I), bem como "divulgar internamente os instrumentos internacionais de responsabilidade social e de direitos humanos", como os Princípios Orientadores sobre Empresas e Direitos Humanos da ONU, as Diretrizes para Multinacionais da OCDE e as Convenções da OIT (inciso II). Trata-se de norma basilar, portanto, para a dimensão social da estratégia "ESG".

Dentro da dimensão "S" social de uma estratégia "ESG", merecem ainda observância o Estatuto da Pessoa com Deficiência (Lei n. 13.146/2015), o Estatuto da Pessoa Idosa (Lei n. 10.741/2003), assim como o Estatuto da Igualdade Racial (Lei n. 12.288/2010), entre outros arcabouços jurídicos impositivos que, se o que se pretenda instituir em uma organização seja a igualdade, a diversidade e a pluralidade, esses diplomas são condições sem as quais toda e qualquer estratégia "ESG" não se sustentará.

4. Sentido jurídico de "ESG" na dimensão "G" governança

Por fim, a terceira e última dimensão "G", de Governança, da abordagem e estratégia "ESG" em uma pessoa jurídica, deve dizer respeito à estrutura e ações para a condução da sua governança e gestão das atividades finalísticas e de meio e suporte.

Neste ponto, refletir sobre o sentido jurídico da estratégia "ESG" empresarial conduz inexoravelmente à forma pela qual a organização é dirigida, controlada e supervisionada, exigindo-se que diretrizes como transparência, *accountability*, ética, integridade, conformidade e eficiência estejam consagradas em sua estrutura, atividades, projetos e ações.

Para as empresas e organizações privadas que contratam com a Administração Pública, inclusive, cabe desenvolver e implantar de modo efetivo sistemas e programas de integridade e *compliance*, conforme passou a dispor a nova Lei de Licitações (Lei n. 14.133/2021 – art. 25, § 4º), impulsionada pela Lei n. 12.846/2013, que instituiu os chamados Programas de Integridade e *Compliance* no quadro regulatório brasileiro.

Ademais, não apenas para as organizações que participam de licitações, como também – e em especial – para as chamadas companhias de capital aberto, toda e qualquer estratégia "ESG" na dimensão "G" de governança deve estar assentada em boas práticas de governança, gestão de riscos, auditoria e *compliance*, requisitos obrigatórios no mercado de capitais.

Em relação ao sentido jurídico específico da conjugação articulada e sistêmica dessas três dimensões ambiental, social e de governança da abordagem "ESG" em uma pessoa jurídica, inescapável ressaltar a função social da propriedade e da empresa, diretriz constitucional prevista pelos arts. 5º, XXIII; 170, III; 182, § 2º, e 186, todos da CF/88.

Em sede infraconstitucional, a Lei n. 6.404/76 (Lei das Sociedades por Ações) em seu art. 116, parágrafo único, dispõe que o acionista controlador deve usar o poder "com o fim de fazer a companhia realizar o seu objeto e cumprir sua função social", e tem deveres e responsabilidades "para com os demais acionistas da empresa, os que nela trabalham e para com a comunidade em que atua, cujos direitos e interesses deve lealmente respeitar e atender".

Além disso, é essencial o art. 154 da mesma lei, o qual prevê que o administrador "deve exercer as atribuições que a lei e o estatuto lhe conferem para lograr os fins e no interesse da companhia, satisfeitas as exigências do bem público e da função social da empresa". Cuida-se de dever com evidente alinhamento à abordagem da estratégia "ESG". Destaca-se que padrões "ESG" servem como reconhecimento da responsabilidade socioambiental da empresa, como um agente de impacto e transformação social, extrapolando a mera geração de lucro, para assumir amplas responsabilidades diante da pluralidade de *stakeholders* e desafios atuais[19].

Na lição de Comparato, a função social da propriedade representaria poder-dever positivo, exercido no interesse da coletividade, que não se confunde com as restrições tradicionais ao uso dos bens, trata-se, antes, do poder de dar à propriedade destino determinado, que corresponda e seja compatível com o interesse coletivo[20].

Caso sintomático da clara necessidade da implantação e controle efetivos de governança é o ocorrido com a empresa Americanas S.A., em que se investigam omissões relevantes

---

19 GALINDO, Fábio; ZENKNER, Marcelo; KIM, Yoon Jung. *Fundamentos do ESG*: geração de valor para os negócios e para o mundo. Belo Horizonte: Fórum, 2023, p. 145.

20 COMPARATO, Fábio Konder. Função social de propriedade dos bens de produção. *Tratado de direito comercial*. Tradução. São Paulo: Saraiva, 2015. Acesso em: 23 fev. 2023.

acerca da prestação de contas da organização em relação aos seus balanços contábeis[21].

Dentre os diversos *frameworks* e *standards* da agenda "ESG" que podem ser alinhados com as normas jurídicas acima descritas, destacam-se os seguintes: i) as normas e padrões da *Global Reporting Initiative* (GRI) para relato e reporte, com tópicos especiais de ordem econômica (GRI 200), ambiental (GRI 300) e social (GRI 400); ii) as normas ABNT ISO 14.001/2015, de Sistemas de Gestão Ambiental (SGA), ISO 26.000/2010, de Responsabilidade Social Corporativa, ISO 31.000/2018, de Gestão de Riscos, ISO 37.000/2021, de Governança de Organizações e a ISO 37.301/2021, de Sistemas de Gestão de *Compliance*; iii) a recente norma ABNT PR 2030 – Ambiental, social e governança (ESG) – Conceitos, diretrizes e modelo de avaliação e direcionamento para organizações; e iv) os 17 Objetivos de Desenvolvimento Sustentável (ODS), da ONU; entre outras diretrizes.

Todo e qualquer sentido jurídico a ser dado à estratégia de governança e gestão "ESG" nas empresas e organizações deve corresponder à orientação e à delimitação concreta do desempenho das atividades econômicas dentro de um paradigma que internalize e considere os interesses da sociedade e não apenas das corporações, assim como que previna, controle e corrija as externalidades sociais, humanas e ambientais causadas e/ou potencializadas.

Com efeito, o sentido jurídico exigido de toda e qualquer estratégia ou política "ESG" deve refletir uma mudança a mobilizar as empresas desprovidas de propósitos, irresponsáveis no controle de seus impactos socioambientais e orientadas exclusivamente aos acionistas[22].

Com a evidência dos efeitos das mudanças climáticas, das violações a direitos humanos e sociais e da crise sobre os resultados do paradigma atual de desenvolvimento de base capitalista

---

21 VALOR ECONÔMICO. *Conheça as lições que o caso Americanas já ensina sobre governança a empresas,* 2023. Disponível em: https://valor.globo.com/empresas/esg/noticia/2023/03/16/conheca-as-licoes-que-o-caso-americanas--ja-ensina-sobre-governanca-a-empresas.ghtml. Acesso em: 18 mar. 2023.
22 VOLTOLINI, Ricardo. *Vamos falar de ESG?:* provocações de um pioneiro em sustentabilidade empresarial. Belo Horizonte: Voo, 2021, p. 27.

neoliberal, as vantagens da constituição das empresas são limitadas e submetidas a certas condições, como, por exemplo, cuidar do meio ambiente e respeitar as comunidades afetadas. Além dos demais fatores econômicos, políticos e sociais, ramos do direito, como o direito ambiental, limitarão o alcance, a duração e o tamanho das empresas e organizações, inscrevendo esses limites em seus *status* e organizando sistemas de verificação se essas condicionantes estão sendo respeitadas pelos seus gestores[23].

Observada pelas lentes dos compromissos de décadas de embates em nível nacional e internacional em prol da sustentabilidade, a atual agenda "ESG", para que reflita as bases jurídicas a que está vinculada, necessita ser lida e operada no confronto com um paradigma de desenvolvimento transgressor de garantias sociais e de limites naturais do planeta.

Trata-se de uma perspectiva em que empresas e organizações devam ressignificar sua posição enquanto ficção jurídica dependente do atendimento a funções que considerem os fatores humanos, sociais e ambientais em sua estrutura e objetivos. Um momento crucial de reorientação quanto a teorias e mitos fundamentais que racionalizaram por décadas o tratamento de seres humanos como ativos brutos do capitalismo, para que pudessem ser utilizados até o esgotamento, mesmas teorias e sentidos que justificaram tratar o mundo natural (florestas, rios, terra e animais) exatamente da mesma maneira[24].

Portanto, o sentido jurídico a ser minimamente relacionado à abordagem e à estratégia "ESG" em uma organização ou empresa deve ser aquele capaz de incorporar e concretizar a sua função social, constituindo-a pelos fatores ambientais, sociais e de governança, além da mera conformidade ou *compliance* com o conjunto de normas legais incidentes[25]. Desvirtuá-lo desse

---

23 CAPRA, Fritjof; MATTEI, Ugo. *A revolução ecojurídica:* o direito sistêmico em sintonia com a natureza e a comunidade. Tradução Jeferson Luiz Camargo. São Paulo: Cultrix, 2018, p. 261.

24 KLEIN, Naomi. *Em chamas:* uma (ardente) busca por um novo acordo ecológico. Tradução Ana Clara. Rio de Janeiro: Alta Books, 2021, p. 20.

25 Nesse sentido, é interessante a fala de Werner Grau e Ana Carolina Cerqueira Duque: "Entendemos que o espaço de atuação de sistemas ESG não se confunde, de um lado, com o espectro obrigacional que dirige, de

norte de geração de valor, potencializará as chances de *"greenwashing"* e de práticas similares de deturpação do real e necessário sentido para a agenda "ESG" contemporânea.

5. Considerações finais

Em todo e qualquer movimento, tendência ou agenda política, econômica, social ou empresarial em voga na sociedade contemporânea, é imprescindível que a delimitação de seus sentidos e conceitos seja amplamente debatida e almejada, tudo para que a pauta adquira coerência fática e, para o caso desta análise, surta os efeitos jurídicos desejados e necessários.

Este caso não é diferente do relacionado à agenda nacional e internacional conhecida pelo acrônimo "ESG", do movimento empresarial, regulatório e social assentado na preocupação com a governança e a gestão dos riscos e impactos ambientais, sociais e de governança, em toda e qualquer natureza de organização humana, pública ou privada.

Nesse sentido, a presente análise buscou tecer reflexões a respeito do sentido jurídico a ser empregado e almejado, sobretudo pelos operadores do direito, no escopo específico da concepção, desenvolvimento e execução das chamadas estratégias "ESG" de governança e gestão de riscos socioambientais em pessoas jurídicas, projetos, ações e investimentos.

Como restou demonstrado, pensar o sentido jurídico de uma estratégia "ESG" a ser desenvolvida por uma pessoa jurídica, implica ir além da conformidade ou *compliance* com os padrões, políticas e normas incidentes sobre a sua estrutura e

---

forma primária, a viabilidade do exercício da atividade econômica, nem tampouco, de outro, com o espaço meramente voluntário, assistencial, que qualquer empresa poderá adotar como veículo de atendimento ao conceito de responsabilidade social empresarial, este que, a nosso sentir, vem disciplinado no artigo 154, *caput* e parágrafos 2º e 4º, da Lei n. 6.404, de 15-12-1976. Assim, o espaço de atuação de sistemas ESG prende-se a um rol de medidas de caráter desvinculado da lei, ordenado, e de perfil claro – geração de externalidades positivas, vinculadas ao propósito empresarial – para a busca da obtenção da licença social empresarial" (Agronegócio: sustentabilidade, instrumentos econômicos e políticas ESG. In: FARIAS, Talden; ATAÍDE, Pedro. *Direito ambiental econômico*. Rio de Janeiro: Meraki, 2021.

atividade. Para o direito brasileiro, o sentido jurídico mais próximo às matérias intrínsecas a estratégias "ESG" perpassa, em uma empresa ou organização, pelo controle das condutas e ações de seus agentes, sua estrutura e desempenho de sua atividade econômica, assim como pelo modo pelo qual se estabelece a sua relação com seus *stakeholders,* a exemplo dos seus colaboradores, sociedade, autoridades estatais e, especialmente, do meio ambiente e do planeta.

À luz do ordenamento jurídico brasileiro, constitucional e infraconstitucional, afeto às três dimensões da agenda "ESG", ambiental, social e de governança, existem direitos, deveres, diretrizes e regimes de responsabilização jurídica que delimitam um sistêmico patamar mínimo de condutas e objetivos a serem considerados, tanto no aspecto preventivo, de controle e monitoramento contínuo, como de reparação e mitigação das chamadas externalidades sociais e ambientais negativas eventualmente causadas ou capazes de serem geradas pelo exercício de atividades econômicas em prejuízo da sociedade, da própria instituição, do meio ambiente, do planeta e das presentes e futuras gerações.

Em resumo, a partir do que já se produziu até tempos atuais em relação às definições técnicas e regulatórias, estruturas e aos objetivos mínimos de desempenho e gestão a que as pessoas jurídicas devam se vincular, o sentido jurídico de uma estratégia "ESG" das empresas ou organizações, para que surta os efeitos legais esperados e desejados, não deve ser outro senão o de manifestar e concretizar a sua função socioambiental fundamental ao progresso das organizações, da sociedade e de um desenvolvimento nacional sustentável.

6. Referências bibliográficas

ARAGÃO, Alexandra. *Compliance* ambiental: oportunidades e desafios para garantir um desempenho empresarial mais verde, real e não simbólico. In: ARAGÃO, Alexandra *et al. Compliance e sustentabilidade:* perspectivas brasileira e portuguesa. ARAGÃO, Alexandra; GARBACCIO, Grace Ladeira (Coords.). Coimbra: Instituto Jurídico da Faculdade de Direito da Universidade de Coimbra, 2020.

ASSOCIAÇÃO BRASILEIRA DE NORMAS TÉCNICAS – ABNT. ABNT PR 2030. Dezembro de 2022. *Ambiental, social e governança (ESG) – Conceitos, diretrizes e modelo de avaliação e direcionamento para organizações.* São Paulo: ABNT, 2022.

BECK, Ulrich. *A metamorfose do mundo*: novos conceitos para uma nova realidade. Tradução Maria Luiza X. de A. Borges. Rio de Janeiro: Zahar, 2018.

CAPRA, Fritjof; MATTEI, Ugo. *A revolução ecojurídica:* o direito sistêmico em sintonia com a natureza e a comunidade. Tradução Jeferson Luiz Camargo. São Paulo: Cultrix, 2018.

COMPARATO, Fábio Konder. Função social de propriedade dos bens de produção. *Tratado de direito comercial.* Tradução. São Paulo: Saraiva, 2015. Acesso em: 23 fev. 2023.

CARBON DISCLOSURE PROJECT – CDP. *The carbon majors database.* Disponível em: https://cdn.cdp.net/cdp-production/cms/reports/documents/000/002/327/original/Carbon--Majors-Report-2017.pdf?1501833772. Acesso em: 2 fev. 2023.

FARIAS, Talden. *Competência administrativa ambiental*: fiscalizações, sanções administrativas e licenciamento ambiental na Lei Complementar 140/2011. 2. ed. Rio de Janeiro: Lumen Juris, 2022.

_____. *Licenciamento ambiental*: aspectos teóricos e práticos. 8. ed. Belo Horizonte: Fórum, 2022.

GALINDO, Fábio; ZENKNER, Marcelo; KIM, Yoon Jung. *Fundamentos do ESG:* geração de valor para os negócios e para o mundo. Belo Horizonte: Fórum, 2023.

GRAU, Werner; DUQUE, Ana Carolina Cerqueira. Agronegócio: sustentabilidade, instrumentos econômicos e políticas ESG. In: FARIAS, Talden; ATAÍDE, Pedro. *Direito ambiental econômico.* Rio de Janeiro: Meraki, 2021.

INSTITUTO BRASILEIRO DE GOVERNANÇA CORPORATIVA (IBGC). *Boas práticas para uma agenda ESG nas organizações.* São Paulo, SP: IBGC, 2022.

KLEIN, Naomi. *Em chamas:* uma (ardente) busca por um novo acordo ecológico. Tradução Ana Clara. Rio de Janeiro: Alta Books, 2021.

ORGANIZAÇÃO DAS NAÇÕES UNIDAS (ONU). *The Global Compact. Who Cares Wins: Connecting Financial Markets to a Changing World.* Dezembro. 2004, p. 22, tradução livre. Disponível em: https://www.unepfi.org/fileadmin/events/2004/stocks/who_cares_wins_global_compact_2004.pdf. Acesso em: 23 fev. 2023.

SABIN CENTER FOR CLIMATE CHANGE LAW. *The Fiduciary Duty of Directors to Manage Climate Risk: An expansion of corporate liability through litigation?* 2023. Disponível em: https://blogs.law.columbia.edu/climatechange/2023/02/15/the-fiduciary-duty-of-directors-to-manage-climate-risk-an-expansion-of-corporate-liability-through-litigation/. Acesso em: 23 fev. 2023.

PEIXOTO, Bruno Teixeira. *Compliance* ESG no licenciamento ambiental. *Jota*, 13 de maio de 2021. Disponível em: https://www.jota.info/opiniao-e-analise/artigos/*compliance*-esg-no--licenciamento-ambiental-13052021. Acesso em: 18 mar. 2023.

VALOR ECONÔMICO. *Conheça as lições que o caso Americanas já ensina sobre governança a empresas.* 2023. Disponível em: https://valor.globo.com/empresas/esg/noticia/2023/03/16/conheca-as-licoes-que-o-caso-americanas-ja-ensina-sobre-governanca-a-empresas.ghtml. Acesso em: 18 mar. 2023.

VILLAS BÔAS FILHO, O. Juridicidade: uma abordagem crítica à monolatria jurídica enquanto obstáculo epistemológico. *Revista da Faculdade de Direito,* Universidade de São Paulo, [S. l.], v. 109, p. 281-325, 2014. Disponível em: https://www.revistas.usp.br/rfdusp/article/view/89235. Acesso em: 6 dez. 2022.

VOLTOLINI, Ricardo. *Vamos falar de ESG?:* provocações de um pioneiro em sustentabilidade empresarial. Belo Horizonte: Voo, 2021.

NOTAS INTRODUTÓRIAS À GOVERNANÇA CORPORATIVA

Rafael Aizenstein Cohen[1]

1. Introdução

Estas notas têm como objetivo o compartilhamento de noções a respeito das bases teóricas e práticas sobre as quais a governança corporativa está alicerçada, sua origem conceitual e aspectos práticos relativos à estruturação de um sistema de governança corporativa.

O texto está dividido em 04 (quatro) tópicos, que tratam dos fundamentos teóricos; conceituação e princípios da governança corporativa; medidas necessárias para implantação de um sistema de governança corporativa; e exemplos de manifestação de sistemas de governança corporativa.

Incidentalmente, estas notas tratam dos benefícios esperados com a implantação de um sistema de governança corporativa.

1.1. Fundamentos da governança corporativa

Este capítulo dedica-se à apresentação dos fundamentos práticos e teóricos da governança corporativa, decorrentes da

---

1   Mestre em Direito Público pela FGV Direito – SP; Pós-Graduado em Direito Ambiental e Gestão Estratégica da Sustentabilidade e Graduado em Direito pela PUC-SP; certificado em Relações Governamentais pelo INSPER. Advogado especializado em matéria ESG, resolução de conflitos, questões regulatórias e relações governamentais. Experiência na implantação projetos de infraestrutura de alta complexidade e gestão corporativa. Professor em cursos de extensão e pós-graduação. Professor da PUC-MG. Associado da UBAA.

crescente complexidade de negócios e dos diversos interesses dos indivíduos envolvidos numa estrutura empresarial.

Governança Corporativa é uma matéria que habita, implícita ou explicitamente, todas as atividades empresariais, sejam elas formais ou informais; complexas ou não.

Em microempreendimentos ou empresas de grande porte, a governança corporativa, ou, em palavras mais simples, a gestão de informação, interesses e de tomada de decisão, está sempre e inexoravelmente presente.

Em empreendimentos de pequena complexidade, praticamente não há distância entre o investidor / tomador de decisão, o gestor executivo e a equipe operacional, detentores de informações da gestão e exploração do negócio. Nestes casos, há um alinhamento praticamente natural entre as visões estratégicas (investidor), táticas (administração) e operacionais (executores); muitas vezes o dono do negócio (investidor) é a única pessoa envolvida ou há um número reduzido de integrantes atuando no negócio, permitindo um acompanhamento individualizado de cada um deles, além de uma centralização ou gestão instintiva da tomada de decisão. Estas estruturas enxutas fazem com que a troca de informações entre as equipes operacionais e os tomadores de decisão seja instantânea ou muito rápida.

De outro lado, quanto mais complexa a estrutura corporativa, mais distante ficam os níveis estratégicos táticos e operacionais da tomada de decisão e, pela via inversa, a informação que estes detêm fica distante do nível estratégico.

Em empresas listadas em bolsas, por exemplo, a própria estrutura de gestão profissional (i.e.: conselheiros, presidentes, vice-presidentes, diretores, superintendentes, gerentes, coordenadores, supervisores) ou de investimentos indiretos (i.e.: *holdings* ou fundos de investimento, com a mesma estrutura de gestão profissional), acaba por distanciar investidores de executores do negócio.

Daí que surge, sob a ótica prática, a necessidade e preocupação da gestão da tomada de decisão corporativa.

Sob o prisma teórico-acadêmico, há, pelo menos, 02 (duas) linhas de estudo que, individual ou conjuntamente, justificam a governança corporativa.

A primeira decorre do dilema do prisioneiro, tratado pela economia no âmbito da teoria dos jogos, sendo relevantes, para o momento, os estudos de Neumann & Morgenstern (1944)[2] e Nash (1950).

Sinteticamente, a teoria dos jogos é a matéria da matemática e da economia que se destina a analisar o processo de tomada de decisão racional por humanos para identificar qual a conduta mais provável de pessoas (ou empresas) em interações com outros agentes racionais. Uma das presunções da teoria dos jogos é o interesse individual de cada agente na maximização de seus resultados.

Um dos principais exemplos discutidos na teoria dos jogos é o Dilema do Prisioneiro, que retrata uma situação hipotética na qual duas pessoas são presas, acusadas de cometerem crime conjuntamente, e, sem interação com o parceiro, cada agente deve decidir por confessar o crime ou denunciar o colega, havendo três possíveis soluções (i) ambos confessam o crime e são condenados a uma pena de 1 ano cada, (ii) ambos denunciam o colega, e são condenados a uma pena de 5 anos cada, ou (iii) caso apenas um dos agentes confesse e o outro denuncie o colega, o agente que confessou será condenado a uma pena de 10 anos e o agente que denunciou não será condenado.

Tomando por base esta situação de assimetria de informação e de interesses, vez que o interesse individual de cada agente é não ser condenado, os autores indicam que a decisão esperada de cada um dos agentes, agindo de forma isolada, seja por denunciar o colega, de forma que possam ter a chance de evitar a condenação. Note-se que é justamente esta conduta a mais prejudicial para os agentes, vez que ambos seriam condenados a uma prisão de 5 anos.

Na mesma linha, Hardin (1974) retrata que, em situações de finitude de recursos, é de se esperar que um agente, em busca da maximização de seus benefícios, envide esforços para obter a maior quantidade possível deste recurso. Caso a mesma conduta seja adotada por todo um grupo social, haverá escassez do recur-

---

2   O artigo original de Neumann a respeito da teoria dos jogos data de 1928, publicado sob o título de *Zur Theorie der Gesellschaftsspiele*, no periódico alemão *Mathematische Annalen*.

so e, consequentemente, outros agentes serão prejudicados, hipótese chamada pelo autor de a tragédia dos (bens) comuns.[3]

As soluções propostas por Hardin orbitam pela internalização aos agentes dos impactos que forem causados, o que só pode ser viabilizado com o estabelecimento de regras de conduta coercitivas e conhecidas.

Sob este prisma, verifica-se a necessidade de estabelecimento de regras e objetivos claros que norteiem a conduta de agentes de forma que os recursos de uma empresa sejam empregados de forma eficiente.

A segunda linha de estudos que subsidiam a governança corporativa foi desenvolvida por Jensen & Meckling (1976) que, ao estudar as relações negociais, identificaram que a assimetria de interesses e informações entre líderes (*principals*) e liderados (*agents*) podem causar condutas dos liderados que sejam prejudiciais aos interesses dos líderes.[4]

Para estes, ainda que haja objetivos bem claros numa relação negocial, há um risco perene de, visando maximizar seu benefício e satisfazer seu interesse particular, o liderado adotar medidas que estão dissociadas do interesse do líder, ainda que lhe sejam apenas marginalmente prejudiciais.

Tratando especificamente de relações negociais, Jensen & Meckling apontam a necessidade de criação de um sistema de incentivos e controles que permitam apurar os resultados trazidos pelo liderado e premiá-lo ou penalizá-lo, conforme o caso.

É justamente no controle da aderência de interesses e na gestão eficiente de recursos de uma companhia que se encaixa a governança corporativa.

2. Governança corporativa e seus princípios

Este capítulo dedica-se à apresentação de um conceito de governança corporativa e dos princípios que devem nortear agentes e companhias na implantação e execução de sua governança.

---

3   HARDIN, Garrett. The Tragedy of the Commons. *Science*, v. 162, n. 3859, 1968, pp. 1243-248.

4   JENSEN, Michael C.; MECKLING, William H. Theory of the firm: managerial behavior, agency costs and ownership structure. *Journal of Financial Economics*, Rochester, NY, v. 3, n. 4, p. 305-360, 1976.

Representando uma metodologia de gestão de informações, interesses e tomada de decisão, a governança corporativa pode ser classificada como o conjunto de práticas ou normas de conduta de um determinado grupo empresarial, independente do nível de complexidade deste grupo, com o objetivo de alinhar os interesses da administração e da operação das companhias aos interesses dos acionistas.

Como já ventilado no item anterior, seja em empreendimentos unipessoais ou em complexas estruturas corporativas, a gestão de informações, interesses e tomada de decisão está sempre presente e permeia todo o negócio.

Quanto mais complexa a estrutura corporativa, maior a necessidade de se estabelecer regras escritas de governança corporativa, seja para (i) desenvolver fluxo de informações entre os diversos níveis e equipes da empresa; (ii) garantir a ação coordenada de todos os agentes; (iii) fomentar decisões de administração informadas, transparentes e conscientes de suas causas e consequências; ou (iv) gerar registros auditáveis pelos investidores e, eventualmente, credores, das decisões de administração, em especial, como ferramenta de fiscalização dos agentes envolvidos.

Apesar do interesse de investidores de grandes corporações na matéria, em especial minoritários, não há, no Brasil, norma legal cogente que exija o estabelecimento de um sistema de governança corporativa em estruturas empresariais. No entanto, estes programas são requisitos, por exemplo, à listagem de empresas em mercados acionários mais sofisticados, tal como o Novo Mercado da B3.

Mesmo se tratando de obrigações voluntariamente assumidas pelas corporações, é importante a padronização e sistematização das práticas, razão pela qual diversas entidades atuam na criação de padrões que podem ser seguidos pelos interessados. Para o presente estudo, nos interessa, em especial, as propostas trazidas pelo Instituto Brasileiro de Governança Corporativa ("IBGC") em seu *Código de Melhores Práticas de Governança Corporativa*[5-6].

---

5 IBGC. *Código de Melhores Práticas de Governança Corporativa*. IBGC São Paulo, 2015.

6 Também tem grande relevância a série de normas 37000 da International Organization for Standardization (ISO).

O IBGC conceitua a Governança Corporativa como "o sistema pelo qual as empresas e demais organizações são dirigidas, monitoradas e incentivadas, envolvendo os relacionamentos entre sócios, conselho de administração, diretoria, órgãos de fiscalização e controle e demais partes interessadas"[7].

Com base neste código, e sem prejuízo de outros modelos, apresentamos 5 princípios que devem nortear sistemas de governança corporativa:[8]

i. transparência:

as companhias devem disponibilizar aos investidores todas as informações relativas à gestão da companhia, independente de obrigação legal; atuar junto a outros interessados de forma transparente e disponibilizando informações não sigilosas;

ii. prestação de contas:

os agentes da companhia, em especial administradores, devem prestar contas de sua atuação de forma clara, concisa, compreensível e tempestiva;

iii. responsabilização:

os agentes da companhia devem atuar com diligência e zelo no interesse da companhia e dos acionistas, assumindo integralmente as consequências de seus atos ou omissões;

iv. equidade:

a Companhia e seus agentes devem tratar todos os acionistas e partes interessadas de forma justa e isonômica, levando em consideração seus direitos, deveres, necessidades, interesses e expectativas, bem como as obrigações legais e sigilos empresariais;

v. responsabilidade social:

a companhia e seus agentes devem prevenir externalidades negativas e maximizar as positivas na condução dos negócios, atuando na mitigação ou reparação de eventuais impactos negativos.

---

7   IBGC. *Código de Melhores Práticas de Governança Corporativa*. IBGC São Paulo, 2015. p. 20

8   IBGC. *Código de Melhores Práticas de Governança Corporativa*. IBGC São Paulo, 2015. p. 20

Com o atendimento aos princípios de governança corporativa, é de se esperar que haja um aprimoramento das práticas de gestão de informação, interesses e de tomada de decisão da companhia, oferecendo aos interessados, sejam eles investidores, órgãos reguladores ou de fiscalização ou, ainda, outros agentes interessados, maior visibilidade a respeito das práticas da companhia e de suas consequências.

Adicionalmente, a adoção de um sistema de governança corporativa incentivará uma melhor gestão de informação e a de tomada de decisão mais informada e consciente, propiciando um ambiente de negócios mais preocupado com a longevidade e perenidade dos negócios, da marca e da empresa.

3. Implantação de um sistema de governança corporativa

Este capítulo dedica-se à apresentação das medidas prévias, mudanças culturais e normas que são necessárias para a implantação de sistemas de governança corporativa.

A implantação de um sistema de governança corporativa não depende, necessariamente, do estabelecimento de regras escritas para tanto. A gestão de informações, interesses e da tomada de decisão pode ser feita mesmo que não haja qualquer regra norteadora deste procedimento.

Ressalvados raros casos de companhias com culturas fortes, perenes e longevas, é pouco provável que uma grande companhia possa estruturar, apenas com base em sua cultura corporativa interna, um sistema de governança corporativa longevo.

Não se trata de uma apologia à procedimentalização de todas as atividades corporativas, no entanto, a existência de procedimentos escritos que, a partir de um mapeamento de processos, estabeleçam a forma que é feita a governança de uma companhia colaborará na efetiva execução deste programa, seja pela instrução de novos integrantes ou pelo suporte a integrantes antigos.

Entretanto, o bom funcionamento do sistema de governança corporativa depende, em primeiro lugar, da identificação dos interesses (lícitos) dos investidores. Infere-se, daí, que o engajamento direto dos investidores e da administração de uma companhia é essencial para o sucesso de um sistema de governança.

Mais ainda, pelas razões já expostas, este sistema de gestão é desenhado para mitigar as assimetrias de informação entre o investidor e a administração da companhia, bem como para engajar a administração da companhia nos interesses do investidor. Sendo assim, o suporte e cobrança do investidor são essenciais para a implantação deste programa.

Há quatro estruturas essenciais para a implantação de um sistema de governança: (i) processo de tomada de decisão; (ii) metodologia de comunicação de informações relevantes aos tomadores de decisão; (iii) normas e procedimentos para sistematização das atividades; e (iv) sistema de incentivos e controles dos integrantes da companhia. Cada uma das estruturas passará a ser analisada a seguir.

A primeira delas, a estruturação do processo de efetiva tomada de decisão pela companhia em seus diversos níveis.

No primeiro nível de deliberação, que corresponde às decisões acerca da estratégia do negócio, estão matérias como (i) o objeto social da companhia e do ramo mercado em que esta atuará, reservado aos investidores em reuniões ou assembleias específicas; e (ii) ao estabelecimento dos objetivos e metas corporativos a serem atingidos pela companhia, estrutura interna e cultura, o que pode ser feito diretamente pelos investidores ou, em estruturas complexas, delegado a conselheiros.

Destaque-se, por oportuno, que o estabelecimento das metas da empresa deve contemplar objetivos de curto, médio e longo prazo, de forma que os integrantes atuem em prol da longevidade e sustentabilidade do negócio.

Já num segundo nível de deliberação, denominado tático e que, em estruturas mais complexas, recomenda-se seja delegado a comitês de gestão específicos, ou, em alguns casos, à diretoria executiva, estão as decisões relativas à definição de indicadores e métricas de avaliação de desempenho da companhia e da administração.

Ainda no nível tático, mas a cargo da diretoria executiva e suas equipes de suporte, está a definição dos planos de ação para atingimento dos resultados definidos no âmbito estratégico.

Note-se que a definição dos métodos de avaliação da companhia e dos planos de ação ocorrem de forma concomitante, em especial para compatibilização das métricas adotadas.

Por fim, e no nível operacional, as equipes de suporte à diretoria executiva, e em linha com esta, são responsáveis pelas decisões acerca da forma de execução dos planos de ação para atingimento das metas estabelecidas, assim como a gestão de clientes e fornecedores.

Pela própria natureza das empresas, baseadas em estruturas hierárquicas de comando, a tomada de decisão usualmente é seguida mesmo sem um sistema sofisticado de governança corporativa.

A segunda estrutura essencial para a governança corporativa é a criação de uma metodologia de transmissão de informações no caminho inverso, por meio de relatos e relatórios técnicos, gerenciais, executivos etc.

Esta é a estrutura que fomentará os indicadores de resultados da companhia e permitirá o acompanhamento destes, pelos interessados, em especial, investidores e credores.

O funcionamento destas duas estruturas pode ser sintetizado no quadro abaixo:

Por vezes, um simples sistema de reporte hierárquico não é suficiente para que as informações relevantes cheguem a conhecimento dos tomadores de decisão, uma vez que interesses dos agentes envolvidos na estrutura hierárquica podem interromper a cadeia de informações.

Para garantir a transmissão de informações sensíveis (não sigilosas), como erros de gestão, decisão ou de execução, omissões ou infrações de agentes da administração, inclusive ilícitas, é recomendável a criação de um canal de denúncias apartado da estrutura hierárquica da companhia e que reporte diretamente ao nível de gestão estratégica da companhia, preferencialmente que dependa de apoio ou permita intervenção dos administradores. Este canal de denúncias é especialmente relevante para o controle de malfeitos de agentes da companhia, conforme delinearemos mais à frente.

A terceira estrutura necessária à implementação de programas de governança corporativa refere-se à definição (e implantação) de políticas, normas e procedimentos destinados à sistematização e padronização das condutas dos funcionários na companhia.

A hierarquia documental adotada por cada companhia varia e os nomes adotados diferem. Ainda assim, é comum que as políticas sejam os documentos de mais alta hierarquia, sendo aprovadas por conselhos de administração, e que refletem decisões estratégicas da companhia, enquanto as demais normas e procedimentos internos são aprovados pelas diretorias responsáveis a fim de sistematizar as ações.

Os documentos normativos de menor nível hierárquico são aqueles que estabelecem metodologias para realização de tarefas e serviços, tais como procedimentos técnicos, requisitos técnicos para realização de serviços ou acesso a áreas, entre outros.

A título exemplificativo, trazemos o quadro abaixo, adaptado da Política de gestão de documentos da Vale S.A.[9]:

---

9 Adaptado de Vale S.A., POL-0042-G / Versão: 00. Uso: Público. Emissão em: 25-11-2021.

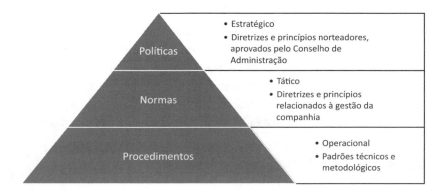

A quarta e última estrutura necessária para um sistema de governança corporativa é o estabelecimento de um programa de incentivos e controles para garantir a aderência individual de cada integrante aos interesses da companhia. Esta estrutura separa-se em duas vertentes: incentivos e mecanismos de controle e responsabilização.

Os incentivos aos integrantes são dados por meio de programas de reconhecimento e recompensas, que podem ser financeiras ou não, a fim de engajar todos em condutas que promovam o cumprimento das metas corporativas estabelecidas.

Diversas podem ser as recompensas, tais como a indicação como funcionário do mês, pequenos presentes, como totens ou placas comemorativas, viagens, experiências com executivos ou, até mesmo, bonificações em dinheiro. O impacto efetivo de cada uma das medidas de reconhecimento dependerá das características do público-alvo do programa e de seus interesses.

Os mecanismos de controle e responsabilização, de outro lado, são desdobramentos de um programa interno de conformidade (*compliance*) que promova a responsabilização dos agentes responsáveis por eventuais condutas prejudiciais à companhia, aos acionistas ou, ainda, violações (dolosas ou com culpa grave) de norma legal cogente.

Para garantir a eficácia de mecanismos de controles é essencial a disponibilização de um canal de denúncias, isento e independente, com reporte direto ao nível de gestão estratégica da companhia, a fim de evitar intervenções da administração (nível tático) no trânsito das informações, visto que, por vezes, as denúncias podem ser prejudiciais à administração.

Os incentivos e mecanismos de controle e responsabilização devem ser dosados conforme o benefício trazido ou a gravidade da conduta do agente, de forma que sejam proporcionais e sirvam de exemplo, positivo ou negativo, aos demais integrantes, visando promover condutas benéficas e coibir as prejudiciais.

4. As várias facetas da governança

Sendo o sistema de governança corporativa uma metodologia de gestão de informações, interesses e da tomada de decisão, sua implementação estará, necessariamente, relacionada com as preocupações da companhia.

Inexistindo normas legais cogentes a respeito do tema, surgiram normas de adoção voluntária que sistematizam as práticas de governança corporativa em diversas matérias.

Não faremos, nestas notas introdutórias, grande aprofundamento a respeito das diversas manifestações da governança corporativa. Ainda assim, é salutar trazer algumas de suas principais manifestações. Para tanto, recorreremos às normas da International Organization for Standardization (ISO).

Em 2021 a ISO publicou a série de normas 37000 (ISO 37000:2021) que trata da estruturação de processos de governança das organizações, referindo-se, neste caso, à gestão, em sentido amplo, das corporações, contendo, entre outras, medidas relativas à conformidade legal (*compliance*).

Igualmente, foram publicadas, em outras oportunidades, as séries de normas 14000 (ISO 140001:2015) para tratar da estruturação de sistemas de gestão ambiental; 27000 (ISO 27001:2022) para segurança da informação, cibernética e privacidade; 45000 (ISO 45001:2018) para saúde e segurança do trabalho; entre outros.

Cada um dos padrões ISO traz consigo uma série de recomendações voluntárias que podem ser adotadas por companhias a fim de sistematizar e padronizar sua gestão, podendo, em caso de adesão integral, a companhia obter uma certificação, por intermédio de auditores credenciados.

Assim, para ampliar a abrangência do sistema de governança corporativa, outras estruturas paralelas e específicas podem ser criadas, com comitês e foros específicos para discussão de temas de interesse à companhia, conforme exemplificado acima.

5. Conclusão

O sistema de governança corporativa, apesar de moderno, está presente na gestão de negócios desde seus primórdios; recentemente e com a abertura de mercados acionários e aumento da complexidade de corporações, passou a ser objeto de maior estudo e sistematização.

A função essencial de um sistema de governança corporativa é mitigar assimetrias de informação e de interesses entre os tomadores de decisão e os demais agentes envolvidos na gestão do negócio, sistematizando o reporte e acompanhamento de indicadores e o registro das decisões e seus fundamentos.

A existência de um sistema de governança corporativa independe do nível de complexidade da companhia ou mesmo do estabelecimento de regras escritas. Entretanto, é difícil a manutenção de um sistema de governança corporativa complexo e confiável em estruturas baseadas, exclusivamente na cultura corporativa.

Em estruturas mais complexas, é recomendável que sejam estruturadas normas escritas, assim como objetivos e metas a serem atingidos, para que seja possível estimular os integrantes desta estrutura a agirem no melhor interesse de seus gestores.

Como resultado da implantação de um sistema de governança corporativa, é de se esperar a adoção de práticas mais aderentes aos interesses dos investidores e maior transparência de informações a respeito dos diversos aspectos da companhia.

6. Referências bibliográficas

GUERRA, Sandra. *A caixa-preta da governança*. Rio de Janeiro: Best Business, 2017.

HARDIN, Garrett. The Tragedy of the Commons. *Science*, v. 162, n. 3859, 1968, pp. 1243-1248.

IBGC. *Código de Melhores Práticas de Governança Corporativa*. IBGC São Paulo, 2015.

INTERNATIONAL ORGANIZATION FOR STANDARDIZATION, série de padrões 14000.

_____. Série de padrões 37000.

_____. Série de padrões 45000.

JENSEN, Michael C.; MECKLING, William H. Theory of the firm: managerial behavior, agency costs and ownership structure. *Journal of Financial Economics*, Rochester, NY, v. 3, n. 4, p. 305-360, 1976.

MAZALLI, Rubens. ERCOLIN, Carlos Alberto. *Governança Corporativa*. FGV Editora, 2017.

NASH JR., John Forbes. *Equilibrium in n-person games. Proceedings of the National Academy of Sciences of the United States of America*. v. 36, n. 1 (Jan. 15, 1950), pp. 48-49.

NEUMANN, John von. MORGENSTERN, Oskar (with Oskar Morgenstern). *Theory of Games and Economic Behavior*. Princeton: Princeton University Press. 1944

ORGANIZATION FOR ECONOMIC COOPERATION AND DEVELOPMENT (OECD), G20/OECD Principles of Corporate Governance. *OECD Publishing*: Paris, 2015. Disponível em: http://dx.doi.org/10.1787/9789264236882-en. Acesso em: 20 maio 2022.

_____. OECD Corporate Governance Factbook 2021. OECD Publishing: Paris, 2021. Disponível em: https://www.oecd.org/corporate/corporategovernance-factbook.htm. Acesso em: 20 maio 2022.

A EVOLUÇÃO DA AGENDA ESG

Onara Oliveira de Lima[1]

1. Contextualizando ESG

Apesar de muitas pessoas entenderem que a sustentabilidade está mais atrelada ao futuro, claro que conectada às ações do presente, vale fazer o exercício de olhar no retrovisor para compreender o momento atual e o que levou a crescente demanda sobre o ESG, que foi potencializada e despertada pelo mercado financeiro *"Who Cares Wins"* em 2004 e, os Princípios para o Investimento Sustentável (PRI), em 2006. Ainda sob a visão da sustentabilidade, sem me aprofundar aqui no tema, podemos mencionar algo que começou há muitos anos com o chamado "Investimento Socialmente Responsável", em que alguns investidores começaram a restringir investimentos em empresas como fabricantes de tabaco, álcool, armas, o que foi se transformando nos últimos anos em algo muito mais amplo e profundo, e o ESG seguiu ganhando força e visibilidade. Em 2020, a pandemia de Covid-19 trouxe um despertar para questões até então um pouco adormecidas, como por exemplo, uma maior conscientização sobre justiça social e racial, que se

---

1   Formada em Engenharia Ambiental e Sanitária pela Universidade do Vale do Paraíba, em Engenharia de Segurança do Trabalho pela Universidade Paulista, com especialização em Gestão de Pessoas (ênfase em liderança organizacional) pela FIA e MBA em Gestão Empresarial pela FGV, Curso ESG: Como Repensar e Inovar os Negócios pelo IBGC, Sustainable Business Strategy – Harvard Business School e Programa Avançado em ESG na Saint Paul. Linkedin: https://br.linkedin.com/in/onaralima

fortaleceu globalmente, e ainda podemos destacar o posicionamento do então presidente eleito Joe Biden, potencializando e enfatizando o ESG e a responsabilidade corporativa em um nível sem precedentes, o que podemos perceber com os movimentos atuais que vêm sendo cunhados pelos reguladores, que só elevam o sarrafo do ESG, juntamente com as preocupações relacionadas a agenda, elevando-a ao topo das discussões. Ainda seguindo com a economia norte-americana, a Securities and Exchange Comission – SEC, deixou muito claro que ESG seria sua principal prioridade, quando o comissário Gary Gensler anunciou sua agenda de regulamentação. No topo da lista estava: divulgação relacionada ao risco climático, capital humano, diversidade, inclusive no conselho e risco de segurança cibernética/proteção de dados. E, com isso, podemos entender como serão as tendências globais, puxadas também pela Europa e suas bem implementadas regulamentações já amadurecidas e numa constante evolução. Chegamos à Comissão de Valores Mobiliários (CVM), onde o movimento não tem sido diferente, podemos citar a Resolução n. 59/2021 e a mais recente Portaria CVM/PTE/n. 10, de janeiro de 2023, que aprova as Política de Finanças Sustentáveis da Comissão de Valores Mobiliários.

2. ESG e *compliance*

O olhar atento dos profissionais de *compliance* nunca esteve tão fortalecido quanto a crescente responsabilidade relacionada as questões socioambientais, e claro, elevando a régua da governança sobre os aspectos ESG e suas regulamentações que surgiram como uma prioridade crítica nas organizações. Podemos citar algumas, como a Lei Geral de Proteção de Dados Pessoais, Lei n. 13.709/2018, que é a legislação brasileira que regula as atividades de tratamento de dados pessoais, outras medidas podem ser elencadas, a exemplo das atualizações e adaptações do Novo Mercado e do ISE (Índice de Sustentabilidade Empresarial), ambos da B3, a Lei das Estatais, a adoção *do IFRS Foundation (International Financial Reporting Standards)* e construção da padronização global através do *ISSB (International Sustainability Standards Board)*, regulamentações da *U.S.*

SEC (Securities and Exchange Commission), os recentes atos regulatórios do Bacen (Banco Central), CVM (Comissão de Valores Mobiliários) e Susep (Superintendência de Seguros Privados), que publicou o marco regulatório de sustentabilidade, e não parou por aí, diariamente temos visto novas regulamentações surgindo e fortalecendo a agenda, que por muito tempo esteve como ações voluntárias.

Com a adição dos deveres de diligência quanto aos aspectos ESG à lista complexa de responsabilidades de conformidade, as preocupações seguem par e passo com o escalonamento pelos esforços e compromissos ESG de uma empresa. A pergunta ou o desafio recorrente gira entorno da dúvida relacionada ao aparato existente que possa subsidiar o time de *compliance* quanto a falta de padronização existente neste amplo e profundo universo ESG. Mesmo estando o *compliance* bem preparado para desempenhar suas funções necessárias como a supervisão de políticas e procedimentos, controles internos, auditorias, treinamentos, medição e vigilância, sendo um salvaguarda ainda na linha de defesa, outras áreas da organização também devem desempenhar um papel significativo neste processo, sendo a Governança um elemento crucial e o ponto de partida para as empresas na construção de uma estrutura capaz de garantir que todos os pontos dessa conta-corrente estejam sendo contemplados, bem orientados e direcionados. Levando em consideração que as questões ligadas ao ambiental e social de uma companhia bem estruturada, necessariamente terão a conformidade relacionada aos riscos conectados ao negócio, aspectos jurídicos, financeiros (contabilidade), gestão do capital humano, entre outros, sempre sob o olhar e processos de governança.

Definir responsabilidades, priorizar e alocar esforços na construção da governança dos processos, pode ser um desafio para empresas que ainda não estão estruturadas e maduras quanto a agenda ESG. Isso vai depender de vários fatores como tipo, tamanho, objetivo da organização, ao nível de conhecimento e comprometimento da alta liderança, e até mesmo ligada ao apetite aos riscos atrelados a estrutura de conformidade ESG, que foi trazido como um conjunto de riscos do ponto de vista dos *Shareholders* relacionados principalmente a gestores de investimentos. Entretanto, observou-se ao longo dessa jornada evolutiva que deveria ser expandido para outras áreas, negócios, indústrias e sociedade. Ainda não existe uma bala de prata para fazer uma gestão única e completa dos aspectos ESG, mas já existe um direcionador que deve ser a Governança. Como gosto de dizer: a governança é o que pavimenta a estrada ESG.

Levando em consideração que não existe uma abordagem única para todas as organizações, é possível traçar uma estratégia que considere as prioridades e objetivos do negócio, e assim, moldar como serão gerenciados os compromissos relacionados aos temas materiais do negócio, e como será estabelecida a garantia de sua conformidade e acompanhamento de tais obrigações. O que se pode perceber é que, à medida que os padrões ESG e possíveis estruturas regulatórias estão sendo debatidas, vislumbramos um horizonte de padrões voluntários, até então, se tornando obrigatórios. Dessa forma, muitas empresas passaram a enfatizar a importância da construção de uma área de governança, que possibilitará acompanhar e até antecipar padrões e referências vindo dos reguladores. Todas as estruturações citadas acima serão conectadas e verificadas pelo *compliance*, que é parte fundamental do "G", perpassando pelo "E" e o "S", o que reforça a transversalidade dos aspectos ESG. O time de *compliance* e seus líderes desempenham um papel essencial na estrutura de governança da empresa e devem ocupar um espaço na mesa das decisões, mas vale ressaltar que não estamos falando sobre assumirem a responsabilidade ou posição como *Head* ESG, que envolve um conjunto de tarefas, controles, obrigações de relatórios atendendo aos regulamentos que exigem a divulgação, fazer a gestão dos programas de conformidade ESG e requisitos amplamente conectados com todos os processos de um negócio, o que traz luz ao tamanho do desafio e o quão significativo e estratégico dever ser. O desafio ainda consiste em traçar e combinar as estratégias de negócios e governança levando em consideração o *compliance* legal e não legal, os temas materiais e o que pode ser relevante para os aspectos ESG que deverão zelar pela reputação da empresa.

A Governança "Ambiental e Social" dos requisitos legais e temas aos quais a organização está comprometida publicamente devem estar resguardados pelos controles estabelecidos por políticas ou procedimentos, que serão capazes de rastrear, medir, monitorar e relatar o seu progresso. A tecnologia tem um papel vital neste processo de conformidade, onde garantir sua eficiência é também sobre resguardar as responsabilidades do Conselho, o chamado dever fiduciário. Compreender quais são os desafios para conectar um sistema de integridade, as práticas de *compliance* com a Cultura Organizacional e Políticas ESG, não é tão simples quanto parece, e deve ser um trabalho contínuo e consistente, sendo o engajamento das equipes o fator decisivo de sucesso nessa jornada com trabalho contínuo e consistente, que só terá sucesso com o compromisso da alta liderança. É preciso derrubar a tentação de segregar o ESG das demais áreas, pois o tema precisa ser transversal.

O complexo ecossistema que envolve reguladores, financiadores, investidores, empresários e a sociedade acompanha e determina o tom quanto ao papel das organizações, sejam elas do terceiro setor, sem fins lucrativos, de natureza pública ou privada, que sempre estão atreladas a atividade econômica e em busca de resultados positivos. Para tanto, precisamos buscar a eficiência na gestão dos processos, atentos a conformidade dos aspectos legais, e mais do que nunca, sendo parte estratégica desse universo a ética e integridade. Tornar perceptível a legitimidade dentro dos processos decisórios e trazer transparência é o que direciona para caminhos mais confiáveis entre os *stakeholders*. Neste sentido, podemos incluir os valores que são colocados em prática, e qual é a cultura organizacional e sua percepção sobre o sistema de governança. Temos mais aliados ou enfrentamos ainda resistências? Assim como na agenda ESG, encontramos com uma certa frequência o tom de crítica quando o assunto é estabelecer uma governança corporativa estruturada, onde entram questionamentos sobre o custo envolvido e o fato de que percebem como algo que pode burocratizar, tornar os processos ou tomadas de decisão morosos e ainda a interpretação de que os benefícios são intangíveis e os resultados só poderão ser notados no longo prazo. Como costumo ouvir por aí: "O que eu ganho investindo em ESG"? E eu tenho replicado: "Entendem o que podem perder ou arriscar se não investirem em ESG?"

Com o mercado cada vez mais atento e exigente, as organizações serão cada vez mais cobradas por melhores produtos e serviços, levando em consideração as questões socioambientais, demonstrando maturidade na transparência e gerando valor compartilhado para seus *stakeholders*, passando a confiança necessária, gerando credibilidade relacional. Caso contrário, estarão fadadas ao insucesso, arriscando até mesmo quanto à descontinuidade de seus negócios.

Seguindo com a conexão ESG e *Compliance*, estamos falando além da ética, de boas práticas, sendo mandatórias ou voluntárias, que possibilitem identificar, mitigar e gerenciar os ricos inerentes aos processos, e para aqueles que extrapolam o que são obrigações legais ou regulatórias, existe a real possibilidade de antecipar cenários, ter uma melhor percepção e gestão das externalidades, proporcionando vantagens competitivas em um mundo no qual a velocidade das mudanças e incertezas exigem soluções multidisciplinares para questões complexas, sendo crucial e decisivo o papel da liderança ao incorporar valores e legitimidade nas ações e decisões do dia a dia. Importante ter consistência e coerência entre o que é dito e o que realmente é feito. Dessa forma, a empresa poderá com tranquilidade e segurança se posicionar perante o mercado e suas expectativas na agenda ESG.

3. Cenários e dados: ESG e *compliance*

De acordo com o Mapa do *Compliance* do Brasil, em 2022 o Anuário *Compliance* ON TOP:

> "Não se pode gerir um programa de *Compliance* robusto e eficaz sem recursos. Considerando aquele que é provavelmente um dos dois aspectos fundamentais para comprovar o comprometimento da alta administração com o *Compliance*, o oferecimento de recursos humanos e financeiros (ao lado da liberdade de atuação, outro aspecto fundamental) está sendo ofertado, de acordo com os dados da pesquisa do *Compliance On Top* deste ano, em níveis superiores aos de outros anos. Vale lembrar que, de acordo com o próprio novo decreto da Lei Anticorrupção (n. 11.129/2022), é explícito ao dizer que o suporte da alta direção deve ser demons-

trado por meio da oferta de recursos adequados para o correto exercício da atividade"[2].

Assim como, em *compliance*, ESG também precisa ter acesso a orçamentos compatíveis com os desafios existentes. Conectado a esse universo, a transparência na gestão orçamentária quanto aos investimentos relacionados a melhorias dos processos para que sejam cada vez mais sustentáveis, ou até mesmo proporcionar recursos humanos e financeiros para garantir que os indicadores ESG e os compromissos da companhia possam ser implementados e obter retorno positivo, o chamado VPL verde, o qual sugere extrapolar a análise para um cenário mais amplo, que leve em consideração a capacidade de investimentos sustentáveis a longo prazo e os impactos ambientais, econômicos e sociais que estejam ligados aos processos e produtos da organização. Com processos bem estruturados do ponto de vista da governança/*compliance* sobre os aspectos ESG, é possível, por exemplo, preparar um *Framework* para emissão de um Título Sustentável, levando em consideração que, cada vez mais os critérios socioambientais têm sido incentivados pelos bancos na hora de obter acesso ao crédito, podendo até oferecer taxas de juros mais atrativas, na seleção de projetos que tenham atributos positivos do ponto de vista socioambiental, sendo atrelado a indicadores ou metas de acompanhamento. A emissão de um Título Sustentável reflete o posicionamento da empresa, bem como a reputação da marca diante do mercado, dado o fato de que os investidores estão cada vez mais atentos ao alocar seus recursos, e ser uma organização sustentável, capaz de acompanhar e se adaptar as mudanças, pode reforçar seu diferencial competitivo.

Ainda de acordo com o Mapa do *Compliance* do Brasil, em 2022 o Anuário *Compliance* ON TOP:

> "**O PESO DA REGULAÇÃO SOBRE O ESG:** Basta ver a quantidade cada vez maior de instituições do setor financeiro que vêm sendo multadas no mundo inteiro pela prática de greenwashing para entender o porquê de esse setor dar especial aten-

---

2   Disponível em: https://complianceontop.com.br/wp-content/uploads/2022/12/ON-TOP-SITE.pdf, p. 19-20.

ção aos temas relacionados à política ambiental. O tema deixou de ser apenas uma pauta em discussão e já foi incorporado aos processos de avaliação dos reguladores do setor. O reflexo disso é que a área de *Compliance* exerce um papel muito mais amplo em relação à agenda ambiental das companhias do setor financeiro do que ao mundo corporativo de forma geral. Quer um exemplo? Enquanto na base da pesquisa do *Compliance On Top*, 21,1% dos respondentes que atuam em empresas dizem que o *Compliance* é responsável por garantir a conformidade com as regras ambientais e os compromissos institucionais assumidos pela empresa em relação ao tema, quando se recorta apenas os respondentes que atuam no segmento financeiro, o percentual dobra, indo para 47,2%. Por outro lado, em aspectos relacionados com o Social da Agenda ESG que não são alvo de nenhuma regulamentação específica, os resultados pouco diferem dos outros setores da economia. Este é o caso da participação do *Compliance* nas políticas de Diversidade e Inclusão das companhias, cujos percentuais relacionados aos diferentes níveis de engajamento da área em relação ao tema estão bastante alinhados"[3].

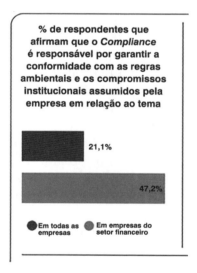

O Pacto Global da ONU no Brasil lançou em abril de 2022 a Ambição 2030, uma estratégia que conta com sete grandes Movi-

---

3   Disponível em: https://complianceontop.com.br/wp-content/uploads/ 2022/12/ON-TOP-SITE.pdf, p. 46-47.

mentos, que visam acelerar as metas propostas pela Agenda 2030 da ONU. Entre eles, está o Movimento Transparência 100%.

"O tema de combate à corrupção também está entre os mais importantes para o setor privado brasileiro. O ***Movimento Transparência 100%*** tem como objetivo desenvolver instituições eficazes, responsáveis e transparentes em todos os níveis, encorajando e capacitando as empresas para ir além das obrigações legais, fortalecendo mecanismos de transparência e integridade, dentro do ODS 16 (Paz, Justiça e Instituições Eficazes)"[4].

Os Compromissos são[5]:

- cem por cento de transparência das interações com a Administração Pública;
- remuneração cem por cento íntegra da alta administração;
- cem por cento da cadeia de valor de alto risco treinada em Integridade;
- cem por cento de transparência da estrutura de *Compliance* e Governança;
- cem por cento de transparência sobre os canais de denúncias.

Entre os desdobramentos do Movimento mencionado acima, visando acompanhar e mensurar o desempenho das empresas que assumiram os compromissos, foi lançado pela Rede Brasil do Pacto Global da ONU, consultoria Resultante e organizações parceiras o Observatório 2030, uma iniciativa para apoiar o setor empresarial com dados e evidências para fortalecer os compromissos públicos empresariais rumo aos ODS.

De acordo com a matéria da *Exame*, publicada em 12 de fevereiro de 2023, sob o Título *Observatório 2030: empresas avançam em transparência, mas precisam melhorar em diversidade e clima*[6]:

---

4   Disponível em: https://www.pactoglobal.org.br/noticia/559/pacto-global-da-onu-lanca-ambicao-2030-e-convida-empresas-a-assumirem-metas-e-compromissos-para-questoes-urgentes-do-brasil.

5   Disponível em: https://www.pactoglobal.org.br/movimento/transparencia100porcento/.

6   Disponível em: https://exame.com/esg/observatorio-2030-empresas-avancam-em-transparencia-mas-precisam-melhorar-em-diversidade-e-clima/.

"O número de funcionários treinados em anticorrupção saltou dentro das empresas, de 43,24% em 2018 para 59,90% em 2020, é o que mostra o Observatório 2030... Os melhores indicadores estão relacionados ao tema anticorrupção. Entre 2018 e 2020, verifica-se um aumento de funcionários treinados em anticorrupção, tendo em vista o aumento de 43,24% em 2018 para 59,90% em 2020. Importante sinalizar que o percentual de terceiros treinados em corrupção ainda é muito baixo (0,48% em 2020), apontando ainda este desafio para as empresas.

Outro indicador importante, que é o canal de denúncias anônimas, também é positivo: 97,56% das empresas possuem um canal de denúncias aberto à sociedade, com garantia de anonimato e de não retaliação".

Em 2021 a STILINGUE se uniu ao Pacto Global para produzir o relatório "A evolução do ESG no Brasil", com o objetivo de compreender como as conversas sobre a agenda estavam evoluindo no país, traçar um panorama geral sobre essa discussão e identificar as áreas de atuação das organizações. Para dar continuidade ao trabalho, houve a junção à consultoria Falconi em uma parceria que resultou na pesquisa "Como está a sua agenda ESG?", e segundo o último Relatório, publicado em fevereiro de 2023:

"O Pilar Governança Avançando com ESG. Com base nas respostas das organizações pesquisadas, a agenda de governança se pauta mais fortemente em ter um código de ética e comportamento (foco de 85,8% das organizações), trabalhar a cultura, valores e propósito (74,2%) e ter políticas de *compliance* (66,8%). O tema de sucessão de pessoas chaves é o menos trabalhado por empresas de todos os portes e segmentos".

4. Cultura organizacional como um fator de sucesso

A cultura organizacional precisa ter como fator de sucesso a Integridade e a Ética. Neste caso, estamos falando de *"soft skills"*, mas que trazem processos fortes no engajamento conectado ao valor humano. Entretanto, ainda vemos a cultura sobre a prestação de contas com controle rígido, fiscalização, transparência e a responsabilização, que foi o caminho encontrado pelas companhias para alcançar uma governança efetiva, dando clareza sobre a não tolerância a corrupção, ou o famoso "jeitinho brasileiro" que esteve por muitos anos atrelado aos aspectos culturais no país. O art. 155 da Lei das S.A., por sua vez, já impõe ao administrador o dever de servir com lealdade à companhia e manter reserva sobre os seus negócios, mas a responsabilidade do administrador em relação a desvios éticos não se resume à sua própria conduta ética, mas engloba também o dever de zelar pela implementação e difusão da **cultura ética na companhia**, tanto pela implementação dos instrumentos clássicos de um programa de integridade, como também, e principalmente, pela adoção de ações concretas que não deixem dúvidas sobre a opção adotada pela empresa. O conselho de administração tem papel e responsabilidade fundamental nesta missão. O IBGC, na construção da 6ª edição de seu Código de Melhores Práticas, trouxe a ética como fundamento da governança corporativa, contemplada em cinco princípios: integridade, transparência, equidade, responsabilidade e sustentabilidade.

O papel da Liderança na cultura organizacional é como o coração do processo, e deve trabalhar especialmente no tema *Compliance*, como um exemplo em ações e comportamento, e proporcionar um ambiente auspicioso de relação de confiança, onde o colaborador consegue se enxergar como protagonista da situação e não apenas uma simples peça da engrenagem, a tendência desse tipo de abordagem é o maior engajamento, motivação e comprometimento do time, que sem dúvida culminará em melhores resultados e processos mais alinhados ao *compliance*. Nesse cenário, a palavra *"Accountability"*, que era pouco falada no Brasil até então, passou a ser utilizada com uma certa frequência com o fortalecimento da agenda ESG. A cultura de *accountability* reforça o compromisso com o senso de dono, o ambiente de confiança, a abertura à comunicação, o incentivo ao fortalecimento da equipe, as oportunidades constantes de melhoria e de atingir objetivos de forma ágil e eficiente.

O tom precisa vir do topo. Os esforços devem começar e ser sustentados pelas lideranças, que modelam a importância da conformidade em suas próprias ações, passando o exemplo adiante. É essencial que C-levels estejam forte e visivelmente engajados e reverberem a importância estratégica, e totalmente alinhados com o *compliance* legal, reputacional e moral.

Puxando o gancho e conectando os temas, a adesão de uma empresa ao ESG não tem outra opção além de seguir o que foi dito acima, inevitavelmente precisa ser um movimento genuíno, estrategicamente de cima para baixo, que tem início no mais alto nível de governança, alinhado com a sua missão institucional, seus valores e sua cultura organizacional. Uma empresa sem compromisso com o *compliance* e sem a cultura de fazer o certo terá, quase invariavelmente, insucesso na implementação de uma agenda ESG.

Citando a postagem do Alexandre di Miceli[7], publicado no LinkedIn em 14 de janeiro de 2020:

> "Cumprimento das regras: de top down limitado ao compliance e controles para *soft controls* alicerçados na ética e na confiança: A maneira de alcançar o cumprimento das regras é outro trajeto fundamental. Em vez da abordagem *top-down* baseada em controles e limitada aos programas tradicionais de compliance, ainda predominante na maioria das empresas, é preciso avançar rumo a um paradigma centrado na cultura ética e na confiança.
>
> Essa evolução rumo aos chamados *soft controls* permitirá, em última instância, criar empresas autogovernadas nas quais o monitoramento das pessoas será feito por seus próprios pares como resultado de uma cultura forte e saudável alicerçada em valores inegociáveis.
>
> Muitas organizações já perceberam que instaurar uma cultura ética é a chave para prevenir comportamentos antiéticos. Como resultado, passaram a investir em sua mensuração objetiva e monitoramento contínuo, algo muito mais saudável e eficaz do que procurar controlar tudo e todos".

E por que a cultura come a estratégia no café da manhã? Quando Peter Drucker diz que a cultura come a estratégia no café da manhã, **quer dizer que a essência da empresa prevalece sobre qualquer tipo de planejamento ou tática.**

---

7 Disponível em: https://pt.linkedin.com/pulse/sete-jornadas-de-gest%C3%A3o-e-governan%C3%A7a-s%C3%A9culo-xxi-alexandre-di-miceli.

Cultura é sobre comportamento humano. Em um processo de engajamento ou mesmo de mudança da cultura organizacional, o planejamento estratégico só terá sucesso se for capaz de levar em consideração os fatores humanos. O ser humano é o principal vetor de mudança, seja para o bem ou para o mal.

A Figura[8] a seguir deixa boas reflexões sobre esse processo, que eu chamaria de: A digestão da mudança.

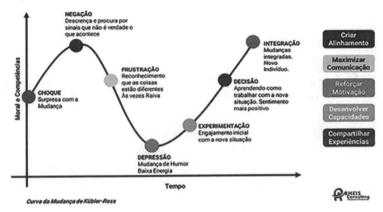

5. Reflexões pessoais

Como engenheira ambiental e profissional da área de sustentabilidade ESG, com uma trajetória iniciada em 2003, tenho a visão, percepção ou até mesmo opinião sobre as questões de sustentabilidade: avaliando a emergência desse discurso na prática, podendo ser um forte catalisador transformador saindo de um lugar vago, difuso e genérico, sujeito a várias interpretações, apropriações chegando até mesmo a polarização quanto a um tema de tamanha relevância para a sobrevivência humana na terra, acredito que não há mais espaço para o modelo do desenvolvimento econômico chamado *"Business as usual"* onde ignorar suas externalidades e efeitos colaterais impostos a sociedade, fazia parte do desenvolvimento a

---

8   Disponível em: https://www.rheis.com.br/post/gestão-da-mudança.

qualquer preço. Não podemos mais desprezar que o meio ambiente é um *Stakeholder* relevante, e sua conservação e a defesa do patrimônio natural, dos bens e dos recursos comuns não é mais uma opção.

O *Relatório Nosso futuro comum*, da Comissão Brundtland, das Nações Unidas, propôs, em 1987, o desenvolvimento sustentável – "aquele que procura atender às necessidades e aspirações do presente sem comprometer a capacidade de atender às do futuro".

Para evoluirmos e alcançar um desenvolvimento sustentável na prática, é preciso superar impasses, interesses próprios e construir consensos e valores democráticos. **A qualidade do debate precisa evoluir.** A polarização é perigosa e pode nos levar a inércia e retrocessos que não cabem mais. E não temos tempo para isso.

O crescimento econômico sem levar em consideração a capacidade regenerativa do planeta, já mostrou suas falhas, consequências e prejuízos, e os *stakeholders* seguirão sancionando práticas cujos altos custos socioambientais não são levados em consideração, trabalhando na gestão de consequências, o que exige revisão, correção e mitigação, e consequentemente aumento de custos atrelados a ineficiência operacional. E toda ineficiência operacional, traz impactos socioambientais negativos.

Os aspectos econômico-financeiros seguirão dando o tom evolutivo na agenda ESG, e seja por consciência, seja por inteligência, por necessidade, ética, *compliance*, seja por qual caminho for, mas a demanda pelo crescimento econômico sustentável é um caminho sem volta.

6. Referências bibliográficas

BRASIL. Anuário *Compliance* ON TOP. LEC – Legal, Ethics, *Compliance*, VITTORE Partners, 2022. Disponível em: https://complianceontop.com.br/wp-content/uploads/2022/12/ON--TOP-SITE.pdf. Acesso em: 8 maio 2023.

DI MICELI, Alexandre. *Sete jornadas de gestão e governança no século XXI.* LinkedIn, 2020. Disponível em: https://www.linkedin.com/pulse/sete-jornadas-de-gest%C3%A3o-e-governan%C3%A7a-s%C3%A9culo-xxi-alexandre-di-miceli/?originalSubdomain=pt. Acesso em: 8 maio 2023.

FILIPPE, Marina. Observatório 2030: empresas avançam em transparência, mas precisam melhorar em diversidade e clima. *Exame*, 2023. Disponível em: https://exame.com/esg/observatorio-2030-empresas-avancam-em-transparencia-mas-precisam-melhorar-em-diversidade-e-clima/. Acesso em: 8 maio 2023.

GESTÃO DA MUDANÇA. *Rheis Consulting*, 2022. Disponível em: https://www.rheis.com.br/post/gest%C3%A3o-da-mudan%C3%A7a. Acesso em: 8 maio 2023.

LINKEDIN. LinkedIn, 2023. Onara Oliveira de Lima. Disponível em: https://www.linkedin.com/in/onaralima/?originalSubdomain=br. Acesso em: 8 maio 2023.

PACTO GLOBAL. *Pacto global da ONU lança Ambição 2030 e convida empresas a assumirem metas de compromissos para questões urgentes do Brasil*, 2022. Disponível em: https://www.pactoglobal.org.br/noticia/559/pacto-global-da-onu-lanca-ambicao-2030-e-convida-empresas-a-assumirem-metas-e-compromissos-para-questoes-urgentes-do-brasil. Acesso em: 8 maio 2023.

_____. *Pacto global:* movimento transparência 100 por cento, 2023. Página Inicial. Disponível em: https://www.pactoglobal.org.br/movimento/transparencia100porcento/. Acesso em: 8 maio 2023.

A RELEVÂNCIA DE ESG NAS EMPRESAS E A CONEXÃO COM *COMPLIANCE*

Deise Cristine Barra[1]
Flavia Sallum Jaluul[2]

1. Conceito e surgimento

Muito se fala hoje sobre ESG e da valorização que o mercado e acionistas concedem às ações a ele relacionadas. Mas o que é ESG? E em qual pilar ESG se conectaria ao *Compliance*?

ESG na realidade é uma sigla em inglês, que significa *Environmental* (Ambiental), *Social* (Social) e *Governance* (Governança).

Em um primeiro contato com o tema, é muito comum confundirmos ESG com sustentabilidade, pois, inicialmente, o conceito de desenvolvimento sustentável se deu, no seguinte sentido: "aquele que atende às necessidades do presente sem

---

1   Pós-graduanda em MBA Gestão e Business Law, FGV (2023), pós-graduada no MBA em Gestão Empresarial, FGV (2012) e *Business and Management for Internacional Professionals, University of Irvine/USA* (2011), Diplomada em Ciências Jurídicas e Sociais pela Universidade do Vale do Rio dos Sinos/Unisinos (1993). Advogada com atuação no Direito Civil, com ênfase em Direto Imobiliário, Regulatório e Ambiental. E-mail: deise@basa.adv.br

2   Especialista em *Compliance* com Certificação CPC-A (2021), pós-graduada em Administração de Empresas, FGV(2017). Diplomada em Direito pela Pontifícia Universidade Católica de São Paulo/PUC-SP (2003). Advogada com atuação em Direito Civil, com ênfase em *Compliance*, Societário, Imobiliário e Regulatório.

comprometer a possibilidade de as gerações futuras atenderem as suas próprias necessidades" (BRUNDTLAND, 1987)[3].

Porém, ESG é muito mais amplo e abrangente, pois concerne às relações existentes internas das empresas (colaboradores) e externas (*stakeholders*), bem como a busca de medidas que visem ao desenvolvimento humano, promovendo diversas ações nos aspectos de diversidade, minorias, combate à corrupção, entre outros.

Para uma melhor compreensão do conceito, se faz necessário entender a criação e a evolução de ESG no tempo.

O termo *ESG* surgiu pela primeira vez em 2004, em uma publicação do Pacto Global da Organização das Nações Unidas (ONU) em parceria com o Banco Mundial, denominada *Who Cares Wins*[4]. O então Secretário da ONU, Kofi Annan, fez uma provocação a CEOs de instituições financeiras sobre a integração de fatores sociais, ambientais e governança no mercado de capitais. Esse endosso foi feito por cerca de 20 instituições financeiras de 9 países diferentes, tais como Banco do Brasil, Credit Suisse, Deutsche Bank, Goldman Sachs e outros, sendo considerado o documento precursor em que as instituições financeiras foram instigadas a integrar os fatores ESG ao mercado de capitais (PWC, 2004)[5].

Em 2006, foram criados os seis Princípios do Investimento Responsável, lançados sob a liderança da Iniciativa Financeira do Programa da ONU.

Os princípios são: 1) incorporar temas ESG às análises de investimento e aos processos de tomada de decisão; 2) ser proativo e incorporar temas ESG às políticas e práticas de propriedade de ativos; 3) buscar sempre que as entidades nas

---

3   BRUNDTLAND, Harlem *et al.* Comissão Mundial sobre Ambiente e Desenvolvimento. Nosso Futuro Comum, 1987. p. 41-59 Disponível em: https://sustainabledevelopment.un.org/content/documents/5987our-common-future.pdf.

4   "Ganha quem se importa".

5   PWC. *The Global Compact. Who Cares Wins:* Connecting Financial Markets to a Changing World. Financial Sector Iniciative, p. 1-40, 15 jun. 2004. Disponível em: https://pt.scribd.com/fullscreen/16876740?access_key=key-16pe23pd759qalbnx2pv.

quais investe divulguem suas ações relacionadas aos temas de ESG; 4) promover a aceitação e implementação dos Princípios dentro do setor de investimento; 5) trabalhar unido para ampliar a eficácia na implementação dos Princípios e; 6) cada um divulgará relatórios sobre atividades e progresso da implementação dos Princípios.

Com o passar do tempo, tal qual como em *Compliance*, os temas de ESG passaram a ter mais e mais importância e são apresentados de uma forma mais estruturada, tanto para acionistas quanto para o mercado em geral.

2. Pilares principais

Conforme explicado, ESG é um conceito amplo que envolve 3 (três) pilares: Ambiental, Social e Governança Corporativa.

Cada um destes pilares, assim como os Seis Princípios do Investimento Responsável, é composto por uma série de critérios a serem considerados, seja por investidores socialmente responsáveis ou por empresas que pretendem adotar uma postura operacional mais favorável a ESG.

Para melhor entendimento, se faz necessária a avaliação de cada critério, conforme a seguir.

Ambiental: os critérios ambientais se referem à preocupação com os recursos naturais e os impactos no planeta como um todo, incluem o uso de fontes de energia renováveis, gerenciamento de resíduos (reciclagem, destinação correta, logística reversa), gestão de problemas relacionados a poluição do ar ou da água decorrentes de suas operações; desmatamento, reflorestamento, temas envolvendo aquecimento global, emissão de carbono etc.

Social: os critérios sociais estão relacionados aos temas que norteiam os direitos humanos, tendo como bandeira mais comum a proteção aos direitos trabalhistas, diversidade e inclusão. Neste pilar são abordados temas que demonstram a preocupação da organização com as pessoas e a comunidade em geral. Incluem relacionamento com colaboradores, gestão de conflitos, diversidade, igualdade de gênero, apoio às comunidades locais por meio de participação em projetos ou desen-

103

volvimento de projetos próprios, economia circular, ações de saúde e segurança e educação.

Governança corporativa: os critérios de governança estão relacionados à importância da governança corporativa, riscos, *Compliance* etc. Está intimamente ligada a temas como gestão executiva, transparência, processos, políticas, gestão de conselhos de administração, anticorrupção, ética etc.

Pode-se dizer que há uma conexão entre os pilares ESG e os 10 (dez) Princípios Universais do Pacto Global[6], nos quais temos:

Em direitos humanos: 1) as empresas devem apoiar e respeitar a proteção de direitos humanos reconhecidos internacionalmente; e 2) assegurar-se de sua não participação em violações desses direitos.

Em trabalho: 3) as empresas devem apoiar a liberdade de associação e o reconhecimento efetivo do direito à negociação coletiva; 4) a eliminação de todas as formas de trabalho forçado ou compulsório; 5) a abolição efetiva do trabalho infantil; e 6) eliminar a discriminação no emprego.

Em meio ambiente: 7) as empresas devem apoiar uma abordagem preventiva aos desafios ambientais; 8) desenvolver iniciativas para promover maior responsabilidade ambiental; e 9) incentivar o desenvolvimento e difusão de tecnologias ambientalmente amigáveis.

Em anticorrupção: 10) as empresas devem combater a corrupção em todas as suas formas, inclusive extorsão e propina.

Ademais, os critérios ESG estão também relacionados aos 17 Objetivos de Desenvolvimento Sustentável, conhecidos como ODS[7].

---

6   Disponível em: https://pactoglobal.org.br/10-principios.
7   Disponível em: https://www.pactoglobal.org.br/ods e https://www.pactoglobal.org.br/a-iniciativa.

3. Governança Corporativa – ESG e *Compliance*

Primeiramente, ressalta-se a importância da Governança Corporativa nas empresas para implementação das diretrizes ESG e *Compliance* com práticas de forma sustentável. Ao mesmo tempo, implementar tais práticas de ESG e *Compliance* retroalimentam a Governança Corporativa trazendo mais transparência e credibilidade às relações da empresa.

Para a Comissão de Valores Mobiliários – CVM (2002)[8], Governança Corporativa assim se define:

> "Governança corporativa é o conjunto de práticas que tem por finalidade otimizar o desempenho de uma companhia ao proteger todas as partes interessadas, tais como investidores, empregados e credores, facilitando o acesso ao capital. A análise das práticas de governança corporativa aplicada ao mercado de capitais envolve, principalmente: transparência, equidade de tratamento dos acionistas e prestação de contas".

Pode-se afirmar que o conjunto de boas práticas que visa aprimorar o desempenho da empresa, em especial no tocante à relação entre acionistas, administradores, executivos e conselho de administração, é conceituado como governança corporativa.

---

8   CVM. *Cartilha de governança corporativa*. 2002.

A Organização para Cooperação e Desenvolvimento Econômico (OCDE) define a Governança Corporativa como:

"Governança Corporativa envolve um conjunto de relacionamentos entre a direção de uma empresa, seus acionistas e outras partes interessadas. A Governança Corporativa também fornece a estrutura pela qual os objetivos da empresa são estabelecidos, e são determinados os meios para se alcançarem esses objetivos e para se monitorar o desempenho (OCDE, 2004, p. 11, apud VALENTE, 2018, p. 8)"[9].

Desta forma, verifica-se que as propostas do Pacto Global norteiam as empresas tanto para ESG quanto para *Compliance*. É possível dizer que os temas caminham juntos em sincronia e que *Compliance* é parte de ESG.

Mas podemos afirmar que a existência de um programa de *Compliance* cumpre o requisito de Governança, de ESG?

A resposta é não. O pilar de governança de ESG é mais amplo e por óbvio ter um programa de *Compliance* irá auxiliar nos pilares de ESG como um todo. Elementos básicos de um programa de *Compliance* como por exemplo a existência de código de ética ou de conduta, canal de denúncias, transparência, controles auditáveis e gestão de riscos fazem parte do pilar Governança.

Pode-se, portanto, afirmar que são programas ou iniciativas totalmente conectadas em uma empresa.

Compliance irá atuar apoiando ESG em diversas frentes. Um exemplo disso é a gestão de riscos de terceiros, com base em *due diligences*, avaliando os pilares de ESG também dentro destes terceiros, tais como o cumprimento de normas trabalhistas, boas práticas ambientais e de governança.

A definição de políticas e procedimentos que norteiam a construção de relacionamentos da empresa, seja com entes públicos ou com entes privados, os limites por ela aceitáveis e canais para dúvidas e denúncias serão extremamente necessários.

---

9   VALENTE, Paulo Gurgel. *Governança corporativa:* guia do conselheiro para empresas familiares ou fechadas. Rio de Janeiro: Alta Books, 2019. Disponível em: https://integrada.minhabiblioteca.com.br/books/9788550813325.

Importante frisar que o Brasil é um país de dimensões continentais, que possui diversos níveis de realidade social, financeira, de aspectos culturais e é certo que esta complexidade traz o desafio de que a implementação de práticas de ESG deva levar em consideração estas peculiaridades. Isto não quer dizer flexibilizar os valores e princípios norteadores de ESG e/ou de *Compliance*, mas adaptar as práticas diante de cada um dos cenários, o que certamente representará uma maior complexidade dos controles a serem implementados.

Neste contexto, um bom programa de *Compliance* se mostra essencial, especialmente por trazer ferramentas que auxiliam na avaliação de riscos e implementação de controles efetivos e auditáveis.

Importante pensar que iniciativas de ESG, especialmente em itens estruturais como energia, saneamento, educação passam pela ampliação da visão do negócio, na medida em que a empresa deixa de focar exclusivamente no seu *core business* para enxergar estas atividades ao implementar as suas práticas de ESG. Por exemplo, um indústria terá de observar normas reguladoras de educação ao implementar projetos desta natureza, o que se traduz, na obtenção de autorizações, licenças etc.

As iniciativas em ESG podem então alterar a avaliação de risco inicial realizada por *Compliance*.

Desta forma, seja em razão da correlação entre as iniciativas, seja para manter efetivo e não apenas escritos os programas de ESG e *Compliance*, ambos devem caminhar juntos, estar no radar da alta administração da empresa e alinhados com os planos estratégicos e de negócio da empresa.

Portanto, a clareza na definição dos conceitos e diretrizes de Governança Corporativa se faz necessária tanto para a implementação do *Compliance* e constante avaliação / gestão de riscos quanto para atender a um dos pilares de ESG e nortear decisões e ações para o desenvolvimento de seus projetos.

4. Importância do alinhamento das estratégias de ESG com os planos de negócio das empresas

O plano de negócios da empresa norteia todos os aspectos que possam afetar, sejam positivos ou negativos, os resultados por ela almejados e, nessa análise ampla do cenário, as estratégias de ESG estão conectadas diretamente com a gestão empresarial.

A implementação robusta das diretrizes de ESG impacta diretamente na imagem da empresa, vez que atribui valor a toda a cadeia, sendo considerada atrativa para clientes, acionistas, *stakeholders,* investidores, havendo, portanto, um reconhecimento no mercado de modo geral.

Nesta linha, o mercado vem buscando formas de classificar e quantificar as ações de ESG. Um exemplo disso é o ISE da B3, Índice de Sustentabilidade Empresarial, indicador criado em 2005, pelo Banco Mundial, visando avaliar o desempenho das cotações de ativos de empresas comprometidas com a sustentabilidade, e auxiliando a tomada de decisão de investidores em negócios que efetivamente possuem e implementam as práticas de ESG.

O comprometimento da empresa com a sustentabilidade empresarial pode ser, portanto, avaliado não apenas nos relatórios anuais que demonstram as ações de ESG praticadas, mas também de uma forma estruturada em indicadores e índices. Para tanto, diversos índices podem ser considerados, tais como: i) ISE B3 – Índice de Sustentabilidade Empresarial; ii) ICO2 B3 – Índice Carbono Eficiente; iii) IGC – Índice de Ações com Governança Corporativa Diferenciada; iv) IGCT – Índice de Governança Corporativa Trade; v) IGC – NM – Índice de Governança Corporativa – Novo Mercado; vi) ITAG – Índice de Ações com *Tag Along* Diferenciado.

Desta forma, as empresas que não se conscientizarem da importância da implementação de ESG, irão se tornar em um curto período "obsoletas" ou "retrógradas" para o mercado, o que certamente demandará um novo planejamento e o seu reposicionamento.

É, nesse sentido, de extrema relevância a capacitação e participação dos colaboradores como um pilar da empresa na implementação das práticas de ESG e de *Compliance,* gerando uma conscientização que transcende a própria organização, atingindo a sociedade na qual essas pessoas estão inseridas de forma abrangente.

Sendo ESG parte do plano de negócios, parte da cultura da empresa, a execução das ações e práticas torna-se algo pertencente à empresa e não um programa separado ou algo pontual a ser realizado.

Cabe ressaltar que o ESG traz inúmeras vantagens para a empresa e, na leitura de alguns exemplos, é latente a necessidade de conexão entre ESG e os planos e estratégias da empresa. Vejamos então alguns exemplos: i) maior produtividade com redução de custos operacionais; ii) fidelização dos clientes de produtos e/ou serviços considerados sustentáveis; iii) alocação de investimento em razão da equidade, transparência e segurança no negócio; iv) melhor visibilidade e gestão da cadeia de suprimentos; v) financiamento de projetos sustentáveis com taxa de juros e prazos mais atrativos; vi) mitigação de riscos etc.

Dentro deste cenário, há que se ter extremo cuidado para que a empresa não seja configurada como sendo *greenwashing*, ou seja, uma empresa em que as atitudes, marketing e ações diferem do discurso em ESG. É como se as ações de ESG não ultrapassassem as letras do papel, deixando de se concretizar de fato.

O posicionamento da empresa acerca do tema, portanto, passa a ser de extrema relevância. Mas ainda mais importante do que o posicionamento é a demonstração de que, de fato, as ações, propostas em um programa, são de fato praticadas, disseminadas e implementadas pela empresa.

Torna-se relevante e necessária a definição de indicadores, mais conhecidos como KPIs (*Key Performance Indicators*), com a finalidade de demonstrar ao mercado como um todo, o desempenho baseado no impacto ambiental e responsabilidade social.

Os KPIs normalmente são criados para cada uma das áreas do desenvolvimento sustentável, totalmente integrados à missão, visão, cultura e estratégia da empresa. Contemplados em relatórios, costumeiramente publicados em sites institucionais e outras mídias sociais, os KPIs são capazes de demonstrar não apenas uma gama de ações em indicadores, mas a evolução das ações no tempo, constituindo como fator relevante para a geração de valor a longo prazo da empresa.

Ademais, os investidores buscam empresas com viés sustentável para aplicações financeiras denominadas *Socially Responsible Investiment* (SRI), em que são avaliadas as habilidades e competências para lidar com riscos econômicos, sociais e ambientais, e de governança corporativa, em que as práticas de ESG estão diretamente relacionadas a tomada de decisões de investimento.

Assim, não resta dúvida da importância do alinhamento das estratégias de ESG ao plano de negócio da empresa, pois demonstra a conduta ética e transparente e, ao final, obtendo a confiança de investidores e consumidores.

5. Tendências de ESG

As iniciativas globais de ESG visam garantir que as empresas adotem práticas mais sustentáveis. A ONU (Organização das Nações Unidas) promove várias dessas iniciativas, tais como:

Global Reporting Initiative (GRI) – Padronização mundial dos relatórios de sustentabilidade das empresas, abrangendo, entre outros, temas como: governança, diversidade, resíduos, biodiversidade, direitos humanos, emissões.

Pacto Global – Em 2000, secretário-geral das Nações Unidas, Kofi Annan, lançou o Pacto Global, para que as estratégias das empresas estejam alinhadas com os Dez Princípios universais.

Princípios para o Investimento Responsável (PRI) – Seis princípios para a incorporação de critérios ESG nas práticas de investimentos.

Acordo de Paris – Importante tratado mundial para redução do aquecimento global, tendo como principais metas a redução da vulnerabilidade a eventos climáticos extremos e estimulação financeira aos países menos desenvolvidos para efetivo cumprimento das metas.

Agenda 2030 – Constitui uma iniciativa da ONU para o desenvolvimento sustentável sob os aspectos sociais, ambientais e econômicas, entre eles: erradicação da fome, redução das desigualdades, educação de qualidade.

Sustainability Accounting Standards Board (SASB) – Criado em 2011, com intuito de divulgar padrões de indicadores, relatórios e iniciativas relacionadas a sustentabilidade corporativa de empresas e investidores, com foco em ESG. Estruturado em cinco pilares principais, a saber: capital humano, capital social, liderança e governança, modelo de negócio e inovação, e meio ambiente.

Na atualidade, como tendências de ESG, destacam-se as seguintes iniciativas:

Mercado de Carbono: relacionado ao combate às mudanças climáticas, em que as empresas buscam minorar os danos ambientais. Apesar de não ser um tema novo, as metas de redução de carbono divulgadas globalmente pelos países trazem este tema à tona e fazem do mercado de carbono uma frente importante de ESG, seja por meio de ações que objetivam reduzir o impacto do carbono seja pela geração de créditos de carbono.

Um importante passo para o mercado de carbono, após mais de uma década esperando essa regulamentação, foi a publicação do Decreto Federal n. 11.075, de 19 de maio de 2022, que visa a economia de baixo consumo, bem como estabelece os procedimentos para a elaboração dos Planos Setoriais de Mitigação das Mudanças Climáticas, institui o Sistema Nacional de Redução de Emissões de Gases de Efeito Estufa (Sinare). Referida norma altera ainda o Decreto Federal n. 11.003/2022, que institui a Estratégia Federal de Incentivo ao Uso Sustentável de Biogás e Biometano.

Embora a regulamentação do mercado de carbono não defina metas climáticas, determina os procedimentos para a elaboração dos planos, considerando, para um tratamento diferenciado para os agentes setoriais, entre outros critérios: I) categoria determinada de empresas e propriedades rurais; II) faturamento; III) níveis de emissão; IV) características do setor econômico; e V) região de localização.

Economia Circular: minimizar os impactos negativos com relação a aspectos relativos à contaminação, poluição ou quaisquer tipos de degradação do meio ambiente.

Nesse sentido, Ellen MacArthur Foundation explica que na economia atual a matéria-prima é utilizada e a partir desta, eventualmente, são descartados os resíduos, enquanto, em uma economia circular, impedimos que os resíduos sejam produzidos em primeiro lugar.

A economia circular se baseia em três princípios: a) a eliminação do desperdício e da poluição; b) a circulação de produtos e de materiais (sendo estes em seu valor mais elevado) e c) a regeneração da natureza[10].

Energia renovável: a utilização de fontes renováveis de energia é um dos eixos centrais para um desenvolvimento sustentável da empresa visando à redução de impactos ambientais. A Lei n. 10.295/2001, denominada Lei de Eficiência Energética, regulamentada pelo Decreto Federal n. 4.059/2001, que criou o Comitê Gestor de Indicadores e Níveis de Eficiência Energética (CGIEE), é instrumento legal atinente ao tema.

> "Eficiência energética é chave para assegurar a segurança, confiabilidade, viabilidade e um sistema energeticamente sustentável para o futuro. É o recurso energético que todo país possui em abundância e é o jeito mais rápido e barato de abordar a segurança energética, ambiental e seus desafios econômicos" (IEA, 2017)[11].

Diante das questões postas, verifica-se que há de fato uma sinergia entre ESG e *Compliance,* não apenas no pilar de governança coorporativa, mas no papel de *Compliance* como um apoiador e norteador, como parceiro de negócio de ESG especialmente em questões relacionadas a avaliação de riscos, conduta, políticas e procedimentos.

Cada vez mais, as empresas serão demandadas, seja pelos seus próprios acionistas e investidores, seja pelo mercado em si, em ter ações robustas, replicáveis e auditáveis, em ESG e em *Compliance*, sendo possível construir uma ideia de cadeia positiva, em que os contratantes demandam de forma mais representativa ações de ESG, o que se reflete, por consequência, em todos os participantes da cadeia, seja de fornecedores,

---

10 ELLEN MACARTHUR FOUNDATION. *O que é uma economia circular?* Fundação Ellen MacArthur (ellenmacarthurfoundation.org).
11 INTERNATIONAL ENERGY AGENCY (IEA). *World Energy Outlook.* IEA 2017.

seja de colaboradores e, porque não da própria sociedade impactada positivamente pelas ações de ESG e *Compliance*.

Em suma, ESG e *Compliance* dentro das empresas são pilares considerados como essenciais, especialmente quando pensamos em um mercado cada vez mais competitivo.

Neste sentido, a empresa será avaliada por seu programa de integridade e como este programa é aplicado na prática, demonstrando o compromisso e a seriedade ética com a qual a empresa atua e exige de si e de seus parceiros de negócios.

Por exemplo, sob a ótica ambiental, serão avaliados a gestão de recursos naturais, resíduos, fontes de energia renováveis e como essas ações são de fato praticadas e a mensuração dos resultados advindos.

De modo geral, a implementação das práticas de ESG se dá mediante planos de ação, avaliação dos riscos, monitoramento, estratégias de negócio, cultura, aplicável para cada empresa de acordo com sua visão, missão e valores.

No Brasil, ainda há um longo caminho a ser percorrido, seja na questão legislativa, vez que ainda há lacunas legais e regulatórias, ou mesmo no que tange à conscientização das empresas, entidades públicas e sociedade em geral, mas a relevância dos temas de ESG e *Compliance* se mostram indispensáveis no mundo atual.

6. Referências bibliográficas

BRUNDTLAND, Harlem *et al.* Comissão Mundial sobre Ambiente e Desenvolvimento. *Nosso Futuro Comum,* 1987, p. 41-59. Disponível em: https://sustainabledevelopment.un. org/content/documents/5987our-common-future.pdf.

COMISSÃO DE VALORES MOBILIÁRIOS (CVM). *Cartilha de governança corporativa.* 2002.

ELLEN MACARTHUR FOUNDATION. *O que é uma economia circular?* | Fundação Ellen MacArthur (ellenmacarthurfoundation.org).

INTERNATIONAL ENERGY AGENCY (IEA). *World Energy Outlook.* IEA 2017.

ONU. *Pacto Global e ODS.* Disponível em: https://www.pactoglobal.org.br/ods e https://www.pactoglobal.org.br/a-iniciativa.

ONU. *10 Princípios*. Disponível em: https://pactoglobal.org.br/10-principios.

PWC. The Global Compact. *Who Cares Wins:* Connecting Financial Markets to a Changing World. Financial Sector Initiative, p. 1-40, 15 jun. 2004. Disponível em: https://pt.scribd.com/fullscreen/16876740?access_key=key--16pe23pd759qalbnx2pv.

VALENTE, Paulo Gurgel. *Governança Corporativa:* guia do conselheiro para empresas familiares ou fechadas. Rio de Janeiro: Alta Books, 2019. Disponível em: https://integrada.minhabiblioteca.com.br/books/9788550813325.

ODS E SUA REPERCUSSÃO NO ESG: UMA PERSPECTIVA PÓS-PANDEMIA

Anna Karina Omena Vasconcellos Trennepohl[1]

1. Introdução

No ano de 2000, 189 países participaram do encontro das Nações Unidas, em Nova York, quando aprovaram a Declaração do Milênio, que era um compromisso para trabalharem juntos na construção de um mundo mais seguro, mais próspero e mais justo (ONU: 2000a).

Esta declaração foi traduzida para um roteiro que estabeleceu oito metas a serem atingidas até 2015, conhecidas como Objetivos de Desenvolvimento do Milênio (ODM), quais sejam: 1) erradicar a pobreza extrema e a fome; 2) alcançar educação primária universal; 3) promover a igualdade entre os sexos e a autonomia das mulheres; 4) reduzir a mortalidade infantil; 5) melhorar a saúde materna; reduzir a mortalidade materna em três quartos; 6) combater o HIV/AIDS, a malária e outras doenças; 7) garantir a sustentabilidade ambiental e 8) estabelecer uma parceria global para o desenvolvimento.

Os ODMs incluíam poucas referências definitivas ao direito internacional dos direitos humanos, além de outras exor-

---

1 Promotora de Justiça no Ministério Público da Bahia. Membra colaboradora da Corregedoria Nacional do Conselho Nacional do Ministério Público. Pós-Graduada em Direito. Pós-Graduanda em Infância e Juventude pela Fundação Escola Superior do Ministério Público (FMP) e Mestranda em Direitos Humanos pela Pontifícia Universidade Católica de São Paulo (PUC).

tatórias e não vinculantes relativas aos direitos humanos em nome da democracia e do bem governança (PARK: 2018).

Em 2004, por conta da provocação feita pelo então secretário-geral da ONU, Kofi Annan, para 50 CEOs das maiores instituições financeiras mundiais, sobre a integralidade dos fatores ambientais, sociais e de governança no mercado de capitais, surgiu o termo ESG, que é formado pelas iniciais dos três aspectos: *Environmental, Social and Governance*, cuja primeira menção ocorreu na publicação do relatório *Who Cares Wins*, do Banco Mundial, em parceria com o Pacto Global da Organização das Nações Unidas (ONU) e instituições financeira de nove países, incluindo o Brasil (GLOBAL COMPACT, 2005).

Conforme o relatório, o sucesso do investimento depende de uma economia vibrante, que depende de uma sociedade civil saudável, que necessita, em última instância, de um planeta sustentável. Assim, a melhor gestão dos impactos ambientais e sociais para a contribuir com o desenvolvimento sustentável da sociedade mundial passou a ser também uma preocupação dos mercados de investimento.

O sucesso de uma empresa não é medido apenas pelo seu desempenho financeiro, mas também pela forma como trata as pessoas e o planeta, quando devem ser analisados também os seguintes fatores:

- a pegada ambiental: emissões de gases de efeito estufa, águas residuais e uso de energia;
- o impacto social: normas trabalhistas, igualdade salarial e diversidade na força de trabalho;
- o desempenho financeiro: estabilidade financeira, retorno aos acionistas etc.;
- a contribuição da comunidade: trabalho de caridade, emprego local e projetos ambientais locais; e
- governança: estrutura do conselho, liderança, gestão de riscos e controles internos.

As partes interessadas e os investidores buscam esses fatores para empresas que possuem fortes políticas sociais e ambientais. As empresas com boas pontuações ESG podem ser recompensadas com investimento, reputação aprimorada e acesso a novos mercados. Além disso, os dados também fornecem um parâmetro pelo qual eles podem medir o progresso. Isso ajudará a identificar empresas que não estão se esforçando para serem sustentáveis e trazer mudanças ou algo mais permanente.

A inclusão de fatores ambientais, sociais e de governança corporativa (ESG) nas decisões de investimentos acabariam por contribuir para uma situação mais estável e mercados previsíveis, o que é do interesse de todos os atores do mercado.

Dando-se continuidade aos oito Objetivos de Desenvolvimento do Milênio (ODM), em 2015, foi firmado um compromisso com os 193 países que integraram a Cúpula das Nações Unidas sobre o Desenvolvimento Sustentável, promovida pela Organização das Nações Unidas (ONU, 2015b), naqueles incluído o Brasil, resultando na principal referência na formulação e implementação de políticas públicas para governos em todo o mundo, ao qual se deu o nome de Agenda 2030.

A Agenda 2030 consiste em um apanhado de metas, norteadores e perspectivas definidos pela ONU para ser alcançada a dignidade e a qualidade de vida para todos os seres humanos do planeta, sem prejudicar o meio ambiente, e, consequentemente, as gerações futuras.

A partir de então, a Agenda 2030 é o acordo pelo qual os países signatários da Organização das Nações Unidas (ONU) se comprometeram a buscar soluções para os problemas do planeta e da humanidade.

Comprometeram-se os países signatários a fazer mudanças fundamentais na maneira como a sociedade produz e consome bens e serviços. Desta forma, governos, organizações internacionais, setor empresarial e outros atores não estatais e indivíduos deveriam contribuir para a mudança de consumo e produção não sustentáveis, inclusive via mobilização, de todas as fontes, de assistência financeira e técnica para fortalecer as capacidades científicas, tecnológicas e de inovação dos países em desenvolvimento, para avançar rumo a padrões mais sustentáveis de consumo e produção (ONU, 2015b).

Assim, com prazo previsto de 10 anos, encorajar-se-ia a implementação do Quadro de Programas sobre Consumo e Produção Sustentáveis, onde todos os países adotariam medidas, sob a liderança dos desenvolvidos, levando-se em conta o desenvolvimento e as capacidades dos países em desenvolvimento.

Além disso, reconheceu-se que o desenvolvimento econômico e social depende da gestão sustentável dos recursos naturais do nosso planeta, razão pela qual se decidiu pela conservação e utilização de forma sustentável dos oceanos e mares, recursos de água doce, bem como florestas, montanhas e terras áridas e proteção da biodiversidade, dos ecossistemas e da vida selvagem.

Em decorrência disso, o desenvolvimento urbano e a gestão sustentável foram eleitos como fundamentais para a qualidade de vida da população mundial. Assim, deveriam ser reduzidos os impactos negativos das atividades urbanas e dos produtos químicos prejudiciais para a saúde humana e para o ambiente, inclusive através da gestão ambientalmente racional e a utilização segura das substâncias químicas, a redução e reciclagem de resíduos e o uso mais eficiente de água e energia, minimizando-se o impacto das cidades sobre o sistema climático global.

Cada governo decidiria como essas metas aspiracionais e globais devem ser incorporadas nos processos, políticas e estratégias nacionais de planejamento, sendo importante reconhecer o vínculo entre o desenvolvimento sustentável e outros processos relevantes em curso nos campos econômico, social e ambiental.

Note-se que desde a enumeração dos Objetivos do Milênio havia a preocupação com a garantia de uma sustentabilidade ambiental, e na Agenda 2030 isso se desdobrou em mais de um dos seus objetivos, tendo em vista que o meio ambiente sustentável encontra-se inserido nos seguintes objetivos: Objetivo 2. Acabar com a fome, alcançar a segurança alimentar e melhoria da nutrição e promover a agricultura sustentável; Objetivo 6. Assegurar a disponibilidade e gestão sustentável da água e saneamento para todos; Objetivo 7. Assegurar o acesso confiável, sustentável, moderno e a preço acessível à energia para todos; Objetivo 8. Promover o crescimento econômico sustentado, inclusivo e sustentável, emprego pleno e produtivo e trabalho decente para todos; Objetivo 9. Construir infraestruturas resilientes, promover a industrialização inclusiva e sustentável e fomentar a inovação; Objetivo 11. Tornar as cidades e os assentamentos humanos inclusivos, seguros, resilientes e sustentáveis; Objetivo 12. Assegurar padrões de produção e de consumo sustentáveis; Objetivo 13. Tomar medidas urgentes para combater a mudança climática e seus impactos; Objetivo 14. Conservação e uso sustentável dos oceanos, dos mares e dos recursos marinhos para o desenvolvimento sustentável; Objetivo 15. Proteger, recuperar e promover o uso sustentável dos ecossistemas terrestres, gerir de forma sustentável as florestas, combater a desertificação, deter e reverter a degradação da terra e deter a perda de biodiversidade; Objetivo 16. Promover sociedades pacíficas e inclusivas para o desenvolvimento sustentável, proporcionar o acesso à justiça para todos e construir instituições eficazes, responsáveis e inclusivas em todos os níveis; Objetivo 17. Fortalecer os meios de implementação e revitalizar a parceria global para o desenvolvimento sustentável.

Os Objetivos de Desenvolvimento Sustentável (ODS) enfatizam a necessidade de fortalecer uma compreensão do desenvolvimento que alcança uma visão compartilhada para a conquista da equidade na concomitância dos aspectos sociais, ambientais e econômicos.

Acrescente-se, ainda, que um dos objetivos do desenvolvimento sustentável, aprovados pelo ONU em 2015, é precisamente o da "ação contra a mudança global do clima", este que repercute enormemente nas metas acima elencadas[2].

Como os Objetivos do Desenvolvimento Sustentável não decorreram do ESG e sim do ODM como acima dito, será analisado adiante como os ODS repercutem no ESG e o que aconteceu no pós-pandemia

2. A repercussão dos objetivos do desenvolvimento sustentável na ESG no pós-pandemia

ODS não é sinônimo de ESG. ESG refere-se às condutas ambientais, sociais e de governança de um fundo, de uma em-

---

2   *The 2030 Agenda for Sustainable Development*, Goal 13.

presa. Já os ODS vão além das práticas internas de cada fundo ou empresa, já que são os compromissos mundiais em favor do desenvolvimento sustentável.

Apesar de o ESG não ser sinônimo de ODS, são projetos, práticas e diretrizes criadas pelas empresas para colocar em prática o estabelecido nos ODS, ou seja, ferramentas para a implementação da sustentabilidade nas empresas (TRUSZ: 2022).

Embora não sejam vinculantes, os ODS fornecem uma lista de metas que podem realmente ajudar o setor privado a construir seu plano de ação. Os principais pontos dos ODS são: bem-estar humano, economias sustentáveis, educação e igualdade, inovação, descarbonização e energia e proteção ambiental. Os Objetivos monitoram o progresso e podem garantir a prestação de contas de todas as empresas, abrangendo todos os aspectos que dizem respeito aos indicadores ESG.

Fatores ESG podem ser aproximadamente traduzidos para ODS no nível corporativo, pois partes únicas das considerações ESG podem ser atribuídas a todos os 17 objetivos. As empresas podem utilizar várias estratégias para se alinhar com os ODS, incluindo avaliação, mapeamento e definição de metas, integração e colaboração estratégica e relatórios e comunicação.

Os ODS oferecem uma ampla gama de oportunidades para as empresas fazerem a diferença, com 169 objetivos específicos. Em última análise, organizações e investidores que se concentram proativamente na Agenda 2030 dos ODS provavelmente melhorarão sua pontuação ESG e descobrirão novas oportunidades de crescimento e desenvolvimento.

A Agenda 2030 inovou ao buscar uma ação, seja em âmbito privado ou público, com uma maior coordenação entre tais setores – especificamente no ODS 17, que estabelece parcerias *multistakeholder*, assim como compromissos voluntários para os objetivos, e o ODS 12.6[3], que requer que os Estados--Membros encorajem as companhias a adotarem práticas sustentáveis (PIZZI, ROSATI; VENTURELLI, 2020).

---

3 12.6 Incentivar as empresas, especialmente as empresas grandes e transnacionais, a adotar práticas sustentáveis e a integrar informações de sustentabilidade em seu ciclo de relatórios.

De particular interesse, os ODS reconhecem a importância de identificar e alavancar fontes privadas de capital financeiro para atingir seus fins. Pela leitura da meta 17.3[4], vê-se que esta fornece subsídios para a mobilização de recursos financeiros de múltiplas fontes.

Além disso, a Meta 17.17 exorta os países a encorajar e promover parcerias com várias partes interessadas, sem fazer referências explícitas ao financiamento. No entanto, os ODS não expressamente circunscrevem ou ordenam a conduta de partes privadas em sua capacidade como fontes de capital financeiro.

De acordo com um estudo de CEOs (United Nations Global Compact and Accenture, 2018) que entrevistou empresas líderes, "87% acreditam que os ODS fornecem uma oportunidade para repensar as abordagens para a criação de valor sustentável, 89% dizem que o compromisso com a sustentabilidade está se traduzindo em um impacto real em seu setor e 100% acreditam que uma maior colaboração entre os setores será fundamental para o progresso da Agenda 2030" (p. 1). Líderes da ONU acreditam que devem fazer mais para se envolver com o setor privado.

No texto da Constituição Federal de 1988, o art. 225 determina que: "Todos têm direito ao meio ambiente ecologicamente equilibrado, bem de uso comum do povo e essencial à sadia qualidade de vida, impondo-se ao Poder Público e à coletividade o dever de defendê-lo e preservá-lo para as presentes e futuras gerações".

Some-se a isso que o Brasil, como país integrante da ONU, aderiu aos ODM e aos ODS, estes últimos com lastro na Agenda 2030, o que, norteado pelo texto constitucional, demonstra que o Estado brasileiro deve buscar a concretização dos referidos objetivos.

Contudo, apesar de ainda faltarem sete anos para a conclusão da Agenda 2030, houve uma inesperada pandemia, que atingiu todos os setores da economia.

---

4   17.3 Mobilizar recursos financeiros adicionais para os países em desenvolvimento a partir de múltiplas fontes.

A Covid-19, que é uma doença causada pelo coronavírus, teve o surgimento detectado no final do ano de 2019, na China, e rapidamente se espalhou por todo o planeta. Oficialmente, no Brasil, foi decretada como pandemia em fevereiro de 2020. Além das quase 700 mil mortes no país[5], todos os setores da sociedade foram impactados e precisaram se readaptar para sobreviver, estabelecendo medidas de precaução e protocolos de higiene e segurança (BARAKAT, 2022).

Amenizada a crise sanitária, sobreveio como resposta ao enfrentamento da crise sanitária a governança socioambiental, que surgiu como uma tendência a impactar os negócios durante e após a pandemia, sobretudo pelo êxito alcançado no setor financeiro (MARCHEZINE, 2021). Assim, a ascensão ESG se deu com o desafio de adaptação aos mais diversos nichos, tipos e portes de mercado.

Esta é uma das razões por que se fala agora ainda mais em emergência e importância do ESG. Porque verificaram-se paralelos contínuos sendo traçados entre os riscos imprevistos de uma pandemia e a crise climática, ambos impactando substancialmente a economia global, o que fez muitos investidores e formuladores de políticas perceberem uma necessidade maior de acelerar os investimentos e o progresso em negócios que priorizam ESG e, por consequência, o cumprimento das ODS. Constatou-se que a população não depende somente do ente público, e sim que o setor privado também funcione e atenda às necessidades da sociedade, que vão desde a geração de empregos, crescimento equitativo, proteção dos recursos naturais, defesa dos interesses dos consumidores, entre outros (IRIGARAY, 2022).

Assim, ficou mais evidente o senso comum de que as atividades realizadas na sociedade devem ser "sustentáveis", em qualquer âmbito.

Ocorre que o crescente papel e impacto do setor privado em relação às funções tradicionalmente públicas tem sido um desafio cada vez mais vexatório. Contudo, um Estado continua a ter a obrigação de proteger direitos humanos, mesmo que o ator privado esteja prestando o serviço público (PARK, 2018).

---

5 Disponível em: https://covid.saude.gov.br/. Acesso em: 27 fev. 2023.

Quando o serviço público é essencial para o cumprimento de um direito humano, o Pacto Internacional sobre Direitos Econômicos, Sociais e Culturais (PIDESC) estipula que provedores privados sejam sujeitos a "obrigações de serviço público" que são universais, contínuas, acessíveis e de certa qualidade.

Sobre isso, o Comitê de Direitos Econômicos, Sociais e Culturais, "Comentário Geral n. 24 sobre as Obrigações do Estado sob o Pacto Internacional sobre Direitos Econômicos, Sociais e Culturais no Contexto das Atividades Empresariais" (ONU, 2017d) dispôs que as empresas desempenham um papel importante na concretização dos direitos econômicos, sociais e culturais, nomeadamente ao contribuir para a criação de oportunidades de emprego e – através do investimento privado – para o desenvolvimento.

Após a adoção dos Princípios Orientadores sobre Empresas e Direitos Humanos, muitos Estados ou organizações regionais adotaram planos de ação sobre empresas e direitos humanos, o que foi bem recebido, já que estes planos devem incorporar princípios de direitos humanos, incluindo participação efetiva e significativa, não discriminação e igualdade de gênero, e responsabilidade e transparência.

No entanto, o Comitê de Direitos Econômicos, Sociais e Culturais tem sido regularmente apresentado a situações nas quais, como resultado da falha dos Estados em garantir o cumprimento, sob sua jurisdição, de normas e padrões internacionalmente reconhecidos de direitos humanos, as atividades corporativas afetaram, negativamente, direitos sociais e culturais, já que a obrigação de respeitar os direitos econômicos, sociais e culturais é violada quando os Estados e as partes priorizam os interesses das entidades comerciais sobre os direitos do Pacto, sem a devida justificativa, ou quando seguem políticas que afetam negativamente tais direitos.

A institucionalização do ESG nas políticas públicas brasileiras é evidenciada no Decreto n. 10.531/2020, que institui a Estratégia Federal de Desenvolvimento para o Brasil (EFB) no período de 2020 a 2031.

A "Estratégia 2020-2031" é dividida em cinco eixos: econômico, institucional, infraestrutura, ambiental e social. Para cada um deles, o governo traçou diretrizes, orientações e metas para a atuação nos próximos 12 anos. Entre os desafios previstos no documento, alguns referem-se especificamente ao transporte, logística e mobilidade, incluída a diretriz de busca de soluções sustentáveis e "verdes", almejando resolver os problemas do país, considerando o desenvolvimento sustentável.

Três dos eixos basilares da norma correspondem especificamente ao ESG: fatores ambientais, sociais e econômicos (MARCHEZINE, 2021b).

O Eixo Econômico almeja alcançar o crescimento econômico sustentado e a geração de empregos, com foco no ganho de produtividade, na eficiência alocativa e na recuperação do equilíbrio fiscal, direcionando o foco da atuação dos bancos de desenvolvimento para projetos e atividades não atendidos de forma adequada pelo mercado, para a transformação da estrutura produtiva e da infraestrutura na direção do aumento da produtividade, da competitividade e da sustentabilidade, sobretudo em áreas portadoras de inovação.

Para o aproveitamento das potencialidades regionais, o referido Decreto orienta que sejam identificadas e exploradas, de maneira sustentável, as potencialidades econômicas de cada Região, com foco na inovação tecnológica para aumento do valor adicionado das cadeias produtivas locais estratégicas.

Para o desafio de aumentar a produtividade da economia brasileira, as orientações na ampliação dos esforços em educação, ciência, tecnologia e inovação, há as orientações de se ampliar o conhecimento da biodiversidade dos biomas brasileiros e dos respectivos serviços ecossistêmicos e ativos de base biológica, desenvolvendo o amplo potencial de seu uso sustentável, com a coordenação de investimentos (inter)nacionais e internacionais e a promoção da expansão e a capilarização de iniciativas de empreendedorismo inovador de base tecnológica e social.

Além desses, orienta-se que devem ser ampliados os mecanismos de incentivo a ações conjuntas entre instituições públicas e privadas, de modo a gerar um ecossistema de inovação mais simbiótico e um ambiente de negócios mais empreendedor e dinâmico, bem como o incentivo ao desenvolvimento da indústria 4.0, para competir no cenário (inter) nacional, com o desenvolvimento de produtos de alto valor agregado e o fornecimento de serviços de alta qualidade.

No que se refere ao agronegócio, sugere-se que seja intensificada a sua transformação – por meio do desenvolvimento e da incorporação de novas tecnologias biológicas, digitais e portadoras de inovação, permitindo o crescimento vertical da agropecuária, com sustentabilidade econômica, social e ambiental – e posicionado o agronegócio brasileiro como referência na promoção de saúde e qualidade de vida para a sociedade mundial, por meio da produção eficiente e da entrega efetiva de produtos, serviços, processos e de seus derivados, com base em sustentabilidade, bioeconomia, agricultura digital, inovação aberta e sistemas alimentares contemporâneos.

Por fim, sugere-se a introdução da dimensão da inovação, em conjunto com a iniciativa privada e com parceiros internacionais, em toda a atuação governamental, como desafio fundamental para o futuro do país.

Ainda em relação ao agronegócio, com o intuito de aumentar sua competitividade, as orientações são de manter esta competitividade. Contudo, devem ser observadas as questões de sustentabilidade e diversidade regional, buscando agregação de valor e diversificação em todos os componentes das cadeias produtivas.

Já no que se refere ao Eixo da Infraestrutura, este tem como diretriz o fomento do desenvolvimento da infraestrutura, com foco no ganho de competitividade e na melhoria da qualidade de vida, assegurando a sustentabilidade ambiental e propiciando a integração (inter)nacional.

Assim, para a segurança e a eficiência energéticas, as orientações são, dentre outras, as de fortalecer o planejamento da expansão da infraestrutura de energia e os mecanismos competitivos e regulatórios associados, com foco na eficiência dos investimentos, na qualidade e segurança do suprimento e na sustentabilidade socioambiental e a criação de condições para acelerar os investimentos em desenvolvimento e a adoção de novas tecnologias e o surgimento de modelos de negócios inovadores, que sejam viabilizadores de ganhos sistêmicos para o setor energético e a economia.

Outro grande desafio previsto é como melhorar o desempenho logístico do país. No campo da infraestrutura logística, deve-se aperfeiçoar os incentivos regulatórios para o agente privado atuar alinhado com o interesse público, com vistas à ampliação eficiente da capacidade e da qualidade da infraestrutura logística, bem como estimular a produção e o uso de veículos, equipamentos, soluções logísticas e infraestruturas verdes, mais eficientes e sustentáveis energeticamente.

No Eixo Ambiental, a meta é a promoção da conservação e o uso sustentável dos recursos naturais, com foco na qualidade ambiental como um dos aspectos fundamentais da qualidade de vida das pessoas, conciliando a preservação do meio ambiente com o desenvolvimento econômico e social.

Nesse eixo, um dos grandes desafios é implementar políticas, ações e medidas para o enfrentamento da mudança do clima e dos seus efeitos, fomentando uma economia resiliente e de baixo carbono, em consonância com a Contribuição Nacionalmente Determinada do Brasil ao Acordo de Paris, como instrumento da Convenção-Quadro das Nações Unidas sobre Mudança do Clima.

Mas um dos obstáculos é promover oportunidades de negócios sustentáveis em meio ambiente. Desta forma, para o aproveitamento do potencial econômico do meio ambiente, deve-se valorizar os serviços ecossistêmicos e o capital natural nacional, bem como incentivar atividades econômicas de uso sustentável da floresta e da biodiversidade, propiciando a inclusão social e produtiva das comunidades locais.

Além disso, é importante o fomento à pesquisa científica e o desenvolvimento da cadeia produtiva da bioeconomia, com foco no aproveitamento das potencialidades da biodiversidade para a utilização como fármacos, fitofármacos, medicamentos, cosméticos, bioenergia, biomateriais e outros do interesse da indústria.

As variáveis ambientais devem ser internalizadas na tomada de decisão econômica como incentivo à adoção de modelos sustentáveis de produção e consumo no setor público e no privado, para ser desenvolvido o potencial dos negócios ambientais sustentáveis, com ênfase no turismo, no manejo florestal sustentável e na provisão de serviços ecossistêmicos.

Recomenda-se que seja desenvolvido o uso de critérios ambientais, sociais e de governança no processo de qualificação de projetos e empreendimentos sustentáveis, de modo a ampliar as fontes de recursos para esses investimentos, com acesso a instrumentos financeiros, tais como *green bonds*[6], *social bonds*[7] e debêntures verdes.

E, por fim, deve-se incentivar compras públicas sustentáveis para aquisição de materiais e para contratações de serviços e de investimentos.

É importante destacar a necessidade de um mecanismo robusto de monitoramento e revisão para implementar a Agenda 2030 para o Desenvolvimento Sustentável. Na iniciativa privada é necessária uma estrutura sólida de indicadores e estatísticas para monitorar o progresso, informar as políticas e garantir a responsabilidade de todas as partes interessadas.

Isso denota extrema relevância já que o investidor ESG está atento às práticas corporativas e aos potenciais benefícios dos negócios, bem como ao contexto político-institucional e regulatório da região em que está estabelecido, atua ou pretende atuar.

Nessa linha, apesar de ter vivenciado períodos de instabilidades, o país tem demonstrado seu interesse em se tornar uma nação receptiva do capital verde e referência em sustentabilidade, com protagonismo em ODS e do próprio ESG.

---

6   Os *green bonds,* ou títulos verdes, são papéis de dívida emitidos especificamente para financiar projetos com benefícios ambientais. Disponível em: https://www.capitalreset.com/o-que-sao-os-green-bonds-o-abc-da-divida-esg/.

7   Os *social impact bonds ou social bonds* foram gestados no Reino Unido em 2010, mas ganharam notoriedade durante a pandemia de Covid-19, que aprofundou problemas econômicos e sociais no mundo todo. Esses títulos buscam financiar projetos com impacto social positivo, que visem, por exemplo, aumentar os níveis de emprego ou ampliar o acesso a água, saneamento, transporte, saúde, educação e habitação. Assim como os *green bonds, os social bonds* são títulos de dívida vendidos a investidores – ou seja, representam débitos de entidades públicas ou privadas sobre os quais incidem juros.

Em sequência, no ano de 2022, foi lançada pela Rede Governança Brasil[8] as diretrizes de governança apresentadas através da Agenda de Governança Pública do Brasil, 2023-2026, que sintetiza as temáticas que devem ser discutidas no âmbito da governança pública brasileira, por meio do Centro Estratégico de Governo (CdG) para nortear os gestores públicos na implantação e monitoramento das políticas públicas.

Este documento vislumbra a atuação sistêmica e integrativa da Governança atrelada aos fatores ESG e aos 17 ODS da ONU e almeja que o Brasil avance enquanto nação, rumo ao Desenvolvimento Sustentável, considerando os múltiplos interesses e necessidades da sociedade e *stakeholders*[9], reforçando o entendimento de que as boas práticas em governança pública devem ser assumidas por todos os líderes do país, tanto no âmbito público como no setor privado.

Consoante a Agenda de Governança Pública do Brasil, haveria a subdivisão nos seguintes Comitês: Comitê Agropecuário; Comitê Anticorrupção e *Compliance*; Comissão Nacional em Governança nos Estados; Comitê Desenvolvimento Sustentável; Comitê de Educação; Comitê ESG; Comitê das Estatais; Comitê Gestão de Pessoas; Comitê Gestão de Riscos; Comitê Governança Municipal; Comitê Governança na Prática; Comitê Inovação, Ciência e Tecnologia da Informação; Comitê LGPD; Comitê Mentoria para Prefeituras brasileiras; Comitê Governança em Saúde; Comitê Governança em Segurança Pública; GT Centro de Governo; Comitê Governança no Legislativo e Comitê Infraestrutura.

Sobre o Comitê ESG público, este teria ênfase nos aspectos Ambientais, Sociais e de Governança (ASG) como resposta articulada pela ONU ao desafio de convergência dos fluxos internacionais de capitais com a solução de problemas persistentes, como a pobreza, catástrofes ambientais, pandemias,

---

8   RGB é um grupo colaborativo e qualificado tecnicamente composto por servidores públicos, professores e especialistas que trabalham de forma voluntária, gratuita e conjunta com o objetivo de disseminar as boas práticas de Governança no Setor Público brasileiro.

9   Os *stakeholders* são todos os envolvidos no processo: clientes, fornecedores, equipes de trabalho.

desmatamento, e novos desafios globais, como a premência de ações para desaceleração das mudanças climáticas, bem como a geração de melhores condições para a mitigação dos impactos negativos sobre o bem-estar das futuras gerações. Grandes fundos de investimentos internacionais e brasileiros, reorganizam as carteiras de investimento de maneira a ter perfil de investimentos vinculados à pauta ESG (Rede Governança Brasil, 2022).

A atuação na esfera privada, tanto para fornecedores e consumidores, almejaria produtos e serviços mais sustentáveis, tendo em vista a redução de recursos naturais e as alterações climáticas cada vez mais evidentes.

Sabe-se que toda essa mudança de paradigma ocorre a longo prazo e não pode ter foco meramente econômico, já que depende de uma atuação.

A contratação por entes públicos deveria, então, pautar-se não apenas com base nos parâmetros anteriormente postos, sendo necessário buscar contratações públicas sustentáveis, com poder de alavancagem do mercado, favorecer fornecedores e produtos e serviços aderentes com a transição energética e zelosos com impactos ambientais e sociais (Rede Governança Brasil, 2022). Assim, busca-se institucionalizar a sustentabilidade, atendendo-se os ODS. Por meio de inovação e melhorias de processos organizacionais.

Outra meta da Agenda de Governança brasileira é o desenvolvimento de ações de pesquisa e inovação que transformem paradigmas nos processos de produção, de produtos e serviços, compartilhando riscos e retornos com a iniciativa privada, principalmente no que se refere ao mercado de carbono.

Além disso, seriam elaborados diagnósticos e embasar a atuação do setor privado por meio da atuação vinculada a planejamentos governamentais técnicos como o Plano Nacional de Infraestrutura e Logística, Plano Nacional de Recursos Hídricos, Plano Nacional da Irrigação, dentre outros planos cujo nível de especificação e detalhamento caracterizem o esforço privado como vinculado a uma estratégia ESG.

Vê-se, portanto, que a agenda de governança socioambiental dimensiona o conceito de sustentabilidade e se consolida como pilar estratégico e imprescindível não apenas para o Poder Público, como também para a atividade econômico-empresarial e a iniciativa privada e a sociedade em geral, e o próprio Poder Público.

À medida que nos aproximamos de 2030, o setor privado deve estar alinhado com as metas climáticas e as políticas sustentáveis, enquanto os relatórios ESG publicados reforçam a transparência ao mercado de capitais. É perceptível que a maioria das organizações mencione os ODS em seus sites públicos e relatórios ESG, o que demonstra que se tem adotado ativamente a sustentabilidade.

3. Considerações finais

Os Objetivos de Desenvolvimento Sustentável (ODS) representam o maior esforço ambicioso e abrangente para cumprir os direitos humanos no desenvolvimento internacional. As implicações para os direitos humanos do investimento de impacto visam gerar resultados socioambientais positivos, além de retorno financeiro.

Refletindo sobre consciência crescente da capacidade dos mercados de capitais globais para promover o desenvolvimento sustentável, empresas e investidores institucionais buscam novos instrumentos financeiros e estratégias.

Deve-se atentar, ainda, que investidores institucionais buscam cada vez mais investir em empresas, organizações, fundos e projetos baseados neste objetivo, incluindo aqueles alinhados com os ODS.

Assim, para as empresas, a necessidade de se engajar com questões socioambientais e, mais especificamente, com os ODS, vai além de promover benefícios para a sociedade (o que é, sem dúvida, muito importante), principalmente após o período pós-pandêmico. Na verdade, trata-se de algo visto como estratégico e essencial para a sobrevivência e competitividade das organizações.

Padrões regulatórios atuais e as práticas da indústria falham em considerar adequadamente as implicações de direitos humanos de projetos financiados por títulos sociais. Como resultado, os laços sociais não garantem o respeito pelos direitos humanos, direitos estabelecidos nos Princípios Orientadores e nos ODS, razão pela qual devem os ODS nortear a elaboração do ESG, bem como a legislação existente sobre o assunto.

Vê-se, pois, que algumas empresas estão indo além da abordagem ESG padrão e se baseiam nos ODS, que oferecem uma estrutura realista para o mapeamento ESG em um nível superior e podem ajudar a aumentar a adoção de investimentos sustentáveis, incentivar o comportamento corporativo responsável e integrar fatores ESG específicos do setor e do negócio com questões sociais mais amplas e metas ambientais globais. O desenvolvimento de valor de longo prazo para os negócios e a sociedade é o objetivo das decisões de investimento baseadas em ESG.

4. Referências bibliográficas

BARAKAT, Simone Ruchdi *et al. Engajamento de stakeholders* em empresas da economia criativa: estratégias para o enfrentamento da crise da Covid-19, *Cad. EBAPE.BR*, v. 20, n. 4, Rio de Janeiro, jul./ago. 2022. Disponível em: https://www.scielo.br/j/cebape/a/bYDvnL9MbV3VTf8nhBWwd-6J/?format=pdf&lang=pt. Acesso em: 27 fev. 2023.

BRASIL. *Constituição da República Federativa do Brasil de 1988.* Brasília, 5 de out. de 1988. Disponível em: http://www.planalto.gov.br/ccivil_03/constituicao/constituicao.htm. Acesso em: 19 fev. 2023.

_____. *Decreto n. 591, de 6 de julho de 1992.* Pacto Internacional sobre Direitos Econômicos, Sociais e Culturais, PIDESC. Disponível em: https://legislacao.presidencia.gov.br/atos/?tipo=DEC&numero=591&ano=1992&ato=fe0k3YE10M-FpWT517. Acesso em: 1º mar. 2023.

_____. *Decreto n. 10.531 de 26 de outubro de 2020.* Institui a Estratégia Federal de Desenvolvimento para o Brasil no período de 2020 a 2031. Disponível em: https://legislacao.presidencia.gov.br/atos/?tipo=DEC&numero=10531&ano=2020&ato=c02o3YU1UMZpWT1be. Acesso em: 25 fev. 2023.

BUCCI, Maria Paula Dallari. O conceito de política pública em direito. In: BUCCI, Maria Paula Dallari (Org.). *Políticas públicas:* reflexões sobre o conceito jurídico. São Paulo: Saraiva, 2006.

_____. *Quadro de referência de uma política pública. Primeiras linhas de uma visão jurídico-institucional.* In: SMANIO, Gianpaolo Poggio; BERTOLIN, Patrícia Tuma; BRASIL, Patrícia Cristina (Orgs.). *O direito na fronteira das políticas públicas.* São Paulo: Páginas e Letras, 2015.

GLOBAL COMPACT. *Who Cares Wins Connecting Financial Markets to a Changing World,* 2005. Disponível em: https://www.ifc.org/wps/wcm/connect/de954acc-504f-4140-91dc--46cf063b1ec/WhoCaresWins_2004.pdf?MOD=AJPE-RES&CVID=jqeE.mD. Acesso em: 25 fev. 2023.

MARCHEZINE, Sóstenes *et al.*, *ESG, Agenda 2030 e o Plano Decenal do Brasil de Sustentabilidade.* Disponível em: https://www.estrategiaods.org.br/article/esg-agenda-2030-e-o-plano-decenal-do-brasil-de-sustentabilidade/. Acesso em: 25 fev. 2023.

_____ *et al. A era ESG nas relações sino-brasileiras.* Disponível em: https://www.migalhas.com.br/depeso/349584/ a-era-esg-nas-relacoes-sino-brasileiras. Acesso em: 25 fev. 2023.

MARQUES. Eduardo Cesar. *As políticas públicas na ciência política.* In: MARQUES, Eduardo Cesar; FARIA, Carlos Aurélio Pimenta (Orgs.). *A política pública como campo multidisciplinar.* São Paulo: Unesp, 2013.

NASCIMENTO, Juliana Oliveira (Coord.) *ESG – o cisne verde e o capitalismo de stakeholder.* São Paulo: Thompson Reuters, 2021.

ORGANIZAÇÃO DA NAÇÕES UNIDAS (ONU). *Declaração do Milênio.* United Nations Information Centre: Lisbon: 2000, Disponível em https://www.oas.org/dil/port/2000%20Declara%C3%A7%C3%A3o%20do%20Milenio.pdf. Acesso em: 25 fev. 2023.

_____. *The 2030 Agenda for Sustainable Development.* Disponível em: https://www.undp.org/sustainable-development--goals/no-poverty?gclid=Cj0KCQiArsefBhCbARIsAP98hXS8BqXLvXi0rW_Zi-tvnN4Qfrhmmyr8LJHG1IzomTodCs1DjEZGTtAaAmZWEALw_wcB. Acesso em: 29 fev. 2023.

_____. 1987 – *Report of the world commission on environment and development: our common future.* Recuperado de https://www.are.admin.ch/are/en/home/media/publications/sustainable-development/brundtland-report.html. Acesso em: 27 fev. 2023.

_____. *General comment n. 24* (2017) on State obligations under the International Covenant on Economic, Social and Cultural Rights in the context of business activities. Disponível em: https://documents-dds-ny.un.org/doc/UNDOC/GEN/G17/237/17/PDF/G1723717.pdf?OpenElement. Acesso em: 1º mar. 2023.

PARK, Stephen Kim. Social Bonds for Sustainable Development: A Human Rights Perspective on Impact Investing, *Business and Human Rights Journal,* 3 (2018), pp. 233-255. Cambridge University Press doi:10.1017/bhj.2018.6, disponível em: https://www.cambridge.org/core/search?filters%5BauthorTerms%5D = Stephen%20Kim%20PARK&eventCode = SE-AU. Acesso em: 1º mar. 2023.

PIZZI, S.; Rosati, F.; Venturelli, A. *The determinants of business contribution to the 2030 Agenda: Introducing the SDG Reporting Score. Business Strategy and the Environment,* 30(1). Recuperado de: https://www.researchgate.net/publication/344247891_The_determinants_of_business_contribution_to_the_2030_Agenda_Introducing_the_SDG_Reporting_Score. doi: 10.1002/bse.2628. Acesso em: 27 fev. 2023.

REDE GOVERNANÇA BRASIL (2022). Agenda de Governança Pública no Brasil (2023-2026). RGC – *Revista de Governança Corporativa,* 9(1), e0128. Disponível em: https://doi.org/10.21434/IberoamericanJCG.v9i1.128. Acesso em: 27 fev. 2023.

TRUSZ, J. P. Q., & Serafim, A. B. (2022). A aplicabilidade dos objetivos de desenvolvimento sustentável (ODS) pelas startups do estado do Paraná. *Caderno PAIC, 23*(1), 7–22. Recuperado de: https://cadernopaic.fae.edu/cadernopaic/article/view/483. Acesso em: 27 fev. 2023.

UNITED NATIONS GLOBAL COMPACT AND ACCENTURE (2018). *The UN Global Compact–Accenture strategy CEO study special edition:* Transforming partnerships for the

SDGs. Recuperado de: https://www.accenture.com/_acn-media/pdf-74/accenture-transforming-partnerships-for-the--sdgs-ungcaccenture-strategy.pdf#zoom = 50. Acesso em: 27 fev. 2023.

WARPECHOWSKI, Ana Cristina Moraes *et al. Políticas públicas e os ODS da agenda 2030.* Belo Horizonte: Fórum, 2021.

WILBURN, Kathleen et al. ESG reporting using unsustainable development goals. *Global Conference on Business and Finance Proceedings,* v. 15, n. 1, 2020. Disponível em: https://www.theibfr.com/wp-content/uploads/2020/01/ISSN--1941-9589-V15-N1-2020.pdf#page = 7. Acesso em: 27 fev. 2023.

INTEGRIDADE E DIREITOS HUMANOS NO PANORAMA SOCIAL DO ESG

Juliana Oliveira Nascimento[1]

1. Introdução

O presente texto vem trazer uma abordagem relevante acerca da perspectiva da Integridade e dos Direitos Humanos, trazendo uma concepção relevante no viés do ESG.

---

1 Executiva Sênior, Advogada e Docente Especialista em ESG, *Compliance*, Governança Corporativa, Riscos, Controles Internos, Auditoria Interna, Continuidade dos Negócios e International Business. Risk Advisory Senior Manager na KPMG. Possui experiência relevante no âmbito corporativo com mais de 19 anos atuando em projetos estratégicos e de alta complexidade. Mestrado Profissional Master of Laws in International Business Law pela Steinbeis University Berlin (Alemanha). Mestre em Direito pelo Centro Universitário Autônomo do Brasil – Unibrasil. Global Corporate *Compliance* pela Fordham University (Professor Carole Basri). International Management and *Compliance* pela Frankfurt University Applied of Sciences. Formada nos cursos de ESG, IPO, Combinação de Negócios e Governance, *Risk and Compliance* – Risk University pela KPMG Business School; *The Paris Agreement on Climate Change as a Development Agenda* – United Nations System Staff College (UNSSC), *Introduction for ESG* pelo Corporate Finance Institute – CFI; e *Becoming an Effective Leader* pela The University of Queensland. Auditora Líder em Sistemas de Gestão de *Compliance* e Antissuborno pela World *Compliance* Association. Pós-graduada no LL.M. em Direito Empresarial Aplicado pelas Faculdades da Indústria do Sistema Fiep/Sesi/Senai/IEL. Pós-graduada em Direito e Processo do Trabalho pela Academia Brasileira de Direito Constitucional – ABDCONST. Pós-graduada em Estado Democrático de Direito pela Fundação Escola do Ministério Público do Estado do Paraná – Fempar. Bacharel em Direito pelo Centro Universitário

2. Integridade, programa de *compliance* e direitos humanos

Os programas de Integridade e *compliance,* que há um bom tempo já vêm se apresentando também muito relacionados aos Direitos Humanos, agora vêm consolidar a concepção apresentada com o ESG. Isso pode se observar com a promulgação da Convenção Contra a Corrupção, da Organização das Nações Unidas, Documento ratificado pelo Brasil.

Ainda pode-se destacar a indicação da previsão dos Objetivos de Desenvolvimento Sustentável, que apresentam as metas instituídas pela Organização das Nações Unidas (ONU), por ocasião da Cúpula das Nações Unidas para o Desenvolvimento Sustentável para cumprimento até o ano de 2030. Neste sentido, o objetivo n. 16 "Promover sociedades pacíficas e inclusivas para o desenvolvimento sustentável, proporcionar o acesso à justiça para todos e construir instituições eficazes, responsáveis e inclusivas em todos os níveis", visto que este respalda a gestão da transparência, do combate à corrupção e ao suborno em todas as suas formas, principalmente as disposições dos itens: 16.5 reduzir substancialmente a corrupção e o suborno em todas as suas formas e 16.6 desenvolver instituições eficazes, responsáveis e transparentes em todos os níveis[2].

Curitiba – Unicuritiba (Faculdade de Direito de Curitiba). Integra o *Compliance* Council. Membro da Plataforma de Ação contra a Corrupção da Rede Brasil do Pacto Global da ONU. Palestrante, escritora e organizadora de livros. Coordenadora e coautora de diversos livros. Também possui diversos artigos publicados. Cofundadora, CEO e Vice-Presidente do Conselho do *Compliance Women Committee* (fundado em setembro de 2017), grupo que conta com mais de mil mulheres integrantes que atuam com *compliance,* governança, riscos, ESG e áreas correlatas, no Brasil e diversos países do mundo, nas esferas pública e privada. Site: www.julianaoliveiranascimento. com.br. E-mail: juliana.nascimento7@yahoo.com.br.

2   Objetivo 16. Promover sociedades pacíficas e inclusivas para o desenvolvimento sustentável, proporcionar o acesso à justiça para todos e construir instituições eficazes, responsáveis e inclusivas em todos os níveis. [...]

16.4 até 2030, reduzir significativamente os fluxos financeiros e de armas ilegais, reforçar a recuperação e devolução de recursos roubados, e combater todas as formas de crime organizado

O Pacto Global, por sua vez, trata-se de uma iniciativa que tem o objetivo de mover a comunidade empresarial internacional para que venha a adotar, nas práticas de negócios, os valores fundamentais e internacionalmente reconhecidos nas áreas de direitos humanos. Neste sentido o pacto encontra-se fundado em 10 princípios:

Direitos Humanos[3]	1	As empresas devem apoiar e respeitar a proteção de direitos humanos reconhecidos internacionalmente; e
	2	Assegurar-se de sua não participação em violações destes direitos.
Trabalho[4]	3	As empresas devem apoiar a liberdade de associação e o reconhecimento efetivo do direito à negociação coletiva;
	4	A eliminação de todas as formas de trabalho forçado ou compulsório;
	5	A abolição efetiva do trabalho infantil;
	6	Eliminar a discriminação no emprego.

16.5 reduzir substancialmente a corrupção e o suborno em todas as suas formas
16.6 desenvolver instituições eficazes, responsáveis e transparentes em todos os níveis
16.7 garantir a tomada de decisão responsiva, inclusiva, participativa e representativa em todos os níveis.
16.8 ampliar e fortalecer a participação dos países em desenvolvimento nas instituições de governança global
16.10 assegurar o acesso público à informação e proteger as liberdades fundamentais, em conformidade com a legislação nacional e os acordos internacionais
16.a fortalecer as instituições nacionais relevantes, inclusive por meio da cooperação internacional, para a construção de capacidades em todos os níveis, em particular nos países em desenvolvimento, para a prevenção da violência e o combate ao terrorismo e ao crime
16.b promover e fazer cumprir leis e políticas não discriminatórias para o desenvolvimento sustentável. Nações Unidas. Objetivos de Desenvolvimento Sustentável. Disponível em: http://www.itamaraty.gov.br/images/ed_desenvsust/ODSnovosite.pdf. Acesso em: 20 mar. 2023.
3   Derivados da Declaração Universal dos Direitos Humanos.
4   Derivados da Declaração da Organização Internacional do Trabalho (OIT) sobre os Princípios e Direitos Fundamentais no Trabalho.

	7	As empresas devem apoiar uma abordagem preventiva aos desafios ambientais;
Meio Ambiente[5]	8	Desenvolver iniciativas para promover maior responsabilidade ambiental; e
	9	Incentivar o desenvolvimento e difusão de tecnologias ambientalmente amigáveis.
Contra a corrupção[6]	10	As empresas devem combater a corrupção em todas as suas formas, inclusive extorsão e propina.

Neste prisma, como destacado, existem diretrizes que se encontram pautadas nesta perspectiva tão relevante dos direitos humanos.

Agora, recentemente no Brasil, foi promulgado o Decreto n. 9.571/2018 que estabelece as "Diretrizes Nacionais sobre Empresas e Direitos Humanos". Cabe evidenciar que a referida lei é aplicada às pequenas empresas na medida da sua capacidade, além das médias e grandes empresas que atuam no Brasil, bem como as multinacionais que atuam no país.

O dispositivo legal pode ser aplicado voluntariamente pelas organizações, indicando isso expressamente, logo, não há uma execução obrigatória nesse sentido. Entretanto, a sua observância e implementação podem assegurar a organização e o recebimento do "Selo Empresa e Direitos Humanos".

Salienta-se que por mais que a norma não tenha cunho de obrigatoriedade, sabe-se que por força da Lei Anticorrupção (Lei n. 12.846/2013 e Decreto n. 11.129/2022) e suas implicações, diante da ausência de um programa de *compliance,* a empresa pode ser condenada em qualquer situação que se encontra na citada lei. Ainda, pelo fato de que a cada dia o mercado está exigindo o aperfeiçoamento da Governança Corporativa das organizações, a existência imprescindível de Programa de *Compliance* efetivo, com gestão de riscos e controles internos eficazes, a não implementação de um programa de integridade

---

5   Derivados da Declaração do Rio Sobre Meio Ambiente e Desenvolvimento.
6   Derivado da Convenção da ONU Contra a Corrupção.

faz com que a organização se afaste da realidade atual do mercado que se encontra na compreensão de que esses programas são imperiosos para a perenidade organizacional, bem como para pactuação de negócios que assegurem maior credibilidade e segurança.

Além disso, pela responsabilidade da organização nas relações comerciais, bem como pelo fato do resguardo da imagem e reputação, as corporações mais sérias estão exigindo que as empresas que possuem relação com elas detenham *compliance* efetivo, criando assim, uma rede coligada de integridade. Temos vários exemplos nesse sentido, a própria Lei de Responsabilidade das Estatais (Lei n. 13.303/2016 e Decreto n. 8.945/2016) estabelece a obrigatoriedade da Governança, Riscos e *Compliance* a essas organizações. Além disso, tem-se a migração dessa exigência para as contratações na área pública, pois alguns Estados já estão exigindo que as empresas detenham programas de integridade para participar das licitações, a exemplo do Rio de Janeiro (Lei n. 7.753/2017) e Distrito Federal (Lei n. 6.112/2018), além da existência de projetos de lei que tramitam em outros Estados nesse mesmo sentido.

Diante disso, hoje um programa de *Compliance* é um caminho sem volta ao mercado brasileiro, passando da esfera de ser uma vantagem competitiva para se tornar premissa, isso corrobora a Governança do ESG, afinal, sem integridade não há como tratar das questões ambientais, sociais e de governança.

No que se refere ao Decreto, o documento traz como eixos orientadores:

I. a obrigação estatal no que tange à proteção dos direitos humanos nas atividades empresariais;

II. a responsabilidade das organizações no que se refere aos direitos humanos;

III. o acesso aos mecanismos de reparação e remediação para os que venham a ter seus direitos infringidos,

IV. além da implementação, monitoramento e avaliação das suas diretrizes.

Neste sentido, cabe evidenciar a importância de se observar os tratados de Direitos Humanos em que o Brasil se encontra como signatário, em especial divulgar e atender aos Princípios Orientadores sobre Empresas e Direitos Humanos da Organização das Nações Unidas, as Diretrizes para Multinacionais da Organização para a Cooperação e Desenvolvimento Econômico e as Convenções da Organização Internacional do Trabalho[7].

Além do respeito à previsão dos direitos e garantias fundamentais estabelecidas na Constituição da República.

Um ponto interessante é que a organização pelo Decreto passará a ter que monitorar o respeito dos direitos humanos da cadeia produtiva ligada à organização[8].

No que tange ao *compliance* de forma mais específica a norma traz como obrigatoriedade que a empresa venha a estabelecer Código de Conduta, acessível ao público deliberado com a alta administração da organização, que deve indicar seus procedimentos para desenvolvimento, ainda, a implementação de políticas de direitos humanos[9].

Ainda, envolver todos os *stakeholders* que lhe prestam serviços nesta perspectiva através de educação, conscientização e treinamentos, para que na concepção dos Direitos Humanos conheçam os valores, as normas e as políticas da empresa e seu papel[10], além da disseminação da legislação atinente ao tema.

Além disso, é de responsabilidade das empresas a não violação de direitos humanos, mediante controle de riscos e o enfrentamento dos impactos adversos em direitos humanos, com os quais possui algum envolvimento. Ainda, especialmente, para não realizar nenhuma violação com relação a funcionários, cliente, terceiros e comunidade[11]. Ademais, evitar quaisquer impactos negativos de repercussão, além de danos ambientais e sociais[12], bem como das atividades de suas subsidiárias e de entidades sob seu controle ou vinculação direta ou indireta[13].

---

7   Art. 5º, II, do Decreto n. 9.571/2018.

8   Art. 5º, I, do Decreto n. 9.571/2018.

9   Art. 5º, V, do Decreto n. 9.571/2018.

10   Art. 5º, III e IV, do Decreto n. 9.571/2018.

11   Art. 6º, I, do Decreto n. 9.571/2018.

12   Art. 6º, II, do Decreto n. 9.571/2018.

13   Art. 6º, III, do Decreto n. 9.571/2018.

Para materialização do compromisso com Direitos Humanos, deve ocorrer pela alta direção da empresa, com deliberação das ações a serem realizadas, de modo a evitar qualquer grau de envolvimento com os danos além do monitoramento de riscos a direitos humanos, além das expectativas acerca de colaboradores e parceiros de negócios[14].

Ainda, se destaca que a organização deve garantir que seu Código de conduta, normas, políticas e procedimentos operacionais reflitam o compromisso com o respeito aos direitos humanos[15]. Além disso, implementar compromisso político assumido nas áreas da empresa, cabendo a organização realizar a devida publicação, além da necessidade de atualização, com destaque, nos sítios eletrônicos e nos canais públicos da empresa e constituir área ou pessoa responsável para acompanhar o seu cumprimento[16].

Nesta perspectiva, se enfatiza a necessidade de promover a consulta das comunidades que se encontram impactadas pela atividade empresarial[17], e cabe destacar a necessidade de criação de políticas e incentivos, de modo que seus parceiros comerciais respeitem a questão dos Direitos Humanos[18].

Diante disso, se destaca a premência de comunicar internamente que seus colaboradores se encontram impedidos de violar os direitos humanos, sob pena de sanções internas[19].

Neste ponto, cabe à empresa orientar os colaboradores e pessoas vinculadas a organização para adotarem uma postura respeitosa, amistosa e em observância aos direitos humanos[20].

Além disso, um ponto importante que envolve os direitos humanos é o compromisso da organização entre fornecedores, terceiros e com convívio inclusivo que contribua a favorecer a diversidade[21].

---

14 Art. 6º, IV, do Decreto n. 9.571/2018.
15 Art. 6º, V, do Decreto n. 9.571/2018.
16 Art. 6º, VI, do Decreto n. 9.571/2018.
17 Art. 6º, VII, do Decreto n. 9.571/2018.
18 Art. 6º, VIII, do Decreto n. 9.571/2018.
19 Art. 6º, IX, do Decreto n. 9.571/2018.
20 Art. 6º, X, do Decreto n. 9.571/2018.
21 Art. 6º, XI, do Decreto n. 9.571/2018.

Importante também a empresa possuir estrutura de governança para assegurar a implementação efetiva dos compromissos e das políticas relativas aos direitos humanos[22].

No que se refere aos riscos corporativos, eles agora também deverão observar a questão dos Direitos Humanos, com o propósito de auxiliar nos processos de tomada de decisão[23].

Um ponto relevante também é o olhar nos indicadores da organização, pois recomenda-se agora que possuam itens relacionados ao cumprimento dos Direitos Humanos. Com isso, a empresa tem como mensurar sua observância, até mesmo descumprimento referente a este assunto[24].

Outro ponto relevante que consolida isso se refere a boas práticas relacionadas a *Compliance* e Governança Corporativa consolidadas na adoção de medidas, como a divulgação de políticas, código de conduta e dos mecanismos de Governança Corporativa[25].

Um grande instrumento de *Compliance* é a responsabilidade das organizações em estabelecer instrumentos que assegurem a possibilidade de realizar denúncias, reclamações, além dos riscos e de impactos e violações a direitos humanos[26].

Neste prisma, este mecanismo deve assegurar, a confidencialidade, o sigilo e o anonimato para os denunciantes de boa-fé. Além disso, o canal de denúncia deverá ser acessível para todos os *stakeholders*, devendo apresentar transparência e imparcialidade, além de estar apto a tratar temas relacionados aos Direitos Humanos, cabendo realizar apuração e medidas corretivas após análise dos casos. Para tanto, deve ter fluxos e prazos para resposta estabelecidos previamente e devendo ser vastamente divulgados [27].

Para tanto, tais ações se materializam dentro da perspectiva dos aspectos ambientais, sociais e de governança as ques-

---

22 Art. 6º, XII, do Decreto n. 9.571/2018.
23 Art. 6º, XIII, do Decreto n. 9.571/2018.
24 Art. 6º, XIV, do Decreto n. 9.571/2018.
25 Art. 6º, XV, do Decreto n. 9.571/2018.
26 Art. 10 do Decreto n. 9.571/2018.
27 Art. 10, I, do Decreto n. 9.571/2018.

tões relevantes apresentadas por *compliance*. Dentro deste contexto, enfatizando a importância de a integridade ter uma enfoque em Direitos Humanos, que materializa parte importantíssima do social do ESG, como será visto na sequência.

3. O social do ESG

Salienta-se que os aspectos sociais são muito relevantes a serem consolidados quando o assunto apontado é ESG.

As mudanças no contexto das organizações se encontram como fundamentais para que a responsabilidade social, agora mais consolidada no Social do ESG, possa ser algo real nas organizações.

Com isso, alguns conceitos como o de Adam Smith da "mão invisível" em que se apresenta como ações capitalistas individuais que promovem respostas de crescimento por meio sistêmico[28] foram sendo consolidados. Nessa linha a esfera econômica seria considerada na visão natural e não de ordem moral, em que os indivíduos busquem somente seus interesses privados[29]. Logo, por muitos anos o foco das organizações esteve na propriedade privada[30].

Nessa linha, destaca-se que o economista alemão radicado nos Estados Unidos Theodore Levitt[31] considerava que a empresa

---

28 PRADO, Eleutério F. S. Uma formalização da mão invisível. *Estudos Econômicos*. 36 (1), mar. 2006, p. 50. Disponível em: https://www.scielo.br/j/ee/a/pPVFMX6zRzbvGnRYqT35bYg/?format=pdf&lang=pt. Acesso em: 20 fev. 2022.

29 PRADO, Eleutério F. S. Uma formalização da mão invisível. *Estudos Econômicos*. 36 (1), mar. 2006, p. 49. Disponível em: https://www.scielo.br/j/ee/a/pPVFMX6zRzbvGnRYqT35bYg/?format=pdf&lang=pt. Acesso em: 20 fev. 2022.

30 CAETANO, Rodrigo. Esqueça Friedman, a mudança no capitalismo tem a ver com Adam Smith. *Exame*. Disponível em: https://exame.com/esg/esqueca-friedman-a-mudanca-no-capitalismo-tem-a-ver-com-adam-smith/. Acesso em: 22 mar. 2023.

31 GUIMARÃES, Heloisa Werneck Mendes. Responsabilidade social da empresa: uma visão histórica de sua problemática. *Revista de Administração de Empresas da Fundação Getulio Vargas*, p. 215, 216. Disponível em: https://www.scielo.br/j/rae/a/RDpTnWBWYx7BQbX8RRhMGKx/?lang=pt. Acesso em: 20 fev. 2022

tem que ter uma visão única voltada a uma concepção de geração de lucros, ou seja, com a finalidade meramente econômica.

Sendo também um defensor dessa corrente se encontra o economista americano Milton Friedman, que destaca a visão do objetivo das organizações somente voltado a maximização dos lucros organizacionais. Com isso, qualquer investimento no social teria impacto nos ganhos dos acionistas e, consequentemente poderia lesá-los[32].

Milton Friedman sustentava que a responsabilidade social se enquadraria como uma "autotributação" da empresa e que o fato de a empresa gerar lucro já se enquadraria como uma responsabilidade social[33].

Todavia, o conceito mudou totalmente e destaco esse ponto nos estudos realizados em que se observa os avanços dos modelos econômicos do mercado. Sendo assim, os antigos modelos de capitalismo de *shareholder*[34], caracterizado pelos interesses dos proprietários/acionistas, ainda o capitalismo estatal que ditava a relação com o domínio e diretrizes do Estado passam a ser modelos ultrapassados para o novo mercado. Os olhares se encontram agora para o capitalismo de *stakeholder*[35], em que as organizações se encontram com uma responsabilidade perante a sociedade[36].

---

32 GUIMARÃES, Heloisa Werneck Mendes. Responsabilidade social da empresa: uma visão histórica de sua problemática. *Revista de Administração de Empresas da Fundação Getulio Vargas*, p. 215, 216. Disponível em: https://www.scielo.br/j/rae/a/RDpTnWBWYx7BQbX8RRhMGKx/?lang=pt. Acesso em: 20 fev. 2022.

33 GUIMARÃES, Heloisa Werneck Mendes. Responsabilidade social da empresa: uma visão histórica de sua problemática. *Revista de Administração de Empresas da Fundação Getulio Vargas*, p. 215, 216. Disponível em: https://www.scielo.br/j/rae/a/RDpTnWBWYx7BQbX8RRhMGKx/?lang=pt. Acesso em: 20 fev. 2022

34 Proprietários, acionistas.

35 NASCIMENTO, Juliana Oliveira. Do cisne negro ao cisne verde: o capitalismo de stakeholder e a governança ESG no mundo dos negócios. In: Trennepohl, Terence; Trennepohl Natascha. *Compliance no direito ambiental*. São Paulo: Revista dos Tribunais, 2020, p. 377.

36 NASCIMENTO, Juliana Oliveira. Do cisne negro ao cisne verde: o capitalismo de stakeholder e a governança ESG no mundo dos negócios. In: Trennepohl, Terence; Trennepohl Natascha. *Compliance no direito ambiental*. São Paulo: Revista dos Tribunais, 2020, p. 377.

Diante desse ponto, enfatiza-se que este não é mais o conceito adequado, visto que consoante o novo panorama nos negócios a realocação do capital passa a estar alinhada as estratégias sustentáveis e as chamadas finanças verdes (*green finance*), títulos sociais (*socialbonds*), com o foco dos investidores[37]. Sendo assim, essa concepção foi apresentada inclusive no Fórum Econômico Mundial de Davos, na Suíça, que consolidou essa perspectiva instituindo a importância da forma de concepção do capitalismo voltado ao *stakeholder*[38].

O Fórum Econômico Mundial em Davos, na Suíça, que teve como tema em 2020: "*Stakeholders* por um Mundo Coeso e Sustentável"[39]. "Além disso, o Fórum apontou a não tolerância às questões de corrupção, ausência de comprometimento com a proteção ambiental, falta de respeito aos direitos humanos, bem como salientou o quanto a ética e a proteção dos dados são cruciais na nova era digital"[40].

Nessa linha, para compreender a relevância do aspecto social, na Carta de Larry Fink, o CEO da *Black Rock*, maior fundo de investimentos do mundo, para o ano de 2022, dentre vários pontos, destacou que o "capitalismo tem o poder de moldar a sociedade e agir como um poderoso catalisador para a mudança"[41]. Logo, as organizações devem direcionar seu

---

37 NASCIMENTO, Juliana Oliveira. Do cisne negro ao cisne verde: o capitalismo de stakeholder e a governança ESG no mundo dos negócios. In: Trennepohl, Terence; Trennepohl Natascha. *Compliance no direito ambiental*. São Paulo: Revista dos Tribunais, 2020, p. 382.

38 NASCIMENTO, Juliana Oliveira. Do cisne negro ao cisne verde: o capitalismo de stakeholder e a governança ESG no mundo dos negócios. In: Trennepohl, Terence; Trennepohl Natascha. *Compliance no direito ambiental*. São Paulo: Revista dos Tribunais, 2020, p. 377.

39 NASCIMENTO, Juliana Oliveira. Do cisne negro ao cisne verde: o capitalismo de stakeholder e a governança ESG no mundo dos negócios. In: Trennepohl, Terence; Trennepohl Natascha. *Compliance no direito ambiental*. São Paulo: Revista dos Tribunais, 2020, p. 377.

40 NASCIMENTO, Juliana Oliveira. Do cisne negro ao cisne verde: o capitalismo de stakeholder e a governança ESG no mundo dos negócios. In: Trennepohl, Terence; Trennepohl Natascha. *Compliance no direito ambiental*. São Paulo: Revista dos Tribunais, 2020, p. 377.

41 O poder do capitalismo. *Black Rock*. Disponível em: https://www.blackrock.com/br/2022-larry-fink-ceo-letter. Acesso em: 30 jan. 2022.

olhar também às pessoas e partes interessadas, cabendo a elas um papel mais proativo, nesse sentido.

No que tange ao Pilar Pessoas do ESG, o Fórum econômico Mundial destacou a necessidade de se observar que cada vez mais a sociedade se encontra muito comprometida com valores primordiais "de negócios responsáveis, economia sustentável desenvolvimento e criação de valor a longo prazo"[42].

Nessa linha salienta-se que as pessoas são fundamentais para as organizações e a força de trabalho cria valor financeiro e não financeiro, visto que quando qualificada, com seus direitos respeitados isso cria vantagem competitiva, além disso mitiga os riscos e fortalece o relacionamento com os *stakeholders*[43].

Deste modo, destaca-se que nesta nova realidade compreende-se a necessidade da criação de lugares mais inclusivos e diversos, com remuneração de igual valor oferecendo, de maneira igualitária a todos a oportunidade de prosperar e crescer[44].

Sendo assim, destacou o Fórum Econômico Mundial que as questões relacionadas ao pilar Pessoas se encontram pautadas nos seguintes Objetivos de Desenvolvimento Sustentável (ODS), que representam três temas muito relevantes: Dignidade e igualdade, Saúde e bem-estar e Habilidades para o futuro[45].

---

42 FÓRUM ECONÔMICO MUNDIAL. *Measuring Stakeholder Capitalism Toward Common Metrics and Consistent Reporting of Sustainable Value Creation.* p. 32.

43 FÓRUM ECONÔMICO MUNDIAL. *Measuring Stakeholder Capitalism Toward Common Metrics and Consistent Reporting of Sustainable Value Creation.* p. 32.

44 FÓRUM ECONÔMICO MUNDIAL. *Measuring Stakeholder Capitalism Toward Common Metrics and Consistent Reporting of Sustainable Value Creation,* p. 32.

45 FÓRUM ECONÔMICO MUNDIAL. *Measuring Stakeholder Capitalism Toward Common Metrics and Consistent Reporting of Sustainable Value Creation,* p. 32.

Figura 1: Objetivos de Desenvolvimento Sustentável (ODS)

Neste sentido, com relação ao tema Dignidade e igualdade, a Declaração Universal de Direitos humanos da ONU, no art. 1º destaca: "Todos os seres humanos nascem livres e iguais em dignidade e direitos". Ainda no art. 2º: "Todo ser humano tem capacidade para gozar os direitos e as liberdades estabelecidos nesta Declaração, sem distinção de qualquer espécie, seja de raça, cor, sexo, língua, religião, opinião política ou de outra natureza, origem nacional ou social, riqueza, nascimento, ou qualquer outra condição"[46]. Sendo assim, todos têm direito a acesso a trabalho sem qualquer discriminação, com igualdade de oportunidades de "recrutamento e seleção, treinamento, desenvolvimento e promoção"[47].

No que tange a saúde e bem-estar espera-se que as organizações venham a cuidar da saúde dos funcionários, das famílias assegurando o seu bem-estar físico e mental. Com as questões dos trabalhos em *home office* aumentaram ainda mais as pressões e demandas, inclusive o número de casos de Burnout[48]. Com este cenário, claro que a saúde e segu-

---

46 UNICEF. *Declaração Universal de Direitos Humanos*. Disponível em: https://www.unicef.org/brazil/declaracao-universal-dos-direitos-humanos. Acesso em: 27 fev. 2022.
47 UNICEF. *Declaração Universal de Direitos Humanos*. Disponível em: https://www.unicef.org/brazil/declaracao-universal-dos-direitos-humanos. Acesso em: 27 fev. 2022.
48 "A Síndrome de Burnout, também conhecida como Síndrome do Esgotamento Profissional, é uma doença mental que surge após o indivíduo passar

rança nos locais de trabalho permanecem, mas agora, tais fatos vão além, perscrutando uma visão forte na saúde mental das pessoas.

Por fim, um outro ponto importante colocado pelo Fórum Econômico Mundial é a capacitação de trabalhadores para o futuro das organizações, ou seja, que estes possam estar qualificados para os novos desafios organizacionais. Logo, devem ser capacitados para isso recebendo investimentos importantes para essa nova realidade e terem a capacidade de inovar frente as novas tendências nas esferas do ambiente do trabalho. Essa é uma responsabilidade social das empresas em capacitar e com isso criar emprego e renda, bem como fazer com que as pessoas estejam preparadas para o mercado, valorizando seu capital humano.

Em consonância com pesquisa do Fórum Econômico Mundial, mais dos trabalhadores precisarão de nova qualificação em 2022[49].

Nas tabelas abaixo, se apresentam as métricas para o Pilar Pessoas determinado pelo Fórum Econômico Mundial, tendo como foco "Pessoas: principais métricas e divulgações e Pessoas: Métricas e Divulgações Expandidas"[50].

---

por situações de trabalho desgastantes, ou seja, que requerem muita responsabilidade ou até mesmo excesso de competitividade. Essa síndrome surge por excesso de trabalho vinculado à pressão. Alguns profissionais são mais suscetíveis a desenvolver a Síndrome de Burnout, tais como: médicos, enfermeiros, professores, policiais e jornalistas, além de profissionais que desempenham dupla ou tripla jornada." Hcor. *Síndrome de Burnout:* o que é, sintomas e como tratar. Disponível em: https://www.hcor.com.br/hcor-explica/outras/sindrome-de-burnout/. Acesso em: 27 fev. 2022.

49 FÓRUM ECONÔMICO MUNDIAL. *Measuring Stakeholder Capitalism Toward Common Metrics and Consistent Reporting of Sustainable Value Creation.* p. 33.

50 FÓRUM ECONÔMICO MUNDIAL. *Measuring Stakeholder Capitalism Toward Common Metrics and Consistent Reporting of Sustainable Value Creation.* p. 33 – 35

Tabela 1: Pessoas: Principais Métricas e Divulgações[51]

Tabela	Pessoas: Principais Métricas e Divulgações
Dignidade e Igualdade	Diversidade e Inclusão (%) Percentual de empregados por categoria funcional, por faixa etária, gênero e outros indicadores de diversidade (por exemplo, etnia).
Dignidade e Igualdade	Igualdade salarial (%) Relação entre o salário-base e a remuneração de cada funcionário categoria por locais significativos de operação para áreas prioritárias de igualdade: mulheres para homens, grupos étnicos menores para maiores e outros áreas de igualdade relevantes.
Dignidade e Igualdade	Nível salarial (%) 1. Proporções de salário padrão de entrada por gênero em comparação com salário mínimo local. 2. Relação da remuneração total anual do CEO para a mediana da remuneração total anual de todos os seus empregados, exceto o CEO.
Dignidade e Igualdade	Risco de ocorrência de trabalho infantil, forçado ou análogo ao escravo. Uma explicação das operações e fornecedores considerados como risco significativo de incidentes de trabalho infantil, forçado ou compulsório trabalho. Tais riscos podem surgir em relação a: a) tipo de operação (como fábrica) e tipo de fornecedor; e b) países ou áreas geográficas com operações e fornecedores considerados em risco.
Saúde e bem-estar	Saúde e segurança (%) 1. O número e a taxa de fatalidades como resultado de acidentes de trabalho ferida; acidentes de trabalho de alta consequência (excluindo fatalidades); acidentes de trabalho registráveis; principais tipos de lesão relacionada ao trabalho; e o número de horas trabalhadas. 2. Uma explicação de como a organização facilita os trabalhadores acesso a serviços médicos e de saúde não profissionais, e o escopo de acesso fornecido para funcionários e trabalhadores.

51 Tabela traduzida na íntegra do documento do Fórum Econômico Mundial. *Measuring Stakeholder Capitalism Toward Common Metrics and Consistent Reporting of Sustainable Value Creation.* p. 33-34.

Habilidades para o Futuro	Treinamento fornecido (#, $)
	Média de horas de treinamento por pessoa que empregados realizaram durante o período do relatório, por gênero e categoria funcional (total de horas de treinamento fornecidas aos empregados dividido pelo número de empregados).
	Gasto médio com treinamento e desenvolvimento por tempo integral
	funcionário (custo total do treinamento fornecido aos funcionários dividido pelo número de funcionários).

Tabela 2: Pessoas: Métricas e Divulgações Expandidas"[52]

Tema	Pessoas: Métricas e Divulgações Expandidas
Dignidade e Igualdade	Diferença salarial (%, #) 1. Diferença salarial é a média entre o salário-base e a remuneração de tempo integral dos funcionários relevantes com base no gênero (mulheres para homens) e indicadores de diversidade em um nível da empresa ou por localização significativa de operação. 2. Proporção da remuneração total anual para a organização. Indivíduo mais bem pago em cada país de operações para a remuneração média anual total para todos os funcionários (excluindo o indivíduo mais bem pago) no mesmo país.
Dignidade e Igualdade	Incidentes de discriminação e assédio e o total valor das perdas monetárias Número de incidentes de discriminação e assédio, *status* dos incidentes e ações tomadas, e a quantidade total de perdas monetárias resultantes de processos judiciais associados com: a) violações da lei; e b) discriminação no emprego.

---

52 FÓRUM ECONÔMICO MUNDIAL. *Measuring Stakeholder Capitalism Toward Common Metrics and Consistent Reporting of Sustainable Value Creation.*

Dignidade e Igualdade	Liberdade de associação e negociação coletiva em risco? 1. Porcentagem da força de trabalho ativa coberta pelo seguro coletivo acordos de negociação. 2. Uma explicação da avaliação realizada em fornecedores para os quais o direito à liberdade de associação e negociação está em risco, incluindo medidas tomadas pelo organização para lidar com esses riscos.
Dignidade e Igualdade	Revisão de Direitos Humanos, Impactos e Escravidão Moderna 1. Número total e porcentagem de operações que foram sujeitos a revisões de direitos humanos ou impacto de direitos humanos avaliações, por país. 2. Número e tipo de queixas relatadas com impactos relacionados a uma questão saliente de direitos humanos no período do relatório e uma explicação sobre o tipo de impactos. 3. Número e percentual de operações e fornecedores considerados de risco significativo para incidentes de crianças trabalho forçado ou obrigatório. Tais riscos podem surgem em relação a: a) tipo de operação (como fábrica) e tipo de fornecedor; e b) países ou áreas geográficas com operações e fornecedores considerados de risco.
Dignidade e Igualdade	Salário de vida Salários correntes em relação ao salário mínimo para empregados e contratados nos estados e localidades onde a empresa está operativa.
Saúde e Bem-estar	Impactos monetizados de incidentes relacionados ao trabalho na organização Ao multiplicar o número e o tipo de incidentes de trabalho por os custos diretos para funcionários, empregadores por incidente (incluindo ações e/ou multas de reguladores, danos materiais, custos de saúde, custos de compensação para os funcionários).

Saúde e Bem-estar	Bem-estar dos funcionários 1. O número de fatalidades como resultado de problemas de saúde relacionados ao trabalho, lesões graváveis relacionadas com o trabalho e os principais tipos de doenças relacionadas com o trabalho para todos os empregados e trabalhadores. 2. a) Porcentagem de funcionários participando das "melhores práticas" programas de saúde e bem-estar, e b) Taxa de absenteísmo (AR) de todos os funcionários.
Habilidades para o Futuro	Número de cargos qualificados não preenchidos (#, %) 1. Número de cargos qualificados não preenchidos (#). 2. Porcentagem de cargos qualificados não preenchidos para os quais a empresa irá contratar candidatos não qualificados e treiná-los
Habilidades para o Futuro	Impactos monetizados do treinamento – Aumento da capacidade de ganho como resultado da intervenção de treinamento 1. Investimento em treinamento como percentual (%) da folha de pagamento. 2. Eficácia do treinamento e desenvolvimento por meio de aumento de receita, ganhos de produtividade, funcionários taxas de engajamento e/ou contratação interna.

Diante do exposto, abordaremos as considerações finais.

4. Considerações finais

Nesse sentido, defende-se a necessidade de existência de um ESG Vivo[53], que necessita ser implementado de forma efe-

---

53 O termo ESG Vivo foi apresentado no meu artigo ESG vivo: A jornada da globalização pela transformação do capitalismo regenerativo e de stakeholder no mundo dos negócios. In: NASCIMENTO, Juliana Oliveira. *ESG*: o cisne verde e o capitalismo de *stakeholder*: a tríade regenerativa do futuro global. São Paulo: Thomson Reuters, 2021.

tiva e seja parte orgânica nas organizações. Deste modo, com essa nova concepção pós-pandemia, a sociedade se encontra muito mais voltada para valores e princípios, alinhados também a uma visão relevante acerca da sustentabilidade[54].

Com isso, o momento destaca um novo contexto voltado à visão do futuro corporativo e a sua longevidade, o que irá gerar impactos nas mudanças na esfera dos Programas de *Compliance* a visão dos Direitos Humanos. Nesse sentido, as mudanças da nova realidade proporcionaram um relevante avanço no cenário corporativo e de gestão organizacional, corroborando o panorama ESG[55].

Deste modo, tem-se a consolidação de uma nova agenda do ESG Vivo, mas, para a materialização dessas mudanças, bem como o fortalecimento desses princípios, pautados em valores e transformação de cultura, as transformações devem se iniciar pelo exemplo e pelo tom de uma liderança ética[56].

No que tange ao Pilar Pessoas do ESG, o Fórum Econômico Mundial destacou a necessidade de se observar que cada vez mais a sociedade se encontra muito comprometida com valores primordiais "de negócios responsáveis, economia sustentável desenvolvimento e criação de valor a longo prazo"[57].

---

54 NASCIMENTO, Juliana Oliveira. A jornada da globalização pela transformação do capitalismo regenerativo e de *stakeholder* no mundo dos negócios. In: NASCIMENTO, Juliana Oliveira. *ESG*: o cisne verde e o capitalismo de *stakeholder*: a tríade regenerativa do futuro global. São Paulo: Thomson Reuters, 2021, p. 35.

55 NASCIMENTO, Juliana Oliveira. A jornada da globalização pela transformação do capitalismo regenerativo e de *stakeholder* no mundo dos negócios. In: NASCIMENTO, Juliana Oliveira. *ESG*: o cisne verde e o capitalismo de *stakeholder*: a tríade regenerativa do futuro global. São Paulo: Thomson Reuters, 2021, p. 36.

56 NASCIMENTO, Juliana Oliveira. A jornada da globalização pela transformação do capitalismo regenerativo e de *stakeholder* no mundo dos negócios. In: NASCIMENTO, Juliana Oliveira. *ESG*: o cisne verde e o capitalismo de *stakeholder*: a tríade regenerativa do futuro global. São Paulo: Thomson Reuters, 2021, p. 37.

57 FÓRUM ECONÔMICO MUNDIAL. *Measuring Stakeholder Capitalism Toward Common Metrics and Consistent Reporting of Sustainable Value Creation*, p. 32.

Deste modo, se faz relevante a observância das questões sociais nas relações do trabalho, com respeito a dignidade da pessoa humana e direitos humanos.

Entretanto, a questão pandêmica, mesmo com os avanços propostos em valores e princípios, denotou a ocorrência de casos de trabalho escravo, discriminações entre outros. Por fim, ainda a mais recente crise mundial, Guerra na Ucrânia com a Rússia que a invadiu, se observa fatos em que uma visão unicamente capitalista ainda resiste em permanecer acima de tudo e de todos, e que as questões econômicas querem se sobrepor a importância das pessoas, algo inaceitável. Mas, nessa linha o mundo se encontra totalmente repudiando tais condutas. Nesta nova realidade não há espaço para nações e organizações que não estejam alinhados a ética, integridade, transparência, respeito a dignidade e a pessoa humana.

Neste prisma, se encontra a pauta do Social do ESG, que na linha apresentada pelo Fórum Econômico Mundial, indica que a força de trabalho deve ser valorizada tendo como pilares três aspectos: a dignidade e igualdade; Saúde e bem-estar, bem como a criação de capacidade desta habilidades para o mercado futuro.

Diante do exposto, enfatiza-se que o viés somente de lucro das Organizações já não cabe nesta nova agenda global, visto que além de saúde, segurança e bem-estar em um Capitalismo de *Stakeholder* as pessoas passam a ser o centro da nova visão do mercado. Os investidores e as nações do mundo estão atentos a esses compromissos de maneira efetiva apontando a uma Revolução Copernicana do mercado em prol de um ESG Vivo.

5. Referências bibliográficas

AMBIPAR. ESG: O que é o social? Disponível em: https://ambipar. com/noticias/esg-o-que-e-o-social/. Acesso em: 20 fev. 2022.

CAETANO, Rodrigo. Esqueça Friedman, a mudança no capitalismo tem a ver com Adam Smith. *Exame*. Disponível em: https://exame.com/esg/esqueca-friedman-a-mudanca-no-capitalismo-tem-a-ver-com-adam-smith/. Acesso em: 22 mar. 2023.

GUIMARÃES, Heloisa Werneck Mendes. Responsabilidade social da empresa: uma visão histórica de sua problemática. *Revista de Administração de Empresas da Fundação Getulio Vargas*, p. 215, 216. Disponível em: https://www.scielo.br/j/rae/a/RDpTnWBWYx7BQbX8RRhMGKx/?lang=pt. Acesso em: 20 fev. 2022.

MENDES, Luis Fernando; ALMEIDA, Ronald Silka de. Adicional de remuneração para as atividades penosas, insalubres ou perigosas – art. 7.º, inc. XXII da Constituição Brasileira de 1988. In: VILLATORE, Marco Antônio César; HASSON Roland (Coords.); ALMEIDA, Ronald Silka de (Org.). *Direito constitucional do trabalho:* vinte anos depois. Constituição Federal de 1988. Curitiba: Juruá 2009.

NAÇÕES UNIDAS. Objetivos de Desenvolvimento Sustentável. Disponível em: http://www.itamaraty.gov.br/images/ed_desenvsust/ODSnovosite.pdf. Acesso em: 20 mar. 2023

NASCIMENTO, Juliana Oliveira. A jornada da globalização pela transformação do capitalismo regenerativo e de *stakeholder* no mundo dos negócios. In: NASCIMENTO, Juliana Oliveira. *ESG*: o cisne verde e o capitalismo de *stakeholder*: a tríade regenerativa do futuro global. São Paulo: Thomson Reuters, 2021, p. 31-70.

_____. Do cisne negro ao cisne verde: o capitalismo de *stakeholder* e a governança ESG no mundo dos negócios. In: Trennepohl, Terence; Trennepohl Natascha. *Compliance* no direito ambiental. São Paulo: Revista dos Tribunais, 2020, p. 369-384.

ORGANIZAÇÃO INTERNACIONAL DO TRABALHO. Convenção da OIT. Disponível em: https://www.ilo.org/brasilia/temas/normas/lang--pt/index.htm. Acesso em: 27 fev. 2022.

PRADO, Eleutério F. S. Uma formalização da mão invisível. *Estudos Econômicos*. 36 (1), Mar 2006, p. 49. Disponível em: https://www.scielo.br/j/ee/a/pPVFMX6zRzbvGnRYq T35bYg/?format=pdf&lang=pt. Acesso em: 20 fev. 2022.

UNICEF. *Declaração Universal de Direitos Humanos*. Disponível em: https://www.unicef.org/brazil/declaracao-universal-dos-direitos-humanos. Acesso em: 27 fev. 2022.

PARTE II

ESG E *COMPLIANCE* NOS SETORES: INFRAESTRUTURA, INSTITUIÇÕES FINANCEIRAS E AGRONEGÓCIO

EDUCAÇÃO E ESG: COMO QUEM EDUCA PROMOVE A AGENDA DE SUSTENTABILIDADE?

Juliano Miguel Braga Griebeler[1]
Marina Pequeneza de Moraes[2]

1. Sobre o setor de educação

Educação é um direito humano fundamental e, partindo desse princípio deve estar entre as prioridades do Estado, porém oferecer educação de qualidade acessível para todos ainda é um desafio global e estratégico para o desenvolvimento social e econômico de uma nação. Não por menos, dentre os 17 Objetivos de Desenvolvimento Sustentável (ODS) estabelecidos pela Organização das Nações Unidas (ONU) em 2015, temos como ODS 4 a Educação de Qualidade. O ODS 4 visa *"assegurar a educação inclusiva e equitativa e de qualidade, e promover oportunidades de aprendizagem ao longo da vida para todos"[3]* estipulando 11 metas para conseguir cumprir com tal objetivo.

---

1   Mestre em Ciência Política pela Universidade Federal do Paraná (UFPR), possui MBA em Gestão Estratégica e Econômica de Negócios (FGV) e Bacharelado em Ciências Sociais (UFPR). É Sócio e Diretor de Relações Institucionais e de Sustentabilidade da Cogna Educação, Vice-presidente da Associação Nacional das Universidades Particulares (Anup) e Conselheiro Curador da Fundação Pitágoras.

2   Mestre em Ciências Sociais pela Pontifícia Universidade Católica de São Paulo (PUC-SP), Pós-Graduada em Negociações Econômicas Internacionais pelo Programa San Tiago Dantas (Unesp, Unicamp e PUC-SP), Bacharel em Relações Internacionais (Belas Artes) e em Direito (Anhanguera), certificações em Direitos Humanos (UCLouvain), Gestão de Políticas Públicas e Relações Governamentais (EPD) e Economia Circular (MIT). É gerente de Sustentabilidade e Impacto Social na Cogna Educação e gestora do Instituto Somos.

3   Disponível em: https://www.ipea.gov.br/ods/ods4.html.

É de conhecimento geral que a profunda desigualdade no país, assim como a democratização do acesso à educação de qualidade para todos, antecedem em muito o surto da Covid-19, como fica evidente na pesquisa desenvolvida por Antônio Gois (2022).

No Brasil, em novembro de 2020, mais de 5 milhões de crianças e jovens de 6 a 17 anos não tinham acesso à educação. Desses, mais de 40% têm de 6 a 10 anos, faixa etária que estava praticamente universalizada no período pré-pandemia. Os impactos são ainda mais evidentes ao compararmos os dados de 2019, quando cerca de 1,1 milhão de crianças e adolescentes em idade escolar obrigatória estava fora da sala de aula no país. Essa exclusão afeta principalmente os grupos mais vulneráveis socialmente, a maioria composta por negros e indígenas e mais presente nas regiões Norte e Centro-Oeste. Esses dados refletem uma dura e alarmante realidade, o Brasil está caminhando para um cenário de regressão de duas décadas no acesso à educação (UNICEF, 2021).

As Secretarias de Educação também registraram seus maiores desafios para a manutenção dos estudos durante o período pandêmico, dentre os mais citados estão: o acesso dos estudantes à internet e a infraestrutura escolar. Numa escala de 1 a 5, em que 5 indicava a maior dificuldade, quase metade das redes (48,7%) assinalou os níveis mais altos (4 e 5) no tocante à internet; 40% fizeram o mesmo em relação à necessidade de adequações de infraestrutura (UNDIME, 2021).

Em alternativa, no ensino remoto preponderou o uso de material impresso (95,3% das redes municipais) e troca de informações via aplicativo de celular WhatsApp (92,9%), em terceira opção, dentre as mais citadas estão as videoaulas gravadas (61,3%), seguida por orientações on-line por meio de aplicativos (54%), e com um percentual bem menor encontram-se as estratégias com o uso das plataformas educacionais (22,5%) e as aulas síncronas (videoaulas *on-line* ao vivo) foram mencionadas por apenas 22,5% e 21,3% dos municípios respectivamente.

Está sacramentado na Declaração Universal dos Direitos Humanos, em seu art. 26, a obrigatoriedade da educação primária gratuita para todos; independentemente da idade, a pessoa deve ter acesso à educação e à alfabetização. Além de preconizado sob a ordem dos Direitos Humanos Internacionais, no Brasil o tema também é legislado no art. 205 da Constituição Federal de 1988, atribuindo o dever ao Estado-nacional e às famílias. Além de estar assegurado em nossa Carta Magna, existem ainda outras duas leis que regulamentam e complementam a do direito à Educação no país: o Estatuto da Criança e do Adolescente (ECA), de 1990, e a Lei de Diretrizes e Bases da Educação (LDB), de 1996, que estabelece as diretrizes e bases da Educação Nacional.

Além da educação básica, é fundamentado em legislação vigente e coexistem no cenário brasileiro: Instituições de Ensino Superior (IES) Públicas, Privadas, Comunitárias, Filantrópicas e Confessionais para garantir a educação de qualidade em um país de extensão continental, plural e diverso, com uma democracia recente e desafios econômicos e sociais profundos.

Atualmente, o setor privado tem um importante papel na oferta de educação no Brasil. No ensino superior existem 2.153 IES privadas e 304 públicas, responsáveis por 6.724 milhões e 1.957 milhão de alunos, respectivamente[4]. Ou seja, praticamente 77% dos alunos do ensino superior encontram-se em uma instituição privada. No ensino básico existe uma inversão dessa situação, mas o que não tira a relevância do setor particular. Dos 46,7 milhões de alunos no ensino básico[5], pouco mais de 8 milhões encontram-se no setor privado, ou seja, 80% estão na rede pública e 20% na rede privada. Essa coexistência de oferta educacional público e privada com maior presença do privado no ensino superior é comum em diversos países[6] em decorrência de uma maior alocação de recurso público no ensino básico.

Ainda sobre o ensino superior, das 2.153 IES privadas, a grande maioria é de porte pequeno – 80,7% – enquanto apenas 9% são consideradas de porte grande e gigante. Entretanto, as IES de porte gigante concentram 59,6% das matrículas do setor privado.

---

4   Disponível em: https://www.semesp.org.br/wp-content/uploads/2022/07/mapa-do-ensino-superior-2022-06-30.pdf.

5   Censo Escolar 2021.

6   Disponível em: http://portal.mec.gov.br/sesu/arquivos/pdf/ensinosuperiormundobrasiltendenciascenarios2003-2025.pdf.

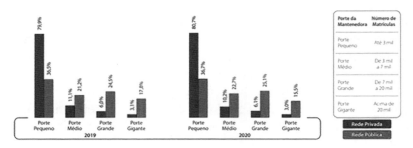

Fonte: Mapa do Ensino Superior 2021.

Ainda assim, embora com uma grande quantidade de IES, de acordo com dados do *Education at Glance 2022*[7] elaborado pela Organização para a Cooperação e Desenvolvimento Econômico (OCDE) o Brasil é o que apresenta a taxa mais baixa de adultos entre 25 e 64 anos com formação de nível superior, com apenas 15% em média. E o estudo traz também que a pessoa com ensino superior completo possui uma renda até três vezes superior do que comparado com pessoas com apenas o ensino médio completo. Ou seja, a educação não é apenas um setor chave para o desenvolvimento social, mas também para a geração de renda e consequente crescimento econômico do país.

2. As instituições de ensino e a agenda ESG

Diante do exposto, a oferta de serviços educacionais em um país que ainda possui um grande gargalo com relação a acesso e qualidade do ensino, pode ser considerada como uma atividade intrinsicamente relacionada a dimensão Social (S) de *Environment, Social and Governanc*e(ESG, ou ASG em português) e corresponde as práticas ambientais, sociais e de governança de uma organização.

A sigla ESG ganhou bastante visibilidade no Brasil a partir de 2020, como se verifica no aumento expressivo da pesquisa do termo nas redes de busca na internet

O termo cunhado em 2004 na publicação do Pacto Global em parceria com o Banco Mundial, chamada *Who Cares Wins*, surgiu de um chamado a ação, do então secretário-geral da

---

7 Disponível em: https://www.oecd.org/education/education-at-a-glance/.

Organização das Nações Unidas (ONU) Kofi Annan, para os 50 CEOs das maiores instituições financeiras globais, sobre como integrar fatores sociais, ambientais e de governança no mercado de capitais. Compreendendo a origem do termo, destaca-se que a sinergia com o conceito de sustentabilidade não se trata de uma inovação ou transição entre abordagens distintas, mas sim de uma abordagem direcionada ao olhar do mercado de investimentos e da integração das práticas de sustentabilidade na mensuração do desempenho financeiro das organizações, através de métricas e indicadores.

Com a pandemia em andamento, as famosas cartas de Larry Fink[8] ganhando cada vez mais visibilidade e investidores priorizando empresas que apresentavam alto grau de governança, a sigla se popularizou e fez com que o setor privado se movesse com mais celeridade para se enquadrar nos padrões exigidos pelos principais rankings e indicadores nacionais e internacionais que avaliam e mensuram o desempenho em ESG das companhias.

No setor educacional não foi diferente, o tema foi puxado por fundos de investimento e investidores que viam na sigla ESG uma forma de garantir que a empresa em que estavam aportando seu recurso tinha padrões de governança e gestão de indicadores alinhados com as melhores práticas internacionais, fazendo com que o movimento fosse ainda mais intenso nas empresas de capital aberto do setor.

É possível observar uma maior aderência à métrica de ESG por meio da quantidade de menções à sigla presente nos Relatórios de Sustentabilidade das empresas de capital aberto que possuem tal publicação. A primeira a utilizar a sigla em seu Relatório de Sustentabilidade foi a Cogna Educação, no relatório publicado em 2019 referente a 2018[9]. Em seguida,

---

8   Larry Fink é cofundador e CEO da Black Rock, empresa multinacional americana de gerenciamento de investimentos. Atualmente, a Black Rock é a maior gestora de fundos de investimento e, anualmente, publica uma carta direcionada ao mercado reforçando seu posicionamento e diretrizes que orientarão sua estratégia de gestão e investimento. Os posicionamentos de Larry Fink destacam a importância da integração entre propósito e lucro, e de aspectos ESG na estratégia corporativa.

9   Disponível em: https://www.esgcogna.com.br/wp-content/uploads/ 2022/ 05/relatorio_sustentabilidade_cogna_2018.pdf.

temos outras empresas, como YDUQS[10] e Ser Educacional[11], que passam a utilizar a sigla a partir de 2020. No início as menções são pontuais e com o passar do tempo passam a ter uma presença considerável nas comunicações e publicações. Isso não significa que as empresas não davam atenção ao tema, mas o faziam dentro da ótica da responsabilidade social corporativa, métricas ambientais e de melhores práticas de *compliance* e governança, sem seguir as padronizações trazidas pelas práticas de ESG.

O setor educacional é majoritariamente composto por empresas nacionais[12]. Dessa forma, ao contrário do que acontece em outros setores, nos quais empresas multinacionais já possuem uma experiência em diversos outros países e importam seu *modus operandi* para uma determinada região, no Brasil o setor passou a ter uma atuação mais profissionalizada ao se inspirar em outros setores e a partir da abertura do capital que, consequentemente, amplia o leque de *stakeholders* da empresa e a necessidade de cumprimento de regulações de governança do mercado de ações.

Vale destacar que ainda existe uma confusão muito grande sobre o que significa ser uma empresa com práticas ESG. Partindo do princípio que ESG e Sustentabilidade são conceitos sinérgicos, podemos considerar que o público, de maneira geral, relaciona sustentabilidade apenas com uma abordagem de fatores ambientais, enquanto isso a responsabilidade social corporativa é, por sua vez, confundida com práticas e ações filantrópicas. Mas, já superamos em muito esse momento, inúmeras ferramentas e métricas de mensuração do impacto positivo e negativo das organizações nas dimensões ambiental e social estão hoje disponíveis, assim como padrões e práticas de governança corporativa para sustentar e garantir a perenidade dessa abordagem.

---

10 Disponível em: https://www.yduqs.com.br/Download.aspx?Arquivo= hnOwuYOwA1UxhHwU635Z5Q = = .

11 Disponível em: https://api.mziq.com/mzfilemanager/v2/d/0bd8a860- 6fe8-4fc2-9c47-7ca2ef9c6b31/02479c49-a74a-d9ed-abc6-1bebf104923f?- origin = 1.

12 *Perspectivas e Diálogos: Revista de História Social e Práticas de Ensino*, v. 2, n. 2, p. 72-89, jul./dez. 2019.

A governança corporativa toma aqui grande importância, pois sem esse tripé o ESG não se sustenta de maneira íntegra e ética, como deve ser. Por exemplo, a existência de compromissos e metas relacionadas a temáticas ambientais e sociais tem sua relevância e importância diante do posicionamento público das empresas ao demonstrar seu engajamento com o tema através de compromissos voluntários, porém sem a existência de políticas e processos, gestão de dados e indicadores garantidos pela implementação de melhores práticas de governança para tomada de decisão, tais compromissos podem se revelar uma verdadeira "pedra no sapato" das organizações.

Quando falamos de ESG, falamos da sustentabilidade do negócio como um todo, do relacionamento com os seus múltiplos *stakeholders* e públicos de interesse, sejam internos ou externos à organização, do desempenho financeiro e operacional, do monitoramento e mitigação de impactos ambientas e sociais, da gestão de riscos, da atração e retenção de talentos, do clima organizacional, do propósito e valores da organização que a partir dessa perspectiva, devem estar diretamente relacionados a geração de valor agregado não só para acionistas, mas para toda a comunidade em que se faz presente. O desafio está na confluência dos diversos interesses dos múltiplos *stakeholders*, da ampliação do impacto positivo e contenção, mitigação e, em último caso, compensação dos impactos negativos que a organização pode gerar, seja social e/ou ambientalmente.

Para mensurar se as organizações estão trilhando esse caminho, existem uma série de indicadores e padrões, nacionais e internacionais de reporte, como exemplo podemos citar a *Global Reporting Initiative* (GRI), que atualmente é a principal referência aplicada no reporte de indicadores de sustentabilidade. Porém, um dos maiores desafios da agenda de ESG é a quantidade de indicadores e premissas de reporte que existem, cada um com o seu próprio padrão de análise para verificar se uma empresa possui de fato boas práticas ou não. É importante identificar recorrências no padrão de análise, os temas recorrentes e integração com a matriz de materialidade da organização, o que permite entender quais são os temais mais relevantes para uma empresa do setor de educação, por exemplo.

No setor educacional as agências de risco e *ratings* ESG avaliam o setor de educação como de baixo risco ambiental. Isso se dá por entenderem que o fornecimento de serviços educacionais traz poucos impactos ambientais e gera poucos resíduos, entretanto a agenda de mudanças climáticas tem aparecido com cada vez mais frequência nessas análises com enfoque da gestão sobre as emissões de gases de efeito estufa, independentemente do setor. Até porque, apesar dessa avaliação preliminar, existem peculiaridades no setor que podem ter um impacto ambiental significativo caso não exista uma boa gestão de riscos e de resíduos.

Ao observarmos o ensino superior, muitas unidades de ensino possuem cursos na área da saúde, com a manipulação de materiais perigosos e infectantes por exemplo da mesma forma, a existência de laboratórios de engenharia, de química e até mesmo de gastronomia leva a instituição a ter que lidar com produtos químicos, hospitalares e equipamentos que liberam Gases de Efeito Estufa (GEE), que exigem uma gestão adequada. Já na educação básica e na indústria de materiais didáticos o principal risco ambiental se dá pela produção de livros e apostilas impressas, seja pela produção que demanda grandes volumes de papel, mas também pela emissão de GEE durante o transporte e logística de distribuição desses materiais. Importante observar que, as editoras já possuem uma longa tradição em utilizar papel oriundo de madeira certificada e as políticas públicas voltadas para o setor educacional já trazem tais certificados como exigências. Mas, é claro que ainda existe uma série de oportunidades para que o ciclo fechado se estabeleça nessa economia.

Dessa maneira, enquanto os riscos ambientais são vistos, preliminarmente, como baixos no setor educacional, quando comparado com outras indústrias, os riscos sociais acabam sendo os mais relevantes.

Vale destacar que a separação dos três pilares, ambiental, social e governança, serve apenas para uma análise pragmática e possível padronização nos indicadores. Porém, é indiscutível a interseccionalidade entre as três dimensões. Os pilares sociais e ambientais, por exemplo são diretamente correlacionados. Basta observarmos o fato de que as maiores prejudicadas diante de riscos ambientais são as pessoas em situação de vulnerabilidade socioeconômica. Inclusive, na agenda climática já se discute termos como justiça ambiental, justiça climática e, inclusive, a interseccionalidade da questão de gênero e raça nessa agenda global.

Feita a devida explicação, seguimos para análise da dimensão social de ESG: essa dimensão trata tanto de como as empresas lidam com o seu capital humano, a qualidade de seus produtos e serviços, seu relacionamento com a comunidade e o impacto social gerado. A atração e retenção de talentos, rotatividade, qualidade de vida e outros indicadores são importantes para o setor de educação, que depende basicamente da contratação de professores para a prestação de serviços. Por isso, as questões relacionadas ao capital humano têm um peso significativo na avaliação de ESG dessas empresas.

Os indicadores de qualidade do produto e serviços no setor educacional irão observar o resultado percebido pelo cliente, ou seja, alunos. O que está diretamente relacionado com o impacto social daquela organização. Isso se dá pelo fato de que o serviço educacional visa permitir que a pessoa se qualifique para acessar o ensino superior, ou já na educação superior conseguir um emprego em sua área de formação, alcançar um incremento na renda.

Como todo o setor, o educacional também possui seu órgão regulador e legislações que devem observar, caso a instituição de ensino não cumpra com os requisitos legais ou forneça um serviço de baixa qualidade colocará em risco não somente o investimento dos seus clientes e a sustentabilidade do negócio, mas também contribuirá com os problemas sociais tão latentes em nosso país.

Isso porque as instituições de ensino têm um alto impacto na comunidade em que se encontram presentes. Aqui podemos elencar alguns fatores que subsidiam essa afirmação: os professores e funcionários contratados para operar o dia a dia, os alunos e suas famílias, os parceiros institucionais, sejam do poder público ou terceiro setor, geralmente são do entorno onde a unidade de ensino está inserida, da mesma maneira acontece com os projetos sociais, mutirões de atendimentos e serviços prestados pelas Instituições de Ensino Superior em suas clínicas e laboratórios de práticas, por exemplo, trazem um impacto significativo para a localidade onde se encontram, contribuindo diretamente para a economia e desenvolvimento local.

A governança, por sua vez, é o pilar que irá atestar que as ações sociais e ambientais estão sendo tomadas da forma mais adequada para a instituição, e garantir que os números e indicadores são reais. A governança trata das políticas e processos internos, *compliance*, ética e integridade nos processos decisórios e gestão de riscos das instituições de ensino. Sem uma boa governança, tudo pode desmoronar e, ao contrário, uma governança robusta garantirá o sucesso da jornada ESG.

3. O *case* da Cogna Educação

A Cogna Educação é um dos maiores grupos educacionais do mundo, atuando desde o ensino básico até a pós-graduação *(stricto e lato sensu)*, com mais de 50 anos de prestação de serviços educacionais, embora possua marcas que apresentam mais de 100 anos de tradição no setor[13]. Criado em 1966 em Belo Horizonte (MG), o cursinho pré-vestibular Pitágoras, ao longo dos anos diversificou seus serviços: criação de escolas, sistema de ensino, gestão de escolas no exterior. Em 2007, o Grupo Pitágoras decide abrir o capital, através da *Initial Public Offering (IPO)*, passa a ser uma empresa de capital aberto e ter suas ações negociadas na Bolsa de Valores com o nome de Kroton Educacional. Após uma série de aquisições e fusões – como Iuni Educacional (Unic, Unime, Fama), Unopar, Anhanguera e Somos Educação, ampliando a atuação na educação básica e no setor editorial. Diante da nova estrutura, em 2019 foi criada a *holding* Cogna Educação, que se posiciona como uma *collection of companies*: Kroton, Somos, Platos, Saber, entre outras.

A agenda de ESG da Cogna se consolidou a partir de 2021, embora a jornada tivesse começado muitos anos antes, ainda que na época a atuação não usasse a sigla como referência.

A companhia sempre teve cuidado com relação à governança e aderência das ações aos desafios sociais do país. Em

---

13 A Saraiva Educação, uma das editoras do grupo, foi fundada em 1914.

2010, passou a ser signatária do Pacto Global[14], buscando assim alinhar suas operações às melhores práticas de Direitos Humanos, Trabalho, Meio Ambiente e Regras Anticorrupção. Em 2012, a Cogna passou a fazer parte do Novo Mercado, segmento de listagem da B3 que se tornou um padrão de alta governança corporativa exigido por investidores para as novas aberturas de capital. Para tal, precisou refazer acordo de acionistas para se enquadrar nas regras exigidas para ser listada no Novo Mercado[15]. Um exemplo das medidas, que visam regras que protejam os interesses dos acionistas, é a determinação que nenhum acionista (ou grupo de acionistas) tenha mais que 24% do capital social total e votante ou com mais que três membros indicados (de um total de 11) para o Conselho de Administração.

Assim como toda estratégia de ESG, a elaboração de um Relatório de Sustentabilidade seguindo os principais *frameworks* internacionais é um dos primeiros passos a serem dados por uma empresa que quer estar em linha com as melhores práticas. Os mais conhecidos e utilizados são o *Global Report Initiative* (GRI) e o *Sustainability Accounting Standards Board* (SASB). O GRI é mais antigo, 1997, e prevê uma estrutura de divulgação mais ampla baseada na matriz de materialidade da organização, enquanto o SASB, criado em 2011, considera métricas voltadas para sustentabilidade, portanto são *frameworks* complementares. A Anhanguera, uma das empresas que passou pelo processo de fusão com a Kroton, já tinha o hábito de publicar Relatórios de Sustentabilidade desde 2009 e, a partir de 2011, no padrão do GRI. A Cogna (ainda Kroton) publicou seu primeiro Relatório no padrão GRI em 2014, aumentando ao longo dos anos a quantidade de indicadores reportados em sinalização da transparência em sua gestão. Em 2018 eram reportados 76 indicadores, enquanto no relatório de 2021 foram reportados mais de 140, com a inclusão de indicadores do padrão SASB e o reporte trimestral junto da divulgação de resultados.

Em 2017 e 2018, a Cogna passou por uma ampla revisão das políticas internas visando institucionalizar o tema de sustentabi-

---

14 Disponível em: https://www.pactoglobal.org.br/a-iniciativa.

15 Disponível em: https://www.infomoney.com.br/negocios/para-entrar-no-novo-mercado-kroton-desfaz-acordo-com-controladores/.

lidade na governança da empresa. Também foi um período de avanço nas ações sociais, em 2017 foi criado o Instituto SOMOS[16], braço social da SOMOS Educação com parcerias institucionais e programas voltados para alunos oriundos da rede pública de ensino. Desde 2018, como ferramenta de governança e transparência local, a organização divulga anualmente o balanço social de cada uma de suas unidades de ensino superior presencial e no ano seguinte passou a ser disponibilizado o balanço social dos polos de educação a distância também. O documento traz os registros e evidências de projetos sociais e informações sobre o atendimento especializado (clínicas de saúde, escritórios de prática jurídica e contábil etc.) realizado pelas instituições de ensino à comunidade, seja na forma de clínicas-escola, hospitais universitários, escritórios modelos, entre outros.

O ano de 2019 foi uma guinada referente à temática de ESG. Como o tema vinha ganhando notoriedade pelos fundos de investimento, a Cogna fez uma pesquisa de percepção a respeito da atuação da companhia e do setor relacionada às melhores práticas de ESG. Para a pesquisa, foram entrevistados 10 investidores, institucionais, nacionais e internacionais, *shareholders* ou que estivessem cobrindo a ação da Cogna por mais de três anos. Os principais achados foram que os investidores reconheciam o avanço da Cogna na agenda ESG com potencial para ser referência no assunto e que o tema era visto como um diferencial quando comparado aos concorrentes. O Relatório de Sustentabilidade também foi destacado como um instrumento de valor para os entrevistados. Como pontos de melhoria, foram recomendados a divulgação periódica de indicadores ESG, a disponibilização de conteúdos e indicadores públicos sobre o tema, incluso a série histórica dos dados, e, como veremos adiante, a pesquisa realizada com os investidores foi um importante ponto de partida para o avanço da agenda do grupo.

Em 2020, a empresa decidiu rever a sua matriz de materialidade[17], instrumento chave para uma agenda ESG. A deci-

---

16 Disponível em: https://www.institutosomos.org/.

17 O processo de construção da matriz de materialidade da Cogna está disponível no Relatório de Sustentabilidade 2021, que pode ser consultado no site: esgcogna.com.br

são se deu pela necessidade de atualização em função das aquisições que ocorreram no passado recente e que transformaram aspectos importantes da gestão e cultura do negócio. Até então a Cogna era uma empresa, majoritariamente, voltada para o ensino superior, com a aquisição da Somos Educação, houve um aumento significativo da atuação na educação básica, colégios e unidades de ensino de língua inglesa, sistemas de ensino e editoras de livros didáticos, infanto-juvenil, técnico e profissionalizante, entre outros produtos e serviços. A matriz de materialidade traz quais são os principais temas identificados com potencial de afetar a companhia de acordo com seus diversos *stakeholders* (investidores, colaboradores, fornecedores, clientes etc.). A consulta aos diversos *stakeholders* é fundamental no processo de criação da matriz de materialidade, e o resultado elencará os principais assuntos que a gestão deve integrar em sua estratégia para que o negócio prospere. Esses temas podem (e devem) ser conectados a agendas de sustentabilidade, como os 17 ODS e as Métricas do Capitalismo *Stakeholder* do Fórum Econômico Mundial, assim é possível direcionar a estratégia da organização para uma agenda internacional, compreendendo a importância também do setor privado na superação dos desafios globais.

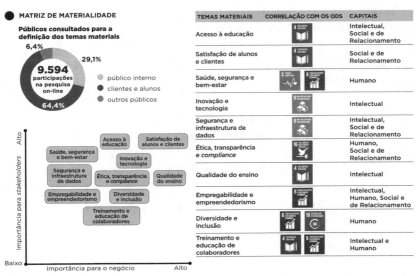

Fonte: Relatório de Sustentabilidade Cogna 2021.

A pesquisa com investidores sobre a percepção da agenda ESG, a redefinição da matriz de materialidade e os constantes avanços em gestão e transparência de indicadores representados nos Relatórios de Sustentabilidade contribuíram para a consolidação da agenda na estratégia da organização. A partir da percepção da maturidade na gestão do tema buscou-se o próximo desafio: estabelecer metas públicas de ESG[18].

Em 2021, foi criada a Diretoria de Sustentabilidade com reporte direto para o CEO, reforçando a relevância que o tema havia adquirido na empresa. O trabalho desenvolvido para definir metas e atualizar a estratégia de ESG para os próximos cinco anos consistiu em uma série de frentes de trabalho, mas a principal foi a criação de grupos de trabalho (GT) para cada um dos pilares de ESG. Os GTs reuniram representantes de todas as empresas do grupo para analisar os pontos fortes e de melhoria da companhia em cada um dos temas, analisar *benchmarks* e pesquisas de mercado, que consideraram empresas líderes e referência na agenda de sustentabilidade nacional e internacional, a construção coletiva também visava propor metas de ESG desafiadoras e alinhadas com o propósito e a estratégia de negócios da Cogna. As áreas de *compliance*, infraestrutura, de gente e de governança foram essenciais para o atingimento dos resultados esperados. O trabalho também consistiu na definição de quais eram os *rankings* e *ratings* prioritários para a Cogna fazer parte, buscando endereçar a dificuldade da existência de muitos padrões de reporte das métricas de sustentabilidade.

Após seis meses de trabalho, os GTs foram encerrados endereçando uma série de ações internas e externas. Quinze políticas internas foram revisadas e outras dez novas foram criadas, foi instituído um Comitê de ESG ligado ao Conselho de Administração (Comitê de Pessoas e ESG) e foram anunciados os *"Compromissos Cogna por um Mundo Melhor"*, conjunto de 14 metas ESG públicas. O manifesto foi dividido em três frentes:

---

18 Para as discussões da agenda de diversidade da Companhia foi fundamental a realização de um censo entre os colaboradores, a fim de identificar entre outras questões o perfil de gênero e raça do quadro de talentos da organização.

- Equilíbrio entre Pessoas e Meio Ambiente, com 3 metas ambientais;

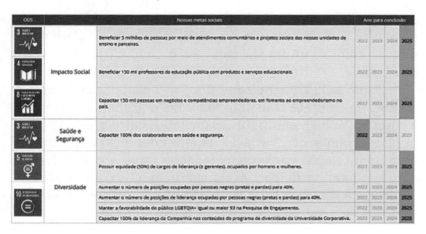

- Educação, Diversidade e Direitos Humanos com 9 metas sociais; e

- Governança e integridade, com 2 metas de governança.

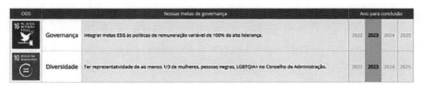

As metas contemplam ações que são relevantes para a plataforma de impacto social do grupo, alinhadas com os temas elencados na matriz de materialidade e algumas que tenham relevância para pontuação em rankings e indicadores.

Foi a primeira vez que a Cogna assumiu uma série de compromissos públicos conectados à agenda de ESG, as metas foram divulgadas no I Fórum de Educação & ESG da Cogna, que contou com especialistas em direitos humanos, meio ambiente, acadêmicos e com o CEO da Cogna para anunciar os compromissos que estavam sendo firmados. Vale destacar que esse passo só foi possível em função do apoio da alta liderança, tanto do Conselho de Administração quanto da gestão da empresa. Outro passo importante para a agenda foi a inclusão do tema sustentabilidade na estratégia e cultura da empresa. A inclusão contou com uma série de ações de educação e letramento sobre a agenda de sustentabilidade e de ESG, boletins informativos e treinamentos da alta liderança até os cargos operacionais, contribuíram para que os colaboradores entendessem e se apoderassem do tema, buscando iniciativas alinhadas com a cultura da empresa e com a agenda social e ambiental.

O ano de 2022 teve como foco a consolidação da agenda de ESG na empresa como um todo. Foi o primeiro ano em que a empresa tinha metas públicas de ESG, já atreladas ao programa de remuneração variável da alta liderança, e em que foi feita uma seleção dos principais índices que seriam o foco da empresa para participar. Ao longo do ano os comitês de ESG ajudaram a acompanhar a evolução do atingimento das metas, as ações de comunicação interna permitiram uma maior visibilidade da companhia como um todo sobre o tema, e a seleção dos índices a serem priorizados permitiu melhorar a gestão de indicadores e qualidade das respostas enviadas.

Como forma de melhorar a gestão sobre indicadores a empresa realizou o inventário de Gases de Efeito Estufa (GEE) de todas as suas unidades de ensino, centros de distribuição, escritórios corporativos e fazenda-escolas, nos escopos 1 e 2. O levantamento foi realizado de acordo com a metodologia *GHG Protocol* (protocolo de gases estufa, em tradução livre da sigla em inglês), seguindo as normas da *International Organization for Standardization* (ISO) e alinhada com os modelos de quantificação (para emissões e remoções de GEE) do Painel Intergovernamental sobre Mudança Climática (IPCC). O primeiro levantamento já trouxe o dado que a companhia reduziu em

18% suas emissões totais como resultado da estratégia de optar e investir em fontes renováveis de energia, através da aquisição junto ao mercado livre. No mesmo ano endereçamos projetos pilotos em algumas unidades de ensino, a exemplo da instalação de 152 painéis geradores de energia solar fotovoltaica na Faculdade Pitágoras Eunápolis (BA), com capacidade equivalente a 83.6 KWp e instalação do sistema de energia solar na unidade Anhanguera Jaú (SP), que prevê uma economia de até R$ 83 mil reais por ano.

Por fim, um dos objetivos para consolidar o desempenho da Cogna na agenda ESG foi endereçado no Índice de Sustentabilidade Empresarial – ISE da B3. O ISE é o principal indicador nacional que congrega as empresas "pelo seu reconhecido comprometimento com a sustentabilidade empresarial"[19]. O questionário ISE é organizado em 5 dimensões, subdivididas em 28 temas, as respostas precisam ser comprovadas com evidências e existem requisitos mínimos para poder entrar no índice, como ter nota mínima C no *Carbon Disclosure Project* (CDP), não zerar em nenhuma das dimensões, e não ter uma avaliação pelo *RepRisk Index – Peak* RRI acima de 50 pontos.

O trabalho realizado pela Cogna desde o seu IPO em 2007, até as estratégias de ESG adotadas a partir de 2020 e amadurecidas ao longo dos anos, fizeram com que passasse a ser uma das 70 empresas que compõem a carteira ISE 2023, sendo a única do setor de educação.

4. Conclusão

O avanço da agenda ESG mesmo em períodos desafiadores como a pandemia da Covid-19 mostra que o compromisso com o tema precisa ser algo incorporado pela alta liderança, integrado na estratégia e cultura da organização, e percebida pelos colaboradores e demais *stakeholders* da companhia para ter um sucesso. Se realizada de forma genuína, garantindo a integridade, ética e aplicação das melhores práticas de gover-

---

19 Disponível em: https://www.b3.com.br/pt_br/market-data-e-indices/indices/indices-de-sustentabilidade/indice-de-sustentabilidade-empresarial-ise-b3.htm.

nança corporativa a sustentabilidade tem tudo para se tornar perene, percebida pelos *stakeholders*, agregando valor real a organização.

O avanço de uma empresa sobre o tema é um chamado positivo no engajamento de demais organizações. Observando a tendência da agenda globalmente, percebemos que a régua está e deve ser cada vez mais alta, que práticas antes lidas como diferenciais deverão se tornar regras e regulamentos[20], como já praticado há muito em países da União Europeia, por exemplo, inclusive a partir de incentivos fiscais do poder público. A necessidade de termos instituições cada vez mais cientes do seu impacto social e ambiental é uma realidade global e que não deve retroceder nos anos que virão.

Independente do termo e sigla que endossa a prática, seja ESG ou outra abordagem que surja, o fato é que a sustentabilidade empresarial é um caminho sem volta e que tem o potencial de viabilizar um desenvolvimento social, ambiental e econômico equânime, atento aos desafios globais, a interação com os diferentes atores, conciliando o propósito e lucro.

5. Referências bibliográficas

BANCO MUNDIAL. *Agindo agora para proteger o capital humano de nossas crianças:* os custos e a resposta ao Impacto da pandemia da covid-19 no setor de educação na América Latina e no Caribe. Disponível em: https://openknowledge. worldbank.org/bitstream/handle/10986/35276/Acting%20 now-sumPT.pdf. Acesso em: 20 maio 2021.

GOIS, Antônio. *O ponto a que chegamos*: duzentos anos de atraso educacional e seu impacto nas políticas do presente. Julho de 2022.

INSTITUTO SEMESP. *Mapa do Ensino Superior no Brasil 2022.* Disponível em: https://www.semesp.org.br/wp-content/uploads/ 2022/07/mapa-do-ensino-superior-2022-06-30.pdf

---

20 Disponível em: https://valor.globo.com/financas/noticia/2023/01/10/com--novas-regras-cvm-comeca-a-testar-esg-na-pratica.ghtml e https://www.sec. gov/sec-response-climate-and-esg-risks-and-opportunities.

INSTITUTO NACIONAL DE ESTUDOS E PESQUISAS EDU-CACIONAIS. Dados preliminares do Censo Escolar 2022. Disponível em: https://censobasico.inep.gov.br/censobasico/#/.

_____. Censo da Educação Superior 2021. Disponível em: https://download.inep.gov.br/educacao_superior/censo_superior/documentos/2021/apresentacao_censo_da_educacao_superior_2021.pdf.

UNICEF. *Cenário da Exclusão Escolar no Brasil:* um alerta sobre os impactos da pandemia da Covid-19 na educação, abril 2021. Disponível em: https://www.unicef.org/brazil/media/14026/file/cenario-da-exclusao-escolar-no-brasil.pdf. Acesso em: 1º maio 2021.

UNDIME. *Pesquisa Undime sobre volta às aulas 2021,* mar. 2021. Disponível em: http://undime.org.br/uploads/documentos/phpb9nCNP_6048f0cf083f8.pdf. Acesso em: 10 maio 2021.

ESG, INTEGRIDADE E *COMPLIANCE* NAS CONTRATAÇÕES PÚBLICAS: DESTAQUES DAS LEIS N. 14.133/2021 E 13.303/2016

Flávia Ramos Galvão[1]
Ricardo Luiz Russo[2]
Cristiano Borges Castilhos[3]

Introdução

1. As práticas *ESG* e as interfaces com integridade e *compliance* nas licitações e contratações públicas

Cada vez mais se torna indispensável a participação das empresas no processo de construção de uma sociedade mais

---

1 MBA em Administração Pública pela FGV/Ebape. Pós-Graduada em Direito do Consumidor e Responsabilidade Civil pela Emerj. Especialização em Direito Aeronáutico e Espacial pela *Universidad Argentina de la Empresa*. Advogada e Gestora de *Compliance* com mais de 20 anos de experiência jurídica em Direito Empresarial, com atuação em empresas de grande porte e dos mais variados segmentos de atividade. Membro do *Compliance* Women Commite/RJ.

2 Pós-Graduado em Direito Administrativo pela Pontifícia Universidade Católica de São Paulo. MBA em Gestão de Negócios, Comércio e Operações Internacionais pela Fundação Instituto de Administração (FIA/USP). Experiência em Direito Público e em projetos de infraestrutura em Rodovias, Aeroportos, Ferrovias, Metrovias e Obras Públicas em grandes empresas do Setor. Gerente Jurídico de Negócios e Corporativo da Álya Construtora S.A.

3 Pós-Graduado em Direito pela Universidade Federal do Rio Grande do Sul. Possui mais de 20 anos de atuação jurídica e tem mais de 15 anos de experiência em Direito Público e projetos de infraestrutura, tendo atuado em grandes empresas do setor e em relevantes projetos. Diretor Jurídico da Álya Construtora S.A.

justa, empática, equânime e sustentável. Isto significa que, para além da gestão de seus negócios, da geração de empregos e da distribuição de resultados, as empresas devem também se conscientizar de que é necessário investir firmemente em compromissos com agendas de governança, fatores sociais e pautas de sustentabilidade.

Todos os negócios, independentemente do porte e do ramo de atividade, inclusive aqueles realizados pela Administração Pública, devem aderir à "Nova Onda da Indústria Verde", e implementar ou aperfeiçoar os seus processos de governança já existentes, em especial aqueles que produzem impactos ambientais e sociais. Em um mercado cada vez mais consciente e exigente, não há mais espaço para todos os envolvidos não abraçarem a causa.

É por este motivo que o tema ESG vem ganhando notoriedade. Não se trata apenas de favorecer uma marca, obter um retorno financeiro, ou ainda, praticar oportunismos, como por exemplo, o denominado *greenwashing*[4] ("lavagem verde"), mas sim de incluir o assunto como escolhas estratégicas e estruturação de negócios, assim como criar um propósito específico para que a cultura organizacional esteja em sintonia com os processos de integralidade e sustentabilidade, sempre pautado na transparência empresarial. E finalmente, criar uma governança sólida, que esteja efetivamente comprometida com o tema.

Nos últimos anos, diante da necessidade de ampliação da governança nas contratações públicas, o legislador fez editar novas leis de compras públicas, notadamente a Lei n. 13.303/2016 ("Leis das Estatais") e a Lei n. 14.133/2021 ("Nova Lei de Licitações") que preveem a implementação de mecanismos de governança e de mitigação de riscos como fator relevante para a atração de investimentos e para a contratação com órgãos e entidades estatais.

Sem querer antecipar o tema, que será esmiuçado à frente, é importante destacar que as empresas que planejam con-

---

4   Disponível em: https://www.infomoney.com.br/economia/greenwashing-o-que-e-e-por-que-essa-palavra-pode-impactar-seus-investimentos-e-suas-compras/ e https://www.cnnbrasil.com.br/business/greenwashing-o-que-e-e-como-identificar-a-pratica-da-falsa-sustentabilidade/.

tratar com o Poder Público deverão se adaptar a essa nova realidade, pois a conjugação entre técnica e preço não será mais o único fator decisório para as contratações, sendo que o grau de ESG e de Integridade passará também a ser considerado nas contratações com o Poder Público.

Nesse sentido, a Lei n. 14.133/2021, por exemplo, permite a Administração exigir de seus contratados a adoção de programas de integridade (art. 25, § 4º); prever em seus Editais *(i)* um percentual mínimo de contratação de mulheres vítimas de violência doméstica ou de oriundos do sistema prisional (art. 25, § 9º, I e II); *(ii)* vantagem competitiva às empresas que promovem ações de equidade de gênero no ambiente de trabalho ou que possuem programas de integridade efetivos (art. 60, III e IV); *(iii)* garantia de preferência, em caso de empate, às empresas que comprovem práticas de mitigação ambiental (art. 60, § 1º, IV).

E não é só isso! As empresas licitantes deverão comprovar que são sustentáveis, já que o art. 11, inciso IV, da nova lei estabeleceu que o processo licitatório tem por objetivo, além de outros é claro, incentivar a inovação e o desenvolvimento nacional sustentável, onde as licitações de obras e serviços de engenharia deverão respeitar, especialmente, as normas relativas a *(i)* disposição final ambientalmente adequada dos resíduos sólidos gerados pelas obras contratadas (art. 45, I); *(ii)* mitigação por condicionantes e compensação ambiental, que serão definidas no procedimento de licenciamento ambiental (art. 45, I); e *(iii)* utilização de produtos, de equipamentos e de serviços que, comprovadamente, favoreçam a redução do consumo de energia e de recursos naturais (art. 45, III).

E quanto à remuneração, o art. 144 da citada lei ainda preceituou que: "Na contratação de obras, fornecimentos e serviços, inclusive de engenharia, **poderá ser estabelecida remuneração variável vinculada ao desempenho do contratado**, com base em metas, padrões de qualidade, **critérios de sustentabilidade ambiental** e prazos de entrega definidos no edital de licitação e no contrato". (grifamos)

E na Lei das Estatais não é diferente, o § 2º do art. 27 dispõe que a empresa pública e a sociedade de economia mista deverão, nos termos da lei, adotar práticas de sustentabilidade ambiental e de responsabilidade social corporativa compatíveis com o mercado em que atuam e, tal como constou na nova Lei de Licitações, há previsão de remuneração variável nos contratos de obras e serviços vinculada ao desempenho do contratado, com base em critérios de sustentabilidade ambiental (art. 45).

Como se vê, o tema ESG é cada vez mais relevante no âmbito das contratações públicas. Mas afinal, o que significa o acrônimo ESG, e quais são as relações existentes com o desenvolvimento sustentável e com o *Compliance*?

Antes de iniciar a abordagem quanto ao tema ESG em si, é relevante tratar de um conceito ainda mais amplo e anterior, que é o de Desenvolvimento Sustentável. Ele se fundamenta na conciliação entre o crescimento econômico, a preservação ambiental e a justiça social, garantindo a qualidade de vida das gerações presentes e futuras. A concepção originou-se nos anos 1970[5], avançou durante a década seguinte[6], e se consolidou como oficial em 1987, com a publicação do relatório Brundtland, também conhecido como *Our Commom Future* (ou "Nosso Futuro Comum"), produzido pela Comissão Mundial sobre Meio Ambiente e Desenvolvimento das Nações Unidas.

O relatório estabeleceu a definição mais amplamente aceita de desenvolvimento sustentável[7] e apontou para "a incompatibilidade entre desenvolvimento sustentável e os padrões de produção e consumo, trazendo à tona mais uma vez a necessidade de uma nova relação 'ser humano-meio ambiente'. Ao mesmo tempo, esse modelo não sugere a estagnação do

---

5   A agenda de discussões sobre meio ambiente foi iniciada em 1972, quando a Organização das Nações Unidas (ONU) realizou na Suécia a Conferência sobre o Ambiente Humano. Foram as primeiras diretrizes globais sobre o assunto.

6   Conferência de Nairobi, realizada pela Unep em 1982, quando se decidiu criar uma Comissão Mundial sobre o Meio Ambiente e Desenvolvimento.

7   A definição mais aceita para desenvolvimento sustentável é o "desenvolvimento capaz de suprir as necessidades da geração atual, sem comprometer a capacidade de atender as necessidades das futuras gerações. É o desenvolvimento que não esgota os recursos para o futuro". Disponível em: http://wwf.org.br.

crescimento econômico, mas sim essa conciliação com as questões ambientais e sociais"[8].

A partir daí, a compreensão quanto ao desenvolvimento sustentável se tornou cada vez mais relevante, diante dos desafios globais enfrentados, tais como mudanças climáticas, crise da biodiversidade, escassez de recursos naturais e profundas desigualdades sociais.

O termo ESG foi selado em 2004, quando Kofi Annan, então Secretário-Geral da ONU conclamou 50 CEOs de empresas gigantes do mundo financeiro para um diálogo sobre os rumos do "capitalismo sem propósito". O objetivo era debater a possibilidade de o empresário lucrar, sem deixar de lado as questões ambientais, sociais e de governança[9].

Após essa provocação, as discussões sobre ESG se ampliaram. E hoje, o desenvolvimento sustentável é visto como uma urgência; uma peça fundamental para garantir um futuro melhor para as gerações, presentes e futuras, e requer uma abordagem integrada e sistêmica para a gestão dos recursos naturais, de modo a promover uma verdadeira simbiose entre a proteção ambiental, a equidade social e a eficiência econômica. Isso implica em mudanças nos padrões de produção e consumo, bem como em políticas e práticas empresariais, que visem a minimizar o impacto ambiental e social negativo das atividades humanas.

Como bem conclui Ademar Ribeiro Romeiro[10]:

"Em síntese, do ponto de vista da economia ecológica, desenvolvimento sustentável deveria ser entendido como um processo de melhoria do bem-estar humano com base numa produção material/energética que garanta o conforto que se considere

---

8   Há outras siglas que indicam a simulação do ESG em ambientes corporativos, tais como, *socialwashing* (para com pessoas), *bluewashing* (associação visual com a ONU para dar uma legitimidade indevida), *pinkwashing* (associação pouco efetiva com temáticas ligadas às pautas LGBTQI+), e *rainbowashing*, uso inapropriado dos Objetivos de Desenvolvimento Sustentável propostos pela ONU.

9   Disponível em: https://www.pactoglobal.org.br/pg/esg.

10   ROMEIRO, Ademar Ribeiro. Desenvolvimento sustentável: uma perspectiva econômico-ecológica. Disponível em: https://www.scielo.br/j/ea/a/F9XDcdCSWRS9Xr7SpknNJPv#.

adequado e esteja estabilizada num nível compatível com os limites termodinâmicos do planeta. Implica, portanto, um Estado Estacionário, onde o crescimento do consumo como fator de emulação social cede lugar ao crescimento cultural, psicológico e espiritual. Um processo de desenvolvimento como liberdade, tal como o define Sen (1999), de melhora permanente das condições necessárias para a realização plena da 'capacidade que as pessoas têm de florescer'".

Dentro desse contexto, percebe-se a evidente e estreita relação entre desenvolvimento sustentável e ESG (*Environmental, Social and Governance*)[11].

Portanto, a abordagem ESG é uma ferramenta importante para promover o desenvolvimento sustentável e incentivar as empresas a avaliarem os riscos de suas atividades, e a decidir sobre investimentos, tendo em vista questões como mudanças climáticas, direitos humanos, diversidade e inclusão, desigualdade social entre outras.

Felipe Alves Rodrigues[12] ao abordar o tema, explica com muita precisão:

"As vantagens são inúmeras quando ocorre a incorporação dos critérios ESG (ambiental, social e governança corporativa) pelas empresas, e isso representa também uma evolução no processo de gestão das mesmas. Ao direcionar recursos para gerar impactos positivos do ponto de vista socioambiental e de governança, cria-se um círculo virtuoso em favor da sustentabilidade".

Além disso, empresas que se preocupam com as agendas ESG e se firmam no mercado como protagonistas do processo de adequação ao ESG são mais lucrativas e capazes de atrair mais investimentos de longo prazo por serem sustentáveis em todos os aspectos. Como bem destaca João Felipe Oliveira Brito ao citar Voltolini[13] em seu artigo:

---

11 Em português, Ambiental, Social e Governança (ASG).
12 RODRIGUES, Filipe Alves. A nova lei de licitações e o uso de fatores ESG + T no fomento da sustentabilidade. "Novidades e desafios da lei de licitações e contratos administrativos". Rio de Janeiro: Lumen Juris, 2022.
13 Apud BRITO, João Felipe Oliveira, *Empresas e ESG:* noções gerais, necessidade e urgência, checklist básico para a adequação. Disponível em: https://www.migalhas.com.br/depeso/381129/empresas-e-esg.

"(...) as empresas que usam os recursos naturais de forma equilibrada, impedem a corrupção, promovem os direitos humanos na cadeia de valor e produzem valor para todos os *stakeholders* representam menor ameaça ao investimento, simplesmente porque, na ponta do lápis, ao gerarem menos externalidades negativas, custam menos para a sociedade e o meio ambiente".

E complementa, com o raciocínio de Cruz[14]:

"Uma empresa que adere às boas práticas em ESG revela que procura minimizar seus impactos no meio ambiente; cuidar melhor das pessoas de seu entorno, respeitando diferenças, promovendo diversidade, igualdade e inclusão e se posicionando sobre questões relevantes para a sociedade; implementar políticas e ações que evidenciem transparência, prestação de contas, equidade e responsabilidade. E, claro, conseguirá atrair e reter talentos e chamará a atenção dos consumidores".

Do mesmo modo, é pertinente deixar evidente a relação entre *Compliance* e ESG, uma vez que ambas as abordagens são voltadas para a promoção de práticas empresariais éticas e responsáveis.

O *Compliance* pode ser considerado como parte complementar do ESG. Isto porque a sua função é a integridade; a conformidade, ou seja, fazer cumprir leis e regulamentos aplicáveis a uma empresa, por meio de um conjunto de políticas e procedimentos internos cujo objetivo é garantir que a companhia atue de maneira ética e legal. Já a abordagem ESG é voltada para a avaliação do desempenho ambiental, social e de governança das empresas. ESG é um conceito amplo, e *Compliance* é uma ferramenta importante para ajudar as empresas a atender aos critérios ESG. Ambos estão estreitamente conectados e devem estar alinhados, pois não é preciso apenas agir com ética, mas sim agir com foco no cuidado com as próximas gerações, e dentro de um cenário macro de meio ambiente e social.

Feitas essas considerações, para além do papel das empresas, os governos, por meio de políticas públicas, também de-

---

14 Idem.

vem ser grandes incentivadores para que os negócios e a economia trilhem por caminhos mais sustentáveis.

Com efeito, o Brasil assumiu em 2015, perante a ONU, um compromisso internacional, denominado Agenda 2030, por meio do qual foram estabelecidos 17 Objetivos de Desenvolvimento Sustentável (os chamados ODS)[15] e 169 metas integradas, que abrangem os três pilares do EAS[16], e que precisarão ser cumpridos até o ano de 2030 pelos governos, sociedade civil, setor privado e sociedade em geral.

Em âmbito nacional foi instituída por meio do Decreto n. 10.531/2020, a Estratégia Federal de Desenvolvimento para o Brasil (EFD 2020-2031), que funciona como uma "declaração de planejamento governamental com forte orientação por resultados, definindo a visão do futuro para a atuação estável e coerente dos órgãos e das entidades da administração pública federal direta, autárquica e fundacional"[17].

A EFD 2020-2031, por seu turno, é composta por 5 eixos plenamente integrados à cultura ESG, a saber: (i) Econômico; (ii) Institucional; (iii) Infraestrutura; (iv) Ambiental; e (v) Social. Essa Estratégia de Desenvolvimento, amiúde desenhada no decreto instituidor, também encontra eco na nova Lei de Licitações, tal como já foi manifestado anteriormente pela Autora Flávia Galvão, em conjunto com Luiz Felipe Seabra[18]:

---

15 Os 17 Objetivos de Desenvolvimento Sustentável são: (1) Erradicação da pobreza; (ii) Fome zero e agricultura sustentável; (iii) Saúde e bem-estar; (iv) Educação de Qualidade; (v) Igualdade de gênero; (vi) Água potável e saneamento; (vii) Energia limpa e acessível; (viii) Trabalho decente e crescimento econômico; (ix) Indústria, inovação e infraestrutura; (x) Redução das desigualdades; (xi) Cidades e comunidades sustentáveis; (xii) consumo e produção responsáveis; (xiii) Ação contra a mudança global do clima; (xiv) Vida na água; (xv) Vida terrestre; (xvi) Paz, justiça e instituições eficazes; e (xvii) Parcerias e meios de implementação. Disponível em: https://brasil.un.org/pt-br/sdgs.

16 Em português: Ambiental, Social e Governança – ASG.

17 Disponível em: https://www.gov.br/economia/pt-br/assuntos/gestao/estrategia-federal-de-desenvolvimento.

18 GALVÃO, Flávia e SEABRA, Luiz Felipe. A Tríade ESG + Integridade e o Impacto na Atual Relação Público-Privada. *SINICON em Revista*. Edição 13. set.- out. 2022. Disponível em: http://www.sinicon.org.br.

"Nesse contexto, a Lei 14.133/2021 (nova Lei de Licitações e Contratos Administrativos, aqui "nova lei", ou Lei de Licitações"), reflete o compromisso assumido perante a ONU, as metas nacionais para o desenvolvimento sustentável, com a adoção de critérios ESG, e traz mais um grande incentivo aos players do mercado na adoção de um programa de integridade eficaz e de processos licitatórios que sejam baseados no planejamento, na gestão e governança. É verdade que a implantação de programas de integridade foi tratada anteriormente na Lei 12.846/2013, e em seu decreto regulamentador, com o mecanismo da atenuação de sanções, e em várias leis estaduais para exigir a existência ou implantação de programas, conforme certos critérios e parâmetros, em caso de contratação pública naqueles Estados".

Feito este introdutório acerca do *ESG*, Integridade e *Compliance* e a importância destes mecanismos no cenário atual, passemos agora a abordar o tema Integridade e *Compliance* nas contratações públicas, com destaques para as Leis n. 14.133/2021 e 13.303/2016.

2. Exigências da Lei n. 14.133/2021 – A nova Lei de Licitações e Contratos Administrativos

Como é de conhecimento, a nova Lei de Licitações foi sancionada em 1º de abril de 2021, tendo sido estabelecido prazo de 2 (dois) anos para coexistência entre ela e as leis anteriores (Lei n. 8.666, de 21 de junho de 1993, Lei n. 10.520, de 17 de julho de 2002, e os arts. 1º a 47-A da Lei n. 12.462, de 4 de agosto de 2011) e nesse período, a Administração poderia optar entre licitar com a nova Lei ou com as leis anteriores. No entanto, no dia 1º de abril de 2023, as citadas leis serão, enfim, revogadas, conforme se denota pelos arts. 191 e 193, II, abaixo:

"Art. 191. Até o decurso do prazo de que trata o inciso II do *caput* do art. 193, a Administração poderá optar por licitar ou contratar diretamente de acordo com esta Lei ou de acordo com as leis citadas no referido inciso, e a opção escolhida deverá ser indicada expressamente no edital ou no aviso ou instrumento de contratação direta, vedada a aplicação combinada desta Lei com as citadas no referido inciso.

Art. 193. Revogam-se:

(...)

II – a Lei n. 8.666, de 21 de junho de 1993, a Lei n. 10.520, de 17 de julho de 2002, e os arts. 1º a 47-A da Lei n. 12.462, de 4 de agosto de 2011, após decorridos 2 (dois) anos da publicação oficial desta Lei".

E mesmo a Administração podendo optar por licitar ou contratar diretamente de acordo com esta nova lei, não se ouviu notícias de processos licitatórios de grandes projetos de infraestrutura em que se tenha indicado expressamente no Edital ou no Aviso ou Instrumento de Contratação Direta, as exigências e incentivos contidos na Lei n. 14.133/2021.

Os incentivos trazidos pela nova lei podem ser resumidos *(i)* na exigência de programas de *Compliance* nas chamadas contratações de grande vulto (art. 25, § 4º); *(ii)* na indicação do programa como critério de desempate entre licitantes (art. 60, IV); *(iii)* em atenuantes de sanções administrativas (art. 156, §1º, v); e *(iv)* como condição para reabilitação do licitante punido (art. 163, parágrafo único).

De todo modo, no que diz respeito ao segmento de infraestrutura – ao menos quanto às empresas de grande porte –, a existência dos programas de integridade já é uma densa realidade, e muito tem-se trabalhado para que toda a cadeia de valor incorpore a ética em suas interações.

A dinâmica do mercado de crédito e potenciais clientes privados há tempos exigem o devido tratamento do tema na medida em que a integridade passou a ser pauta obrigatória na conquista de negócios no mercado privado, sobretudo em projetos de maior envergadura, e no levantamento de recursos financeiros. E essa também, de certa forma, tem sido a dinâmica do setor público, que deu origem a leis, esmiuçando os requisitos que deveriam constar em Programas de *Compliance* para o fim de demonstrar a sua efetividade.

Portanto, esse movimento da Lei de Licitações contribui para uma maior adequação ao que o mercado já vem praticando, além de significar a modernização das contratações pela Administração Pública, em consonância com os objetivos e anseios da sociedade, e a própria valorização dos programas de integridade nas empresas.

De todo modo, há pontos que devem ser objeto de reflexão.

O primeiro deles reside na razão de não se exigir a implantação de Programas de Integridade para todos os órgãos da Administração Pública, em todas as suas esferas, a partir do bom exemplo previsto na Lei das Estatais, que será mais bem abordado a seguir.

Eventualmente, a matéria pode vir à tona por meio de lei específica, inspirada na EFD 2020-2031, que tangencia o tema quando elege como desafios e orientações do Eixo Institucional "identificar e difundir boas práticas de governança de programas e instituições públicas" e "aprimorar os mecanismos de transparência, de prestação de contas, de gestão de integridade, riscos e controles internos e de participação e controle social".

Há de se garantir na interlocução público-privada as melhores práticas, transparência, ética e integridade de todos os atores envolvidos no processo. É algo que deveria permear, portanto, toda a Administração Pública, em suas várias esferas, especialmente em Estados e Municípios, não obstante alguns bons exemplos existam no tratamento do tema. Afinal, a prevenção da corrupção é tarefa de ambos os setores, público e privado.

De algum modo, a Lei de Licitações já exige uma postura diferenciada da Administração Pública, ainda que limitado aos processos licitatórios e não ao funcionamento geral de seus órgãos e entidades na interlocução com o setor privado. A esse respeito, cabe destacar que a Lei de Licitações previu em seu art. 11, parágrafo único, que a alta administração será a responsável pela governança das contratações e deverá implementar processos e estruturas, inclusive de gestão de riscos e controles internos, para avaliar, direcionar e monitorar os processos licitatórios e os respectivos contratos. Tal previsão alinha-se com a Lei das Estatais, especialmente em relação aos arts. 6º e 9º, que trazem expressos regramentos referentes aos mecanismos de gestão para empresas públicas e sociedades de economia mista.

Em linhas gerais, caberá ao órgão licitante atuar de modo a obter a máxima eficiência em sua atuação, durante todo o ciclo de vida do contrato, desde o processo licitatório, até a sua efetiva conclusão, sempre alinhado aos critérios de governança e utilizando-se de mecanismos objetivos trazidos pela própria Lei de Licitações. Nesse sentido, destacam-se as previsões referentes à elaboração dos Estudos Técnicos Preliminares (ETPs); à garantia da preparação da equipe técnica, por meio de permanentes treinamentos e capacitações; ao Princípio da Segregação de Funções, e a preferência pela utilização dos meios eletrônicos, o que dá ainda mais transparência a todo o processo.

Note-se, ainda, que a nova lei instituiu o planejamento administrativo como princípio que obrigatoriamente deverá nortear as contratações públicas (art. 5º), tudo em perfeito alinhamento com as novidades trazidas no âmbito da governança.

Há outros pontos que merecem igual reflexão, como em relação aos critérios que serão considerados pela Administração Pública para exercer o poder de fiscalização e aferir a eficácia dos Programas de *Compliance* das empresas vencedoras dos certames. Para a gestão eficiente dessa importante tarefa, o agente público precisará deter conhecimentos específicos sobre o tema, com alicerce em sua própria experiência, vivenciada em seu dia a dia no âmbito de suas funções.

No que diz respeito às contratações de grande vulto, ou seja, aquelas cujo é superior a R$ 228.833.309,04 (duzentos e vinte e oito milhões, oitocentos e trinta e três mil, trezentos e nove reais e quatro centavos)[19], é preocupante a permissão para que a implantação de programa de integridade pelo licitante vencedor ocorra em 6 (seis) meses após a assinatura do contrato, na medida em que esse é, indiscutivelmente, um prazo muito desafiador para que um programa possa ser implementado em todos os seus pilares e possa ser efetivo e praticado como verdadeira cultura da organização.

Embora possam ser questionados aspectos de violação do caráter competitivo da licitação, em nosso entendimento, na realidade, toda empresa que pretenda participar de oportunidades no setor público deveria ter de antemão a cultura de *Compliance* arraigada. Até porque sabemos que o Programa tem o seu molde de acordo com o tamanho, a complexidade e a especificidade das operações de cada empresa. E ainda, que a cria-

---

19   Valor atualizado pelo Decreto n. 11.317, de 29 de dezembro de 2022.

ção de um Programa de *Compliance* envolve, necessariamente, a implementação de pilares e transposição de várias etapas, tais como, análise de riscos, elaboração de códigos e políticas, implementação de canais de denúncias, além de constantes treinamentos, controle, monitoramento e auditoria.

Como se percebe, um Programa de *Compliance* eficaz tem a sua vida cíclica e deverá se pautar na comunicação, treinamento e constante gestão, de modo que todos os colaboradores entendam e cumpram as suas regras de maneira natural, criando-se uma efetiva cultura de *Compliance* organizacional.

Assim, melhor seria que não houvesse o lapso de 6 (seis) meses, mas que fosse exigência a cumprir de imediato, até porque esta é uma discussão que poderá se eternizar em paralelo à execução do contrato, caso o Programa apresentado não atenda aos pilares geralmente aceitos pelas boas práticas e o agente fiscalizador não ateste a sua eficácia.

Sobre indicar os programas como critério de desempate entre licitantes, não deixa de ser um prestígio, mas dificilmente isso será aplicado, pois tal critério somente será utilizado caso sejam ultrapassados *(i)* a disputa final dos licitantes empatados, *(ii)* a avaliação de desempenho contratual prévio, e *(iii)* o desenvolvimento de ações de equidade de gênero, mais uma boa novidade ESG na Lei de Licitações.

Importante, ainda, manter a lógica da implantação ou aperfeiçoamento de programa de integridade como atenuante de sanções administrativas e condição para reabilitação do licitante punido.

Em suma, a despeito das louváveis inovações legislativas, que estão em plena consonância com o interesse público, esperamos que a regulamentação específica da nova Lei de Licitações, que certamente se avizinha, possa estabelecer cuidadosamente requisitos e parâmetros razoáveis para a aferição da eficácia dos programas de integridade dos licitantes vencedores e para a capacitação técnica dos agentes públicos que terão o dever de proceder àquela aferição. Que, com a evolução e prática da nova lei, a implantação de programas de integridade seja condição imediata para contratações públicas, bem como não sejam limitadas às obras, serviços e fornecimentos de grande vulto.

Por derradeiro, esperamos que, oportunamente, as melhores práticas no campo da ética e da integridade sejam exigidas de entidades e órgãos da Administração Pública nas esferas federal, estadual e municipal, e possam instrumentalizar o diálogo e a interação público-privada dentro do maior rigor de legalidade e transparência e contribuir com o árduo desafio de prevenção da corrupção no nosso país.

3. Destaques da Lei n. 13.303/2016 – A Lei das Estatais

A Lei n. 13.303, de 30 de junho de 2016, instituiu um novo regime jurídico para as empresas públicas e sociedades de economia mista e suas subsidiárias, abrangendo toda e qualquer empresa pública e sociedade de economia mista da União, dos Estados, do Distrito Federal e dos Municípios que explore atividade econômica de produção ou comercialização de bens ou de prestação de serviços, ainda que a atividade econômica esteja sujeita ao regime de monopólio da União ou seja de prestação de serviços públicos.

A Lei das Estatais, como é mais conhecida – objetivando uma maior governança no âmbito das empresas estatais e sociedades de economia mista brasileiras e visando garantir uma gestão mais transparente, ética e eficiente, em que o interesse público realmente prevaleça sobre o interesse individual e que haja o perfeito cumprimento das normas vigentes e a devida adequação do fim social destas empresas e sociedades –, trouxe inovações no que se refere a obrigatoriedade de adoção de políticas de *Compliance*.

Além do acima já tratado, pode-se também dizer que o *Compliance* é um conjunto de medidas internas que permite prevenir ou minimizar os riscos de violação às leis decorrentes de atividade praticada por um agente econômico e de qualquer um de seus sócios ou colaboradores[20]. Em outras pala-

---

20 CONSELHO ADMINISTRATIVO DE DEFESA ECONÔMICA (CADE). *Guia para programas de compliance.* Disponível em: https://cdn.cade.gov.br/Portal/centrais-de-conteudo/publicacoes/guias-do-cade/guia-compliance-versao-oficial.pdf. Acesso em: 4 mar. 2023.

vras, trata-se basicamente de estar em conformidade com os regulamentos, diretrizes e, claro, leis que regem sua atuação.

Desde os seus primeiros artigos, a lei já mostrou a sua preocupação com a necessidade de se manter uma política de governança e de *Compliance* que desse mais transparência aos atos e negócios praticados pelas empresas estatais e sociedades de economia mista brasileiras.

O art. 1º e seus parágrafos estabeleceram que os Poderes Executivos poderiam editar atos que constituíssem regras de governança destinadas às suas respectivas empresas públicas e sociedades de economia mista (§ 3º), sendo que na hipótese de não ser adotada nenhuma prática, prevaleceria aquela instituída pela própria Lei (§ 4º) e que as práticas na participação em sociedade empresarial em que a empresa pública, a sociedade de economia mista e suas subsidiárias não detenham o controle acionário, essas deveriam adotar, no dever de fiscalizar, práticas de governança e controle proporcionais à relevância, à materialidade e aos riscos do negócio do qual são partícipes (§7º).

Na sequência, o art. 6º assim ficou esculpido na referida Lei:

> "Art. 6º O estatuto da empresa pública, da sociedade de economia mista e de suas subsidiárias deverá observar regras de governança corporativa, de transparência e de estruturas, práticas de gestão de riscos e de controle interno, composição da administração e, havendo acionistas, mecanismos para sua proteção, todos constantes desta Lei".

Já o art. 8º, por sua vez, apresentou os requisitos mínimos para as empresas públicas e as sociedades de economia mista no que se refere a sua transparência, como a *(i)* divulgação tempestiva e atualizada de informações relevantes, em especial as relativas a atividades desenvolvidas, estrutura de controle, fatores de risco, dados econômico-financeiros, comentários dos administradores sobre o desempenho, políticas e práticas de governança corporativa e descrição da composição e da remuneração da administração e a *(ii)* ampla divulgação, ao público em geral, de carta anual de governança corporativa, que consolide em um único documento escrito, em linguagem clara e direta, as informações de que trata o item *(i)* acima.

A adoção da política de governança e de integridade, além dos dispositivos legais acima citados, também estão previstas em inúmeros outros artigos[21] dessa lei, em que estabelece que

---

21 Lei n. 13.303, de 2016. Disponível em: https://www.planalto.gov.br/ccivil_03/_ato2015-2018/2016/lei/l13303.htm. Acesso em: 3 mar. 2023, às 16:37h.
"(...) Art. 9º A empresa pública e a sociedade de economia mista adotarão regras de estruturas e práticas de gestão de riscos e controle interno que abranjam:
I – ação dos administradores e empregados, por meio da implementação cotidiana de práticas de controle interno;
II – área responsável pela verificação de cumprimento de obrigações e de gestão de riscos;
III – auditoria interna e Comitê de Auditoria Estatutário.
§ 1º Deverá ser elaborado e divulgado Código de Conduta e Integridade, que disponha sobre:
I – princípios, valores e missão da empresa pública e da sociedade de economia mista, bem como orientações sobre a prevenção de conflito de interesses e vedação de atos de corrupção e fraude;
II – instâncias internas responsáveis pela atualização e aplicação do Código de Conduta e Integridade;
III – canal de denúncias que possibilite o recebimento de denúncias internas e externas relativas ao descumprimento do Código de Conduta e Integridade e das demais normas internas de ética e obrigacionais;
IV – mecanismos de proteção que impeçam qualquer espécie de retaliação a pessoa que utilize o canal de denúncias;
V – sanções aplicáveis em caso de violação às regras do Código de Conduta e Integridade;
VI – previsão de treinamento periódico, no mínimo anual, sobre Código de Conduta e Integridade, a empregados e administradores, e sobre a política de gestão de riscos, a administradores.
§ 2º A área responsável pela verificação de cumprimento de obrigações e de gestão de riscos deverá ser vinculada ao diretor-presidente e liderada por diretor estatutário, devendo o estatuto social prever as atribuições da área, bem como estabelecer mecanismos que assegurem atuação independente.
§ 3º A auditoria interna deverá:
I – ser vinculada ao Conselho de Administração, diretamente ou por meio do Comitê de Auditoria Estatutário;
II – ser responsável por aferir a adequação do controle interno, a efetividade do gerenciamento dos riscos e dos processos de governança e a confiabilidade do processo de coleta, mensuração, classificação, acumulação, registro e divulgação de eventos e transações, visando ao preparo de demonstrações financeiras.
§ 4º O estatuto social deverá prever, ainda, a possibilidade de que a área de *compliance* se reporte diretamente ao Conselho de Administração em si-

as empresas públicas e sociedades de economia mista estão obrigadas a elaborar e divulgar um Código de Conduta e Integridade, com orientações sobre a prevenção de conflito de interesses e vedação de atos de corrupção e fraude; canal de denúncias; sanções aplicáveis em caso de violação às suas regras; treinamentos periódicos; bem como adequação constante das suas práticas ao Código de Conduta e de Integridade e às outras regras de boa prática de governança corporativa.

Como se nota, a Lei das Estatais criou mecanismos jurídicos e impôs regras gerais para que as empresas públicas e as sociedades de economia e suas subsidiárias pudessem implementar padrões de governança corporativa e de integridade em seus estatutos sociais para garantir uma boa administração, de forma que o comportamento organizacional de seus gestores, administradores, diretores, a dar exemplo para todo o seu corpo técnico, possa estar em perfeita consonância com as leis, normas e regras do seu setor de atuação. Dá para se

---

tuações em que se suspeite do envolvimento do diretor-presidente em irregularidades ou quando este se furtar à obrigação de adotar medidas necessárias em relação à situação a ele relatada."
"Art. 12. A empresa pública e a sociedade de economia mista deverão:
I – divulgar toda e qualquer forma de remuneração dos administradores;
II – adequar constantemente suas práticas ao Código de Conduta e Integridade e a outras regras de boa prática de governança corporativa, na forma estabelecida na regulamentação desta Lei.
Parágrafo único. A sociedade de economia mista poderá solucionar, mediante arbitragem, as divergências entre acionistas e a sociedade, ou entre acionistas controladores e acionistas minoritários, nos termos previstos em seu estatuto social."
"Art. 14. O acionista controlador da empresa pública e da sociedade de economia mista deverá:
I – fazer constar do Código de Conduta e Integridade, aplicável à alta administração, a vedação à divulgação, sem autorização do órgão competente da empresa pública ou da sociedade de economia mista, de informação que possa causar impacto na cotação dos títulos da empresa pública ou da sociedade de economia mista e em suas relações com o mercado ou com consumidores e fornecedores;
II – preservar a independência do Conselho de Administração no exercício de suas funções;
III – observar a política de indicação na escolha dos administradores e membros do Conselho Fiscal."

dizer, sem medo de errar, que a governança desenhada para as empresas estatais está muito mais desenvolvida que aquela prevista para os órgãos da administração direta.

Evane Beiguelman Kramer[22] entende, portanto, que: "(...) há um dever geral, imposto a todas as empresas públicas, sociedades de economia mista e suas subsidiárias, no sentido que seus estatutos societários imponham a observância e as boas práticas de governança e controle".

E ela completa dizendo o quanto segue[23]:

> "Percebe-se que o *compliance* é estrutura fundamental para a coesão das boas práticas e da governança corporativa e precisa, especialmente, atuar em cooperação com a "Alta Administração" (Presidência, Superintendência) e o setor de gestão de riscos corporativos. Por uma simples razão: a conduta do alto escalão da empresa determina a conduta dos demais e deve estar em conformidade com as deliberações e regras de *compliance*".

A criação de mecanismos para implementação de práticas de governança corporativa e de *Compliance* pela Lei das Estatais foi estritamente necessária e replicou, a nosso ver, os princípios – que parece que haviam caído em esquecimento – que norteiam a atuação da Administração Pública direta e indireta, na qual as empresas públicas e as sociedades de economia mista e suas subsidiárias estão inseridas e que estão elencados no art. 37 da Constituição Federal, *in verbis*:

> "Art. 37. A administração pública direta e indireta de qualquer dos Poderes da União, dos Estados, do Distrito Federal e dos Municípios obedecerá aos princípios de legalidade, impessoalidade, moralidade, publicidade e eficiência (...):"

Melhor explicando, o referido dispositivo legal de nossa Carta Magna, já impõe à Administração Pública o dever de agir *(i)* em conformidade à lei, normas e regramentos ("princí-

---

22 KRAMER, Evane Beiguelman. Os novos parâmetros de *compliance* na Lei n. 13.303/16. In: DAL POSO, Augusto; MARTINS, Ricardo Marcondes (Coord.). *Estatuto jurídico das empresas estatais*. São Paulo: Editora Contracorrente, 2018, pp. 167-176, ISB. 978-85-69220-38-8.

23 Idem.

pio da legalidade"), pois nenhuma lei estabelece práticas de atos corruptos; *(ii)* com imparcialidade na defesa do interesse público, impedindo discriminações e privilégios indevidamente dispensados a particulares no exercício da função administrativa ("princípio da impessoalidade"); *(iii)* não só pela lei, mas também pela boa-fé, lealdade e probidade ("princípio da moralidade"); *(iv)* com total transparência em seus atos e negócios ("princípio da publicidade") e *(v)* de modo mais satisfatório possível para atender a finalidade pública ("princípio da eficiência").

Assim, o que a Lei das Estatais fez ao impor uma política de governança e de *Compliance* foi relembrar a necessidade de que qualquer empresa pública ou sociedade de economia mista está obrigada a observar – em seus atos e negócios – os preceitos constitucionais que desde 1988, quando da promulgação da nossa Carta Magna, norteiam a sua atuação.

Na seara das contratações, a Lei das Estatais estabelece:

> "As licitações realizadas e os contratos celebrados por empresas públicas e sociedades de economia mista destinam-se a assegurar a seleção da proposta mais vantajosa, inclusive no que se refere ao ciclo de vida do objeto, e a evitar operações em que se caracterize sobrepreço ou superfaturamento, devendo observar os princípios da impessoalidade, da moralidade, da igualdade, da publicidade, da eficiência, da probidade administrativa, da economicidade, do desenvolvimento nacional sustentável, da vinculação ao instrumento convocatório, da obtenção de competitividade e do julgamento objetivo".

Como é possível reparar, a atuação das empresas públicas e das sociedades de economia mista e suas subsidiárias na contratação de serviços e bens também está pautada nos princípios da impessoalidade, da moralidade, da igualdade, da publicidade, da eficiência, da probidade administrativa, da economicidade, do desenvolvimento nacional sustentável, da vinculação ao instrumento convocatório, da obtenção de competitividade e do julgamento objetivo.

Portanto, a nosso ver, a Lei das Estatais acertou em promover novos mecanismos capazes de combater atos de corrupção e garantir uma gestão mais transparente, ética e eficiente, em perfeito cumprimento das normas vigentes. Na gestão de suas compras, por fim, a lei estabelece requisitos de uma verdadeira nova governança das estatais, visando garantir mais transparência e integridade em suas licitações.

4. Conclusões

Em apertada conclusão, podemos dizer que o arcabouço jurídico-legal para as contratações públicas propaga políticas que abraçam o desenvolvimento sustentável, passando por (i) rigorosa governança ESG nas esferas pública e privada e (ii) contundentes mecanismos de *compliance* e integridade na administração e na iniciativa privada.

O cumprimento das novas normas de contratação, notadamente da nova Lei de Licitações e Contratos Administrativos e da Lei das Estatais, atraem processos licitatórios para as compras governamentais mais transparentes, éticos e íntegros e incentivam, na visão dos Autores, o buscado desenvolvimento sustentável do país.

5. Referências bibliográficas

BRITO, João Felipe Oliveira. *Empresas e ESG:* noções gerais, necessidade e urgência, checklist básico para a adequação. Disponível em: https://www.migalhas.com.br/depeso/381129/empresas-e-esg.

GALVÃO, Flávia e SEABRA, Luiz Felipe. A Tríade ESG + Integridade e o Impacto na Atual Relação Público-Privada. *SINICON em Revista.* Edição 13. Ed. set.-out. 2022. Disponível em: http://www.sinicon.org.br.

JUSTEN FILHO, Marçal. *Comentários à lei de licitações e contratações administrativas:* Lei 14.133/2021. São Paulo: Thompson Reuters Brasil, 2021.

KRAMER, Evane Beiguelman. Os novos parâmetros de *compliance* na Lei n. 13.303/16. In: DAL POSO, Augusto; MARTINS, Ricardo Marcondes (Coord.). *Estatuto jurídico das empresas estatais.* São Paulo: Editora Contracorrente, 2018, pp. 167-176, ISB. 978-85-69220-38-8.

RODRIGUES, Filipe Alves. A nova lei de licitações e o uso de fatores ESG + T no fomento da sustentabilidade. In: CHAUVET, Rodrigo; CASTILHOS, Cristiano Borges (Coord.). *Novidades e desafios da lei de licitações e contratos administrativos*. Rio de Janeiro: Lumen Juris, 2022.

ROMEIRO, Ademar Ribeiro. *Desenvolvimento sustentável:* uma perspectiva econômico-ecológica. Disponível em: https://www.scielo.br/j/ea/a/F9XDcdCSWRS9Xr7SpknNJPv#.

Sites:

https://brasil.un.org/pt-br/sdgs.

https://www.cnnbrasil.com.br/business/greenwashing-o-que-e-e-como-identificar-a-pratica-da-falsa-sustentabilidade.

https://www.infomoney.com.br/economia/greenwashing-o-que-e-e-por-que-essa-palavra-pode-impactar-seus-investimentos-e-suas-compras.

https://www.pactoglobal.org.br/pg/esg.

http://wwf.org.br.

CONFORMIDADE AMBIENTAL NA GESTÃO CONTRATUAL DE GRANDES OBRAS EM CONCESSÕES RODOVIÁRIAS

Juliana Nunes de Menezes Fragoso[1]
Daniela Beatriz Goudard Bussmann[2]

1. Introdução

A agenda ESG já é uma realidade: cada vez mais é confirmada a necessidade de se conectar gestão de negócio e sustentabilidade. E é nessa linha – sob o enfoque da conformidade ambiental na gestão contratual de grandes obras de infraestrutura rodoviária – que se pretende enfrentar o tema com o presente artigo.

Se já é certo que a instalação e operação de rodovias no País desencadeia muitos benefícios (principalmente os de ordem econômica), é também fato que há impactos que, se não controlados, podem se tornar extremamente negativos, em especial quando se avalia o tema sob o enfoque ambiental.

Portanto, com o olhar direcionado à concessão de serviços públicos, serão abordados neste artigo, inicialmente, dados acerca da desestatização da gestão da malha rodoviária do

---

1   Graduada em Direito em 1999. Pós-Graduada em Direito Processual Civil pela PUC/SP. Superintendente Jurídica do Grupo Arteris.
2   Bióloga, especialista em Economia em Meio Ambiente pela UFPR, Professora de Pós-Graduação. Gerente de Meio Ambiente de Grandes Obras do Grupo Arteris.

País – consequência lógica do necessário impulsionamento econômico e da escassa viabilidade orçamentária da Administração Pública.

Mais adiante, será apresentada a agenda ESG implantada pelo Grupo Arteris S/A, e por fim, o caso concreto da gestão contratual das obras do Contorno Viário de Florianópolis.

O objetivo principal deste artigo é examinar os desafios relacionados ao tema e a viabilidade de se executar obras da grandeza das do Contorno Viário de Florianópolis através de práticas sustentáveis e condução adequada, com valorização do engajamento de fornecedores e, principalmente, com gestão de excelência para a mitigação de impactos ambientais.

2. Concessões de rodovias – comentários iniciais

Já não é novidade que as rodovias são importantes para o país, eis que são essenciais para o desenvolvimento urbano e escoamento da produção industrial. Também não é novidade que a Administração Pública, *per se*, tem grande dificuldade – principalmente por questões orçamentárias – de manter as estradas do país em boas condições. E, como conclusão lógica deste introito, tem-se que sem estradas adequadas, não há logística eficiente; e sem logística eficiente, não há atração de novos investimentos e não há desenvolvimento econômico.

A modelagem de concessões rodoviárias foi uma das soluções encontradas pela Administração Pública para garantir estradas de qualidade. E neste contexto, pode-se dizer que o Programa de Concessões do país teve início em 1987, com a edição do Decreto n. 94.002, norma responsável por autorizar o DNER a contratar, com empresa nacional, mediante concessão, a construção, conservação e exploração de rodovias e obras rodoviárias federais[3]. Desde então, o programa de concessões passou por transformações significativas.

---

3   Art. 1º O Ministro de Estado dos Transportes poderá, atendendo ao interesse público e observado o procedimento licitatório, autorizar o Departamento Nacional de Estradas de Rodagem – DNER a contratar, com empresa nacional, mediante concessão, a construção, conservação e exploração de rodovias e obras rodoviárias federais, respeitadas as diretrizes que estabelecer em ato próprio.

Nos idos de 1990, foi instituído o Programa Nacional de Desestatização – PND com o objetivo de, dentre outras coisas, "reordenar a posição estratégica do Estado na economia transferindo à iniciativa privada atividades atualmente exploradas pelo setor público"[4]. E foi com este "Programa" que a Administração Pública passou a transferir à iniciativa privada tanto empresas que eram exploradas pelo Estado sob o regime de direito privado quanto os serviços públicos.

O processo de desestatização dos serviços públicos assumiu especial relevância com a edição da Lei n. 8.987 de 13 de fevereiro de 1995, conhecida como Lei Geral das Concessões, que disciplinou o regime jurídico para as concessões e permissões de serviços públicos.

A Agência Nacional de Transportes (ANTT) publicou[5] que segundo:

> "O FGV Transportes, a média anual dos investimentos públicos em infraestrutura de transportes foi de 0,31% do PIB entre 2008 e 2018. Já em 2019, de acordo com o boletim da CNT, os investimentos do Governo Federal em infraestrutura de transportes corresponderam a apenas 0,14% do PIB nacional, menor percentual dos últimos 12 anos".

Este dado reafirma que a iniciativa privada, inegavelmente, tornou-se a melhor solução para suprir as necessidades de logísticas do país.

3. Programa de Concessões Rodoviárias Federais – o Leilão da segunda etapa e o Contrato firmado com a Autopista Litoral Sul S/A

Em consonância com o já mencionado Programa Nacional de Desestatização – PND, o Governo Federal criou o Programa de Concessões de Rodovias Federais (Procrofe) que compreen-

---

4   Art. 1º da Medida Provisória n. 155/1990.
5   BRASIL. Agência Nacional dos Transportes Terrestres. Informações Gerais. Disponível em: https://www.gov.br/antt/pt-br/assuntos/rodovias/informacoes-gerais. Acesso em: 12 mar. 2023.

deu, inicialmente, a concessão dos trechos da BR-116/RJ/SP (São Paulo – Rio de Janeiro), da BR-101/RJ (Ponte Rio-Niterói), da BR-040/ MG/RJ (Rio de Janeiro – Juiz de Fora, da BR-116/RJ (Rio de Janeiro – Teresópolis) e da BR-290/RS (Porto Alegre – Osório). Atualmente, o programa encontra-se na sua quarta etapa, e desde a criação da ANTT, em 2001, o programa passou a ser administrado pela referida agência reguladora.

Em 2008, a ANTT promoveu a outorga de sete trechos de rodovias federais, previstos na 2ª Etapa do Procrofe, localizados nas Regiões Sul e Sudeste, nos Estados de Minas Gerais, Paraná, Rio de Janeiro, Santa Catarina e São Paulo. E, no que interessa ao presente trabalho, na rodada da 2ª Etapa está no Contrato de Concessão da BR-116/PR – BR-376/PR – BR 101/SC, firmado entre a Autopista Litoral Sul S/A e a União.

Muitas foram as obrigações contratuais assumidas pela Autopista, e algumas podem ser destacadas: a recuperação das pistas de rolamento, além de recuperação de todo o sistema de sinalização e de segurança da rodovia. Obrigou-se, ainda, a recompor, construir e manter dispositivos, obras de arte especiais, além de executar tantas outras obras de melhorias físicas e operacionais, além de trabalhos de ampliação da capacidade do sistema concedido.

3.1. Obrigação contratual: contorno viário de Florianópolis

Dentre as tantas obras de melhorias e ampliação da capacidade estabelecidas no contrato de concessão firmado pela Autopista Litoral Sul, está a construção do denominado Contorno de Florianópolis, anel viário que contará com aproximadamente 47,33 quilômetros de extensão. É a obra de maior relevância desse lote 7, concedido à Autopista Litoral Sul.

A obra envolve a construção de uma nova rodovia, paralela à BR 101, que tem como objetivo desviar o tráfego de longa distância da região metropolitana da Grande Florianópolis, que atualmente apresenta congestionamentos diários. O projeto intercepta o território de três Municípios catarinenses, Biguaçu, São José e Palhoça.

É considerada a maior obra de infraestrutura rodoviária em andamento no país, com a mobilização de R$ 3,7 bilhões em investimentos e compreende a construção de 6 trevos de acesso, 4 túneis duplos, 7 pontes e mais de 20 passagens em desnível.

O Contorno Rodoviário de Florianópolis foi licenciado ambientalmente junto ao Instituto Brasileiro de Meio Ambiente e de Recursos Renováveis (Ibama) e possui Licença de Instalação (LI) de n. 1.393/2021, válida até 6 de maio de 2027. A obra de instalação teve início no mês de maio de 2014 e encontra-se em andamento.

Sendo o maior investimento atualmente em execução do Grupo Arteris, é fato que as premissas de sustentabilidade empresarial permeiam todo o planejamento e desenvolvimento do projeto de maneira estratégica.

4. ESG no Grupo Arteris[6]

A Autopista Litoral Sul S/A é uma das Concessionárias do Grupo Arteris. E a sustentabilidade sempre foi um pilar relevante para a Companhia: toda e qualquer decisão estratégica leva em consideração análise dos impactos reais e potenciais das suas atividades e a promoção de gestão orientada para a geração de valor compartilhado.

Nesta toada, a agenda ESG do Grupo Arteris é focada no segmento de mercado no qual se insere – rodovias –, e está fixada em três grandes eixos estratégicos: Ecoeficiência, com foco na redução das emissões de gases poluentes, aumento da eficiência energética e inovação com base na economia circular da cadeia de valor; Segurança e Qualidade, com vistas a promover a segurança viária, saúde e segurança do trabalho, garantir segurança cibernética e assegurar diversidade e inclusão; e, ainda, a Governança, Transparência e *Accountability*, com a finalidade de implementar processos e direitos humanos, aprimorar avaliação de critérios ESG na cadeia de supri-

---

6   ARTERIS. *Sustentabilidade*. Disponível em: https://www.arteris.com.br/sustentabilidade/. Acesso em: 12 mar. 2023.

mentos, certificar o sistema de Gestão Ambiental de acordo com a ISO 14.001 e aumentar a cultura de sustentabilidade,

Os temas materiais que se relacionam com os Objetivos de Desenvolvimento Sustentável (ODS) do Grupo Arteris e que orientam as suas ações podem ser listados da seguinte forma: 1) Segurança Viária; 2) Ética e Integridade; 3) Qualidade dos Serviços; 4) Gestão dos impactos ambientais; 5) Inovação; 6) Gestão de pessoas; 7) Responsabilidade Social e engajamento com a comunidade; 8) Criação de valor; 9) Governança e 10) Engajamento com fornecedores.

A incorporação de tais objetivos na gestão contratual de grandes obras – e em especial, nas obras do Contorno Viário de Florianópolis – passa a ser explorada a seguir.

5. A gestão contratual das obras do contorno de Florianópolis

Concessionárias têm como atividade-fim a operação da Rodovia e diversas melhorias a serem executadas no sistema viário concedido. As obras de ampliação da capacidade, tais como a implantação de contornos viários, são consideradas obras civis de melhoria a serem executadas conforme diretrizes do contrato de concessão.

Considerando que as concessionárias não têm como atividade fim a execução de obras civis, tem-se a necessidade de contratar fornecedores/prestadores de serviços para executarem estas obras e todos os serviços inerentes, necessários para o devido cumprimento do contrato de concessão.

A avaliação de risco "regulatório normativo" não precisa (talvez nem deva) se limitar ao âmbito da própria organização, mas pode ser estendida à rede de fornecedores e prestadores de serviços, evitando que a empresa contrate parceiros que possam comprometer, ainda que indiretamente a imagem e reputação da marca[7].

---

7   Nieburh, P. Scharamm, F. S. O que esperar do *Compliance* sob a perspectiva ambiental? In: Farias, T. Ataide P. *Direito ambiental econômico:* instrumentos econômicos de política ambiental. Andradina: Maraki, 2021, p. 259-277.

As normas de responsabilização e a tônica do seu *enforcement* pelas autoridades de controle e Poder Judiciário têm conduzido as empresas e corporações a buscarem formas de "autorregulação" ou de adesão voluntária para lidar com a temática socioambiental, elaborando diretrizes que indiquem um caminho de respeito aos direitos vinculados à sustentabilidade[8].

No ponto, leciona Campos Brandão:

"[...] os contratos são importantes ferramentas de prevenção e controle de riscos, já que marcam o início de basicamente todas as relações estabelecidas nas empresas e, exatamente por isso, devem prever cautelosamente as regras que irão reger aquela relação e os deveres e responsabilidades das partes" [9].

No que se refere a investimentos vultuosos relacionados a atividades com grandes impactos socioambientais, a gestão é considerada peça fundamental para a conclusão de projetos, com consequente cumprimento de toda a normativa envolvida, dentro do prazo e orçamento previstos.

5.1. Monitoramento da conformidade ambiental em contratos de grandes obras

Vivencia-se, atualmente, era marcada por economia de mercado complexa e sociedade que exige cada vez mais transparência nas práticas corporativas, e engajamento em temas não tradicionalmente explorados[10].

---

8   Soares, I. V. P.; Venturini, O. *Compliance ambiental:* um horizonte muito além do combate à corrupção. Disponível em: https://www.conjur.com.br/ 2022-fev-13/publico-pragmatico-*compliance*-ambiental-horizonte-alem-combate-corrupcao. Acesso em: 1º mar. 2023.

9   Brandão, C. A. S. F; Campos, S. M. O. *Compliance e contratos:* abordagem prática para negócio sustentável e íntegro. Disponível em: https://www.conjur.com.br/2022-abr-11/brandao-campos-*compliance*-contratos. Acesso em: 1º mar. 2023.

10   Brandão, C. A. S. F; Campos, S. M. O. *Compliance e contratos:* abordagem prática para negócio sustentável e íntegro. Disponível em: https://www.conjur.com.br/2022-abr-11/brandao-campos-*compliance*-contratos. Acesso em: 1º mar. 2023.

Do ponto de vista ambiental, os objetivos vinculados ao cumprimento dos ODS[11] são de adoção de abordagem preventiva, com promoção de maior responsabilidade ambiental e com incentivo ao desenvolvimento e difusão de tecnologias ambientalmente amigáveis[12].

O setor privado tem um papel essencial nesse processo como grande detentor do poder econômico, propulsor de inovações e tecnologias influenciador e engajador dos mais diversos públicos – governos, fornecedores, colaboradores e consumidores[13].

Monitorar a conformidade própria e de seus contratados é uma maneira de executar a gestão de risco de maneira preventiva, demonstrando que a empresa está atenta a fatores de risco inerentes a sua atividade, agindo antecipadamente de modo a cumprir todas as exigências normativas e legais. Em resumo, a empresa aumenta consideravelmente as chances de identificar e corrigir potenciais irregularidades, antes mesmo que elas venham a ser cometidas dentro de sua gestão contratual.

Há uma dificuldade inata de quem exerce atividade utilizadora de recursos naturais ou potencialmente degradante em compreender o sistema de regulação ambiental brasileiro, pois considerando a matéria ambiental, a complexidade normativa e regulatória é escalonada a níveis surpreendentes[14].

Obras de Implantação de Rodovias são consideradas atividades de grande impacto ambiental e com alto potencial poluidor devido ao fato de causarem alterações ambientais expressivas tais como extensas supressões vegetais e grandes modificações na paisagem. Além disso, é senso comum que a

---

11 Objetivos de Desenvolvimento Sustentável.

12 Bittencourt, P. C. Desafio dos advogados para implantação da cultura ESG pelas empresas. Disponível em: https://www.conjur.com.br/2022-dez-08/patricia-bittencourt-desafio-implantacao-cultura-esg. Acesso em: 1º mar. 2023.

13 PACTO GLOBAL. Objetivos de Desenvolvimento Sustentável. Disponível em: https://www.pactoglobal.org.br/ods. Acesso em: 2 mar. 2023.

14 Nieburh, P. Scharamm, F. S. O que esperar do *Compliance* sob a perspectiva ambiental? In: Farias, T. Ataide P. *Direito ambiental econômico:* instrumentos econômicos de política ambiental. Andradina: Maraki, 2021, p. 259-277.

construção civil é considerada um dos ramos que mais consome recursos naturais e que gera grandes quantidades de resíduos e efluentes.

A proteção do meio ambiente é disciplinada não apenas por leis, em sentido estrito, mas com muita frequência, por atos administrativos dos mais variados, resultando num emaranhado vasto e complexo, muitas vezes incoerente de normas e decisões a serem observadas e seguidas pelos agentes econômicos[15].

No contexto de conformidade normativa, há de se destacar o fato de que rodovias são empreendimentos lineares, que interceptam vários Municípios e, por diversas vezes, mais de um Estado da Federação. Considerando o fato de que a competência sobre legislar quanto a matéria de proteção ambiental é concorrente entre União, Estado e o Distrito Federal o ato de "estar em conformidade" se torna um grande desafio.

A avaliação de fornecedores que possam causar impactos ambientais em grandes obras é fundamental para garantir o cumprimento da legislação ambiental bem como as diretrizes dos contratos firmados entre Concessionária e Construtoras.

Como procedimento estruturante, as minutas contratuais preveem, em caso de prestação de serviços com impactos ambientais significativos, o envio de relatórios de acompanhamento periódicos e, nestes relatórios, as evidências do cumprimento das diretrizes ambientais contratuais são apresentadas.

Após a celebração do contrato, inicia-se importante etapa de gestão do fornecedor, já que um instrumento bem redigido não consegue, por si só, identificar irregularidades que eventualmente ocorram[16].

Para a construção do Contorno Rodoviário de Florianópolis, considerando o período de janeiro de 2020 a fevereiro de 2023, foram firmados 127 contratos. Destes, 90 foram considerados críticos do ponto de vista ambiental e foram monitora-

---

15 Idem 8.

16 Brandao, C. A. S. F; Campos, S. M. O. *Compliance e contratos:* abordagem prática para negócio sustentável e íntegro. Disponível em: https://www.conjur.com.br/2022-abr-11/brandao-campos-*compliance*-contratos. Acesso em: 1º mar. 2023.

dos durante toda sua vigência. Este número é considerado expressivo pois representa aproximadamente 70% contratos firmados para execução da obra.

O processo de avaliação é feito com periodicidade mensal, durante toda a vigência dos contratos e aspectos relacionados ao cumprimento das premissas das diretrizes de meio ambiente dos contratos são avaliados. Essas premissas contemplam, além de outras informações, a apresentação de todas as licenças ambientais e autorizações necessárias as cumprimento do escopo do contrato, incluindo a apresentação dos documentos relacionadas às subcontratadas, caso sejam necessárias.

No período, foram avaliados pela equipe de supervisão ambiental da Concessionária cerca de 576 documentos, entre licenças e autorizações, emitidas para prestadores de serviços e fornecedores de materiais vinculados a obra do Contorno de Florianópolis. Estes documentos foram emitidos por 44 órgãos/autarquias públicas em diversos Municípios e Estados relacionados à localização dos fornecedores e prestadores de serviço. Este indicador não só demonstra a exposição às normativas ambientais as quais grandes empreendimentos lineares estão sujeitos, como também evidencia a importância da análise detalhada do cumprimento dessas normativas.

Dentro do rol de documentos avaliados no período, aqueles vinculados à gestão de resíduos e efluentes correspondem ao volume mais expressivo. Aproximadamente 30% dos documentos avaliados comprovam a conformidade ambiental de prestadores de serviços para realização da destinação e tratamento final de resíduos e efluentes gerados na execução da obra. Esses documentos analisados atestam que a destinação é regular e que as empresas contratadas estão autorizadas a fazer a gestão dos resíduos e efluentes, atendendo as diretrizes ambientais do contrato.

Um empreendimento com cerca de 2.600 pessoas mobilizadas e 560 hectares de área de intervenção licenciada, por óbvio, possui fontes de geração e armazenamento ao longo de toda sua extensão sendo a demanda por áreas licenciadas para destinação final igualmente extensa e dinâmica. Para se ter uma noção de grandeza relacionada ao monitoramento desta

210

tipologia, são gerados mensalmente, em média, 200 manifestos de transportes de resíduos (MTR) pelas empresas contratadas para a execução da obra do Contorno de Florianópolis. Cada MTR é avaliado, conferido e monitorado até a emissão do Certificado de Destinação Final (CDF).

A segunda tipologia mais expressiva avaliada é relacionada ao fornecimento de materiais necessários à construção da obra propriamente dita. Cerca de 23% dos documentos avaliados são relacionados ao fornecimento de materiais, tais como minerais (rocha, areia, saibro), concreto, aço, madeira, derivados de petróleo para execução do pavimento, dentre outros insumos.

O tema é relevante em obras de infraestrutura, pois estes insumos, necessários em grandes volumes, são decorrentes de atividades altamente impactantes, seja em sua extração, como no caso de jazidas, quanto em sua produção e transporte, como no caso de insumos necessários à etapa de execução de pavimentação.

Tratando-se de fornecimento de jazidas minerais para obras rodoviárias, há uma tendência de que o balanço de materiais (cortes e aterros de solos) tenha como premissa a utilização de áreas dentro do próprio projeto como fonte de material, evitando assim a exploração de novas áreas onde possam vir a ser demandas supressões extras e novas áreas sejam degradadas em outras regiões que não aquelas já utilizadas pelo projeto. Quando não possíveis são demandadas jazidas comerciais para suprir a demanda do projeto.

Nesse sentido, o monitoramento de jazidas comerciais é extremamente importante pois a utilização de materiais provenientes de fornecedores irregulares em projetos, além de ser considerado crime ambiental pela Lei n. 9.605/98, em seu art. 55, é altamente danosa à imagem da empresa que comete tal infração.

No monitoramento da conformidade dos fornecedores de materiais necessários a construção da obra, devem ser avaliadas questões como a localização das jazidas, volume de extração/produção autorizados (que devem ser compatíveis com volume contratado para atender o projeto e são monitorados mensalmente), área vinculada à licença/autorização emitida, regularidade das instalações relacionadas ao escopo contratado além da existência de autos de infrações ou embargos vinculados ao fornecedor. Vistorias *in loco* também fazem parte da análise da conformidade ambiental dos contratados.

A terceira tipologia que apresenta maior percentual de documentos analisados é relacionada à aquisição de produtos perigosos para uso nas frentes de obra. Cerca de 21% dos documentos avaliados estão vinculados a aquisição e gestão de produtos perigosos e deste percentual o maior peso é relacionado ao processo de aquisição de combustíveis (aproximadamente 80%).

Há grande consumo de combustível proveniente de fontes não renováveis em obras rodoviárias. No caso do Contorno de Florianópolis, contatou-se a mobilização de 600 equipamentos pesados em fase de pico de obras, demandando grande estrutura logística para transporte, armazenamento e disponibilização desse recurso na obra.

Os documentos apresentados pelas empresas contratadas referem-se a toda a cadeia do produto sendo avaliados documentos desde a licença de operação dos fornecedores do combustível até o plano de gerenciamento de risco e ação emergencial para atendimento de acidentes relacionados a atividade de fornecimento e disponibilização do combustível nas frentes de obra.

Também são avaliados documentação associada às pessoas autorizadas a realizar o transporte e o manuseio deste recurso, como por exemplo, a comprovação de realização do curso de Movimentação Operacional de Produtos Perigosos, obrigatório para todos os condutores de veículos utilizados para o transporte de produtos perigosos (gases, líquidos e sólidos inflamáveis) e a disponibilização de kits de atendimento às emergências. A análise da conformidade destes itens também é feita em campo, com vistorias em todos os caminhões-comboios que transportam o combustível para a obra.

As demais tipologias correspondem somadas a 26% da documentação analisada e tratam em resumo do uso da água dentro da obra, de autorizações necessárias as supressões de vegetação tais como as licenças de motosserras, documentos relacionados a aquisição de mudas e grama em placa, análises químicas realizadas, entre outros.

Durante toda a execução da obra houve a necessidade de engajar e capacitar fornecedores para a apresentação de documentos, organização das informações, além da busca e obtenção de todas as autorizações e licenças vinculadas aos escopos contratuais.

6. Considerações finais

O presente artigo buscou demonstrar que obras da grandeza das que vêm sendo executadas no Contorno Rodoviário de Florianópolis envolvem série de desafios ambientais, sociais e de governança.

Buscou demonstrar, igualmente, que o comprometimento empresarial – quando se pensa em ESG – deve ir além de conceitos: a conformidade ambiental já é realidade e se tornou parte integrante de um sistema de gestão empresarial que visa a antecipar e coibir práticas indesejadas de crimes ambientais, pautado no acompanhamento e organizado em procedimentos que contemplam as melhores práticas.

Essas melhores práticas visam, além de proteger a pessoa jurídica, tratar dos impactos ambientais negativos previstos e que porventura venham a ser materializados durante a execução das atividades. Além disso, fortalecem as relações com *stakeholders* mais variados, pois demonstram o comprometimento e a atenção com relação a pauta ambiental.

Tanto mais quando se considera a execução de obras públicas: essa condição, mais qualquer outra, impõe relações e práticas transparentes e éticas.

Uma falha nesse sistema de gestão pode acarretar, além de uma responsabilização (nas esferas civil, administrativa e criminal) e danos à imagem empresarial, também a paralisação ou embargo das frentes de serviço, inviabilizando a continuidade da obra e o cumprimento do cronograma de execução de investimentos tão importantes e esperados pela população.

Gerir a matéria ambiental em grandes obras lineares é sempre um desafio gigantesco. O monitoramento contínuo dos prestadores de serviços e fornecedores, sejam eles diretos ou indiretos, é um diferencial na garantia da manutenção da conformidade do empreendimento e sua grande vantagem se materializa na possibilidade de ação preventiva, coibindo irregularidades.

A gestão da conformidade de fornecedores na obra do Contorno Rodoviário de Florianópolis demonstra a necessidade permanente da observância dos requisitos legais em todas as esferas bem como atualização contínua das obrigações legais e normativas a serem cumpridas.

Tratando-se de futuro, percebe-se o grande e necessário desafio de consolidação de normativas ambientais, para torná-las claras e concisas, facilitando seu cumprimento. A dificuldade nesta seara torna-se muito evidente em empreendimentos lineares, sujeitos aos mais variados legisladores e fiscalizadores.

Há ainda o desafio do desenvolvimento de novas tecnologias de engenharia que reduzam o alto consumo de matéria-prima e insumos, necessários a esse tipo de obra. Novas tecnologias vêm surgindo e o mercado, na tentativa de ser o mais sustentável possível, segue ávido em busca dessa evolução.

7. Referências bibliográficas

ARTERIS. *Sustentabilidade.* Disponível em: https://www.arteris.com.br/sustentabilidade/. Acesso em: 12 mar. 2023.

BITTENCOURT, P. C. Desafio dos advogados para implantação da cultura ESG pelas empresas. Disponível em: https://www.conjur.com.br/2022-dez-08/patricia-bittencourt-desafio-implantacao-cultura-esg. Acesso em: 1º mar. 2023.

BRANDÃO, C. A. S. F; CAMPOS, S. M. O. *Compliance e contratos:* abordagem prática para negócio sustentável e íntegro. Disponível em: https://www.conjur.com.br/2022-abr-11/brandao-campos-*compliance*-contratos. Acesso em: 1º mar. 2023.

BRASIL. Agência Nacional dos Transportes Terrestres. Informações Gerais. Disponível em: https://www.gov.br/antt/pt-br/assuntos/rodovias/informacoes-gerais. Acesso em: 12 mar. 2023.

CNI. *Desenvolvimento sustentável.* Disponível em: https://www.portaldaindustria.com.br/industria-de-a-z/desenvolvimento-sustentavel/. Acesso em: 2 mar. 2023.

NIEBURH; P. SCHARAMM, F. S. O que esperar do *Compliance* sob a perspectiva ambiental? In: Farias, T. Ataide P. *Direito ambiental econômico:* instrumentos econômicos de política ambiental. Andradina: Maraki, 2021.

PACTO GLOBAL. Objetivos de Desenvolvimento Sustentável. Disponível em: https://www.pactoglobal.org.br/ods. Acesso em: 2 mar. 2023.

SOARES, I. V. P.; VENTURINI, O. *Compliance ambiental:* um horizonte muito além do combate à corrupção. Disponível em: https://www.conjur.com.br/2022-fev-13/publico-pragmatico-compliance-ambiental-horizonte-alem-combate-corrupcao. Acesso em: 1º mar. 2023.

A RESPONSABILIDADE CIVIL CLIMÁTICA DAS INSTITUIÇÕES FINANCEIRAS

Humberto Eustáquio César Mota Filho[1]

1. Introdução

O presente artigo explora alguns dos aspectos jurídicos relacionados à responsabilidade civil climática das instituições financeiras brasileiras, a fim de identificar as tendências doutrinárias e jurisprudenciais sobre tal tema. Para tanto, este artigo parte da recente regulação climática no âmbito das instituições financeiras, descreve as linhas gerais das metodologias e taxionomias consideradas neste mercado, fixa os contornos do que se entende por litígio climático e adentra nas principais questões envolvendo a responsabilidade civil climática das instituições financeiras. Verificadas tais tendências doutrinárias e ju-

---

1   Doutor em Ciência Política (Iuperj), Mestre em Direito (Ucam). *Certificated Official.* MOFCOM Training Base for International Business Officials (*Shanghai Business School*). Pós-Graduado em Direito da Empresa e da Economia (FGV). Pós-Graduado em Projetos Financeiros (Uerj). Bacharel em Direito (PUC/Rio). Consultor Jurídico Sênior do BNDES. Presidente do Conselho Empresarial de Governança, *Compliance* e Diversidade da Associação Comercial do Rio de Janeiro. Presidente da Comissão de Estudos da Transparência Pública da OAB/RJ. Pesquisador do Cebrad/Uerj. Membro Fundador do IC Rio e idealizador da Revista *Compliance* Rio. Professor Convidado da FGV *Law Program e da* FGV Escola Executiva. Ex-membro do Conselho de Governança da Autoridade Pública Olímpica da Rio 2016. Ex-Assessor Sênior da Presidência do BNDES.

risprudenciais, este artigo sugere certas estratégias para a gestão do risco climático pelas instituições financeiras brasileiras.

As Resoluções CMN n. 4.327, de 25 de abril de 2014; CMN n. 4.557, de 23 de fevereiro de 2017 e; CMN n. 4.943, de 15 de setembro de 2021 tratam, respectivamente, no âmbito das instituições financeiras ("IFs"), das diretrizes que devem ser observadas no estabelecimento e na implementação da Política de Responsabilidade Social, Ambiental e Climática ("PRSAC") e da estrutura de gerenciamento de riscos sociais, ambientais e climáticos ("riscos socioambientais") de tais instituições[2]. Adicionalmente, por força do parágrafo único do art. 6º da Resolução CMN n. 4.557/2017, o gerenciamento dos riscos das IFs deve ser integrado, a fim de possibilitar que os efeitos adversos resultantes das interações entre seus riscos sejam identificados, mensurados, avaliados, monitorados, reportados, controlados e mitigados.

Por sua vez, no âmbito da Resolução CMN n. 4.943/2021, os riscos social, ambiental e climático foram destacados e o risco climático foi exemplificado em rol não exaustivo. Exemplifica-se o risco climático como uma espécie de risco socioambiental e estabelece-se uma diferenciação entre tal risco climático e os riscos sociais e ambientais, para fins de gerenciamento. Assim sendo, a ocorrência de eventos de risco ambiental ou, conforme o caso, os indícios dessa ocorrência podem configurar, ao menos, dois tipos de riscos climáticos, riscos de transição e risco físico[3].

Portanto, o Banco Central do Brasil ("BCB") compreendeu que a relevância dos impactos decorrentes das mudanças cli-

---

2   Arts. 38-A, 38-B e 38-C da Resolução CMN n. 4.943, de 15 de setembro de 2021.

3   "Art. 38-C da Resolução CMN n. 4.943, de 15 de setembro de 2021. [...] I – risco climático de transição: possibilidade de ocorrência de perdas para a instituição ocasionadas por eventos associados ao processo de transição para uma economia de baixo carbono, em que a emissão de gases do efeito estufa é reduzida ou compensada e os mecanismos naturais de captura desses gases são preservados; e II – risco climático físico: possibilidade de ocorrência de perdas para a instituição ocasionadas por eventos associados a intempéries frequentes e severas ou a alterações ambientais de longo prazo, que possam ser relacionadas a mudanças em padrões climáticos."

máticas justifica um foco específico para o risco climático, sob a vertente de gerenciamento de riscos no âmbito da PRSAC. Logo, as IFs deverão proceder ao exame técnico e econômico--financeiro de empreendimento, projeto ou plano de negócio do seus clientes, incluindo a avaliação de suas implicações sociais, ambientais e *climáticas* derivadas, na sua estrutura de gerenciamento de riscos[4], sob pena de serem responsabilizadas administrativamente pelo seu órgão regulador, caso assim não procedam.

Além disso, as IFs também podem ser responsabilizadas civilmente pelos eventuais danos climáticos ocasionados pelo desempenho das suas atividades. Assim, todas as IFs precisarão se adequar e incorporar o gerenciamento integrado do risco climático, exigido pelo BCB, em linha com as tendências doutrinarias e jurisprudenciais que tratam da responsabilidade civil climática no Brasil.

Nesse sentido, a necessidade de um amadurecimento e desenvolvimento de novas metodologias para lidar com os riscos socioambientais já vem estimulando as IFs na busca de novos protocolos para a avaliação da qualidade das operações de crédito e dos investimentos. É possível cogitar que a coerência e qualidade dessas metodologias venha a ser considerada na avaliação das PRSACs das IFs e, consequentemente, seja também utilizada para a dedução da responsabilidade civil climáticas dos administradores das IFs.

Assim, vale compreender melhor quais são as tendências metodológicas para a gestão dos riscos climáticos no sistema financeiro nacional.

2. Risco climático: metodologias e taxonomias

Em busca do amadurecimento e desenvolvimento de novas metodologias para a gestão do risco socioambiental das IFs ganha relevância o tema da taxonomia das finanças ASG (finanças sustentáveis). A taxonomia das finanças ASG é um sistema de classificação que busca identificar atividades, ati-

---

4 Art. 38-C da Resolução CMN n. 4.943, de 15 de setembro de 2021.

vos e/ou projetos que apresentem objetivos sustentáveis (sociais, ambientais ou climáticos) com base em métricas e/ou metas preestabelecidas.

Portanto, na gestão do risco climático, as IFs devem buscar métricas e metas adequadas para mitigar ou reduzir a possibilidade de ocorrência de perdas ocasionadas por eventos associados ao processo de transição para uma economia de baixo carbono e/ou ocasionadas por eventos associados a intempéries frequentes e severas ou a alterações ambientais de longo prazo. Entretanto, cumpre ressaltar que ainda não há uma taxonomia globalmente aceita sobre o que é sustentável[5].

De fato, existem diferentes tipos de taxonomia de acordo com prioridades e agendas de desenvolvimento sustentável[6]. Dependendo dos objetivos perseguidos, elas podem se concentrar em atividades climáticas, sociais ou ambientais, por exemplo. Como as primeiras versões das taxonomias internacionais enfatizam os aspectos climáticos, surgiram alguns conceitos delas derivados, tendo em consideração os objetivos de redução das emissões de gases de efeito estufa direcionados, portanto, para a transição para uma economia de baixo carbono, as quais, talvez, possam ser consideradas para o gerenciamento dos riscos climáticos de transição pelas IFs brasileiras[7].

Como eventual inspiração aos objetivos estratégicos das IFs na identificação dos principais setores econômicos e atividades associadas que possam ser verdes, favoráveis ou de

---

5   Disponível em: https://blog.waycarbon.com/2022/04/regulacao-bacen-a--exposicao-ao-risco-climatico-e-divulgacoes-financeiras/.

6   O Banco Central do Brasil (BCB), no escopo do projeto de cooperação técnica FiBraS, está desenvolvendo uma nova metodologia em parceria com a SOAS University of London, para medir a exposição das carteiras de créditos do Sistema Financeiro Nacional aos setores com altos riscos socioambientais e climáticos. Nesse mesmo sentido, em 2020, o Banco assinou com a CBI um memorando de entendimentos prevendo, entre outros aspectos, uma análise de critérios ambientais e disseminação de conhecimento junto à instituição.

7   Disponível em: https://labinovacaofinanceira.com/wp-content/uploads/2021/04/Taxonomia-em-finan%C3%A7as-sustent%C3%A1veis-Panorama-e--Realidade-Nacional.pdf.

transição, o FiBRAS[8] destaca alguns exemplos de espectros de atividades incluídas nas taxonomias verdes[9]:

"**Verdes:** são as atividades de mitigação ou adaptação à mudança do clima, economia circular, combate à poluição, entre outras, correspondentes aos objetivos ambientais ou climáticos identificados por setores e/ou atividades econômicas.

Favoráveis: são as atividades que permitem que outras atividades contribuam substancialmente para um ou mais dos objetivos ambientais definidos (p.ex.: fabricação de tecnologias de baixo carbono, transmissão e distribuição de eletricidade de fonte renovável etc.).

De transição: são aquelas atividades intensivas em emissões de carbono que podem contribuir para uma transição para uma economia de baixo carbono ou neutra, mediante a eliminação gradativa de suas emissões de CO_2 (por meio da adoção de tecnologias mais limpas no seu setor, por exemplo)".

Uma das possíveis consequências com o avanço da taxonomia das finanças ASG, no processo de gestão de riscos do mercado financeiro, é que haja maior escrutínio sobre a composição setorial da carteira de crédito, de forma que as análises de crédito dos clientes e operações e *rating* se tornem ainda mais seletivas, ao considerar o risco climático e suas implicações nas atividades e responsabilidade das IFs. Outros resultados possíveis, com o avanço das taxonomias nas finanças sustentáveis, são o encarecimento das taxas de *spread* bancário, a exigência de mais garantias para projetos ambientais e, a solicitação de seguros específicos de responsabilidade civil climá-

---

8   O projeto FiBraS faz parte do acordo de cooperação bilateral entre o Brasil e a Alemanha. O principal objetivo do Projeto é fortalecer as condições para o desenvolvimento do mercado de financiamento verde no Brasil. A contribuição alemã se dá através de recursos oriundos do Ministério Federal da Cooperação Econômica e do Desenvolvimento (BMZ), e é implementada pela Deutsche Gesellschaft für Internationale Zusammenarbeit (GIZ) GmbH.

9   Disponível em: https://labinovacaofinanceira.com/wp-content/uploads/2021/04/Taxonomia-em-finan%C3%A7as-sustent%C3%A1veis-Panorama-e--Realidade-Nacional.pdf.

tica pelos administradores das IFs, como forma de resguardar os ativos das financeiras e proteger seus gestores.

No campo da metodologia de avaliação ASG das empresas clientes, algumas IFs já avaliam boas práticas que poderiam ir além das obrigações legais em seu escrutínio de crédito e investimento, considerando, por exemplo, se o cliente possui um Sistema de Gestão Socioambiental (política, estrutura, resposta à emergência, dentre outros). Nesse caso, é oportuno esclarecer ao mercado se e como a metodologia de avaliação de boas práticas ASG impacta quaisquer outras metodologias de avaliação do risco de crédito (*rating*) dos clientes já existentes, inclusive aqueles procedimentos orientados para a pesquisa cadastral e de habilitação desses clientes e também para as avaliações de regularidade socioambiental realizadas pelas equipes jurídicas na etapa de análise de operações.

Nesse debate de metodologias e taxionomias, uma estratégia plausível é o teste de modelos de avaliação ASG para as IFs, em caráter de projeto corporativo ou projeto piloto. A partir disso, as IFs terão mais elementos críticos para desenvolver metodologias de classificação de riscos socioambientais de suas operações de crédito e investimento. E, os resultados desses projetos corporativos ou pilotos servirão para validação e aperfeiçoamento de critérios e procedimentos. Em linha com essa estratégia, com a edição da Resolução CMN n. 4.943/2021, as metodologias e taxionomias ASG tenderão a complementar as estratégias das PRSACs para a gestão do risco climático, com procedimentos e métricas específicos.

Mesmo que ainda não exista uma taxonomia globalmente aceita sobre o que é sustentável, a análise da regulação da responsabilidade climática das IFs pelo BCB, recentemente editada, permite concluir que as metodologias e taxinomias ASG irão desempenhar um papel cada vez mais relevante na aferição da sustentabilidade das carteiras de crédito e de investimento do sistema financeiro nacional, com reflexos sobre a responsabilidade civil climática dos administradores dessas carteiras e das suas instituições.

Prosseguindo, a fim de atualizar e aperfeiçoar as PRSACs e as suas respectivas metodologias, é válido observar se e como nossa doutrina e o Poder Judiciário têm se manifestado acerca do risco climático, em especial no âmbito da responsabilidade civil, em particular sobre os temas do dano e reparação climática e da fixação do nexo de causalidade nos litígios climáticos[10], dado que tais manifestações podem ter impactos relevantes sobre as atividades das instituições financeiras.

Em seguida, se examina a questão dos litígios climáticos e após se passa ao debate mais específico da responsabilidade civil climática das instituições financeiras, em busca de estratégias satisfatórias para lidar com os riscos climáticos, a partir das tendências observadas.

3. Litígios climáticos

Em linhas gerais, é possível afirmar que a doutrina e a jurisprudência majoritárias entendem que as instituições financeiras podem ser consideradas poluidoras indiretas, nos termos da Política Nacional do Meio Ambiente (Lei n. 6.938/81) e, em razão disso, elas podem ser responsabilizadas por danos ambientais decorrentes de suas atividades financeiras, com fundamento, em grande parte, na teoria do risco integral[11]. Contudo, em que pese a doutrina majoritária e a recente jurisprudência do STJ inclinarem-se para a aplicação da teoria do risco integral, existem algumas decisões judiciais que afastaram a responsabilização das instituições financeiras por ausência de nexo de causalidade entre suas ações e o dano ambiental.

---

10 Sobre as teorias para definição do nexo de causalidade na responsabilidade civil ambiental, ver: STEIGLEDER, Annelise Monteiro. *Responsabilidade civil ambiental: as* dimensões do dano ambiental no direito brasileiro. 3. ed. Porto Alegre: Livraria do Advogado, 2017.

11 O STJ na sua publicação "Jurisprudência em Teses", publicou 11 (onze) teses em matéria ambiental com base na pesquisa de decisões do Tribunal, dentre as quais se inclui a seguinte: A responsabilidade por dano ambiental é objetiva, informada pela teoria do risco integral, sendo o nexo de causalidade o fator aglutinante que permite que o risco se integre na unidade do ato, sendo descabida a invocação, pela empresa responsável pelo dano ambiental, de excludentes de responsabilidade civil para afastar sua obrigação de indenizar. (Tese julgada sob o rito do art. 543-C do CPC/73). Disponível em: https://scon. stj.jus.br/SCON/jt/toc.jsp?edicao=EDI%C7%C3O%20N.%2030:%20DIREI TO%20AMBIENTAL.

Tendo em conta esse quadro geral sobre dano ambiental, cabe observar mais especificamente os litígios climáticos, mais propriamente ditos, e os possíveis danos daí advindos.

Não há dúvida de que os riscos climáticos podem ensejar conflitos conduzindo aos litígios climáticos. Os litígios climáticos são um dos meios para promover a atenuação das alterações climáticas e visam avançar a temática da adaptação climática, com a invocação dos princípios da precaução e da prevenção[12]. Tais litígios têm aumentado em número, sofisticação e variedade em todo o mundo e os seus fundamentos jurídicos são embasados nas Constituições e nas leis e buscam o cumprimento e a concretização das políticas públicas climáticas. Logo, é preciso compreender melhor a natureza dos litígios climáticos a fim de preveni-los ou reduzir seus impactos sobre as atividades financeiras.

Todavia, nos litígios relacionados ao clima, a mudança climática não tem sido o argumento central em discussão. No Brasil, as decisões judiciais que tratam especificamente da mudança climática ainda são novas e raras. Mas com a regulação do risco climático essa realidade tende a se alterar, trazendo-se os conflitos climáticos para o centro da arena judicial. De todo o modo, os casos climáticos existentes poderiam ser divididos em quatro categorias, com base nos objetivos perseguidos[13]:

---

12 Segundo Bessa Antunes, o "princípio da precaução foi incorporado ao direito brasileiro pela adesão do País a tratados e convenções internacionais e, posteriormente, pela sua edição de leis internas que o adotaram. Apesar disso, o princípio da precaução – em sua aplicação real no Brasil – é um conceito difuso, pouco claro e gerador de inseguranças e incertezas, inconsistentes com a sua finalidade de auxílio na tomada de decisões por parte do poder público. Já o princípio da prevenção, se aplica a impactos ambientais já conhecidos e dos quais se possa, com segurança estabelecer um conjunto de nexos de causalidade que seja suficiente para a identificação dos impactos futuros mais prováveis". BESSA ANTUNES, Paulo. In: *Tomo Direitos difusos e coletivos,* jul. 2020. Os princípios da precaução e da prevenção no direito ambiental. Disponível em: https://enciclopediajuridica.pucsp.br/verbete/330/edicao-1/os-principios-da-precaucao-e-da-prevencao-no-direito-ambiental.

13 TRENNEPOHL, Natasha. *Mercado de carbono e sustentabilidade:* desafios regulatórios e oportunidades. São Paulo: SaraivaJur, 2022.

a) administração: quando o litígio contesta projetos ou atividades particulares e desafia, por exemplo, a alocação de licenças, permissões emitidas para um projeto;

b) informação/divulgação: quando os demandantes buscam informações dos governos sobre as fontes emissoras;

c) legislação/políticas: quando o litígio busca a aplicação das políticas existentes ou a introdução de novas leis e políticas;

d) proteção/perdas e danos: quando os demandantes alegam danos pessoais ou danos causados por eventos da mudança climática.

Daebel e Kahl[14] sugerem uma classificação mais simplificada baseada em duas grandes categorias de litígios climáticos: a) aqueles em que se exige do poder público a implementação de medidas positivas de proteção climática e de atendimento às regras e acordos internacionais relacionados aos limites de emissões; e b) aqueles em que se pede a compensação por prejuízos causados pelas mudanças climáticas, atribuíveis a determinados poluidores, pessoas públicas e/ou privadas.

Seguindo tal classificação, observa-se que as IFs podem atuar tanto no âmbito das medidas protetivas de proteção climática, ao participar da elaboração ou implementação de políticas corporativas de prevenção ou redução do risco climático, bem como pode se situar, potencialmente, nos polos ativo ou passivo de ações judiciais nas quais se peça a compensação por prejuízos causados pelas mudanças climáticas.

No âmbito dos litígios climáticos, na esfera da responsabilidade civil, a título de exemplo, as IFs eventualmente poderiam ser demandadas pelos riscos climáticos e/ou efeitos poluidores decorrentes de suas atividades bancárias de intermediação de recursos (situando-se no polo passivo da lide), bem como poderiam demandar reparações daqueles clientes, garantidores ou parceiros que tenham de alguma forma contribuído para aumentar os seus riscos climáticos ou tenham poluído o meio ambiente em desacordo com os pro-

---

14 KAHL, Wolfgang; DAEBEL, Marie-Christin. Climate Change Litigation: an Overview of Politics, Legislation and Especially Jurisdiction Regarding Climate Protection and Climate Damages. *European Energy and Environmental Law Review*, v. 28, issue 2, p. 67-76, abr. 2019, p. 68.

gramas, linhas ou quaisquer operações relacionadas às suas atividades bancárias.

Em ambos os casos, para uma boa gestão do risco climático no mercado financeiro, é fundamental conhecer melhor como a questão da responsabilidade civil em face das mudanças climáticas tem sido compreendida pelos estudiosos e pelo Judiciário, a fim de evitar ou reduzir os impactos negativos dos litígios climáticos nesse mercado.

4. Instituições financeiras: responsabilidade civil climática

Posta em evidência a questão do litígio climático, cumpre notar como parte da doutrina trata a questão da responsabilidade civil por riscos ou danos associados às mudanças climáticas e quais têm sido as alternativas teóricas em termos de imputação de responsabilidade. Nessa questão é preciso articular a possibilidade de risco climático, os eventos de dano climático e as implicações do nexo de causalidade entre o agente e o dano climático, assim como certos desenvolvimentos argumentativos levantados, tais como o juízo de adequação da gestão do risco climático e o juízo de probabilidade do dano climático.

Kokke[15], em sua definição do conceito de dano climático, destaca o fator ilegalidade das emissões de gases de efeito estufa e afirma que o dano climático pode ser reconhecido juridicamente diante dos seguintes requisitos:

a) ocorrência de atividades que se configurem como fontes causais de emissão de GEE;

b) enquadramento das emissões como poluição ambiental, "seja por ação de poluidor direto, seja por ação de poluidor indireto, (geram emissão ilícita de energia ou material que contribua negativamente para com o equilíbrio climático);

c) ilegalidade nas emissões ou intervenções.

---

15 IBAMA *v.* Siderúrgica São Luiz Ltd. and Martins. Ação civil pública n. 1010603-35.2019.4.01.3800, 15ª Vara Federal Cível da Seção Judiciária de Minas Gerais. Disponível em: http://climatecasechart.com/non-us-case/federal-environmentalagency-ibama-v-siderurgica-sao-luiz-ltda-and-martins/. Acesso em: 7 mar. 2021.

Tendo sido apresentados os contornos do litígio climático e a caracterização de dano climático, é preciso avançar no exame do nexo de causalidade dos danos associados às mudanças climáticas, na esfera da responsabilidade civil.

Nesse rumo, vale recordar que a estrutura de imputação da responsabilidade civil foi pensada, em grande medida, para as questões do século XIX, com a proliferação de acidentes deflagrados pela Revolução Industrial. Ao longo do desenvolvimento da economia industrial, enfrentavam-se situações nas quais, além de o lesante ser certo e determinado, havia condições de apurar o nexo causal entre a ação ou a omissão e o dano. Contudo, numa economia que se volta para o desenvolvimento sustentável, a multiplicidade de fatores que concorrem, direta ou indiretamente, para o aquecimento global não permite a mesma certeza e determinação fornecida pelo modelo de imputação de responsabilidade civil tradicional na reparação de danos que são causados ou intensificados pelas alterações do clima.

Steigleder nos alerta que nos danos associados a mudanças climáticas causados por processos cumulativos, estabelece-se um liame de causalidade extremamente complexo, que assimila as interações e as sinergias entre incontáveis fatores, aparentemente desconectados, e que dificultam a operacionalização da responsabilidade civil, pois não há linearidade entre as condições e os efeitos[16]. A dispersão do nexo causal, detectada no campo da responsabilidade civil ambiental, é potencializada ao extremo no contexto dos impactos causados pelos gases de efeito estufa (GEE).

Para Canotilho[17] e Carvalho e Leite[18], em virtude da indeterminação das fontes emissoras e dos receptores (lesões di-

---

16 STEIGLEDER, Annelise Monteiro. A responsabilidade civil ambiental e sua adaptação às mudanças climáticas. pp. 91-110. In: *A política nacional de mudanças climáticas em ação* [livro eletrônico]: a atuação do Ministério Público. Alexandre Gaio (Org.). Belo Horizonte: Abrampa, 2021.

17 CANOTILHO, José Joaquim Gomes. O direito como direito subjetivo. In: *A tutela jurídica do meio ambiente*: presente e futuro. Coimbra: Coimbra, 2005.

18 CARVALHO, Délton Winter; LEITE, José Rubens Morato. Nexo de causalidade na responsabilidade civil por danos ambientais. *Revista de Direito Ambiental*, v. 47, jul./set. 2007, São Paulo, Ed. Revista dos Tribunais.

fusas) nos eventos relacionados ao aquecimento global resultantes de ações humanas (ações antrópicas), a responsabilidade civil climática não apresentaria solução satisfatória, eis que o modelo de responsabilidade civil, por excelência, baseia-se numa relação de deveres, clara e certa, entre o lesante (causador do dano) e o lesado (sofredor do dano). Nessa visão, para os casos em que o nexo causal é fluido e impreciso, os problemas deveriam ser resolvidos através de políticas públicas regulatórias que imponham limites ao exercício das atividades poluidoras, e não através da responsabilidade civil em sua perspectiva reparatória.

Por outro lado, para aqueles que defendem a viabilidade de deduzir a responsabilidade civil climática, é preciso enfrentar o liame de causalidade extremamente complexo das mudanças climáticas e a dispersão do nexo causal, detectada nesse campo. Para tanto, tais doutrinadores têm buscado auxílio científico. Nesse cenário de colaboração científico-jurídica, tem sido cogitada a possibilidade de imputação de responsabilidade civil às atividades que têm maior probabilidade de concorrer para o aquecimento global[19].

Nessa ótica, os danos climáticos são danos cumulativos e cada impacto importa. Em razão disso, o nexo de causalidade é construído a partir de bases normativas, que não exigem a aferição da causa adequada e colhem dados dos estudos de atribuição, capazes de estimar a probabilidade estatística de

---

19 Também defendendo a teoria das probabilidades como uma solução para a identificação do nexo de causalidade na responsabilidade civil ambiental, Leite e Carvalho esclarecem que essa teoria não se confunde com a presunção de causalidade, consistindo em um instrumento hermenêutico destinado a facilitar a prova do nexo causal à vítima. Referem que, "a partir da tensão entre os enfoques científico e jurídico, a causalidade deve restar comprovada quando os elementos apresentados levam a um "grau suficiente de probabilidade", o que resta apurado a partir da "observação jurídica do diagnóstico científico (laudos periciais), determinando uma decodificação da análise científica para a probabilidade jurídica, atribuindo ou não a imputação objetiva a partir de uma causalidade probabilística entre a conduta e o dano ambiental. *Vide:* CARVALHO, Délton Winter; LEITE, José Rubens Morato. Nexo de causalidade na responsabilidade civil por danos ambientais. *Revista de Direito Ambiental,* v. 47, jul./set. 2007, São Paulo, Ed. Revista dos Tribunais.

correlação entre o aquecimento global e os impactos socioeconômicos, ambientais e culturais[20].

Os estudos de atribuição pretendem servir a construção normativa da causalidade, conforme juízos de probabilidade. Tais estudos parecem ser uma ferramenta promissora para facilitar a imputação da responsabilidade civil por danos associados às mudanças climáticas[21].

Dito de outro modo, os estudos científicos de atribuição podem fundamentar uma indenização proporcional ao percentual de emissões históricas de GEE, ao individualizar essas emissões para agentes poluidores específicos, conforme juízos

---

20 STEIGLEDER, Annelise Monteiro. A responsabilidade civil ambiental e sua adaptação às mudanças climáticas. pp. 91-110. In: *A política nacional de mudanças climáticas em ação* [livro eletrônico]: a atuação do Ministério Público. Alexandre Gaio (Org.). Belo Horizonte: Abrampa, 2021.

21 Nesse sentido, uma ação judicial que se valeu de estudos de atribuição para a imputação de responsabilidade civil, em sua perspectiva reparatória, foi a ação ajuizada em 2015, junto ao Poder Judiciário alemão, pelo fazendeiro Saul Lliuya, que vive em Huaraz, no Peru, contra a empresa RWE, considerada a maior produtora de energia da Alemanha. A Corte Regional de Essen julgou improcedente o pedido, sob o argumento de que a atividade da empresa RWE não poderia ser considerada como *conditio sine qua non*, já que o risco de enchentes pela elevação do nível do lago não seria abolido caso a companhia deixasse de emitir os gases de efeito estufa. Ou seja, a contribuição causal de 0,47% seria indiferente ao dano. No entanto, em 2017, a Alta Corte Regional de Hamm revisou a decisão, reconhecendo que os maiores emissores de gases de efeito estufa devem ser os principais responsáveis por apoiar as ações de adaptação climática no Sul Global afetado pelas alterações do clima. Também admitiu que fosse produzida prova técnica, na qual deveria restar demonstrado que as emissões de CO2 causam a concentração de gases de efeito estufa na atmosfera; que há aumento da temperatura; em que medida esse aumento pode estar causando o derretimento da geleira de Palcaraju; se a proporção da causa parcial em relação ao nexo causal é mensurável e calculável, assim como se soma 0,47% ao tempo do ajuizamento da ação. Se a Justiça alemã reconhecer o direito de Saul Lliuya a uma indenização proporcional ao percentual de 0,47% das emissões históricas da RWE, estabelecido conforme estudos científicos de atribuição, estará superando a *Market substitution defence*, segundo a qual o dano ocorrerá ainda que suprimida a contribuição causal do suposto responsável. *Vide*: STEIGLEDER, Annelise Monteiro. A responsabilidade civil ambiental e sua adaptação às mudanças climáticas. pp. 91-110. In: *A política nacional de mudanças climáticas em ação* [livro eletrônico]: a atuação do Ministério Público. Alexandre Gaio (Org.). Belo Horizonte: Abrampa, 2021.

de probabilidade, reconfigurando o liame de causalidade entre tais agentes e os efeitos das mudanças climáticas, no campo da responsabilidade civil, desde que passem a ser aceitos pelos juízes como tal. Feito isso, estaria superado o argumento da *Market substitution defence*[22], segundo o qual o dano ocorreria ainda que suprimida a contribuição causal do suposto responsável, dado que o risco climático não seria abolido mesmo que os agentes poluidores deixassem de emitir GEE, pois as contribuições individualmente consideradas não seriam suficientes para ocasionar o dano climático (*conditio sine qua non*). Ou seja, o dano climático ocorreria mesmo com a supressão da contribuição causal do suposto agente poluidor, que seria apenas "uma gota num oceano".

Então, vencido o argumento da *Market substitution defence* estaria aberto o caminho para o desenvolvimento da responsabilidade civil climática nos tribunais.

Retornando ao mercado financeiro, nos termos da Política Nacional do Meio Ambiente (Lei n. 6.938/81), as IFs podem eventualmente ser consideradas como poluidoras indiretas e, em razão disso, ser responsabilizadas por danos ambientais decorrentes de suas atividades, tendo em conta a teoria do risco integral. Ao que parece, esse raciocínio segue válido para a possível imputação de responsabilidade civil das IFs pelos danos associados às mudanças climáticas, na qualidade de poluidoras indiretas.

Em todo caso, até o momento, nos parece que os estudos de atribuição e os juízos de probabilidade daí advindos não foram ainda consagrados como ferramentas para facilitar a imputação da responsabilidade civil por danos associados às mudanças climáticas pelos tribunais brasileiros e, consequentemente, ainda não se cogitou da eventual parcela de

---

22 Peel e Osofsky apontam o argumento como um dos principais obstáculos jurídicos para as pretensões reparatórias na litigância climática. In: PEEL, Jacqueline, OSOFSKY, Hari. *Climate change litigation*: regulatory pathways to cleaner energy. Cambridge: Cambridge University Press, 2015; PEEL, Jacqueline; OSOFSKY, Hari. A right turn in climate change litigation? In: *Transnational Environmental Law*, 7:1 (2018), pp. 37-67. Cambridge University Press.

responsabilidade atribuível às instituições financeiras como poluidoras indiretas, com base nessas ferramentas.

Ao administrar os riscos climáticos que possam gerar uma eventual tutela reparatória em face das IFs, consideradas como poluidoras indiretas, é preciso observar também as implicações da alteração do *caput* do art. 8º da Resolução CMN n. 4.327/2014 e do inciso I do § 1º do art. 5º da Resolução CMN n. 4.943/2021 nas operações financeiras. Segundo tais dispositivos regulatórios, as IFs devem, respectivamente, estabelecer critérios e mecanismos específicos de avaliação de risco climático com maior potencial de causar danos socioambientais e discriminar os níveis de riscos assumidos, por diferentes horizontes de tempo. Nesse ponto, ganha destaque a interpretação dos princípios da precaução e prevenção no campo da responsabilidade civil climática.

Por meio da responsabilidade civil, em seu viés preventivo, é possível fomentar a adoção, por parte dos potenciais poluidores, de mecanismos de desenvolvimento limpo, com o objetivo de evitar danos futuros e atender às metas de redução das emissões de gases de efeito estufa. Ao estimular esses mecanismos de desenvolvimento limpo, em suas políticas, programas, linhas, operações e contratos, as IFs estarão em conformidade com o *caput* do art. 8º da Resolução CMN n. 4.327/2014 e com o inciso I do § 1º do art. 5º da Resolução CMN n. 4.943/2021. Logo, percebe-se a necessidade de fortalecer cada vez mais o viés preventivo da gestão do risco climático financeiro.

Para tanto, as IFs podem exigir e/ou aperfeiçoar a imposição de obrigações de fazer e de não fazer voltadas ao controle do desmatamento e à redução das emissões de GEE sobre as atividades econômicas apoiadas em suas políticas, especialmente aquelas com maior potencial de causar danos socioambientais. Com o objetivo de coibir danos climáticos futuros, pode-se cogitar de cláusulas contratuais voltadas aos seus clientes, os quais empreendam atividades potencialmente poluidoras, para que sejam obrigados a incorporar, em seus processos produtivos, mecanismos de tecnologia mais limpa[23], bem como sejam instados a atender às metas de redução das emissões de GEE, ainda que as atividades sejam formalmente lícitas, pois poderão estar produzindo riscos intoleráveis ao equilíbrio ambiental.

Tais medidas de gestão de riscos climáticos direcionados ao mercado financeiro, tendem a evitar ou mitigar o que se tem chamado de *responsabilidade civil por danos futuros*. Assim, haveria um dever de *preventividade objetiva* imposto pelo art. 225 da Constituição Federal, o qual seria violado caso as IFs produzissem riscos ambientais intoleráveis ao longo da sua atuação. Tal raciocínio fica mais nítido com a argumentação trazida por Carvalho[24]:

"A probabilidade determinante de um dano ambiental futuro (dano às futuras gerações) revela-se como ilícito passível de sanção civil, imprimindo a possibilidade de imposição de restrições em razão dos seus custos sociais. Considerando a existência de um 'dever de preventividade objetiva' imposto pelo art. 225 da CF, sua violação a partir da produção de riscos ambientais intoleráveis acarreta a configuração de um ilícito ambiental em razão dos custos sociais decorrentes da generalização destes na sociedade (pós) industrial. Tendo como sustentação normativa os termos do art. 225 da Constituição Federal e a abertura do sentido atribuído à ilicitude civil apresentada pelo art. 187 do Código Civil de 2002 (desnecessidade de comprovação de culpa e dano), o dano ambiental futuro é verdadeira fonte de obrigação civil, que resulta em tutela diversa da mera indenização e reparação, atuando por meio da imposição de medidas preventivas (de caráter inibitório ou mesmo mandamental)".

Vistas algumas medidas possíveis para a gestão do risco climático das IFs, vale encerrar os presentes comentários com a visão mais recente do STJ sobre responsabilidade civil soli-

---

23 PINHO, Hortênsia Gomes. *Reparação de danos ambientais:* as medidas de reposição natural compensatórias e preventivas. Universidade Federal da Bahia – Escola Politécnica – Departamento de Engenharia Ambiental – Mestrado Profissional em gerenciamento e tecnologias ambientais no processo produtivo. Salvador, 2008, p. 507.
24 CARVALHO, Délton Winter de. *Dano ambiental futuro – a responsabilização civil pelo risco ambiental.* RJ: Forense Universitária, 2008, p. 149.

dária e fundada na teoria do risco integral, em casos que ao menos tangenciaram o tema das mudanças climáticas.

O STJ é a corte brasileira com mais decisões que tratam, ainda que indiretamente, das mudanças climáticas, sugerindo certa sintonia desse Tribunal com a jurisprudência ambiental de vanguarda[25]. Em virtude disso, é útil repassar entendimento adotado pela jurisprudência do Superior Tribunal de Justiça mediante acórdãos de relatoria do Ministro Herman Benjamin[26], pelo qual haveria responsabilidade civil solidária e fundada na teoria do risco integral nos seguintes casos:

a) causalidade cumulativa, quando o dano resulta da conjugação das condutas separadamente, empreendidas por diversos agentes, sendo certo que, sem a contribuição de um deles, o dano não se produziria;

b) casos de causalidade aditiva ou sinérgica, quando o dano se produziria independentemente da contribuição do agente, que exerce efeitos potencializadores;

c) casos de causalidade alternativa, quando várias instalações têm idoneidade para causar o dano, sabe-se que uma ou várias delas o causaram, mas não se tem certeza exatamente a respeito da autoria.

Pelo visto, recomenda-se que as PRSACs das IFs estabeleçam diretrizes sobre as ações estratégicas relacionadas à gestão específica do risco climático, compatível com a complexidade desse risco, tendo em conta as possíveis consequências emergentes dos casos de causalidade cumulativa; causalidade aditiva ou sinérgica e; causalidade alternativa, relacionados aos seus clientes e operações, que lhe possam ser associados, na qualidade de poluidoras indiretas. Destarte, as IFs estarão prestigiando os princípios da precaução e da prevenção ao es-

---

25 ABI-EÇAB, Pedro. Mudanças climáticas nas jurisprudências estrangeira e brasileira. pp. 111-133. In: *A política nacional de mudanças climáticas em ação* [livro eletrônico]: a atuação do Ministério Público. Alexandre Gaio (Org.). Belo Horizonte: Abrampa, 2021.

26 STJ – REsp 948.921/SP, rel. Min. Herman Benjamin, Segunda Turma, *DJe* de 11-11-2009; STJ – REsp 1.071.741/SP, rel. Min. Herman Benjamin, *DJe* de 16-12-2010.

timar alguns possíveis cenários de imputação de responsabilidade civil climática e seus riscos potenciais, com base em indicativos do STJ.

Sugere-se, ainda, que as IFs acompanhem o desenvolvimento dos estudos científicos de atribuição e suas implicações como eventual fundamento para ensejar indenizações pelos danos associados às mudanças climáticas das empresas brasileiras, em litígios climáticos nos nossos Tribunais, em especial daqueles que compõem sua carteira de clientes, monitorando igualmente a evolução dos juízos de probabilidade, amparados na probabilidade estatística da causação dos danos climáticos pelas empresas, com sua consequente valoração jurídica para fins de imputação de responsabilidade civil.

Seguindo-se tais sugestões, será possível avaliar se as estratégias definidas nas PRSACs e as metodologias de avaliação ASG de empresas estão adequadas a gestão do risco climático das IFs, à luz dos aperfeiçoamentos das ferramentas de imputação da responsabilidade civil climática na esfera judicial brasileira.

5. Considerações finais

As avaliações dos impactos das mudanças climáticas nos negócios do mercado financeiro demandam um amadurecimento e desenvolvimento de novas metodologias para controle, aferição e integração dos riscos, com várias implicações nas atividades financeiras, como na ocasião de aprovar, renovar, alterar ou avaliar uma linha de crédito ou política operacional, por exemplo, ou no aperfeiçoamento da redação de cláusulas contratuais de financiamentos e investimentos.

Mesmo que ainda não exista uma taxonomia globalmente aceita sobre o que é sustentável, a análise da regulação da responsabilidade climática das instituições financeiras pelo Banco Central, recentemente editada, permite concluir que as metodologias e taxinomias ASG irão desempenhar um papel cada vez mais relevante na aferição da sustentabilidade das carteiras de crédito e de investimento do sistema financeiro nacional, com reflexos sobre a responsabilidade civil climática dos administradores dessas carteiras e das suas instituições.

Nos litígios relacionados ao clima, a mudança climática não tem sido o argumento central em discussão. No Brasil, as decisões judiciais que tratam especificamente da mudança climática ainda são novas e raras. Mas com a regulação do risco climático essa realidade tende a se alterar, trazendo-se os conflitos climáticos para o centro da arena judicial.

Recomenda-se que as Políticas de Responsabilidade Social, Ambiental e Climática das instituições financeiras estabeleçam diretrizes sobre as ações estratégicas relacionadas à gestão específica do risco climático, compatível com a complexidade desse risco, tendo em conta as possíveis consequências emergentes dos casos de causalidade cumulativa; causalidade aditiva ou sinérgica e; causalidade alternativa, relacionados aos seus clientes e operações, que lhe possam ser associados, na qualidade de poluidoras indiretas.

Sugere-se, ainda, que as IFs acompanhem o desenvolvimento dos estudos científicos de atribuição e suas implicações como eventual fundamento para ensejar indenizações pelos danos associados às mudanças climáticas pelas empresas brasileiras, em litígios climáticos nos nossos Tribunais, em especial daqueles que compõem sua carteira de clientes, monitorando igualmente a evolução dos juízos de probabilidade.

6. Referências bibliográficas

ABI-EÇAB, Pedro. Mudanças climáticas nas jurisprudências estrangeira e brasileira. pp. 111-133. In: A política nacional de mudanças climáticas em ação [livro eletrônico]: a atuação do Ministério Público. Alexandre Gaio (Org.). Belo Horizonte: Abrampa, 2021.

BESSA ANTUNES, Paulo. In: Tomo Direitos difusos e coletivos, jul. 2020. *Os princípios da precaução e da prevenção no direito ambiental.* Disponível em: https://enciclopediajuridica. pucsp.br/verbete/330/edicao-1/os-principios-da-precaucao-e-da-prevencao-no-direito-ambiental.

CANOTILHO, José Joaquim Gomes. O direito como direito subjetivo. In: A tutela jurídica do meio ambiente: presente e futuro. Coimbra: Coimbra, 2005.

CARVALHO, Délton Winter de. *Dano ambiental futuro* – a responsabilização civil pelo risco ambiental. RJ: Forense Universitária, 2008, p. 149.

_____; LEITE, José Rubens Morato. Nexo de causalidade na responsabilidade civil por danos ambientais. *Revista de Direito Ambiental,* v. 47, jul./set. 2007, São Paulo, Ed. Revista dos Tribunais.

KAHL, Wolfgang; DAEBEL, Marie-Christin. Climate Change Litigation: an Overview of Politics, Legislation and Especially Jurisdiction Regarding Climate Protection and Climate Damages. *European Energy and Environmental Law Review,* v. 28, issue 2, p. 67-76, abr. 2019, p. 68.

PEEL, Jacqueline, OSOFSKY, Hari. *Climate change litigation:* regulatory pathways to cleaner energy. Cambridge: Cambridge University Press, 2015; PEEL, Jacqueline; OSOFSKY, Hari. A right turn in climate change litigation? In: *Transnational Environmental Law,* 7:1 (2018), pp. 37-67. Cambridge University Press.

PINHO, Hortênsia Gomes. *Reparação de danos ambientais:* as medidas de reposição natural compensatórias e preventivas. Universidade Federal da Bahia – Escola Politécnica – Departamento de Engenharia Ambiental – Mestrado Profissional em gerenciamento e tecnologias ambientais no processo produtivo. Salvador, 2008, p. 507.

STEIGLEDER, Annelise Monteiro. A Responsabilidade Civil Ambiental e sua adaptação às Mudanças Climáticas. pp. 91-110. In: A política nacional de mudanças climáticas em ação [livro eletrônico]: a atuação do Ministério Público. Alexandre Gaio (Org.). Belo Horizonte: Abrampa, 2021.

_____. Responsabilidade civil ambiental: as dimensões do dano ambiental no direito brasileiro. 3. ed. Porto Alegre: Livraria do Advogado, 2017.

TRENNEPOHL, Natascha. *Mercado de carbono e sustentabilidade:* desafios regulatórios e oportunidades. São Paulo: SaraivaJur, 2022.

O CRESCIMENTO DO AGRONEGÓCIO BRASILEIRO E OS DESAFIOS DE LOGÍSTICA: A BUSCA POR PROJETOS DE INFRAESTRUTURA SUSTENTÁVEIS

Ane Isabelle Alencar Nunes Parzianello[1]
Natalia Zanon[2]

1. Introdução

O agronegócio é um setor estratégico para o desenvolvimento econômico e social do Brasil, e tem sido um dos motores do crescimento do país nas últimas décadas.

---

1 Advogada, Gerente Jurídica e *Compliance* na Via Brasil BR-163 Concessionária de Rodovias. Bacharel em Direito pela Universidade do Oeste Paulista, pós-graduanda MBA em Infraestrutura, Concessões e Parcerias Público-Privadas pela Pontifícia Universidade Católica (PUC Minas). Atua há 3 anos exclusivamente em Departamento Jurídico de Concessão de Rodovias, responsável pela estruturação societária, acompanhamento em operações financeiras, gestão da equipe jurídica e contencioso em geral. Atuação direta no Programa de *Compliance* e apoio à Licenciamento Ambiental.

2 Sócia fundadora e CEO na ZanonAgro, Engenheira Agrônoma, Mestre em Agronomia pela Unesp. Pós-graduada em Gestão Agroindustrial e Engenharia de Segurança (UDOP). Atuou por 12 anos em Multinacionais do setor sucroenergético, liderando equipes de alta performance! A frente de um time de mais de 800 pessoas bateu todos os recordes agrícolas em 2020. Em 2021 deixou o regime CLT para empreender: fundou a ZanonAgro, empresa de produção e exportação de produtos agropecuários, novas tecnologias e franquias do Agro. Atua também como consultora de planejamento estratégico e gestão de desempenho para empresas!

Segundo dados da FAO (Organização das Nações Unidas para Alimentação e Agricultura), a população mundial deve atingir o patamar de 9,8 bilhões de pessoas até 2050, 29% a mais do número atual e o crescimento maior será nos países em desenvolvimento. Setenta por cento da população será urbana e os níveis de renda serão maiores do que os atuais. Para alimentar essa população maior, urbana e rica, a produção de alimentos deverá aumentar em 70%[3]. Para atender esse aumento significativo da demanda global, a produção agrícola deve aumentar significativamente nesse período.

Embora essas estimativas representem boas oportunidades para o crescimento do setor, também sinalizam os desafios que o agronegócio brasileiro deve enfrentar nos próximos anos. Afinal, a tendência é que agronegócio também seja cada vez mais pressionado para produzir de forma ambiental e socialmente sustentável.

Para garantir um crescimento sustentável do agronegócio brasileiro, é fundamental investir em infraestrutura que permita a produção, armazenamento e distribuição de alimentos de forma eficiente, segura e sustentável. Isso inclui investimentos em rodovias, ferrovias, hidrovias, portos, armazéns, silos e sistemas de irrigação, entre outras áreas.

No entanto, o desafio para estruturar projetos que garantam a infraestrutura necessária para o escoamento das safras é complexo e envolve uma série de atores e interesses diversos. Além disso, é preciso levar em consideração a sustentabilidade ambiental e social, garantindo que os investimentos em infraestrutura sejam realizados de forma responsável e com respeito ao meio ambiente e às comunidades impactadas.

Investir em infraestrutura logística é crucial para o desenvolvimento econômico do Brasil. Além de gerar empregos e movimentar a economia, uma logística eficiente reduz os custos das empresas, aumenta a competitividade do país no mercado internacional e melhora a qualidade de vida da população.

---

3 Disponível em: https://www.fao.org/brasil/noticias/detail-events/pt/c/901168/.

Em suma, o crescimento do agronegócio brasileiro demanda um esforço conjunto de todos os atores envolvidos, incluindo o setor público, privado e a sociedade civil, para garantir a estruturação de projetos eficientes que promovam o desenvolvimento econômico e social do país, respeitando os princípios de sustentabilidade ambiental e social.

2. O crescimento do agronegócio brasileiro

O Brasil é um dos maiores produtores e exportadores de alimentos do mundo. De acordo com dados da Organização das Nações Unidas para a Agricultura e Alimentação (FAO), o Brasil é o maior produtor mundial de café, suco de laranja e açúcar. Além disso, é um dos maiores produtores mundiais de soja, milho, carne bovina e frango.

A produção agropecuária brasileira tem grande importância para a segurança alimentar mundial, uma vez que muitos países dependem das exportações brasileiras para suprir suas necessidades alimentares. Isso é particularmente importante em países que têm dificuldades para produzir alimentos devido a condições climáticas desfavoráveis.

O aumento da população mundial, a urbanização crescente e a mudança nos padrões de consumo geraram um aumento na demanda por alimentos em todo o mundo. Nesse contexto, a produção agropecuária brasileira tem um papel fundamental em garantir o abastecimento de alimentos para uma população mundial.

Além disso, a produção agropecuária brasileira tem se destacado pela adoção de práticas ecológicas e responsáveis, como a preservação do meio ambiente, uso de tecnologia para aumento vertical da produtividade, a garantia de condições dignas de trabalho e a produção de alimentos seguros e de qualidade. Essas práticas contribuíram para a valorização da produção brasileira no mercado mundial, atraindo consumidores e investidores interessados em produtos mais responsáveis.

O setor agropecuário brasileiro é um dos mais importantes para a economia do país. O agro brasileiro tem uma grande participação no PIB do país. Segundo dados do Ministério da

Agricultura, Pecuária e Abastecimento (MAPA), o PIB do agronegócio foi responsável por 27,4% do Produto Interno Bruto (PIB) em 2021[4]. Essa participação é expressiva e mostra a importância do agronegócio para a economia nacional.

Além disso, o setor agropecuário tem grande importância para a geração de empregos e renda no país, se destacando como um dos principais geradores de empregos e novos negócios.

O agro também tem um papel importante na balança comercial brasileira. As exportações de produtos agropecuários têm grande importância para a economia nacional, esperançosamente para o aumento das reservas internacionais e para o equilíbrio da balança comercial do país.

As regiões Centro-Oeste e Norte do Brasil têm apresentado um crescimento significativo na produção agropecuária nos últimos anos. Essas regiões têm disponibilidade de terras e clima favorável para a produção, o que tem atraído investimentos e impulsionado a economia local.

A região Centro-Oeste é responsável por uma importante produção de *commodities* como soja, milho e carne bovina, além de apresentar grande potencial para a produção de grãos e fibras. Já a região Norte, é a maior produtora de açaí do país, além de ter grande potencial para a produção de frutas, madeira e pescados. Produtores tradicionais de soja já identificaram um diferencial climático nessa região, principalmente no Pará, que possui um regime pluviométrico favorável à produção de grãos e começam a expandir a produção desse grão no Estado.

O crescimento da produção agropecuária nestas regiões tem grande importância para a economia local e nacional. A expansão da produção tem gerado empregos e renda para a população local.

No entanto, os desafios logísticos enfrentados nessas regiões comprometem a competitividade da produção, e é fundamental que sejam feitos investimentos em infraestrutura de transporte e armazenamento para que o setor possa continuar crescendo de forma sustentável e responsável. Além disso, é

---

4   Disponível em: https://www.gov.br/agricultura/pt-br/assuntos/politica-agricola/todas-publicacoes-de-politica-agricola/agropecuaria-brasileira-em-numeros/abn-05-2022.pdf.

importante investir em tecnologia e em práticas atraentes para a produção, a fim de garantir a qualidade e a imagem dos produtos brasileiros no mercado mundial.

3. Desafios de logística para o escoamento de grãos

Um dos fatores de crescimento econômico de uma nação está diretamente relacionado as facilidades de mobilidade e acessibilidade de sua população em termos de deslocamento urbano, entre regiões e países, bem como o escoamento de sua produção de mercadorias de maneira que cheguem aos pontos de consumo, seja no contexto nacional ou internacional.

O transporte é um dos pilares da economia de um país, sendo elemento primordial para o seu desenvolvimento e a expansão da sua capacidade produtiva. Quanto mais uma nação produz, maior é a sua interface com o transporte e a logística.

O agronegócio brasileiro é um dos setores industriais mais importantes do país, responsável por grande parte do PIB nacional e pela geração de milhões de empregos diretos e indiretos. Desde as primeiras décadas do século XX, o Brasil tem investido pesadamente em tecnologia e inovação na agricultura, tornando-se um dos principais produtores e exportadores de *commodities* agrícolas do mundo.

Porém, o crescimento do agronegócio brasileiro tem esbarrado em desafios de logística. O transporte de *commodities* agrícolas envolve uma série de complexidades, como a necessidade de armazenamento adequado, o controle de temperatura e umidade, a conservação do produto e a garantia de sua qualidade.

A logística brasileira ainda é bastante deficiente, especialmente no que se refere às rodovias e ferrovias.

De acordo com o Instituto de Pesquisa Econômica Aplicada (IPEA)[5], "o setor rodoviário brasileiro é especialmente im-

---

5   INSTITUTO DE PESQUISA ECONÔMICA APLICADA. *Infraestrutura econômica no Brasil:* diagnósticos e perspectivas para 2025. Brasília: Ipea, 2010. v. 1 (586 p.): gráfs., mapas, tabs. (Série Eixos Estratégicos do Desenvolvimento Brasileiro; Infraestrutura Econômica, Social e Urbana; Livro 6).

portante pela grande participação que detém no transporte de cargas. Ao longo das décadas de 1990 e 2000, o modal rodoviário respondeu por mais de 60% do total transportado no país. Excluindo-se o transporte do minério de ferro que ocorre por ferrovia, as rodovias respondem por mais de 70% das cargas gerais. Esta situação reflete um processo que se estendeu por várias décadas no qual predominou o crescimento rápido do segmento rodoviário relativamente ao conjunto das demais modalidades. A dependência excessiva do transporte brasileiro de carga em relação às rodovias fica evidente quando se verifica a participação deste modal em outros países de dimensões continentais. Nos Estados Unidos, a participação das rodovias no transporte de carga é de 26%, na Austrália é de 24% e na China é de apenas 8%".

Majoritariamente, o escoamento da safra de grãos ocorre pelas rodovias brasileiras. Segundo estudo da Escola Superior de Agricultura Luiz de Queiroz (Esalq/USP) com o Departamento de Agricultura dos Estados Unidos (Usda), realizado em 2019, 67,4% da soja brasileira exportada é escoada pelas rodovias, 24% pelas ferrovias e 8,6% por hidrovias, sendo uma grande dependente do modal rodoviário para a exportação dos produtos brasileiros. Porém essa dependência não é apenas na hora de exportar, mas também na hora de importar, segundo a FreteBras, no 1º trimestre de 2022 o produto mais transportado pelo agro foram os fertilizantes[6].

A dependência de rodovias é maior no setor agrícola, tanto para o recebimento de insumos quanto para o escoamento da produção para os mercados interno e externo.

Isso resulta em problemas como estradas precárias, *congestionamentos* e falta de investimentos em ferrovias e hidrovias, o que torna o transporte de commodities agrícolas mais caro e demorado, além de aumentar o risco de perda de qualidade dos produtos.

A infraestrutura oferecida pelos setores públicos e privados condicionam o uso dos modais, pois alguns modais por

---

6 Disponível em: https://www.comprerural.com/os-desafios-da-logistica--do-grao-brasileiro/.

possuírem altos custos fixos fazem com que os valores do transporte de produtos também fiquem mais caros. O modal rodoviário é o mais utilizado no Brasil para o transporte da soja, porém os impactos gerados sobre os pavimentos geram reflexos sobre o custo de produção, uma vez que os custos de transporte são englobados no custo final de cada região, levando em consideração que a média de distância favorece o modal ferroviário, porém a velocidade de entrega que este modal oferece é muito lenta e perde competitividade no deslocamento de produtos a curtas distâncias, pois os custos fixos não conseguem ser diluídos, onerando os fretes e a grande necessidade de investimentos para o melhoramento das malhas ferroviárias.

Segundo a Associação Nacional dos Transportes Ferroviários (ANTF)[7], atualmente o modal ferroviário brasileiro conta com mais de 3.297 locomotivas e 114 mil vagões, e em 2021 foram somados mais de 6 bilhões em investimentos privados no setor, empregando mais de 41 mil trabalhadores. Mas na prática ainda tem muito trilho a ser construído e quilômetros de estradas a serem duplicados. A participação da iniciativa privada é indispensável para viabilizar investimentos e acelerar os processos.

Outro desafio logístico importante é a gestão dos portos, responsáveis pelo escoamento da produção agrícola para o exterior. A falta de investimentos em modernização e ampliação de capacidade portuária levou a congestionamentos, atrasos e aumento dos custos de transporte.

Para enfrentar esses desafios, o governo e o setor privado têm buscado investir em infraestrutura logística e em novas tecnologias de armazenamento e transporte. Entre as medidas adotadas estão a construção de novas rodovias e ferrovias, a modernização dos portos e a implantação de sistemas de armazenagem mais eficientes, como os silos metálicos e os armazéns concluídos. Além disso, a adoção de tecnologias de monitoramento e rastreamento de cargas permite

---

7 Disponível em: https://www.antf.org.br/informacoesgerais (pesquisa realizada em fevereiro de 2023).

maior controle e segurança na cadeia produtiva, assumindo o risco de perdas e avarias.

De acordo com Vander Francisco Costa – Presidente da Confederação Nacional de Transportes (CNT) "a transferência de ativos públicos para a iniciativa privada tem mostrado ser a principal forma de promover o desenvolvimento da infraestrutura. Mas investimentos privados sozinhos não serão suficientes. O Estado tem um papel importante como investidor para solucionar os problemas existentes hoje, uma vez que é responsável pela maior parte dos ativos de infraestrutura. Promover o equilíbrio entre a atração de investimentos privados e equacionar a situação do investimento público serão essenciais para o resgate do crescimento econômico alinhado com o futuro"[8].

Para superar esses desafios, é necessário um esforço conjunto do governo, da iniciativa privada e da sociedade civil na busca por soluções efetivas. Entre as principais medidas que podem ser adotadas, destacam-se:

- Investimentos em infraestrutura de transporte: o governo precisa priorizar investimentos em ferrovias, hidrovias e rodovias, visando melhorar a qualidade e a eficiência do transporte de *commodities* agrícolas.

- Modernização dos portos: é necessário investir em modernização e expansão da capacidade portuária, a fim de evitar congestionamentos e atrasos no escoamento da produção.

- Melhoria da gestão da cadeia logística: as empresas do setor agrícola devem investir em tecnologia e inovação na gestão da cadeia logística, garantindo maior eficiência e redução de custos.

---

8   Infraestrutura de Transporte – Investimento e Financiamento de Longo Prazo. O estudo faz parte da série de publicações Transporte & Desenvolvimento, da Confederação Nacional do Transporte (CNT). O material apresenta uma análise detalhada do investimento e financiamento em infraestrutura de transporte no Brasil a partir da separação analítica entre a participação pública e privada nesse processo. Também faz um levantamento da experiência internacional, de modo a trazer insumos sobre exemplos a serem seguidos e evitados. Disponível em: https://www.cnt.org.br/pesquisas.

- Fortalecimento da cadeia produtiva: é importante investir em tecnologia e inovação na produção agrícola, garantindo maior qualidade e produtividade dos produtos, o que pode contribuir para reduzir o custo do transporte.

4. Investimentos em infraestrutura

Por promover a conectividade entre diversos setores e agentes econômicos, viabilizar a mobilidade de pessoas, insumos e bens e ampliar o acesso a mercados, o transporte é um dos pilares da economia.

Frente à importância do setor, o Estado representa o proprietário legal e mantenedor da infraestrutura de transporte no país. Ele pode, contudo, disponibilizá-la para a sociedade de forma direta, por meio de investimentos próprios, ou indiretamente, a partir da participação de agentes privados. O desenvolvimento e expansão do financiamento privado é imprescindível para o progresso da infraestrutura de transporte no país.

A oferta de infraestrutura de transporte no Brasil, historicamente, é promovida pelo poder público, que representa o único agente capaz de viabilizar obras de grande vulto.

A condução da infraestrutura de transportes diretamente pelo Estado, se manteve até a década de 1990. Porém, crises financeiras e econômicas, além do crescimento da demanda exponencialmente, impossibilitaram a continuidade desse sistema. A forma encontrada para equacionar o problema foi o aumento da participação da iniciativa privada nos investimentos.

Assim, iniciaram-se os primeiros programas de concessão e privatização no Brasil, como as concessões rodoviárias em São Paulo, por exemplo. Além de desobrigar o poder público dos custos de manutenção e eventual expansão de infraestrutura, a entrada dos agentes privados tinha como objetivo retomar o crescimento dos aportes em investimento e promover eficiência, com a adoção de novos processos e tecnologias, além de tornar a gestão mais responsiva, em virtude da maior flexibilidade de atuação. O processo de participação privada no financiamento e provisão de infraestrutura de transporte mostrou crescimento nos anos que se seguiram.

Diferentes programas foram criados, com o intuito de modernizar a infraestrutura nacional em parceria com a iniciativa privada, como o Programa de Investimento em Logística (PIL) e o Programa Avançar. Mais recentemente, o PPI passou a ser o principal responsável pela continuidade da agenda de concessões dos ativos públicos, contribuindo para expandir e modernizar a infraestrutura brasileira.

É fundamental que esses esforços continuem no futuro. Fica cada vez mais evidente a necessidade de incentivar a participação efetiva da iniciativa privada tanto nos investimentos quanto nos mecanismos de financiamento para a infraestrutura de transporte. Para isso, é necessário:

- fomentação do mercado de capitais, viabilizando o aumento de emissões de debêntures incentivadas e da constituição de fundos de investimento em ativos de infraestrutura;
- seleção criteriosa de projetos;
- desenvolvimento de projetos bem estruturados, com matriz de risco bem definida e estudos de demanda com alto rigor técnico;
- flexibilização da entrada de capital estrangeiro para investimento em infraestrutura;
- aumentar o uso de projetos estruturados com *Project Finance*.

Segundo Igor Lopes Rocha um dos principais desafios para os investimentos em infraestrutura no país é a baixa eficiência na formulação e na execução dos projetos. Contornar esse problema exige melhoria em quesitos como planejamento, capacitação técnica dos funcionários, definição de projetos prioritários, estabelecimento de cronogramas críveis, transparência e análises de custo-benefício *ex-ante*[9].

---

9   ROCHA, Igor Lopes; RIBEIRO, Rafael Saulo Marques. *Concessões e parcerias público-privadas:* políticas públicas para provisão de infraestrutura. Brasília, 2022, p. 13.

Os modais apresentam uma série de características próprias, como a velocidade de seus veículos, a capacidade de volume transportado, o tempo de deslocamento, o risco de acidentes ou avarias, a acessibilidade das rotas, os custos financeiros, a regularidade de embarques e os impactos ambientais. Nesse sentido, o planejamento e um processo continuado e sustentado de investimentos no setor são a chave para seu desenvolvimento.

É preciso uma expansão da matriz de transporte nacional, em uma visão sistêmica que utilize o melhor de cada segmento (rodoviário, ferroviário, aquaviário e aéreo) para a oferta de serviços para o deslocamento de pessoas e de cargas.

Ainda, a aclamada segurança jurídica deve ser vista tanto sob a ótica de aprimoramento das normas, da melhoria do ambiente de negócios e da governança regulatória, atraindo, por conseguinte, mais investimentos e *players* competitivos, quanto da perspectiva de assegurar ao gestor público a tranquilidade para decidir face aos obstáculos e as dificuldades reais inerentes à tomada de decisão.

O agronegócio brasileiro é uma atividade fundamental para a economia do país, mas para manter sua competitividade é preciso superar os desafios logísticos que ainda existem. Investimentos em infraestrutura e tecnologia são essenciais para garantir a eficiência e a segurança na cadeia produtiva, permitindo que se produza mais a cada safra e que o escoamento dos grãos produzidos seja cada vez mais eficiente.

5. Projetos de infraestrutura sustentáveis

A infraestrutura é um dos pilares do desenvolvimento de um país e é essencial para o bem-estar da população e para o crescimento econômico. No entanto, essa infraestrutura deve ser construída de forma sustentável, de modo a minimizar os impactos ambientais e sociais.

Nesse sentido, é importante enfatizar a necessidade de projetos sustentáveis, que levem em consideração a proteção do meio ambiente e o bem-estar das comunidades impactadas. A construção de infraestrutura sustentável pode reduzir o impacto ambiental e social e ajudar a proteger a biodiversidade, os recursos naturais e a qualidade de vida da população.

Existem diversas maneiras de se construir infraestrutura sustentável, como a utilização de materiais e técnicas de construção ambiental, a redução do consumo de energia e água, a implantação de sistemas de tratamento de resíduos, adoção de medidas de mitigação de impacto ambiental, entre outros.

Além disso, é importante envolver as comunidades locais no processo de construção da infraestrutura. Isso pode ser feito através da realização de consultas públicas e da inclusão das comunidades na tomada de decisões. As comunidades locais têm um conhecimento profundo da região e podem fornecer informações importantes sobre a biodiversidade, os recursos naturais e os impactos da construção.

Os benefícios da infraestrutura sustentável são diversos. Além de reduzir o impacto ambiental e social, ela pode gerar economias significativas a longo prazo. A utilização de materiais e técnicas de construção pode reduzir os custos de manutenção e energia, enquanto a implantação de sistemas de tratamento de resíduos pode gerar receitas com a venda de resíduos recicláveis.

De acordo com Rodrigo de Losso e Joelson Sampaio:

"O investimento em infraestrutura sustentável, implementado por meio de mecanismos apropriados e gerenciado de forma eficiente ao longo do ciclo de vida do projeto, pode contribuir para o desenvolvimento econômico e para o bem-estar social de um país. Nesse sentido, os formuladores de políticas públicas e mesmo gestores de fundos de investimentos estão cada vez mais cientes da contribuição ambiental, social e de governança (ESG) para garantir investimentos em infraestrutura de qualidade"[10].

Os projetos de infraestrutura têm se tornado cada vez mais importantes no Brasil, já que o país tem enfrentado uma série de desafios relacionados ao desenvolvimento econômico e à proteção ambiental. Em meio a essa conjuntura, projetos que visam promover a sustentabilidade em diversas áreas da in-

---

10 Disponível em: https://valorinveste.globo.com/blogs/rodrigo-de-losso/coluna/esg-e-investimentos-em-infraestrutura.ghtml.

fraestrutura têm sido realizados, com o objetivo de minimizar os efeitos negativos e maximizar os benefícios socioambientais.

6. A importância do ESG nos projetos de infraestrutura

Nos últimos anos, a questão da sustentabilidade tem sido cada vez mais encorajada no mundo corporativo. As empresas têm sido pressionadas a adotar práticas mais responsáveis e executivas em suas operações, com o objetivo de reduzir o impacto ambiental, social e econômico de suas atividades. Nesse contexto, o conceito de ESG (*Environmental, Social and Governance*) tem se tornado cada vez mais importante, especialmente em projetos de infraestrutura.

O ESG é um conjunto de práticas que as empresas adotam para garantir que suas atividades estejam em conformidade com os princípios de sustentabilidade. Isso inclui o cumprimento de leis e regulamentações ambientais, o respeito aos direitos humanos e trabalhistas, a promoção da diversidade e inclusão, entre outros aspectos.

Em projetos de infraestrutura, o ESG é particularmente importante, pois esses projetos têm um grande impacto nas comunidades locais e no meio ambiente. As empresas responsáveis pela construção e operação de infraestrutura têm a responsabilidade de garantir que seus projetos sejam integrados de forma sustentável e responsável, minimizando os negativos e maximizando os benefícios para a sociedade.

Para garantir o ESG em projetos de infraestrutura, as empresas devem adotar algumas práticas essenciais, como a realização de estudos de impacto ambiental e social, a consulta às comunidades seguradas pelo projeto, a adoção de tecnologias e mais processos sustentáveis, entre outros aspectos.

Além disso, é importante que as empresas sejam transparentes em relação às suas práticas e resultados em relação ao ESG *Compliance*. Isso inclui a divulgação de informações sobre as medidas adotadas para minimizar os impactos ambientais e sociais do projeto, a prestação de contas sobre os resultados alcançados e a comunicação com as partes interessadas.

As práticas ESG relacionadas a projetos de infraestrutura incluem:

- avaliação de impacto ambiental: antes de iniciar um projeto de infraestrutura, é importante avaliar seus possíveis impactos ambientais e elaborar um plano para minimizá-los. Isso inclui a identificação e mitigação de riscos ambientais, bem como a realização de estudos de impacto ambiental e social;
- gestão de resíduos: durante a construção e operação de um projeto de infraestrutura, é importante gerenciar os resíduos gerados, de modo a minimizar o impacto ambiental;
- eficiência energética: a adoção de medidas para tornar o projeto mais eficiente em termos energéticos, como o uso de fontes renováveis de energia, pode reduzir o impacto ambiental do projeto;
- respeito aos direitos humanos: é fundamental garantir que os direitos humanos sejam respeitados durante a construção e operação do projeto, incluindo o direito à terra, o direito de acesso à água e o direito ao trabalho justo e seguro;
- transparência e prestação de contas: é importante que os projetos de infraestrutura sejam iniciados de forma transparente, com a participação das comunidades subordinadas, e que os responsáveis pelo projeto sejam responsáveis por prestar contas de suas ações;
- governança corporativa: a adoção de boas práticas de governança corporativa, como a diversidade na composição da equipe e a transparência na tomada de decisões, pode garantir que o projeto seja desenvolvido de maneira responsável e sustentável.

Em resumo, as práticas ESG relacionadas a projetos de infraestrutura têm como objetivo garantir que esses projetos tenham ocorrido de forma sustentável e responsável, levando em consideração os impactos ambientais e sociais. Ao adotar essas práticas, é possível construir uma infraestrutura mais eficiente, econômica e sustentável, que beneficie tanto a economia quanto a sociedade em geral.

As empresas precisam garantir que seus projetos sejam socialmente responsáveis. Isso pode incluir a criação de empregos locais e a garantia de que as comunidades sustentadas sejam consultadas e envolvidas no processo de tomada de decisão. As empresas também devem ter políticas em vigor para garantir que seus fornecedores e parceiros de negócios atendam aos padrões de responsabilidade social e ambiental.

Outro componente importante é a boa governança. As empresas devem ter políticas e práticas em vigor para garantir a transparência e a responsabilidade em todas as suas operações. Isso inclui a divulgação de informações financeiras precisas e transparentes, a proteção dos direitos dos acionistas e a adoção de práticas éticas de negócios.

Os investidores estão cada vez mais conscientes da importância do ESG, e muitos agora estão observando que as empresas atendem a esses padrões antes de investir em seus projetos. A conformidade com ESG pode ajudar as empresas a atrair investidores e garantir uma imagem positiva, além de contribuir para a construção de um mundo mais sustentável.

Além dos benefícios sociais e econômicos externos já apresentados, a adoção das práticas ESG em projetos de infraestrutura pode facilitar a financiabilidade desses projetos. Alguns exemplos recentes são:

- um grande banco criou uma linha de crédito de R$ 5 bilhões para financiar projetos na área de saneamento básico que cumpram métricas ESG;
- as debêntures incentivadas (Lei n. 12.431/2011), criadas pelo governo com o objetivo de ampliar as alternativas de financiamento de recursos de longo prazo, especialmente para projetos de infraestrutura, asseguram a alguns titulares benefícios tributários. Essas debêntures atreladas a projetos considerados verdes com certificações ambientais como as do *Climate Bonds Initiative* (CBI), podem atrair ainda mais investidores; e
- em 2020, o governo federal publicou o Decreto n. 10.387, estendendo os benefícios fiscais previstos na Lei n. 12.431/2011 aos projetos de infraestrutura com impactos socioambientais positivos.

O Brasil pode se tornar um celeiro de oportunidades para investidores que buscam fazer suas alocações em projetos que atendam critérios socioambientais.

Em conclusão, a infraestrutura é um setor importante que tem um grande impacto nas questões ESG. As empresas devem garantir que seus projetos sejam socialmente e ambientalmente responsáveis, governados de maneira transparente e ética. A conformidade com ESG pode ajudar as empresas a construir uma confiança positiva, atrair investimentos e contribuir para a construção de um futuro mais sustentável.

7. Considerações finais

Produzindo cada vez mais, o Agro brasileiro reduziu drasticamente o preço da alimentação, melhorando a saúde e qualidade de vida da população urbana, liberando seu poder de compra para bens produzidos pela indústria e pelo setor de serviços.

Produzindo excedentes cada vez maiores, o agro expandiu suas vendas para o mundo, conquistou novos mercados, gerando superávits cambiais que libertam a economia brasileira.

O efeito transformador da revolução agrícola dos últimos 40 anos é certamente o fato mais importante da história econômica recente do Brasil e continua abrindo perspectivas para o desenvolvimento futuro do país.

A estimativa para a safra 2022/23 indica uma produção de 312,2 milhões de toneladas, 15% ou 40,8 milhões de toneladas superior à obtida em 2021/22. Os números constam no terceiro levantamento da safra de grãos, divulgado pela Companhia Nacional de Abastecimento (Conab), em dezembro de 2022[11].

Com a área total de plantio no país estimada em 77 milhões de hectares, a agricultura brasileira mantém a tendência de crescimento observada nos últimos anos, também com previsão de recorde.

---

11 Disponível em: https://www.conab.gov.br/ultimas-noticias/4847-produ-cao-nacional-de-graos-e-estimada-em-312-2-milhoes-de-toneladas-na-sa-fra-2022-23.

O agronegócio é um setor estratégico para o desenvolvimento econômico e social do Brasil, e tem sido um dos motores do crescimento do país nas últimas décadas. No entanto, esse crescimento está a ser acompanhado por uma série de desafios, especialmente no que se refere à infraestrutura de transporte, armazenamento e distribuição de produtos agrícolas.

Para garantir um crescimento sustentável do agronegócio brasileiro, é fundamental investir em infraestrutura que permita a produção, armazenamento e distribuição de alimentos de forma eficiente, segura e sustentável. Isso inclui investimentos em rodovias, ferrovias, hidrovias, portos, armazéns, silos e sistemas de irrigação, entre outras áreas.

No entanto, o desafio para estruturar projetos que garantam a infraestrutura necessária para o desenvolvimento do agronegócio é complexo e envolve uma série de atores e interesses diversos. Além disso, é preciso levar em consideração a sustentabilidade ambiental e social, garantindo que os investimentos em infraestrutura sejam realizados de forma responsável e com respeito ao meio ambiente e às comunidades impactadas.

Entre as principais medidas que podem ser adotadas para estruturar projetos de infraestrutura para o agronegócio, destacam-se:

1. investimentos em pesquisa e desenvolvimento: é fundamental investir em pesquisa e desenvolvimento de tecnologias e práticas voltadas para a produção agrícola e na infraestrutura de transporte e armazenamento, de modo a garantir maior eficiência, segurança e redução do impacto ambiental;

2. fortalecimento de parcerias público-privadas: é importante estabelecer parcerias entre o setor público e privado para viabilizar investimentos em infraestrutura de forma sustentável, buscando garantir a participação da sociedade civil e de grupos beneficiários no processo de tomada de decisão;

3. fomento a investimentos estrangeiros: é necessário incentivar o investimento estrangeiro no setor de infraestrutura, especialmente de países que possuem experiência em desenvolvimento sustentável e po-

dem contribuir para a disseminação de tecnologias e práticas inovadoras;

4. regulação eficiente: é preciso estabelecer um marco regulatório eficiente que incentive o investimento em infraestrutura sustentável, garantindo a segurança jurídica e a estabilidade para os investidores;

5. fortalecimento da governança e transparência: é importante fortalecer a governança e transparência no processo de tomada de decisão e na gestão de projetos de infraestrutura, garantindo a participação da sociedade civil e a prestação de contas dos investimentos realizados.

Em suma, o crescimento do agronegócio brasileiro demanda um esforço conjunto de todos os atores envolvidos, incluindo o setor público, privado e a sociedade civil, para garantir a estruturação de projetos eficientes que promovam o desenvolvimento econômico e social do país, respeitando os princípios de sustentabilidade ambiental e social.

8. Referências bibliográficas

INSTITUTO DE PESQUISA ECONÔMICA APLICADA. *Infraestrutura econômica no Brasil: diagnósticos e perspectivas para 2025 /.* – Brasília: Ipea, 2010. v. 1 (586 p.): gráfs., mapas, tabs (Série Eixos Estratégicos do Desenvolvimento Brasileiro; Infraestrutura Econômica, Social e Urbana; Livro 6).

ROCHA, Igor Lopes. RIBEIRO, Rafael Saulo Marques. *Concessões e parcerias público-privadas:* políticas públicas para provisão de infraestrutura. Brasília: 2022.

Sites:

https://www.fao.org/brasil/noticias/detail-events/pt/c/901168/

https://www.gov.br/agricultura/pt-br/assuntos/politica-agricola/todas-publicacoes-de-politica-agricola/agropecuaria-brasileira-em-numeros/abn-05-2022.pdf

https://www.comprerural.com/os-desafios-da-logistica-do-grao-brasileiro/

https://www.antf.org.br/informacoesgerais (pesquisa realizada em fevereiro de 2023).

Infraestrutura de Transporte – Investimento e Financiamento de Longo Prazo. O estudo faz parte da série de publicações Transporte & Desenvolvimento, da Confederação Nacional do Transporte (CNT). O material apresenta uma análise detalhada do investimento e financiamento em infraestrutura de transporte no Brasil a partir da separação analítica entre a participação pública e privada nesse processo. Também faz um levantamento da experiência internacional, de modo a trazer insumos sobre exemplos a serem seguidos e evitados.

https://www.cnt.org.br/pesquisas.

https://valorinveste.globo.com/blogs/rodrigo-de-losso/coluna/esg-e-investimentos-em-infraestrutura.ghtml

https://www.conab.gov.br/ultimas-noticias/4847-producao-nacional-de-graos-e-estimada-em-312-2-milhoes-de-toneladas-na-safra-2022-23

ESG NAS CADEIAS AGROINDUSTRIAIS

Renato Buranello[1]

1. Conceito e abrangência do trinômio ESG

Entender o trinômio ESG, que hoje tanto permeia a agenda de discussão pública e privada e reside no debate jornalístico e científico mais recente, passa por compreender a originação do termo e dos aspectos que envolvem a temática da sustentabilidade[2]. Dito isso, regressamos inicialmente aos anos 1988, quando o executivo Larry Fink fundava a empresa de gestão de fundos BlackRock, pioneira entre as transacionais que se dedicam a criar instrumentos de redução de risco para investimento financeiro, os chamados *hedge funds*. Atualmente, a empresa já detém US$ 102

---

1   Doutor em Direito Comercial pela Pontifícia Universidade Católica de São Paulo (PUC/SP). Com capacitação docente em Direito e Economia pela Direito FGV/RJ. Sócio do VBSO Advogado. Coordenador do Curso de Direito do Agronegócio do Insper. Vice-Presidente da Associação Brasileira do Agronegócio (Abag). Membro da Câmara de Crédito, Comercialização e Seguros do Ministério da Agricultura (Mapa) e do Conselho Superior de Agronegócio (Cosag) da Fiesp. Fundador e Presidente do Instituto Brasileiro de Direito do Agronegócio (IBDA).

2   Com quase quarenta anos, o relatório "Nosso Futuro Comum", publicado em 1987 pela Comissão Mundial sobre Meio Ambiente e Desenvolvimento da ONU (também conhecido como Relatório Brundtland), foi um marco importante no desenvolvimento do conceito de sustentabilidade. Ainda sendo verdadeiro marco ao tema, o relatório definiu desenvolvimento sustentável como "aquele que satisfaz as necessidades do presente sem comprometer a capacidade das gerações futuras de satisfazer suas próprias necessidades".

bilhões investidos na América Latina[3], expressando grande potência e relevância.

Tudo, porém, começou com um grande prejuízo, sendo justamente quando a empresa passou a direcionar seu olhar às *commodities* agrícolas, um dos principais instrumentos de gestão de riscos utilizados. Os alimentos são centrais na definição do índice de inflação. Foram elas que ajudaram a BlackRock a escapar da grave crise ocasionada pela má gestão de títulos hipotecários de 2008-2009. Há, aqui, um indicativo que deverá permear nossos olhares nesse trabalho: (i) os prejuízos que a má gestão e a ausência de *compliance*, de organicidade e de governança podem ocasionar em economias globais; e (ii) como os produtos de origem agrícola podem, sim, ser saídas e oportunidades de investimentos.

Posteriormente, nos anos 2000, a necessidade de desenvolver um equilíbrio entre o crescimento econômico e a sustentabilidade, fez com que o então secretário-geral da Organização das Nações Unidas (ONU), Kofi Annan, lançasse o Pacto Global da ONU (do inglês, *United Nations Global Compact*); iniciativa cuja finalidade é mobilizar empresas a alinhar suas estratégias e operações a dez princípios universais relacionados às áreas de direitos humanos, trabalho, meio ambiente e combate à corrupção[4]. O Pacto, de caráter voluntário, reúne

---

3   BLACKROCK. *Quem Somos*: BlackRock no Brasil. 2023. Disponível em: https://www.blackrock.com/br/quem-somos. Acesso em: 26 mar. 2023.

4   Os 10 (dez) princípios do Pacto Global são: (a) quanto aos direitos humanos – (a1) respeitar e apoiar os direitos humanos reconhecidos internacionalmente na sua área; (a2) assegurar a não participação da empresa em violações de direitos humanos; (b) quanto ao trabalho – (b1) apoiar a liberdade de associação e reconhecer o direito à negociação coletiva; (b2) eliminar todas as formas de trabalho forçado ou compulsório; (b3) erradicar todas as formais de trabalho infantil da sua cadeia produtiva; (b4) estimular práticas que eliminem qualquer tipo de discriminação no emprego; (c) meio ambiente – (c1) assumir práticas que adotem uma abordagem preventiva, responsável e proativa para os desafios ambientais; (c2) desenvolver iniciativas e práticas para promover e disseminar a responsabilidade socioambiental; (c3) incentivar o desenvolvimento e a difusão de tecnologias ambientalmente responsáveis; (d) anticorrupção – combater a corrupção em todas as suas formas, incluindo a extorsão e o suborno. In: ORGANIZAÇÃO DAS NAÇÕES UNIDAS (ONU). *Pacto Global*. Disponível em: https://www.unglobalcompact.org/. Acesso em: 17 mar. 2023.

o propósito do crescimento econômico sustentável e do fortalecimento da percepção de cidadania, através de lideranças corporativas comprometidas e inovadoras.[5]

Feito breve recorte temporal, importante dizer que o acrônimo "ESG", sigla abreviativa para "Environmental, Social and Governance", em inglês, ou "Meio Ambiente, Social e Governança" em português, passou a ser utilizado em 2004. Sua primeira aparição foi em relatório publicado pelo Pacto Global da ONU, em parceria com o Banco Mundial, denominado de "Who Cares Wins". Por muitos tido como o pai do ESG, Koffi Annan convidou os principais CEOs do setor financeiro a direcionarem seus olhares à possibilidade de integração dos fatores sociais, ambientais e de governança que pudessem rodear e, verdadeiramente, se chocar com os mercados financeiro e de capitais.[6]

Ainda que datado de quase vinte anos, o termo apenas mais recentemente passou a assumir local de destaque na agenda mundial, de forma ao sentido e o alcance das diretrizes do acrônimo serem, cada vez mais, presentes (e, uma cobrança) na realidade empresarial, em escala global. A aplicação e o cumprimento de padrões ESG são, hoje, uma exigência do mercado, de forma à sua implementação diretamente se vincular a uma maior competitividade, solidez, redução de custos e, principalmente, maior resiliência empresarial.[7] Diretamente vinculados aos Objetivos do Desenvolvimento Sustentável (ODS)[8], os parâmetros ESG trazem

---

5   PACTO GLOBAL Rede Brasil. *A iniciativa.* Disponível em: https://www.pactoglobal.org.br/a-iniciativa. Acesso em: 17 mar. 2023.

6   Idem.

7   MAZON, Cassiano; ISSA, Rafael Hamze. Adoção e Implementação das Práticas ESG (Environmental, Social and Governance) pelas Empresas Estatais. *Cadernos da Escola Paulista de Contas Públicas,* São Paulo, v. 1, p. 35-52, 1 Sem. 2022.

8   Os objetivos de Desenvolvimento Sustentável (ODS) foram adotados pelas Nações Unidas em 2015 como um apelo universal à ação para acabar com a pobreza, proteger o planeta e garantir que até 2030 todas as pessoas desfrutem de paz e prosperidade. São 17 objetivos estabelecidos e integrados. Entende-se que a ação em uma área afetará os resultados em outras e que o desenvolvimento deve equilibrar a sustentabilidade social, econômica e ambiental.

uma nova percepção de desenvolvimento de projetos, com objetivação a obtenção, até 2030, de um mundo mais econômico, social e ambientalmente mais sustentável. Ao que se acresce: o termo ESG, não só se apresenta como uma necessidade, mas sim, como verdadeira oportunidade a que se obtenha sustentabilidade empresarial.[9]

Antes de adentrar nas questões originárias à sustentabilidade – força motriz a todo o desenvolvimento da percepção e do construto que é ESG –, nos reservaremos um breve momento de segmentação do termo, de forma a apresentar cada uma de suas facetas, que tão importante papel desempenham na análise e no fomento das atividades humanas e empresariais. Desmembremos, então, e sem o intuito exaustivo, o termo ESG:

1. *Environmental:* estudos e atuação de defesa, preservação e manutenção de ecossistema ambientalmente equilibrado. Aqui, nota-se maior relevância à proteção e conservação ambiental, enquanto pauta de discussão e desafios globais mais recentes, como a tentativa constante de mitigação das mudanças climáticas, queimadas, poluição entre outros. Diversas organizações, como a própria ONU, possuem atuação diligente a que alcancemos uma melhor preservação ambiental. A promoção do desenvolvimen-

---

Há o comprometimento dos países em priorizar o progresso daqueles que estão mais atrasados. Os ODS objetivam acabar com a pobreza, a fome, a AIDS e a discriminação contra mulheres e meninas.
In: UNITED NATIONS DEVELOPMENT PROGRAMME. *The SDGs in action.* Disponível em: https://www.undp.org/sustainable-development-goals?utm_source = EN&utm_medium = GSR&utm_content = US_UNDP_Paid-Search_Brand_English&utm_campaign = CENTRAL&c_src = CENTRAL&c_src2 = GSR&gclid = CjwKCAjw_YShBhAiEiwAMomsENZRGb52lUvtqOC-PuZqtluy_WIcbP01vqTHeCRAe4mSTqqFDxTV3-hoCLBkQAvD_BwE. Acesso em: 26 mar. 2023.
9   Segundo estudo feito pela Morningstar a pedido da Capital Reset, no Brasil, fundos ESG captaram R$ 2,5 bilhões em 2020, sendo que mais da metade da captação veio de fundos criados nos últimos 12 meses. PACTO GLOBAL REDE BRASIL. Disponível em: https://www.pactoglobal.org.br/pg/esg. Acesso em mar. 2023.

to sustentável, aqui, deve estar diretamente vinculada a equilíbrio das necessidades humanas com a conservação de longo prazo. Empresas, em contrapartida, são forçadas a se posicionar publicamente e a assumir compromisso de diminuição dos impactos ambientais negativos e majoração dos impactos ambientais positivos, que suas atividades produzem, adotando práticas de *compliance*[10] ambiental com o objetivo de trazer benefícios para o meio ambiente e para sua própria gestão.

2. *Social*: em contrapartida, refere-se à necessidade de garantia de um desenvolvimento humano com base em um mínimo adequado. Vale lembrar, no Brasil, que a Constituição Federal de 1988 estabelece os direitos humanos individuais e coletivos – nos quais se incluem o direito ao meio ambiente equilibrado. Referidos direitos devem ser respeitados, sob pena de violação da ordem máxima brasileira e são basilares à democracia nacional. Dessa forma, é estimulado o respeito à individualidade e a integração e desenvolvimento social, bem como em ambiente de trabalho, com a criação de mecanismos e instrumentos de proteção e garantia da concretização desses direitos.

3. *Governance:* aqui, corresponderá especialmente à governança corporativa. Desta forma, encerra políticas e práticas conjugadas, objetivando proporcionar maior transparência, estabelecer mecanismos mais eficientes de controle e incentivar uma atuação ética de todos os envolvidos, a fim de que as ações sejam pautadas em consonância com a lei e as regras internas da companhia[11]. Boas práticas de governança corporativa compreendem uma jornada contínua de

---

10 Originado do verbo inglês *"to comply"*, significa estar de acordo, cumprir. Conceitua-se *compliance* por aquele que está de acordo com as leis, normas e regulamentos que ditam sobre determinado assunto.

11 AMARAL, Paulo Osternack. Lei das Estatais: espectro de incidência e regras de governança. In: JUSTEN FILHO, Marçal (Org.). *Estatuto jurídico das empresas estatais.* São Paulo: Revista dos Tribunais, 2016, p. 65.

adequação e aperfeiçoamento; e, quando incorporadas, inclinam-se a incrementar a confiabilidade da empresa no mercado, maximizando, inclusive, os seus próprios resultados[12].

Além do apresentado, importante acrescentar, há núcleo comum à ideia de responsabilidade social corporativa, que se comporta como uma faceta para alcançar sustentabilidade empresarial, definida como a orientação da gestão das empresas para obtenção de resultados positivos em termos econômicos, sociais e ambientais[13]. Apontadas finalidades podem ser encontradas, no mundo empresarial, através dos variados pactos globais assumidos, os quais estimulam a aplicação de princípios a suas atividades internas, tais como a Carta da Terra, a Declaração Sobre o Meio Ambiente e o Desenvolvimento, o Pacto Global da ONU, os Objetivos de Desenvolvimento do Milênio, as Diretrizes da OCDE para as multinacionais etc.[14]

Frente a essa nova realidade e entendimento, instituições associadas ao mercado financeiro nacional e global criaram índices de sustentabilidade que visam medir a adequação dos entes empresariais aos novos objetivos mundiais, dentre os apontados, se destacam: o Índice de Sustentabilidade Empresarial (ISE) da B3[15], o Down Jones Sustainability Index (DJSI) e os Princípios do Equador para Instituições Financeiras, iniciativa do International Finance Corporation (IFC)[16].

---

12 MAZON, Cassiano; ISSA, Rafael Hamze. Adoção e implementação das práticas ESG (Environmental, Social and Governance) pelas empresas estatais: o programa socioambiental da Petrobras e a preservação das comunidades tradicionais. *Cadernos da Escola Paulista de Contas Públicas*. p. 35-52. 1 sem. 2021.

13 BARBIERI, José Carlos; CAJAZEIRA, Jorge Emanuel Reis. *Responsabilidade social empresarial e empresa sustentável*: da teoria à prática. 3. ed. 2016, p. 115.

14 BARBIERI, J. C.; CAJAZEIRA, J.E.R. *Responsabilidade social empresarial e empresa sustentável:* da teoria à prática. 3. ed., 2016, p. 113 e s.

15 *Índice de Sustentabilidade Empresarial (ISE B3)*. Disponível em: https://www.b3.com.br/pt_br/market-data-e-indices/indices/indices-de-

16 OLIVEIRA, José Antônio Puppim de. *Empresas na sociedade:* sustentabilidade e responsabilidade social. 2. ed. Rio de Janeiro: Elsevier, 2013.

Dessa forma, e caminhando cada vez mais em direção a um cenário de sustentabilidade, percebemos que a ideia associada ao liberalismo, de que somente o capital produzido pode sustentar uma organização, vem se enfraquecendo e abrindo margens para propósitos mais amplos quanto à responsabilidade das empresas.

Ao dizer sobre ESG, porém, e consoante a maior discussão da percepção do termo ESG, dentro das organizações, precisamos nos deter a olhar, ainda que de maneira breve, o tripé da sustentabilidade, em outras palavras, o *Tripple Bottom Line (TBL)*. O termo, em inglês, representa um método de gestão que tem como objetivo medir a performance de uma organização em três dimensões: econômica, social e ambiental. De forma bastante simplificada, o termo *bottom line* refere-se ao lucro ou resultado da uma empresa, enquanto o *triple* indica que há três pilares a serem estabelecidos para que se alcance esse lucro[17].

Com maior notoriedade alcançada a partir da década de 1990, o conceito de TBL muito se liga à publicação do livro *Cannibals with Forks:* The Tripple Bottom Line of 21st Century Business, de John Elkington[18]. O empresário britânico, em sua criação, argumenta que as empresas devem se comprometer com os impactos social e ambiental de suas atividades, de igual maneira como já se preocupavam com sua performance financeira. A conta, assim, envolveria muito mais do que lucros financeiros, encontrando faceta e aplicabilidade na esfera da vida humana. Lucrativa, propriamente, seria a empresa que além de dar cumprimento a seu escopo empresarial, o faz seguindo os ditames ESG.

Vale, ainda, argumentar: a sustentabilidade, em seu sentido amplo, não é algo de simples aplicação na sociedade atual, tampouco expressa uma natureza equilibrada e constante. É, assim, processo de transformação, que passa por alterações e mudanças constantes, vez que envolve uma variedade de pas-

---

17 COOK, R. *et al. The encyclopedia of positive psychology.* Hoboken, NJ: John Wiley & Sons, 2011. p. 75-76.

18 ELKINGTON, John. *Cannibals with forks:* The Triple Bottom Line of 21st Century Business. Oxford: Capstone Publishing, 1997.

sos a serem seguidos para atendimento das necessidades das gerações atuais, sem comprometimento destrutivo aos anseios e demandas das gerações futuras.[19]

De maneira correta, o conceito de sustentabilidade encontra novas fronteiras evolutivas. Atualmente, é vista como um vetor essencial às decisões em organizações globalizadas, destacando-se números que espelham sua verdadeira função dentro das organizações. É, também, inserido nesse escopo corporativo que o tema tem sido cada vez mais difundido e valorizado, de forma a até influenciar Bolsas de Valores mundiais: ações de organizações reconhecidamente sustentáveis e que cumprem os ditames ESG são mais rentáveis e encontram maior liquidez do que as vinculadas a organizações que não se dedicam à questão.

Apontado conceito tem, desde então, sido ampliado, se adequando às novas demandas ambientais, sociais e econômicas. O conceito, desta forma, passou a abranger a ideia de que a sustentabilidade só pode ser alcançada por meio de abordagem integrada e holística das três dimensões necessárias ao devido desenvolvimento humano. A isso, também, acrescemos que o conceito de sustentabilidade passa a ser amplamente utilizado em diferentes contextos, desde o nível individual até o nível global. Empresas, governos, organizações e indivíduos buscam cada vez mais adotar práticas sustentáveis e contribuir para a construção de um mundo mais equilibrado e justo.

Conhecer o desenvolvimento do conceito e o caminho percorrido até que se atinja o resultado atual é de grande relevância, a medida em que imprime, de maneira mais clara, a interdependência entre as dimensões ambientais, sociais e econômicas do desenvolvimento e a necessidade de agir de forma integrada para garantir um futuro sustentável para as gerações presentes e futuras. E é, justamente, dentro desse contexto empresarial que se volta a discussão do enredo ESG dentro das Cadeias Agroindustriais (CAIs).

---

19 COMISSÃO MUNDIAL SOBRE MEIO AMBIENTE E DESENVOLVI-MENTO. *Nosso futuro comum.* Rio de Janeiro: Ed. da Fundação Getulio Vargas, 1991.

2. Integração nas cadeias agroindustriais

O setor rural e sua exploração em moldes empresariais passaram a ser notados nos anos 1980, originando o que hoje denominamos "agroindústria". A atividade agroindustrial compreendida não mais como um modelo fechado, mas, observada sob o contexto das *Cadeias Agroindustriais (CAIs)* proporcionou consideráveis ganhos de produtividade, principalmente nos setores voltados para o comércio agrícola mundial.

A construção conceitual das CAIs é originada da crescente demanda trazida pelo desenvolvimento da atividade agrícola, agora, com a participação indissolúvel da indústria. Uma Cadeia Agroindustrial (CAI) *é composta por agentes em distintos níveis de coordenação vertical, compreendendo os segmentos antes, dentro e depois da porteira da fazenda, envolvidos na produção, transformação, comercialização, logística e distribuição de* **um produto agrícola básico** *e itens produzidos a partir dele até o consumo final,* conforme conceituado pelos estudos de Davis e Goldberg, professores da Universidade de Harvard. Assim, a união de um conglomerado de CAIs forma o complexo agroindustrial. De outra maneira, podemos dizer que essas CAIs se referem ao *conjunto organizado de atividades econômicas que compreendem o fornecimento de insumos à produção, a produção, o processamento, o armazenamento, a logística e a distribuição para consumo interno ou internacional de alimentos, fibras e bioenergia*[20].

O complexo integrado de atividades econômicas que compõem o agronegócio, afasta a concepção clássica da divisão da economia em três setores – primário, secundário e terciário.

---

20 Já um sistema ou cadeia de produção é definida a partir da identificação de determinado produto final, no qual notamos certas características: a) sucessões de operações de transformação encadeadas, passíveis de serem separadas ou ligadas entre si por um procedimento técnico; b) conjunto de relações comerciais e financeiras que estabelecem, entre todos os estágios de transformação, um fluxo de troca entre fornecedores; c) conjunto de ações econômicas que permitam a valorização dos meios de produção e assegurem a articulação de operações. In: PAULILLO, Luiz Fernando. *Sobre o desenvolvimento da agricultura brasileira:* concepções clássicas e recentes, op. cit., p. 750.

Ganham relevância jurídica na medida em que encontram os critérios de organicidade e economicidade. A característica empresarial do agronegócio brasileiro reflete um olhar otimista ao setor, com importantes perspectivas futuras, mas mostram também grandes desafios. A nós, essa expansão deve ocorrer de forma sustentável sob os pontos de vista social, ambiental e econômico – ESG. E é esse motivo pelo qual nos deteremos a observar como cada uma das letras do acrônimo se interrelaciona com o agronegócio.

1. *Ambiental:* compreendendo o complexo agroindustrial como um conjunto de atividades que dependem diretamente de recursos naturais e do meio ambiente, sua associação com questões ambientais além de importante, é essencial. Faz-se necessário que uma economia agrícola se alinhe a proteção ambiental. O plantio direto, a rotação de culturas, os processos de integração (iLPF e iLP) e a recuperação de pastagens degradadas são alguns mecanismos já utilizados nas atividades do setor, objetivando evitar que lesões ambientais ocasionem um prejuízo à própria área de produção e, em larga escala, em termos de mudança climática. Há de mencionar: economias agrícolas são as principais prejudicadas com mudanças climáticas, vez que se estabelecem sobre verdadeira indústria a céu aberto; a produção é caracterizada por sua fragilidade, sendo diretamente influenciada pelo seu entorno.

2. *Social:* como visto, a dignidade humana está insculpida na Constituição Federal brasileira, e deve ser respeitada sob pena de sanções nacionais e internacionais. O agronegócio, por sua vez, desempenha papel importante ao desenvolvimento social. Devendo estar ajustado ao processo P&D (Pesquisa e Desenvolvimento), é reconhecido pela abertura de novos trabalhos, geração de riqueza e desenvolvimento de regiões que, até então, por serem rurais e longínquas, permaneciam afastadas de olhar cauteloso – desenvolvimento de habitações e saneamento básico, por

exemplo, é grande benefício levado ao campo por seu uso produtivo. Ademais, não poderíamos deixar de pontuar o excelente papel que o agronegócio efetua quanto à garantia de segurança alimentar mundial. Apoiado em novas tecnologias, o agronegócio brasileiro, atualmente, é responsável pelo oferecimento de alimentos nutritivos e saudáveis, fibras e energia, à demanda de mais de 190 países ao redor do globo.

3. *Governança*: por fim, cabe-nos expor os vínculos de governança que permeiam o setor. Cada dia mais empresas se defrontam com a cobrança de transparência em suas atividades. Direcionando nossos olhares ao agronegócio, esbarramos, primeiramente, na cobrança quanto à rastreabilidade e origem dos produtos. Parceiros comerciais e consumidores externalizam preocupação sobre o caminho do produto, exigindo laudos de segurança alimentar e biológica, bem como a certificação da origem lícita do dinheiro investido na produção. O processo de sucessão patrimonial, bem como, as evoluções legais de registro e depósitos de informações em ambientes controlados, têm levado a uma maior demanda por controle e organização societária no setor. É a transformação do agroempresarial brasileiro e a nova mentalidade dos agentes da cadeia.

Retomando, neste momento, o conceitual de Cadeias Agroindustriais, nos faz pertinente e, propriamente, necessário, expor a definição que entendemos adequada à concepção moderna de agronegócio, a qual se aproxima à matriz insumo-produto melhor desmembrada a seguir: *conjunto organizado de atividades econômicas integradas que envolve o fornecimento de insumos, a produção, o processamento e armazenamento até a distribuição para consumo interno e internacional de produtos de origem agrícola, pecuária, de reflorestamento ou manejo florestal, pesca e aquicultura, para consumo final de alimentos, fibras e bioenergia.*

3. Produção e indústria: insumo-produto

A primeira matriz insumo-produto (MIP) foi trazida na década de 1930, pelos estudos de Wassily Leontief. Seu modelo foi desenvolvido para disponibilizar informações que permitiam a avaliação dos impactos da política econômica sobre as atividades de produção, enfatizando a análise de interdependência entre os setores produtivos. A base focal do estudo se concentrava na Teoria Neoclássica de Equilíbrio Geral Walrasiano, o qual dispunha que, em condições de equilíbrio, o conceito de produção se alinha com coeficientes técnicos de produção fixos, desta forma, cada produto corresponde a toda combinação de fatores de produção empregados em seu processo produtivo[21].

A atuação no setor não se limita às atividades realizadas dentro da fazenda. De outra forma, envolve, verdadeiramente, todo produto e item que nela é originado e desenvolvido, na cadeia de produção, processamento, industrialização e distribuição até o consumidor final. A MIP, portanto, é observada como um instrumento para identificar as principais inter-relações entre os diferentes setores da cadeia produtiva, como a produção de grãos, a criação de animais e a produção de alimentos processados. Permite que compreendamos como as interferências positivas, ou não, no setor podem afetar as demais produções relacionadas a ele, além de pontuar gargalos ou oportunidades para o desenvolvimento da cadeia.

Ainda que o complexo agroindustrial, cada dia mais, se preocupe e posicione com rigor e rastreamento acerca dos insumos produzidos, também é necessário que se alinhe as pautas ESG. Essa mudança se dá, há muito, pela nova percepção da sociedade frente aos produtos que estão sendo consumidos. Um estudo conjunto entre a McKinsey e a NielsenIQ[22] anali-

---

21 NUNES, E. P.; CONTINI, E. *Complexo agroindustrial brasileiro.* Brasília – DF: 2001.

22 AM, Jordan Bar; DOSHI, Vinit; NOBLE, Steve; MALIK, Anandi. *Os consumidores se preocupam com a sustentabilidade:* e a respaldam com o bolso, 2023. Disponível em: https://www.mckinsey.com/featured-insights/destaques/os-consumidores-se-preocupam-com-a-sustentabilidade-e-a-respaldam-com-o-bolso/pt. Acesso em: 26 mar. 2023.

sou o crescimento do faturamento dos produtos que alegam ser social e ambientalmente responsáveis. Em sondagem de consumidores nos EUA em 2020, mais de 60% dos entrevistados afirmaram estar dispostos a pagarem mais por um produto com embalagem sustentável; 78% disseram ser importante manter um estilo de vida sustentável.

A partir deste recorte, é possível relacionar um cenário entre oferta de produtos sustentáveis e a demanda pelos consumidores. Excedendo virtudes econômicas, a visão do mundo para as produções sustentáveis tem se alinhado e buscado aspectos de responsabilidade ambiental e social, valorizando práticas empresariais ao atingimento de metas como redução de emissões de carbono em todas as cadeias de valor, condições de trabalho sustentáveis e apoio a diversidade e inclusão[23]. As empresas têm adaptado seus produtos para atender às metas ESG, mas os maiores benefícios financeiros se espaldam em mudanças organizacionais e muito ao movimento *"top-down"*.

Rapidamente, podemos dizer que o movimento *top-down*, baseia-se na premissa de que a fase administrativa da política pública é a implementação. Essa fase estaria desvinculada da fase política, de forma a terem os formuladores – que se situam no topo das organizações – o controle decisivo em suas mãos. Há, aqui, a ideia de que a divisão de responsabilidades é, justamente, feita por uma organização central responsável pelo controle dos fatores políticos, técnicos e organizacionais. Na implementação, portanto, na fase administrativa, teríamos a concretização das metas previamente definidas pelos formuladores.

No que concerne aos benefícios financeiros, destacamos a posição do Banco Central em 2021 (também introduzida pelo Bacen), quando divulgou as primeiras medidas de sua agenda de sustentabilidade, abrangendo mudanças impeditivas legais e infralegais para contratação de crédito sustentável, inserindo o país no mercado mundial através do cumprimento de etapas bem definidas: (i) matriz limpa, (ii) agricultura limpa e (iii) fi-

---

23 Idem.

nanças sustentáveis. Com o lançamento da agenda, o Banco Central visava liderar, pelo exemplo, dentro do sistema financeiro nacional, em consonância com melhores práticas internacionais, criando condições para o desenvolvimento de finanças sustentáveis, maior disponibilidade de recursos para empreendimentos verdes e melhor gerenciamento dos riscos climáticos[24].

No mesmo ano, a 26ª Conferência das Nações Unidas sobre Mudanças Climáticas, a COP26, foi responsável por fomentar o debate acerca da sustentabilidade efetiva. Conforme exposto pelo governo brasileiro, o setor tem investido na implementação de tecnologias que garantam menor impacto ambiental na agropecuária e agricultura. Dentre essas, encontram-se as florestas plantadas, o plantio direto, a recuperação de pastagens e a Fixação Biológica de Nitrogênio (FBN) no solo. Até o ano de 2020, 52 milhões de hectares receberam essas tecnologias, reduzindo 170 milhões de toneladas de $CO2$ lançados na atmosfera. No último ano, na COP27, foram novamente reforçados os compromissos brasileiros com a produção sustentável.

Desta forma, e em sequência a todo o desenho traçado até o momento, fazemos a integração da percepção das CAIs e da sustentabilidade. As CAIs, vale acrescer, são capazes de efetuar excelente trabalho, tornando a produção agrícola um instrumento para a preservação ambiental. São diversos os movimentos efetuados pelos agentes públicos brasileiros, nos últimos anos, entre eles:

1. *Pagamentos por Serviços Ambientais (PSA)*: instrumento criado pela Lei n. 14.119/2021, atua como um incentivador à conservação ambiental e desenvolvimento sustentável através do benefício financeiro. Os serviços ambientais, neste momento, podem ser compreendidos como toda atividade que auxilia na

---

24 AYRES, Marcela. *Banco Central divulga relatório de sustentabilidade e agenda verde*. 2021. Disponível em: https://www.cnnbrasil.com.br/economia/banco-central-divulga-relatorio-de-sustentabilidade-e-agenda-verde/. Acesso em: 26 mar. 2023

manutenção, recuperação ou melhoria dos benefícios ofertados pela natureza. Trata-se de uma transação de natureza voluntária, em que um pagador de serviços ambientais transfere a um provedor desses serviços recursos financeiros ou outra forma de remuneração, nas condições acertadas, respeitadas as disposições legais e regulamentares pertinentes. Sua vigência, além de estimular a adoção de certas práticas que reduzem a poluição, também premia aquele que não só recupera, mas traz adicionalidade positiva de preservação ambiental, fazendo com que exista a possibilidade de alternativas que permitam a consecução de objetivos econômicos de forma menos prejudicial ao ecossistema em que inseridos.

2. ***Cédula de Produto Rural (CPR) Verde:*** Regulamentada pelo Decreto n. 10.828/2021, é continuação dos desenhos esboçados pela Lei n. 13.986/2020. Aqui, observamos que título há muito transacionado no Brasil, criado em 1994 com a Lei n. 8.929, passa a assumir um novo capítulo, agora se adequando a parâmetros de sustentabilidade. Brevemente, apresentamos a Cédula de Produto Rural (CPR) como título representativo de uma promessa de entrega futura de produto agropecuário ou seu valor em dinheiro. A cédula é comum às atividades agrícola, pecuária, de piscicultura e silvicultura, de forma à sua emissão acontecer, comumente, em relação a produtos de maior liquidez no mercado, capazes de oferecer mais alternativas de operações financeiras.

A "CPR Verde", para além dos produtos tradicionalmente agropecuários, pode ter como objeto a entrega de produtos oriundos de atividades de reflorestamento, manutenção de florestas nativas e manejo florestal, ou sua liquidação financeira, possibilitando, por exemplo, a promessa de entrega de carbono ou de biodiversidade, fomentando sua comercialização e financiamento. É um dos mais importantes e mais utilizados títulos no setor, sendo a principal fonte de financiamento privado que rodeia a produção. Assim, por meio dessa nova fronteira do título, passa a se atribuir valor financeiro à preservação ambiental.

3. **Plano ABC+:** apoiado no já existente Plano ABC (Agricultura de Baixo Carbono) – política pública que comporta um conjunto de ações com o intuito de reduzir e mitigar a emissão de gases agravantes de efeito estufa oriundas do setor agropecuário e combater o aquecimento global, o Plano ABC+ foi desenvolvido objetivando a redução de emissão de carbono equivalente a 1,1 bilhão de toneladas no setor agropecuário até 2030 – valor sete vezes superior ao definido pelo plano na primeira etapa.

Este novo capítulo, aplicável de 2021 a 2030, tem oito ações previstas, mais robustas e baseadas em: (i) recuperação de pastagens degradadas em 30 milhões de hectares e potencial para a mitigação de emissão de 113,70 milhões de toneladas de equivalente de gás carbônico; (ii) plantio direto em 12,5 milhões de hectares e potencial de redução de 12,99 milhões de toneladas de CO2; (iii) Sistemas de Integração Lavoura-Pecuária-Floresta e Sistemas Agroflorestais em 10,10 milhões de hectares e redução de 72,01 milhões de CO2; (iv) florestas plantadas em 4 milhões de hectares com potencial de mitigação de 510 milhões de toneladas de CO2 equivalente; além de, (v) sistemas irrigados; (vi) bioinsumos; (vii) tratamento de dejetos animais; e (viii) abates em terminação intensiva.

4. **Cotas de Reserva Ambiental:** instituídas pelo art. 44 da Lei n. 12.561/2012 e, posteriormente, regulamentadas pelo Decreto n. 9.640/2018, as Cotas de Reserva Ambiental (CRAs) são títulos representativos de área com vegetação nativa existente ou em processo de recuperação, em propriedade (i) sob o regime de servidão ambiental, (ii) correspondente à área de Reserva Legal instituída voluntariamente sobre a vegetação que exceder os percentuais legais, (iii) protegida na forma de Reserva Particular do Patrimônio Natural (RPPN) ou (iv) existente em propriedade ru-

ral localizada no interior de Unidade de Conservação de domínio público que ainda não tenha sido desapropriada.

De emissão do Serviço Florestal Brasileiro (SFB) – órgão integrante do Ministério do Meio Ambiente –, cada CRA equivale a um hectare de área com vegetação nativa primária ou com vegetação secundária em qualquer estágio de regeneração ou recomposição ou de área de recomposição com reflorestamento com espécies nativas. Esses títulos podem, assim, ser criados por produtores rurais e transacionadas com aqueles que disponham de área de reserva abaixo do mínimo legal exigido.

5. *Programa Floresta +:* o Programa Floresta + é uma iniciativa proposta pelo Ministério do Meio Ambiente, que visa criar, fomentar e consolidar o mercado de serviços ambientais, incentivando as atividades ambientais realizadas e sua retribuição, monetária e não monetária, em todos os biomas brasileiros. O Floresta + é destinado, portanto, a pessoas, empresas ou grupo familiar que, de alguma maneira, executem atividades ambientais em áreas com cobertura de vegetação nativa ou sujeitas à recuperação.

6. *Integração Lavoura Pecuária Floresta (iLPF):* a Integração Lavoura-Pecuária-Floresta (iLPF) é estratégia de produção que utiliza diferentes sistemas produtivos agrícolas, pecuários e florestais dentro de uma mesma área. O cultivo pode ser feito em sucessão, rotação ou de forma consorciada, de maneira que todas as atividades gozem de benefício mútuo. Esta forma de sistema integrado busca otimizar o uso da terra, aumentando a produtividade da área, utilizando melhor os insumos, diversificando a produção e gerando mais renda e emprego. Isso, ainda, ocorre de maneira ambientalmente correta, com baixas (ou nenhuma) emissões de gases de efeito estufa (GEE).

Em razão de sua variedade de culturas, o sistema iLPF pode ser adaptado para propriedades de todos os tamanhos, e em todos os biomas brasileiros. A definição sobre os sistemas e culturas adotados dependerá de condições específicas da região, como clima, logística e mercado.

7. **Plano de Investimento para Agricultura Sustentável:** lançado em 2020 pelo Ministério da Agricultura, Pecuária e Abastecimento (Mapa) e a Climate Bonds Initiative (CBI), foi desenvolvido para fornecer maior entendimento e visibilidade sobre o cenário de oportunidades de investimento verde no agronegócio brasileiro. A CBI se posiciona como principal autoridade mundial no tema e a única certificadora global de títulos verdes.

É base a se considerar, quando da elaboração de referido plano: a introdução de novas tecnologias, políticas dedicadas, investimento público e assistência técnica contribuíram para a competitividade do Brasil, de forma a que o constante desenvolvimento e aplicação de novas tecnologias, capitaneados principalmente pela Empresa Brasileira de Pesquisa Agropecuária (Embrapa), permitiram o uso eficiente e sustentável de vastos recursos naturais pelo setor de agronegócios, colocando o país em uma posição de liderança em produtividade e qualidade em diferentes segmentos, apesar dos muitos desafios que ainda enfrenta.

O plano nasceu a partir da assinatura de um protocolo entre o Mapa e a CBI, os quais, em conjunto, objetivavam alcançar o protagonismo desta nova tendência. Daí acresceu a importância de fortalecer o mercado de finanças verdes no Brasil, que é uma potência agroambiental e comprometida com a sustentabilidade.

Frente ao exposto e diante das visões voltadas para a temática ESG, empresas continuam se adaptando para manter *compliance* sustentável. A tudo isso, acrescemos a existência de arcabouço jurídico multifacetário, capaz de tracejar os ditames protetivos às nossas fauna e flora. Como se observa, dos programas acima apresentados, além de condutas repressivas e punitivas àqueles que violam as regras legais, temos visto surgir, nos últimos anos, diversas medidas que visam premiar bons comportamentos e nos parece que essas têm surtido bom resultado.

4. Aplicação e critérios mínimos ESG no agronegócio

De acordo com os dados do ESG Radar 2023[25], investimentos em ESG nas organizações devem chegar a US$ 53 trilhões até o ano de 2025, representando um terço dos ativos globais sob gestão. O centro destes investimentos está em ações ambientais comparadas às sociais e de governança, espelhado pelo retorno ágil que oferecem à organização. Cerca de 73% dos recursos estão associados às ações de reutilização da água e às ações de redução da pegada de carbono.

Há aqui, porém, que se ressaltar a existência de uma barreira que impacta diretamente as questões ambientais: a *taxonomia*. Atualmente, não há notícias de órgão regulador global ou regional que disponha de bem acertado arcabouço de critérios e condutas mínimas do que deve ser considerado como "verde". E esse posicionamento tem sido, cada vez mais, demandado por consumidores e organizações, de modo que já se observa um posicionamento para a temática.

No campo do agronegócio, o Ministério da Agricultura e Pecuária (Mapa) disponibilizou, em fevereiro de 2023, certificado para 27 empresas e cooperativas agropecuárias que se compreendiam aos aspectos do Selo Mais Integridade, o qual reconhece as organizações com boas práticas em gestão ESG. Essa ação representa um aumento motivacional da equipe interna e cadeia produtiva, melhor classificação de risco em operações de crédito, além de impulsionar as relações comerciais com parceiros internacionais.

De acordo com o Mapa, na categoria *"Integridade e Ética"*, a empresa UPL do Brasil Indústria e Comércio de Insumos

---

25 NYSE, INFI. *ESG Radar 2023*. Disponível em: https://www.infosys.com/about/esg/insights/esg-radar-report.html.

Agropecuário foi premiada pelo projeto "Game 'Compliance em Ação + Programa de Embaixadores'". Este projeto[26] compreendia um treinamento realizado por meio de um jogo de tabuleiro desenvolvido direcionado ao programa, com perguntas e respostas que abordavam situação rotineiras que poderiam apresentar um risco de não conformidade para a UPL. Devido ao alto grau de engajamento dos colaboradores, o treinamento impactou 100% da área comercial, linha de frente da empresa e responsável por carregar os valores éticos da UPL em todo o Brasil nas relações com clientes, parceiros de negócio e órgãos governamentais.

Na categoria "Responsabilidade Social", a Baldoni Produtos Naturais Comércio e Indústria se destacou com o programa "Projeto Anjos do Sertão"[27]. Baseado em dois pilares fundamentais: preservar o meio ambiente e gerar emprego e renda, é um importante trabalho para a preservação da produção local. Desenvolvido na Fazenda Santa Fé do Piauí, dentre suas produções, destacam-se: mel 100% orgânico, produzido na Caatinga, e cajuína de alta qualidade, produzida em Canto do Buriti e no sul do Estado.

Já, em "Sustentabilidade Ambiental", contemplaram-se as empresas:

(i) Adecoagro Vale do Ivinhema S.A., pelo "projeto Biogás – Redução e eliminação do uso de combustíveis fósseis"[28]. Com o projeto, a usina localizada em Ivinhema/MS produz 4,2 milhões de m³ de biogás, que são transformados em energia térmica e utilizados na geração de energia elétrica. Após o processo de purificação do biogás, gera 2,3 milhões de metros cúbicos de biometano, o qual passa a ser utilizado na substitui-

---

26 Mais informações em: https://www.upl-ltd.com/br/detalhes-do-blog/programa-de-embaixadores-de-compliance-premia-upl-na-categoria-integridade-e-etica-do-mapa.

27 Mais informações em: http://www.semar.pi.gov.br/wagtail/home_page/noticias/secret%C3%A1rio-da-semar-pi-visita-projeto-anjos-do-sert%-C3%A3o-que-promove-a%C3%A7%C3%B5es-de-preserva%C3%A7%-C3%A3o-ambiental-e-gera%C3%A7%C3%A3o-de-emprego-e-renda/.

28 Mais informações em: http://www.ms.gov.br/usina-em-ivinhema-recebe-selo-mais-integridade-do-mapa-por-projeto-de-biogas-incentivado-pelo--governo-de-ms/.

ção do óleo diesel dos veículos da indústria. De acordo com a empresa, o potencial anual de emissões evitadas é de 100 mil toneladas de CO2eq (Equivalência em dióxido de carbono) e de 57 mil toneladas de Metano (CH4); e

(ii) Iharabras S/A Indústrias Químicas, pelo programa "Cultivida"[29]. Criado em 2012, o programa leva treinamento aos agricultores relacionados ao uso correto e seguro dos defensivos e EPIs, tecnologia de aplicação, destinação final de embalagens, e outros. Durante os cinco primeiros anos, 5.366 profissionais da agricultura foram beneficiados com o treinamentos e cerca de 2 mil agentes de saúde do Sistema Único de Saúde (SUS) foram capacitados, em parceria com a Universidade Estadual de Campinas (Unicamp), para identificação de eventuais casos de intoxicação por defensivos agrícolas em geral, bem como a avaliação das condições de saúde da população rural envolvida com atividades agrícolas. Desde 2017, o programa oferece gratuitamente EPIs e leva informações sobre as boas práticas agrícolas.

Também foram entregues menção honrosa à Associação Brasileira de Proteína Animal (ABPA) e à Associação Brasileira das Indústrias de Tecnologia em Nutrição Vegetal (Abisolo), que representam as organizações mais premiadas. Pela primeira vez, o Selo Mais Integridade foi entregue às cooperativas do setor do agronegócio, o que espelha o avanço e comprometimento do setor com questões sustentáveis.

Cabe-nos, também, expor o Projeto de Lei n. 4.734/2020[30], que objetiva o Selo Agro Verde, certificação concedida aos produtos originários de propriedade que preservem o meio ambiente. Segundo o autor do Projeto, os mercados domésticos e internacionais têm exigido de seus fornecedores a comprovação do cumprimento de normais sociais e ambientais, principalmente aquelas voltadas a evitar o desmatamento ile-

---

29 Mais informações em: https://ihara.com.br/programa-cultivida-da-ihara--completa-uma-decada-com-aporte-historico-de-r-15-milhoes/.

30 BRASIL. Projeto de Lei n. 4.734, de 2020. Altera a Lei n. 8.171, de 17 de janeiro de 1991, que dispõe sobre a política agrícola, para criar o Selo Agro Verde; e aprimora o controle de origem e regularidade ambiental da produção agropecuária.

gal. A criação do Selo Agro Verde, permitirá que os consumidores identifiquem os produtos provenientes de propriedade que respeitam as normas ambientais[31].

O parlamentar apresenta duas experiências no Brasil que seguem a demanda. A primeira, denominada Moratória da Soja, é um compromisso firmado pela Associação Brasileira da indústria de Óleos Vegetais (Abiove) e pela Associação Brasileira dos Exportadores de Cereais (Anec) de não comercializarem soja oriunda de áreas desflorestadas dentro do Bioma Amazônia após 24 de julho de 2006. Outro destaque foi a Moratória da Carne, compromisso firmado pelos principais frigoríficos do País por meio da assinatura de Termos de Ajustamento de Conduta (TAC), com o Ministério Público Federal, em 2010, em que se comprometeram a não adquirir animais provenientes de áreas desmatadas ilegalmente e de pecuaristas que não estivessem de acordo com a legislação ambiental[32].

O projeto dispõe que o Selo Verde será concedido aos produtores que possuírem regularidade fundiária, atestada pelo Instituto Nacional de Colonização e Reforma Agrária (Incra); e regularidade ambiental, por meio da utilização de dados do Cadastro Ambiental Rural (CAR) e de certidão negativa emitida pelos sistemas de controle de autuações ambientais e de embargos dos órgãos integrantes do Sistema Nacional do Meio Ambiente (Sisnama)[33].

Ainda, permeando a legislação brasileira, há de reconhecer seu avanço, integridade e referência mundial quanto às Leis Ambientais. O capítulo VI da Constituição Federal brasileira de 1988 dispõe sobre o Meio Ambiente, definindo a importância de assegurar a todos o direito ao meio ambiente ecologicamente equilibrado através da preservação e recuperação ambiental.

---

31 Câmera dos Deputados – Redação. *Projeto cria selo verde para produtos com boa procedência ambiental:* proposta quer desestimular o desmatamento ilegal. 2021. Disponível em: https://www.camara.leg.br/noticias/722911-projeto-cria-selo-verde-para-produtos-com-boa-procedencia-ambiental. Acesso em: 26 mar. 2023.

32 Idem.

33 Idem.

No entanto, apesar de bem elaborada, a legislação ambiental brasileira esbarra em lombadas para a sua aplicação. A sobreposição dos interesses, questões econômicas[34], conflito de interesses entre iniciativas privadas e públicas[35] e questões culturais históricas[36], podem ser identificados como os principais vetores responsáveis por essa problemática. Frente ao exposto, entendemos ser necessário o desenvolvimento de estudos relacionados ao direito ambiental e sua execução, para que assim, possamos estar à frente da nossa própria narrativa quanto ao agronegócio e sua eficiência.

O agronegócio brasileiro, há muito, é observado sob uma ótica equivocada. Atualmente permeamos um setor cada vez mais tecnológico e alinhado a pautas ESG. A busca pela inserção de sustentabilidade dentro do contexto do agronegócio vai além do aspecto ideológico e conceitual, estando inserido, inclusive, em termos econômicos e de financiamento, refletindo diretamente na produtividade e comercialização dos produtos. Sendo um assunto demandado incisivamente pelo mercado mundial, é essencial a contínua busca por maior alinhamento da produção agropecuária com estes parâmetros, tornando, também, todo o processo das cadeias agroindustriais mais limpo, sustentável e, consequentemente, mais atrativo.

5. Referências bibliográficas

AM, Jordan Bar; DOSHI, Vinit; NOBLE, Steve; MALIK, Anandi. *Os consumidores se preocupam com a sustentabilidade:* e a respaldam com o bolso. 2023. Disponível em: https://www. mckinsey.com/featured-insights/destaques/os-consumidores-se-preocupam-com-a-sustentabilidade-e-a-respaldam-com-o-bolso/pt. Acesso em: 26 mar. 2023.

---

34 Marion C. (2003). *A questão ambiental e suas problemáticas atuais:* uma visão sistêmica da crise ambiental. Anais do 2º Congresso Internacional de Direito e Contemporaneidade: mídias e direitos da sociedade em rede, Santa Maria, 657-669.

35 Maia, Raquel. *Paradoxos da legislação ambiental:* uma análise de conflitos socioambientais em torno das monoculturas de eucalipto na Comunidade Cana Brava – Norte de Minas Gerais.

36 NOVAIS, Vânia. *Desafios para uma efetiva gestão ambiental no Brasil.*

AMARAL, Paulo Osternack. Lei das Estatais: espectro de incidência e regras de governança. In: JUSTEN FILHO, Marçal. (Org.). *Estatuto jurídico das empresas estatais.* São Paulo: Revista dos Tribunais, 2016, p. 65.

AYRES, Marcela. *Banco Central divulga relatório de sustentabilidade e agenda verde.* 2021. Disponível em: https://www.cnnbrasil.com.br/economia/banco-central-divulga-relatorio-de--sustentabilidade-e-agenda-verde/. Acesso em: 26 mar. 2023.

BARBIERI, José Carlos; CAJAZEIRA, Jorge Emanuel Reis. Responsabilidade social empresarial e empresa sustentável: da teoria à prática. 3. ed., 2016.

BRASIL. *Constituição da República Federativa do Brasil de 1988.* Brasília, DF: Presidência da República, 2023.

_____. *Projeto de Lei n. 4.734, de 2020.* Altera a Lei n. 8.171, de 17 de janeiro de 1991, que dispõe sobre a política agrícola, para criar o Selo Agro Verde; e aprimora o controle de origem e regularidade ambiental da produção agropecuária.

BURANELLO, Renato. *Cédula de produto rural:* mercados agrícolas e financiamento da produção. Londrina, PR: Thoth, 2020.

_____. *Manual de direito do agronegócio.* São Paulo: SaraivaJur, 2. ed. 2018.

CÂMARA DOS DEPUTADOS – Redação. *Projeto cria selo verde para produtos com boa procedência ambiental:* proposta quer desestimular o desmatamento ilegal. 2021. Disponível em: https://www.camara.leg.br/noticias/722911-projeto--cria-selo-verde-para-produtos-com-boa-procedencia-ambiental. Acesso em: 26 mar. 2023.

COMISSÃO MUNDIAL SOBRE MEIO AMBIENTE E DESENVOLVIMENTO. *Nosso futuro comum.* Rio de Janeiro: Ed. da Fundação Getulio Vargas, 1991.

COOK, R. *et al. The encyclopedia of positive psychology.* Hoboken, NJ: John Wiley & Sons, 2011. p. 75-76.

ELKINGTON, John. *Cannibals with forks:* The Triple Bottom Line of 21st Century Business. Oxford: Capstone Publishing, 1997.

EMBRAPA. *Espaço temático:* integração lavoura-pecuária-floresta. Disponível em: https://www.embrapa.br/tema-integracao-lavoura-pecuaria-floresta-ilpf/nota-tecnica. Acesso em 27 mar. 2023

FARINA, Elizabet M. M. Q.; DE AZEVEDO, Paulo Furquim; SAES, Maria Sylvia Macchione. *Competitividade:* mercado, estado e organizações. São Paulo: Singular, 1997.

GOVERNO FEDERAL. Programa Floresta+ tem novo eixo voltado para bioeconomia. Serviços e Informações do Brasil, 2021. Disponível em: https://www.gov.br/pt-br/noticias/meio-ambiente-e-clima/2021/09/programa-floresta-tem-novo-eixo-voltado-para-bioeconomia. Acesso em 27 mar. 2023.

ÍNDICE DE SUSTENTABILIDADE EMPRESARIAL (ISE B3). Disponível em: https://www.b3.com.br/pt_br/market-data-e-indices/indices/indices-de-sustentabilidade/.

INSTITUTO DE PESQUISA AMBIENTAL DA AMAZÔNIA (IPAM). Cartilhas: O que é e como funciona o mercado de carbono? Disponível em: < https://ipam.org.br/cartilhas-ipam/o-que-e-e- como-funciona-o-mercado-de-carbono/ >. Acesso em 27 mar. 2023.

JODAS, Natália. *Pagamento por serviços ambientais:* diretrizes de sustentabilidade para os projetos de PSA no Brasil. Rio de Janeiro: Lumen Juris, 2021.

MAIA, Raquel. *Paradoxos da legislação ambiental:* uma análise de conflitos socioambientais em torno das monoculturas de eucalipto na Comunidade Cana Brava – Norte de Minas Gerais. Programas de Pós-graduação da Capes.

MARION C. (2003). *A questão ambiental e suas problemáticas atuais:* uma visão sistêmica da crise ambiental. Anais do 2º Congresso Internacional de Direito e Contemporaneidade: mídias e direitos da sociedade em rede, Santa Maria.

MAZON, Cassiano; ISSA, Rafael Hamze. Adoção e Implementação das Práticas ESG (Environmental, Social and Governance) pelas Empresas Estatais. *Cadernos da Escola Paulista de Contas Públicas*, São Paulo, v. 1, p. 35-52, 1 Sem. 2022.

NASCIMENTO, Juliana Oliveira (Coord.). *ESG o cisne verde e o capitalismo de stakeholder:* a tríade regenerativa do futuro global. São Paulo: Thomson Reuters, 2021.

NEVES, Marcos Fava; ZYLBERSTAJN, Decio; NEVES, Evaristo Marzabal. *Agronegócio do Brasil.* São Paulo: Saraiva, 2005.

NOVAIS, Vânia. *Desafios para uma efetiva gestão ambiental no Brasil.*

NUNES, E. P.; CONTINI, E. *Complexo agroindustrial brasileiro.* Brasília – DF: 2001.

NUSDEO, Ana Maria de Oliveira; TRENNEPOHL, Terence (Coord.). *Temas de direito ambiental econômico.* São Paulo: Thomson Reuters, 2019. 314 p.

OLIVEIRA, José Antônio Puppim de. *Empresas na sociedade:* sustentabilidade e responsabilidade social. 2. ed. Rio de Janeiro: Elsevier, 2013.

PACTO GLOBAL REDE BRASIL. *A iniciativa.* Disponível em: https://www.pactoglobal.org.br/a-iniciativa. Acesso em: 17 mar. 2023.

_____. Disponível em: https://www.pactoglobal.org.br/pg/esg. Acesso em mar. 2023.

PAULILLO, Luiz Fernando. *Sobre o desenvolvimento da agricultura brasileira:* concepções clássicas e recentes, op. cit.

SAAD-DINIZ, Eduardo; DUARTE, Gabrielli (org.). *ESG e justiça climática.* São Paulo: Tirant Lo Blanch, 2022. 270 p.

SUSTAINABLE CARBON. *O que é e como são gerados os créditos de carbono?* Disponível em: < https://www.sustainable-carbon.com/como-sao-gerados/ >. Acesso em 27 mar. 2023.

TRENNEPOHL, Terence; TRENNEPOHL, Natascha (Coord.). *Compliance:* no direito ambiental. São Paulo: Thomson Reuters, 2020. 2 v.

UNITED NATIONS DEVELOPMENT PROGRAMME. *The SDGs in action.* Disponível em: https://www.undp.org/. Acesso em: 26 mar. 2023.

ZYLBERSTAJN, Decio. *Caminhos da agricultura brasileira.* São Paulo: Atlas, 2011.

_____; NEVES, Marcos Fava (Org.). Economia & gestão dos negócios agroalimentares. São Paulo: Pioneira, 2005.

ESG E O AGRONEGÓCIO: UMA RELAÇÃO QUE ESTÁ POSTA

Tatiana Monteiro Costa e Silva[1]
Marcel Alexandre Lopes[2]

1. Introdução

Definições sobre o termo ESG, bem como sobre sua importância no mundo moderno sobejam nas discussões sobre "futuro", "negócios", "mercado", "oportunidades" e até mesmo "educação".

Heriton Almeida, Marisa Rossignoli e Daniel Silveira[3] destacam que, em 2021, somente pela ferramenta Google Trends, o interesse pelo assunto no Brasil se apresentava consistentemente crescente – constantemente próximo dos cem pontos, ou seja, o nível máximo –, o que é atribuído a preocupação dos *millenials*, ou geração "Y" – pessoas nascidas entre a década de 1980 até o final dos anos 2000 – com as questões ambientais, sociais e de governança corporativa.

---

1   Doutora em Direito pela PUC-SP. Mestre em Direito Ambiental pela UEA-AM. Professora universitária. Advogada. Consultora ambiental.

2   Mestre em Política Social pela UFMT-MT. professor Universitário. Advogado.

3   ALMEIDA, Heriton Cesar Goveia de; ROSSIGNOLI, Marisa; SILVEIRA, Daniel Barile da. O ESG – *Environmental, Social and Governance* e as teorias econômicas de Adam Smith. *IV Encontro Virtual do Conpedi:* Transformações na ordem social e econômica e regulação. Florianópolis, 2021, pp. 111-127.

Mas é possível afirmar que todo esse interesse serve de indicativo da incorporação definitiva do tema sustentabilidade, e do ESG, nas discussões de nosso cotidiano em sociedade, em especial no agronegócio?

O questionamento ganha relevância quando também se percebe, nos diversos meios de comunicação, nacionais e internacionais, recorrentes notícias sobre a constante quebra de recordes de desmatamento, em especial na Amazônia brasileira; queimadas de grande proporção, a exemplo daquelas que ocorreram no Pantanal mato-grossense no ano de 2021; rompimentos de barragens com rejeitos de mineração; degradação ambiental e social causada pela prática do garimpo ilegal em áreas indígenas; identificação de trabalhadores mantidos em condições análogas a escravos, como aquela constatada em áreas de cultivo de uva na região Sul do país; além de recorrentes escândalos de corrupção de agentes públicos e políticos por empresas e empreendedores interessados na obtenção de vantagens diversas.

Esses conflitos mostram, sem nenhuma cerimônia, que a preocupação ambiental, social e de governança, em que pese já integrarem discursos em nossa sociedade, ainda não é um tema com que todos estejam 100% comprometidos.

Assim, a intenção do presente artigo é investigar as implicações desse paradoxo numa das mais importantes atividades da economia brasileira na atualidade: o agronegócio, pois falar e agir pensando em sustentabilidade não é apenas adequado, é necessário.

Preocupações desse matiz, dia após dia, precisam deixar o contexto simplesmente retórico para serem incorporadas as operações de empresas e negócios, mesmo que pela pressão da competitividade, ou então do mercado consumidor, além do fomento pelo Estado.

O método a ser utilizado é o dedutivo, histórico comparativo, baseado em pesquisa, análise e revisão bibliográfica, propondo a análise crítica do ESG e da sua importância para o agronegócio. O texto segue dividido nos seguintes tópicos: ESG: origem e desenvolvimento do conceito; o agronegócio e sua interface com o ESG; e, por fim, a inserção do agronegócio no contexto do moderno capitalismo de stakeholder.

2. ESG: origem e desenvolvimento do conceito

A sigla ESG (ASG em português) resume a expressão inglesa *environmental, social and governance* (ambiental, social e governança), cunhada com o objetivo de identificar um padrão mundialmente reconhecido e valorizado por investidores, consumidores, empregados e prestadores de serviços de empresas e corporações, como um sinal de reputação, em resposta pública aos anseios da sociedade consumidora[4].

Souza e Mezzaroba explicam que as letras da sigla ESG traduzem, portanto, ideais que podem ser assim exemplificados:

"E (*environmental* significa ambiental), ou seja, práticas de governança ambiental, [...]. A proteção ao meio ambiente e o uso responsável dos recursos da natureza seriam a base dessa sigla. Por outras palavras, enfatiza-se a necessidade de verificar se a quantidade de terra e água são necessárias para sustentar as gerações atuais em face dos recursos materiais e energéticos utilizados [...]. Assim, o conceito de sustentabilidade surge para demonstrar o estilo de vida das pessoas e consumo de produtos e serviços. Dentro dessa concepção é que são tratados os temas de repercussão na área ambiental como: aquecimento global, emissão de carbono, poluição, biodiversidade, desmatamento, eficiência energética, gestão de resíduos e escassez de água.

S (*social*) examina a relação entre uma empresa e as pessoas que fazem parte do seu universo, ou seja, a proposta é promover uma melhoria na vida das pessoas, um cuidado com os seus empregados e a criação de oportunidades, visando consagrar e congregar a diversidade, a equidade e a inclusão, por meio do engajamento dos empregados e do relacionamento com a sociedade e a comunidade, por meio do respeito aos direitos humanos e às leis trabalhistas.

G (*governance* significa governança) está relacionado com medidas de administração de uma empresa. Assim, cuida de apreciar a existência de uma contribuição econômica positiva, seja no âmbito das práticas, seja na esfera da realização de negócios considerados éticos e justos, diante das operações realizadas e

---

4   FRIZZO, Patricia. GARCIA, Denise S. S. A sustentabilidade no desenvolvimento da atividade econômica e a prática da governança corporativa. *II Encontro Virtual do Conpedi:* Direito ambiental e Socioambientalismo I. Florianópolis, 2020, pp. 75-91.

da cadeia de suprimentos. Para tanto, as empresas devem possuir em sua estrutura composição de conselhos e comitê de auditoria que revelem transparência e conduta corporativa, em especial quanto à remuneração dos executivos e às relações destes e da empresa com as entidades do governo e políticos, estabelecendo, inclusive, canais de denúncias, visando coibir práticas que violem regras sociais, ambientais e de governança, tudo a fim de promover um panorama de confiança capaz de proteger o capital dos investimentos"[5].

O sentido é a promoção de uma percepção pública positiva acerca de empresas que adotam o padrão ESG, permitindo a ampliação de negócios a partir da confiança dos consumidores, que concordam e aceitam que produtos e serviços oferecidos a partir desse "selo" gozam de confiabilidade quanto às práticas desenvolvidas.

É, sem sombra de dúvida, um discurso de convencimento das corporações sobre suas ações e respostas às questões que permeiam os campos da cultura, do meio ambiente e também das relações sociais.

Diferentes autores estabelecem diferentes origem para o termo ESG.

Para alguns, como Júlia Souza e Alessandra Lignani, ele surge após a publicação do relatório *Who Cares Wins* (The Global Compact, *Who Cares Wins* – Quem se importa, vence), pela ONU e o Banco Mundial[6].

Outros, como Maria da Graça e Dafne Oliveira, vão mais longe e explicam o longo caminho trilhado até a iniciativa do "Quem se importa, vence", para tanto partem da década de 1930, dos estudos de Adolph Berle e Merrick Dodd, expoentes das escolas de direito de Columbia e Harvard, respectivamente, que estabeleceram a necessidade de as firmas considera-

---

5   SOUZA, José Fernando Vidal de; MAZZAROBA, Orides. Know not to be delusioned: (Re) reading the ESG fundamentals. *Conpedi Law Review*. XI Encontro Internacional do Conpedi Chile. Santiago, 2022, pp. 249-273.
6   LUIZ, Júlia Souza; ALBUQUERQUE, Alessandra Lignani de Miranda Starling e. Os riscos do falso discurso da sustentabilidade no contexto empresarial. *V Encontro Virtual do Conpedi:* Direito e Sustentabilidade I. Florianópolis, 2022, pp. 101-116.

rem a responsabilidade corporativa em suas ações perante a comunidade[7].

As referidas autoras destacam vários eventos ao longo de décadas – desde 1970 até 2000 – para explicar esse trajeto[8].

O relatório "Quem se importa, vence" foi construído com a participação de 18 instituições financeiras de 9 países, dentre elas o Banco do Brasil, que juntas somam mais de 6 trilhões de dólares em ativos totais sob gestão, de modo a estabelecer indicadores para o melhor exercício de suas atividades sob os aspectos ambientais, sociais e governança (ESG)[9].

Ele também previu o debate pelas instituições acadêmicas, escolas de negócios e de pesquisa de organizações, para difundir a ideia de ESG como modelo de aprendizagem organizacional, bem como levar empresas a assumirem seus papéis de liderança na implementação de princípios ambientais, sociais e de governança corporativa e política[10].

O discurso se revelou empolgante, ao ponto de Vianna Pereira destacar o seguinte:

---

7   CARLOS, Maria da Graça de Oliveira; MORAIS, Dafne Oliveira Carlos de. *Responsabilidade social empresarial no setor bancário:* análise a partir dos fatores ESG. São Paulo: Anais do XIX Engema, 2017.

8   Eventos nas décadas de 1970 (a criação do fundo Pax World Fund [Pax World], por reverendos da igreja Metodista Unida, reconhecido posteriormente como o primeiro fundo mútuo socialmente responsável dos Estados Unidos, e o código de conduta denominado "Princípios Sullivan", que estabeleceu a responsabilidade social corporativa e serviu para pressionar gigantes, como a GM e outras indústrias automotivas, a se retirarem voluntariamente dos negócios na África do Sul, enquanto o sistema de *apartheid* estivesse em vigor); 1980 (o Fórum de Investimentos Sustentáveis, nos EUA, e a aprovação, pelo Congresso americano, da *Comprehensive Anti-Apartheid Act*, lei que proibiu novos investimentos na África do Sul, por empresas americanas, enquanto vigente o apartheid); 1990 (Conferência das Nações Unidas sobre Meio Ambiente e Desenvolvimento [Rio-92, Eco-92 ou Cúpula da Terra], que discutiram a ligação entre desenvolvimento econômico e proteção ambiental, e estimularam o anúncio do Pacto Global (Global Compact Initiative), no Fórum Econômico Mundial [Fórum de Davos]), e 2000 (incentivo pela ONU da integração das governanças ambiental, social e corporativa nos mercados de capitais, buscando a efetiva ligação entre as empresas, governo e sociedade civil, o que levou a produção do relatório "Quem se importa, vence"). (Idem.)

9   Idem.

10   Idem.

"[...] se, por um lado, o ESG se relaciona com o velho e tão conhecido princípio da sustentabilidade, por outro ele se destaca dele, por representar mais que um valor e um conceito, mais um conjunto de medidas concretas que precisam ser implantadas, precificadas e informadas aos clientes e ao mercado. Sim, o ESG já foi e, ao que parece, ainda irá muito além da sustentabilidade. E isso ocorre, em grande parte, por ser um movimento que surge no mercado e nos fóruns econômicos globais"[11].

De fato, é cada vez maior o número de empresas que publicamente informam adesão aos padrões ESG, descrevendo a incorporação do tema sustentabilidade em seu planejamento estratégico para, assim, divulgar relatório anual do desempenho alcançado, que é medido e comparado na sociedade, o que permite converter ganhos em aumento de capital e elevação de valor aos acionistas, bem como o acesso de novos mercados.

Augusto Cruz comenta como a sociedade (clientes, fornecedores e seguidores das corporações, por exemplo) acaba se apropriando dessas informações, pontuando que os dados servem como indicativos de que "[...] o planeta esteja em condições de uso e gozo para as próximas gerações"[12].

A questão da sustentabilidade é importante, pois os recursos naturais são escassos e cada vez mais comprometidos por eventos, como as mudanças climáticas, uma preocupação global, visto que alterações climáticas acarretam desastres ambientais e sempre trazem perdas de invariável repercussão financeira.

Portanto, ainda que o mundo corporativo continue atuando focado no seu crescimento a partir da lucratividade, com o advento do conceito ESG, ele também passa a olhar para o que a sociedade à sua frente pensa sobre suas práticas, bem como sobre a consciência de que os recursos naturais não são inesgotáveis.

---

11 PEREIRA, Luciana Vianna. ESG e o efeito "cascata" da SFDR sobre empresas localizadas fora da jurisdição da União Europeia. In: SION, Alexandre Oheb; FRANÇA, Lucyléa Gonçalves (Org.). *ESG:* Novas tendências do direito ambiental. Rio de Janeiro: Synergia, 2021, pp. 342-350.
12 CRUZ, Augusto. *Introdução ao ESG:* meio ambiente, social e governança corporativa. 2. ed. São Paulo: Scortecci, 2021, p. 34.

3. O agronegócio e sua interface com o ESG

Muito se tem dito sobre o agronegócio brasileiro ser a bola da vez, principalmente diante da resiliência demonstrada durante os eventos da pandemia do Covid-19, quando continuou expandindo suas vendas para o mundo, mediante a conquista de novos mercados, trazendo ótimas perspectivas para o desenvolvimento socioeconômico futuro do Brasil[13].

Isso reflete o próprio processo histórico de desenvolvimento do Brasil:

"O processo de industrialização proporcionou consideráveis ganhos de produção, principalmente nos setores voltados para o comércio agrícola mundial. Essa modernização da agricultura refletiu-se na expansão do trabalho assalariado no campo e no considerável aumento no uso de equipamentos, como tratores, máquinas e insumos agrícolas, reflexos do progresso técnico. Assim, a visão do processo agrícola como complexo agroindustrial, representado pela fusão das cadeias de produção com as cadeias agroindustriais, se integrou às empresas processadoras de alimentos e às exportadoras, utilizando-se de programas de financiamento para o seu desenvolvimento, trazendo uma nova dinâmica que se refletiu também no setor de serviços.

Assim, o atual modelo agrícola não é mais pensado como um modelo fechado, como uma corporação una existente no imenso território nacional, representada pela política vigente no início do século XX, mas desenvolvido, pela formação de grandes

---

13 "O agronegócio tem sido reconhecido como um vetor crucial do crescimento econômico brasileiro. Em 2020, a soma de bens e serviços gerados no agronegócio chegou a R$ 1,98 trilhão ou 27% do PIB brasileiro. Dentre os segmentos, a maior parcela é do ramo agrícola, que corresponde a 70% desse valor (R$ 1,38 trilhão), a pecuária corresponde a 30%, ou R$ 602,3 bilhões.
O valor bruto da produção (VBP) agropecuária alcançou R$ 1,10 trilhão em 2020, dos quais R$ 712,4 bilhões na produção agrícola e R$ 391,3 no segmento pecuário. As estimativas e projeções mais recentes apontam que o VBP, em 2021, deve alcançar R$ 1,20 trilhão em 2021, dos quais R$ 792,0 bilhões na produção agrícola e R$ 406,3 no segmento pecuário, um incremento de 8,6% frente a 2020". Panorama do agro, a CNA defende, trabalha e fala em seu nome e de todos os produtores rurais do Brasil. Disponível em: https://www.cnabrasil.org.br/cna/panorama-do-agro. Acesso em: 27 fev. 2023.

cadeias industriais, compostas por empresas fornecedoras de insumos, por produtores rurais, por indústrias processadoras, distribuidores, armazéns, certificadoras, operadores logísticos, visando atender o consumidor em suas novas e crescentes demandas, com a necessária participação de agentes públicos e participação do mercado financeiro"[14].

O modelo atual, portanto, envolve uma gigante cadeia que agrega à histórica figura do agricultor, ou produtor rural, diversos outros sujeitos, que vão desde instituições que fornecem crédito para a aquisição de máquinas, insumos e outros bens de consumo e serviço, até aqueles que, lá na gondola de lojas de supermercados, escolhem produtos prontos e acabados, resultado da industrialização de matérias-primas produzidas no campo.

Todo esse crescimento expõe e, cada vez mais, condiciona o agro às necessidades e às exigências do mercado (especialmente a variável ambiental, que considera desmatamentos, queimadas, extinção de espécies etc.), que, muitas vezes, transcendem às exigências regulatórias oficiais.

O exemplo vem de grandes empresas e corporações – não só internacionais –, que cada vez mais tem pautado seus negócios segundo as definições de conceitos ESG, integrando em suas atividades comerciais e produtivas premissas de preservação e conservação do macrobem ambiental que ultrapassam, muitas das vezes, exigências dispostas na legislação. Vejamos:

> "É possível afirmar que as novas tendências do comércio internacional vêm sendo apontadas como fatores responsáveis por impulsionar a adoção de melhores práticas ambientais pelas empresas, representando um grande passo rumo a uma efetiva cultura do benefício da sustentabilidade"[15].

---

14 BURANELLO, Renato. *Agronegócio:* conceito. jul. 2008. Disponível em: https://enciclopediajuridica.pucsp.br/verbete/208/edicao-1/agronegocio:--conceito. Acesso em 26 fev. 2023.

15 NOBRE, Renata Ribeiro de Souza. Análise sobre a relevância jurídico--estratégica dos programas de *compliance* perante a crescente demanda internacional por conformidade ambiental. In: BURMANN, Alexandre; ANTUNES, Paulo de Bessa (Org.). *Advocacia ambiental:* desafios e perspectivas. Londrina: Editora Thoth, 2021, p. 800.

A adesão a esse comportamento mais responsável ainda é voluntária, mas a principal razão para sua popularização é a pressão econômica internacional, contextualizada, por exemplo, pelo ocorrido no ano de 2020, em Davos, na Suíça, durante o Fórum Econômico Mundial, quando "sugeriu um sistema mundial de prestação de contas em torno das atividades econômicas que impactem o meio ambiente, que deverá ser reportado pelas organizações públicas e privadas que aderirem a medida"[16].

O tamanho das exigências, e o tamanho do agro no Brasil, sinalizam como o ESG se apresenta como elemento relevante, pois o agro brasileiro não tem olhos apenas para o mercado interno.

Daiane Kieszkowski ajuda a entender essas interações, e como se comporta o agronegócio frente a forte pressão ESG:

"A discussão acerca do agronegócio e a sua interação com o meio ambiente vem ganhando importância nos últimos anos. Em geral, a posição do setor é da busca por um equilíbrio entre a produção do agronegócio e a importância para a economia, a balança comercial e a preservação do meio ambiente. De um lado, o agronegócio ocupa atualmente um lugar central para as exportações brasileiras e, consequentemente, a economia do país, de outro existe a preocupação com a preservação ambiental, principalmente considerando que o Brasil é um país com grande biodiversidade e extensão de florestas. É nesse cenário que as discussões sobre incorporação de princípios ESG surgem no agronegócio"[17].

---

16 NOBRE, Renata Ribeiro de Souza. Análise sobre a relevância jurídico-estratégica dos programas de *compliance* perante a crescente demanda internacional por conformidade ambiental. In: BURMANN, Alexandre; ANTUNES, Paulo de Bessa (Org.). *Advocacia ambiental:* desafios e perspectivas. Londrina: Editora Thoth, 2021, p. 801.

17 KIESZKOWSKI, Daiane. *Os reflexos da agenda internacional de ESG sobre meio ambiente no agronegócio brasileiro:* um olhar sobre a Associação Brasileira do Agronegócio (ABAG) e a Confederação da Agricultura e Pecuária do Brasil (CNA). Jan. 2021. Dissertação (Mestrado em Análise e Gestão de Políticas Internacionais), Pontifícia Universidade Católica (PUC), Rio de Janeiro, 2021. Disponível em: https://www.maxwell.vrac.puc-rio.br/57170/57170. PDF. Acesso em: 26 fev. 2023.

Werner Grau Neto e Ana Carolina Cerqueira também contribuem para a compreensão de que a implementação da cultura ESG não se prende às limitações dos normativos legais:

"Assim, o espaço de atuação de sistemas ESG prende-se a um rol de medidas de caráter desvinculado da lei, ordenado, e de perfil claro – geração de externalidades positivas, vinculadas ao propósito empresarial – para a busca da obtenção da licença social empresarial"[18].

Com efeito, a submissão do agronegócio ao padrão ESG não é questão política ou de cunho pessoal deste ou daquele produtor ou empresário rural. Na visão dos autores do presente estudo, ela chega como uma imposição do mercado, a exemplo da recente divulgação de restrição à venda de determinados vinhos nacionais por uma rede de supermercados, após notícias sobre a constatação do uso de trabalho escravo durante a colheita nos campos de produção de uva[19].

A interrupção de vendas noticiada não é uma imposição da legislação, mas uma ação voluntária, adotada pela empresa varejista como forma de sinalizar claramente para seus clientes e parceiros, que não compactua com a prática contrária aos direitos trabalhistas e sociais.

O que não retira do Estado o dever de esforço para prover, nessas relações, mecanismos que estimulem investimentos de impacto positivo, como advertem Werner Grau Neto e Ana Carolina Cerqueira:

"A desvinculação do setor da imagem de causador do desmatamento e de prejuízos sociais a comunidades vulneráveis é possível e desejada, e depende também de iniciativas do Estado, tais como o PSA, o CRA, o RenovaBio, a institucionalização do mercado de carbono REDD+, e mecanismos outros ainda por

---

18 GRAU NETO, Werner; DUQUE, Ana Carolina Cerqueira. Agronegócio: sustentabilidade, instrumentos econômicos e políticas ESG. In: FARIAS, Talden; ATAÍDE, Pedro (Org.). *Direito ambiental econômico:* instrumentos econômicos de política ambiental. Andradina: Meraki, 2021, p. 402.
19 AULER, Marcelo. *Rede Zona Sul rejeita produtos da vinícola Aurora.* Disponível em: https://marceloauler.com.br/rede-zona-sul-rejeita-produtos-da--vinicola-aurora/. Acesso em: 2 mar. 2023.

implementar, calcados na legislação vigente (art. 9º, inciso XIII, da Lei n. 6.938/81; art. 6º, incisos X e XI, da Lei de Política Nacional sobre a Mudança do Clima), e sempre voltados à consecução de objetivos ambientais e sociais de integração empresarial pela geração de externalidades positivas em adição ao controle – tendo ao zero – das externalidades negativas"[20].

4. A inserção do agronegócio no contexto moderno do capitalismo de *stakeholder*

Pelo caminho trilhado até aqui mostramos como o pensamento ESG evoluiu ao longo de décadas até assumir, na atualidade, importância central e necessária nas relações de nossa sociedade sabidamente capitalista.

Mostramos, também, a relevância do agronegócio para o Brasil e para os brasileiros, numa cadência que se desdobra naquilo que consideramos o âmago central do presente estudo: estabelecer a importância do ESG para o agronegócio e, assim, desmistificar o discurso de que aquele empresário ou produtor rural que mais rapidamente compreende e coloca em prática os conceitos de ESG na sua cadeia produtiva terá vantagem frente aos demais.

Afirmamos desmistificar porque, na verdade, compreendemos que o empresário ou produtor rural que não se adequar aos conceitos ESG não terá com quem competir, muito menos como competir, pois estará a margem do mercado em todos os sentidos, vez que encontrará dificuldades para financiar suas atividades, reter mão de obra qualificada, comercializar sua produção etc.

O discurso atual das empresas não é outro se não de obediência à cartilha ESG, e, por mais que algumas delas tenham valor maior do que o PIB de alguns países, sempre estão em busca de investimentos e financiamentos para am-

---

20 GRAU NETO, Werner; DUQUE, Ana Carolina Cerqueira. Agronegócio: sustentabilidade, instrumentos econômicos e políticas ESG. In: FARIAS, Talden; ATAÍDE, Pedro (Org.). *Direito ambiental econômico*: instrumentos econômicos de política ambiental. Andradina: Meraki, 2021, p. 404.

pliação de novos mercados, com a inclusão de outros setores e classes de ativos[21].

Por força disso, possuem relacionamento extremamente ampliado com outros sujeitos, sejam eles seus consumidores, fornecedores ou apenas seguidores.

Juntos (empresas, consumidores, fornecedores e seguidores) formam o que se convencionou denominar *stakeholders*[22], ou seja, o conjunto de todos os envolvidos em um processo de uma empresa, corporação, agência ou organização de negócios, com ou sem fins lucrativos.

Enfim, *stakeholders* são todos que têm interação com empresas ou seus projetos.

E, nessas interações, surgem externalidades que implicam em responsabilidades, como explica Motta: "[...] as externalidades sempre surgem quando terceiros ganham sem pagar por seus benefícios marginais ou perdem sem serem compensados por suportarem o malefício adicional"[23].

Gabriel Wedy destaca a importância do estudo dessas externalidades em associação aos princípios ambientais vigentes, em especial os da precaução e do poluidor-pagador, que obrigam as empresas a adotarem mecanismos de internalização para assumirem responsabilidades que antes eram transferidas para a sociedade ou para o Estado[24].

A interpretação desses princípios força o olhar para o futuro, que projeta o ambiente como algo que não deve ser submetido a qualquer espécie de domínio, pois é legado as gerações futuras.

---

21 SOUZA, José Fernando Vidal de; MAZZAROBA, Orides. Know not to be delusioned: (RE) Reading the ESG fundamentals. *Conpedi Law Review*. XI Encontro Internacional do Conpedi Chile. Santiago, 2022, pp. 249-273.

22 MENEZES, David Curtinaz; VIEIRA, Diego Mota; SANTOS, Andersson Pereira dos. A teoria dos stakeholders no Brasil: produção acadêmica no período de 2014 a 2019. In: *Revista Iberoamericana de Gestão Estratégica*. São Paulo, nov. 2020. Disponível em: https://periodicos.uninove.br/riae/article/view/17345/8691. Acesso em: 2 mar. 2023.

23 MOTTA, Renato Serôa da. *Economia ambiental*. 4. reimp. Rio de Janeiro: Editora FGV, 2009, p. 182.

24 WEDY, Gabriel. *O princípio constitucional da precaução como instrumento de tutela do meio ambiente e da saúde pública*. 3. ed. Belo Horizonte: Fórum, 2020, p. 70.

O aprofundamento nesses conceitos favoreceu a construção da ideia do capitalismo de *stakeholder*, no qual prevalece a ideia de que o lucro deve andar de maneira conjunta com a responsabilidade social, na tentativa clara de oposição à Escola de Chicago e sua convicção sobre um sistema econômico fundado exclusivamente no livre mercado, com intervenção mínima do Estado[25].

Portanto, a figura do ESG, no denominado capitalismo de *stakeholder*, almeja se afastar da ideia de que para a empresa o objetivo fundamental é o retorno ao acionista (o lucro), como lembra Agostini Saavedra:

> "[...] as decisões e a estratégia empresariais devem levar em conta não apenas os interesses dos sócios atuais e futuros, mas também todos os interesses dos atingidos e de todas as pessoas grupos ou instituições com interesses legítimos em jogo nas empresas e que afetam ou são afetados pelas diretrizes definidas, ações praticadas e resultados alcançados. Portanto, os interesses dos *stakeholders* passam a ser vistos como complementares aos dos shareholders e a estratégia da empresa passa a focar em sustentabilidade a longo prazo e não no retorno e lucro a curto prazo. Essas mudanças foram um passo importante para o surgimento do ESG"[26].

E, nesta senda, como todo o empresário do agro, não importa o seu tamanho, precisará comercializar sua produção; em algum momento, ele estará exposto à exigência ESG. Nesse processo, ele terá de se relacionar com outras pessoas, físicas ou jurídicas, empresários ou não, bem como com o público que sinaliza com clareza suas posições sobre assuntos, como o respeito ao meio ambiente, aos direitos sociais e às boas práticas de governança.

Desde o pequeno agricultor familiar até o grande fazendeiro, essa é a realidade.

---

25 SOUZA, José Fernando Vidal de; MAZZAROBA, Orides. Know not to be delusioned: (RE) Reading the ESG fundamentals. *Conpedi Law Review*. XI Encontro Internacional do Conpedi Chile. Santiago, 2022, pp. 249-273.

26 SAAVEDRA, Giovani Agostini. A ética de mercado: ESG como forma de concretização dos direitos fundamentais. In: NASCIMENTO, Juliana Oliveira (Org.). *ESG: o cisne verde e o capitalismo de stakeholders – a tríade regenerativa do futuro global*. São Paulo: Thomson Reuters, 2021, pp. 184-193.

E empresas como Unilever[27], Amaggi[28] e Raízen[29] já divulgam ostensivamente em suas plataformas de comunicação que não aceitam mais o fornecimento de qualquer produto agrícola que não se mantenha em conformidade aos padrões ESG adotados, um movimento que não tardará a influenciar outros atores no mercado.

Empresas que exportam e processam soja, desde a moratória da soja[30], não compram produtos com origem em áreas com qualquer tipo de restrição ambiental. O mesmo ocorre com a carne[31].

Também é recorrente, em editais públicos[32] divulgados para a aquisição de produtos agrícolas destinados a escolas, hospitais etc., a indicação de que só serão cadastrados fornecedores que cumpram minimamente com requisitos ligados ao respeito às regras ambientais, à legislação social e do trabalho.

Outra gigante do setor, a Bayer[33], tem mencionado em sua publicidade que acredita que toda essa transformação não demandará mais que oito anos para ocorrer.

---

27 UNILEVER. *Estamos construindo no Brasil uma cadeia de soja sustentável.* Disponível em: https://www.unilever.com.br/news/2022/building-a-sustainable-deforestationfree-soy-supply-chain-in-brazil/#: ~ :text = Um%20dos%20nossos%20principais%20objetivos,%2C%20social%20e%20de%20governan%C3%A7a%E2%80%9D. Acesso em: 1º mar. 2023.

28 AMAGGI. Sustentabilidade Amaggi. *Relatórios e prestação de contas.* Disponível em: https://www.amaggi.com.br/estrategia-esg/. Acesso em: 1º mar. 2023.

29 RAÍZEN. *Agenda ESG Raízen.* Disponível em: https://www.raizen.com.br/agenda-esg. Acesso em: 1º mar. 2023.

30 ABIOVE. *Sustentabilidade.* Disponível em: https://abiove.org.br/sustentabilidade/. Acesso em: 1º mar. 2023.

31 IMAZON. *Os frigoríficos vão ajudar a zerar o desmatamento da Amazônia.* Disponível em: https://imazon.org.br/os-frigorificos-vao-ajudar-a-zerar-o--desmatamento-da-amazonia/. Acesso em: 1º mar. 2023.

32 BRASIL. Ministério do Desenvolvimento e Assistência Social. Programa de Aquisição de Alimentos. *Aquisição de Alimentos da Agricultura Familiar.* Orientações para órgãos da união e empreendimentos fornecedores. Disponível em: https://www.mds.gov.br/webarquivos/arquivo/seguranca_alimentar/Compra_Institucional_PAA_1.pdf. Acesso em: 1º mar. 2023.

33 BAYER. *Sustentabilidade em alta:* negócios ESG ganham força no agro. Disponível em: https://www.agro.bayer.com.br/mundo-agro/agropedia/impulso-news-negocios-esg-ganham-forca-no-agro. Acesso em: 1º mar. 2023.

Em resumo, se não por vontade própria, o empresário do agronegócio precisará proceder sua adequação porque, do contrário, não terá como comercializar sua produção.

Por mais que muitos ainda não cravem que o modelo de capitalismo de *stakeholder* já tenha estrutura sólida de aplicabilidade, com condições efetivas de promover mudanças significativas nas áreas abrangidas pela ideia do ESG, os cenários indicam que se trata de uma realidade posta, que já acumula informação suficiente em favor da sociedade, que cada vez mais externaliza suas opções, substituindo, inclusive, eventual leniência ou tolerância fomentada por discussões políticas mal-intencionadas[34].

Não se pode negar que alguns seguem empregando um discurso ESG sem qualquer movimento concreto no sentido da sustentabilidade, como parte de um modelo sofisticado de *greenwashing*[35], mas não é de se desmerecer todos os avanços até aqui conquistados, mesmo porque o próprio sistema apresenta ferramentas – os Objetivos de Desenvolvimento Sustentável (ODS), por exemplo –, como parâmetros de verificação da eficiência do discurso empregado.

O Brasil é signatário dos Objetivos de Desenvolvimento Sustentável (ODS) da ONU, elaborados pela Assembleia-Geral das Nações Unidas, no documento "Transformando o Nosso Mundo: a Agenda 2030 para o Desenvolvimento Sustentável", que possui 17 objetivos de uma agenda sustentável, a base para os padrões de ESG em nosso país[36].

Assim, não será o discurso que levará uma organização a ser considerada sustentável. Para que uma organização seja considerada sustentável, ela precisa demonstrar que cumpre metas da matriz ESG, aderindo a processos sustentáveis e com

---

34 A exemplo do recente episódio em que se ventilou aproveitar certa oportunidade para "passar a boiada".

35 De acordo com o IDEC, expressão que significa "maquiagem verde" ou "lavagem verde" para retratar situações em que marcas criam uma falsa aparência de sustentabilidade sem necessariamente aplicá-la na prática. Disponível em: https://idec.org.br/greenwashing. Acesso em: 1º mar. 2023.

36 ORGANIZAÇÃO DAS NAÇÕES UNIDAS (ONU). Disponível em: https://brasil.un.org/pt-br/. Acesso em: 1º mar. 2023.

uma boa ferramenta de governança corporativa. E isso acontece por meio da prova de materialidade.

A materialidade é um método de evidenciação da inclusão dos processos sustentáveis na organização e de como esses processos são impactados pelos investimentos realizados, sendo importante definir quais fatores serão adotados, quais oportunidades serão criadas, bem como quais dados serão utilizados para a análise dos resultados.

É o retrato da ideia de *compliance* na gestão do negócio, permitindo cunhar, como afirma Segal, a existência de um *compliance* ambiental:

> "De um modo geral, *compliance* ambiental – que, no âmbito empresarial, pode conjugar meio ambiente do trabalho (condições de salubridade do local de trabalho), meio ambiente artificial ou construído (edificações e dependências físicas de uma empresa) e meio ambiente natural (fauna, flora, recursos hídricos, atmosfera etc.) – tem o objetivo de reduzir ou minimizar determinados riscos de natureza operacional, jurídica, social e financeira"[37].

A adequada gestão ambiental empresarial, via do *compliance*, permite prevenir embates, inclusive o jurídico, motivados pelo falso discurso da sustentabilidade e sua comercialização.

Portanto, mesmo que métricas e padrões ainda estejam em elaboração, já é possível medir, no campo do agronegócio, inúmeros ativos e produtos sob o prisma da sustentabilidade, o que ajuda a inibir, ou ao menos limitar, uma série de "mentiras verdes".

O ESG surge, então, para reafirmar a capacidade do agronegócio em demonstrar que, para além de cumprir com as regras ambientais preestabelecidas, pode ir além delas com a autorregulação, um caminho que aponta para um único sentido: nosso futuro.

---

37 SEGAL, Robert Lee. *Compliance* ambiental na gestão empresarial: distinções e conexões entre *compliance* e auditoria de conformidade legal. *REASU – Revista Eletrônica de Administração da Universidade Santa Úrsula*, v. 3, n. 1, 2018, p. 7.

5. Considerações finais

O presente artigo se propôs a discutir questões relacionadas à governança ambiental, social e corporativa (*Environmental, Social, and Corporate Governance* – ESG) e os seus desdobramentos no agronegócio.

Para tanto, primeiro, foram contextualizados o próprio ESG e o agronegócio, além do denominado capitalismo de *stakeholder*, com sua agenda de constante busca por novos mercados e segurança para investimentos financeiros.

Posteriormente, analisou-se como o agronegócio é capaz de se relacionar nesse moderno modelo, cujas exigências ambiental, social e de governança transcendem ao disposto em leis, bem como o que se tem feito para enfrentar recorrentes situações de *greenwashing*.

A pesquisa revelou, ainda, o empenho de organismos internacionais, em especial da ONU, na promoção de meios mais seguros de desenvolvimento e, ainda, como o mundo corporativo se aproveitou da oportunidade para transformar a sigla ESG em sinônimo de sustentabilidade e como esse argumento é importante para a sociedade, o que não afasta do Estado a responsabilidade de regulação.

Trata-se de um movimento em ebulição, que envolve cada vez mais sujeitos, suprindo, muitas das vezes, alguma leniência do poder político no trato de questões relacionadas à boa governança ambiental, social e corporativa.

Assim, mesmo que não por vontade própria, o agronegócio é uma das áreas mais expostas aos efeitos do discurso ESG, suas métricas e padrões, o que evidencia que todo produtor ou empresário rural, ainda que involuntariamente, não tardará a conduzir seus comportamentos por imposições de mercado, valendo acreditar que aquele que melhor se adaptar, ou primeiro se adaptar, estará em franca vantagem aos demais no futuro próximo.

Ou seja, o ESG e seus comandos no agronegócio já indicam que se trata de uma realidade posta que não tem volta.

6. Referências bibliográficas

ABIOVE. *Sustentabilidade*. Disponível em: https://abiove.org.br/sustentabilidade/. Acesso em: 1º mar. 2023.

ALMEIDA, Heriton Cesar Goveia de; ROSSIGNOLI, Marisa; SILVEIRA, Daniel Barile da. O ESG – *Environmental, Social and Governance* e as teorias econômicas de Adam Smith. *IV Encontro Virtual do Conpedi:* Transformações na ordem social e econômica e regulação. Florianópolis, 2021.

AMAGGI. *Sustentabilidade Amaggi.* Relatórios e prestação de contas. Disponível em: https://www.amaggi.com.br/estrategia-esg/. Acesso em: 1º mar. 2023.

AULER, Marcelo. *Rede Zona Sul rejeita produtos da vinícola Aurora.* Marcelo Auler Repórter. Disponível em https://marceloauler.com.br/rede-zona-sul-rejeita-produtos-da-vinicola-aurora/. Acesso em: 2 mar. 2023.

BAYER. *Sustentabilidade em alta:* negócios ESG ganham força no agro. Disponível em: https://www.agro.bayer.com.br/mundo-agro/agropedia/impulso-news-negocios-esg-ganham-forca-no-agro. Acesso em: 1º mar. 2023.

BRASIL. Ministério do Desenvolvimento Social. *Programa de aquisição de alimentos.* Aquisição de alimentos da agricultura familiar – orientações para órgãos da União e empreendimentos fornecedores. Disponível em: https://www.mds.gov.br/webarquivos/arquivo/seguranca_alimentar/Compra_Institucional_PAA_1.pdf. Acesso em: 1º mar. 2023.

BURANELLO, Renato. *Agronegócio:* conceito. jul. 2008. Disponível em: https://enciclopediajuridica.pucsp.br/verbete/208/edicao-1/agronegocio:-conceito. Acesso em: 26 fev. 2023.

CARLOS, Maria da Graça de Oliveira; MORAIS, Dafne Oliveira Carlos de. *Responsabilidade social empresarial no setor bancário:* análise a partir dos fatores ESG. São Paulo: Anais do XIX Engema, 2017.

CRUZ, Augusto. *Introdução ao ESG:* meio ambiente, social e governança corporativa. 2. ed. São Paulo: Scortecci, 2021.

FRIZZO, Patricia; GARCIA, Denise S. S. A sustentabilidade no desenvolvimento da atividade econômica e a prática da governança corporativa. *II Encontro Virtual do Conpedi:* Direito Ambiental e Socioambientalismo I. Florianópolis, 2020.

GRAU NETO, Werner; DUQUE, Ana Carolina Cerqueira. Agronegócio: sustentabilidade, instrumentos econômicos e políticas ESG. In: FARIAS, Talden; ATAÍDE, Pedro (Org.).

Direito ambiental econômico: instrumentos econômicos de política ambiental. Andradina: Meraki, 2021.

IMAZON. *Os frigoríficos vão ajudar a zerar o desmatamento da Amazônia.* Disponível em: https://imazon.org.br/os-frigorificos-vao-ajudar-a-zerar-o-desmatamento-da-amazonia/. Acesso em: 1º mar. 2023.

INSTITUTO BRASILEIRO DE DEFESA DO CONSUMIDOR (IDEC). *Mentira verde.* Disponível em: https://idec.org.br/greenwashing. Acesso em: 1º mar. 2023.

KIESZKOWSKI, Daiane. *Os reflexos da agenda internacional de ESG sobre meio ambiente no agronegócio brasileiro:* um olhar sobre a Associação Brasileira do Agronegócio (ABAG) e a Confederação da Agricultura e Pecuária do Brasil (CNA). jan. 2021. Dissertação (Mestrado em Análise e Gestão de Políticas Internacionais), Pontifícia Universidade Católica (PUC), Rio de Janeiro, 2021. Disponível em: https://www.maxwell.vrac.puc-rio.br/57170/57170.PDF. Acesso em: 26 fev. 2023.

LUIZ, Júlia Souza; ALBUQUERQUE, Alessandra Lignani de Miranda Starling e. Os riscos do falso discurso da sustentabilidade no contexto empresarial. *V Encontro Virtual do Conpedi:* Direito e Sustentabilidade I. Florianópolis, 2022.

MENEZES, David Curtinaz; VIEIRA, Diego Mota; SANTOS, Andersson Pereira dos. A teoria dos stakeholders no Brasil: produção Acadêmica no período de 2014 a 2019. In: *Revista Iberoamericana de Gestão Estratégica.* São Paulo, nov. 2020. Disponível em: https://periodicos.uninove.br/riae/article/view/17345/8691. Acesso em: 2 mar. 2023.

MOTTA, Renato Serôa da. *Economia ambiental.* 4. reimp. Rio de Janeiro: Editora FGV, 2009.

NOBRE, Renata Ribeiro de Souza. Análise sobre a relevância jurídico-estratégica dos programas de *compliance* perante a crescente demanda internacional por conformidade ambiental. In: BURMANN, Alexandre; ANTUNES, Paulo de Bessa (Org.).*Advocacia ambiental:* desafios e perspectivas. Londrina: Editora Thoth, 2021.

ORGANIZAÇÃO DAS NAÇÕES UNIDAS (ONU). *Objetivos de desenvolvimento sustentáveis.* Disponível em: https://brasil.un.org/pt-br/. Acesso em: 1º mar. 2023.

PEREIRA, Luciana Vianna. ESG e o efeito "cascata" da SFDR sobre empresas localizadas fora da jurisdição da União Europeia. In: SION, Alexandre Oheb; FRANÇA, Lucyléa Gonçalves (Org.). *ESG:* novas tendências do direito ambiental. Rio de Janeiro: Synergia, 2021.

RAÍZEN. *Agenda ESG Raízen.* Disponível em: https://www.raizen.com.br/agenda-esg. Acesso em: 1º mar. 2023.

SAAVEDRA, Giovani Agostini. A ética de mercado: ESG como forma de concretização dos direitos fundamentais. In: NASCIMENTO, Juliana Oliveira (Org.). *ESG:* o cisne verde e o capitalismo de *stakeholders* – a tríade regenerativa do futuro global. São Paulo: Thomson Reuters, 2021.

SEGAL, Robert Lee. *Compliance* ambiental na gestão empresarial: distinções e conexões entre *compliance* e auditoria de conformidade legal. *REASU – Revista Eletrônica de Administração da Universidade Santa Úrsula*, v. 3, n. 1, 2018.

SOUZA, José Fernando Vidal de, e MAZZAROBA, Orides. Know not to be delusioned: (Re) reading the ESG fundamentals. *Conpedi Law Review. XI Encontro Internacional do Conpedi Chile*. Santiago, 2022.

UNILEVER. *Estamos construindo no Brasil uma cadeia de soja sustentável.* Disponível em: https://www.unilever.com.br/news/2022/building-a-sustainable-deforestationfree-soy-supply-chain-in-brazil/#:~:text=Um%20dos%20nossos%20 principais%20objetivos,%2C%20social%20e%20de%20governan%C3%A7a%E2%80%9D. Acesso em: 1º mar. 2023.

WEDY, Gabriel. *O princípio constitucional da precaução como instrumento de tutela do meio ambiente e da saúde pública.* 3. ed. Belo Horizonte: Fórum, 2020.

O *COMPLIANCE* AMBIENTAL COMO PRECURSOR DO ESG NO AGRONEGÓCIO: A ALTERNATIVA PARA TRANSFORMAR A SUSTENTABILIDADE NO AGRONEGÓCIO E A IMPORTÂNCIA DA REGULARIZAÇÃO AMBIENTAL DOS IMÓVEIS RURAIS. PROCESSO DE REGULARIZAÇÃO AMBIENTAL DE IMÓVEIS RURAIS NO ESTADO DE MATO GROSSO

Laura Garcia Venturi Rutz[1]
Gabriela Bertolini[2]

1. Introdução

A necessidade de preservação da natureza e dos recursos existentes nela é uma realidade exigida não só para o Agronegó-

---

1 Advogada Ambiental. Vice-presidente da Comissão de Meio Ambiente da OAB/MT.Professora no Curso de Pós-graduação de Direito e Gestão do Agronegócio – Verbo Jurídico.Conselheira no Conselho Estadual de Recursos Hídricos do Estado de Mato Grosso – CEHIDRO/MT.Pós-graduada em Direito Constitucional e Administrativo pela Fundação Escola do Ministério Público.Pós-graduada em Direito do Agronegócio pela Universidade Federal do Estado de Mato Grosso.

2 Advogada Ambiental. Presidente da Comissão de Direito Ambiental da Ordem dos Advogados do Brasil, subseção de Tangará da Serra/MT. Pós-graduada em Direito Ambiental com ênfase no Agronegócio pela Faculdade CERS. Pós-graduada em Direito e Gestão do Agronegócio pela Verbo Jurídico.

cio, mas para todas as atividades econômicas e cada vez mais aquelas empresas, sejam pequenas ou grandes, que não estejam de acordo com as legislações e exigências do mercado mundial no quesito socioambiental, correrão risco de não sobreviver.

Nesse sentido, não só a adoção de práticas sustentáveis, mas também a regularização ambiental de imóveis rurais pelos produtores garantirá a longevidade e o sucesso das atividades econômicas responsáveis pela produção e pelo escoamento dessa produção para o mercado interno e externo, bem como, garantindo o acesso à investimentos e financiamentos bancários privilegiados.

Uma das alternativas para implementar o ESG no setor do Agronegócio é a adoção de programas de *compliance* em seus pilares ambiental, social e de governança. Seja qual for o tamanho da empresa, de pequeno, médio ou grande porte, é imprescindível, diante das exigências do mercado econômico em âmbito mundial, a implementação de boas práticas para se alcançar o ESG.

2. O ESG como transformador da sustentabilidade no Agronegócio

As preocupações com as degradações ambientais e a finitude dos recursos naturais se iniciam na década de 1960, com a apresentação do "Relatório *Meadows*" que escancarou para o mundo a conclusão de que a atividade humana se desenvolvia de forma mais rápida que a própria capacidade da Terra para produzir seus recursos, causando danos de dimensões globais. O resultado da equação era catastrófico e demandava ação urgente dos países.

Esse relatório foi o substrato técnico que permitiu que a ONU, em 1972, organizasse o maior evento mundial com os países para discutir sobre meio ambiente. A Conferência de Estocolmo para apresentação do Relatório *Meadows*, foi o pontapé para as discussões sobre meio ambiente. O resultado dessa Conferência, a denominada "Declaração das Nações Unidas sobre o Meio Ambiente Humano" elevou o meio ambiente ecologicamente equilibrado ao rol dos direitos humanos.

Além da Declaração de Estocolmo, como resultado desta conferência, foi firmado também o chamado "Plano de Ação para o Meio Ambiente", um documento composto por 109 recomendações, que foi considerado como um guia de orientação para que os países signatários pudessem implementar os princípios da Declaração em seus sistemas internos e em suas relações internacionais.

Durante os vinte anos após Estocolmo, ocorreram diversas catástrofes ambientais e por esta razão, iniciou-se os trabalhos daquela que passou a ser denominada Comissão Mundial sobre Meio Ambiente e Desenvolvimento da ONU, que concluiu seus trabalhos em 1987, entregando à Assembleia Geral um relatório denominado "Nosso Futuro Comum" (ou Relatório *Brundtland*), que afirmava a urgente necessidade de entrar em uma nova era de crescimento econômico apoiado em práticas que conservassem e expandissem a base dos recursos ambientais.

Apoiada na ideia da sustentabilidade, em 1992, a Organização das Nações Unidas realizou a 2ª Conferência Internacional sobre Meio Ambiente e Desenvolvimento, também chamada de "Cúpula da Terra" ou, ainda, ECO/92, no Rio de Janeiro. Compareceram cem chefes de Estado, além de delegados, organizações intergovernamentais e representantes de organizações não governamentais, o que demonstra sua grandeza e importância. Seu objetivo era catalisar a cooperação internacional em prol de ações concretas para conciliar o desenvolvimento econômico com a proteção ambiental.

Na ocasião, três documentos jurídicos foram aprovados pela Conferência: a Declaração do Rio, a Agenda 21 e a Declaração sobre Florestas. Além destes, duas convenções foram abertas à assinatura: a Convenção-Quadro das Nações Unidas sobre Mudança do Clima e a Convenção-Quadro das Nações Unidas sobre Diversidade Biológica.

Diante desse novo contexto de desenvolvimento econômico aliado à sustentabilidade é que na década de 2000 o ESG surge como alternativa para o cumprimento, não só pelo Estado, mas pelo setor privado, das normas ambientais e em especial de todo o conjunto histórico de estudos a respeito do prejuízo que o desenvolvimento econômico sem a preservação ambiental acarreta para as presentes e futuras gerações.

ESG é um acrônimo que, em inglês, significa *Environmental, Social and Governance,* que em tradução livre para o português seria ASG – *Ambiental, Social e Governança.* O objetivo de abordar esses pilares nas empresas é gerar equilíbrio entre esses três princípios para que as organizações sejam sustentáveis e tenham longevidade. Na adoção das boas práticas as empresas se comprometem com a implantação da governança, porém, é necessário que o programa seja completo e as ações conversem com a estratégia, pois o ESG é uma jornada e exige compromisso.

Sua origem e aprovação no mercado mundial ocorreu no ano de 2004 por meio do relatório produzido pela Organização das Nações Unidades (ONU) em parceria com o Banco Mundial, intitulado *Who Cares Wins* (ou, em português, "ganha quem se importa")[3].

Desde então, assuntos relacionados ao desenvolvimento sustentável, em especial nos meios de produção e escoamento de alimentos tomaram certo protagonismo no Brasil, atraindo a modificação legislativa para acrescentar incentivos econômicos e meios de repressão. Tanto os incentivos quanto a repressão que foram se consolidando na legislação brasileira estão definindo o compasso para a implementação e adoção de medidas sustentáveis nas empresas, determinando um aumento no valor gerado por essa empresa para a sociedade, bem como o valor da própria empresa no mercado.

Após a notoriedade alcançada pelo ESG a nível mundial, critérios e recomendações sobre como incluir questões ambientais, sociais e de governança permeou-se também pelo setor do Agronegócio que tem importante parcela nas emissões de metano e dióxido de carbono e constantemente é cobrado pelo mercado interno externo a demonstrar sua preocupação com o meio ambiente, interferindo diretamente nas relações de investimento e gerenciamento das cadeias produtivas.

---

3   PACTO GLOBAL REDE BRASIL. Disponível em: https://www.pacto-global.org.br. Acesso em: 16 fev. 2023.

A pressão do mercado e a mudança entre um agir empresarial desregrado sem a observância de preceitos mínimos de preservação do meio ambiente e cujo único objetivo era a obtenção de lucro em sua atividade motivou consumidores e investidores a optarem por empresas que adotam posturas mais sustentáveis. Conforme o mercado se modula de acordo com as exigências mundiais de sustentabilidade, a aplicação do conjunto de práticas de compromisso social, empresarial e ambiental passa a vigorar entre diversos setores comerciais do país.

Apesar de toda modernização das operações da cadeia produtiva, o conjunto de todo trabalho agropecuário até a comercialização acompanha numerosos encargos e obrigações legais e é por este motivo que o ESG deve ser implementado de acordo com a realidade de cada empresa, e no Agronegócio antes, dentro e fora da porteira. Nesse ponto, uma fazenda e uma indústria podem ter parâmetros diferentes para a aplicação dos conceitos ESG. Em outras palavras, a implementação do ESG deve ser proporcional ao tamanho da empresa.

Certamente o ESG por meio de seus três pilares é o instrumento capaz de permitir que os riscos ambientais e impactos negativos estejam sempre sob o enfoque da mitigação e da redução de danos para a adequação dos setores econômicos às exigências globais de sustentabilidade.

O Brasil se tornou um protagonista mundial no mercado de produção de alimentos, e diante disto algumas preocupações tornam-se indispensáveis para que não exista a imposição de obstáculos desnecessários para a concretização de relações comerciais.

Para a base do ESG, a aplicabilidade do socioambiental e da governança só é possível com um negócio estruturado e com equidade na competitividade do mercado nacional e internacional. Não é possível conduzir um negócio caso ele não consiga se inserir no mercado e competir minimamente.

Um dos desígnios do ESG volta-se para o aumento do valor de mercado de um negócio/empresa, no entanto, a supervalorização de inovações nas questões ambientais aumentaram a pressão comercial externa, inviabilizando a eficiência de gestão que está intimamente relacionada com as necessidades do campo.

A persecução pela aplicabilidade do ESG no agronegócio, em alguns pontos, negligencia aspectos que precisam ser observados em conjunto. Para que o crescimento econômico de um país considere a proteção do meio ambiente e mostre transparência diante de suas práticas sociais são necessários múltiplos esforços. Posturas sustentáveis a longo prazo não podem, economicamente, engessar o setor do agronegócio.

É importante considerar os fatores ESG, tanto quanto os desafios da transição. O modelo de negócio deve priorizar todas as partes interessadas, e por sua vez, o produtor de dentro da porteira responsável pela primeira fase do agronegócio. Os desafios da transição precisam ser expostos pois as exigências estão afunilando o mercado e a competitividade, o que não se torna rentável do ponto de vista econômico.

O agronegócio vem desempenhando nos últimos anos papel fundamental no crescimento e desenvolvimento do País, com expressivos saltos na produção, na geração de empregos, geração de renda e na utilização de recursos cada vez mais tecnológicos. Não por menos, se considerarmos o potencial do Brasil para despontar o setor do agronegócio diante de sua extensão territorial somados ao solo fértil e a demanda crescente por alimentos no mundo.

Mesmo em meio à crise sanitária do Covid-19, este setor econômico seguiu forte e resiliente obtendo um alto desempenho ainda que rodeado de incertezas do mercado econômico, superando todas as expectativas. A prova disso são os recordes alcançados no ano de 2020. De acordo com o cálculo elaborado pelo Centro de Estudos Avançados em Economia Aplicada (Cepea) em parceria com a Confederação da Agricultura e Pecuária do Brasil (CNA), o PIB do Agronegócio teve um avanço de 24,3% para o ano de 2020, alcançando a considerável participação de 26,1% do PIB brasileiro. No ano de 2021 o PIB do agronegócio manteve-se em patamar recorde assim como em 2020, tendo recuado cerca de 2% no ano de 2022, mas mantendo seu papel de destaque no PIB brasileiro.

Esse setor econômico tão importante para o desenvolvimento do País, é formado por diversas cadeias produtivas e atividades agrícolas e pode ser compreendido como a soma total de operações que envolvem desde os insumos, a produção, o armazenamento, o processamento e a distribuição dos produtos e itens produzidos. Entre os produtos gerados estão basicamente, alimentos, biocombustíveis, têxteis e madeiras.

Por outro lado, além de ser protagonista no desenvolvimento econômico do Brasil, o agronegócio sempre foi carregado de estereótipos negativos que vêm sendo reforçados durante décadas e mais recentemente, vem sendo alvo de diversas críticas e sanções econômicas tanto internas quanto do mercado externo no que diz respeito à sustentabilidade.

Mas, quando se fala em sustentabilidade no agronegócio, podemos citar que a produção rural brasileira, de acordo com a Empresa Brasileira de Pesquisa Agropecuária (Embrapa) tem preservado, no interior de suas propriedades rurais, cerca de 218 milhões de hectares. Com base no Sistema Nacional de Cadastro Ambiental Rural (Sicar), a Embrapa divulgou uma pesquisa na qual demonstrou que 632 milhões de hectares, um percentual de 66,3% no Brasi, são destinados à vegetação nativa.

É importante compreender que diversas regiões do país encontram dificuldades de se adequarem as normatizações e modernizações na velocidade que o mercado externo exige. Muitas propriedades rurais são de médio e pequeno porte e encontram-se com dificuldades logísticas e até mesmo assistenciais.

A partir deste ponto é possível notar onde as premissas constituídas pelo ESG se afetam. Muitas regiões encontram-se ainda com um desenvolvimento econômico tardio, principalmente nos critérios social e ambiental. O questionamento que se faz é até que ponto um pilar pode se tornar mais importante que o outro? Quais os parâmetros para elencar exigências em detrimento da insustentabilidade social da região?

Como é possível exigir de produtores rurais que seja feita uma conferência da situação ambiental da origem animal, esta que muitas vezes passa por mais de três propriedades até o fim do ciclo, em regiões sem internet, sem assistência e sem intervenção do Estado para subsidiar as ferramentas necessárias? Como é possível que a região ou os negócios prosperem de maneira significativa a ponto de interferirem social e ambientalmente para a coletividade?

O Estado tem papel primordial para promover a consecução do ESG. O ônus da aplicabilidade não pode ficar somente interligado às negociações individuais e privadas.

Baseado neste posicionamento, é necessária uma ponderada relação entre o direito ao meio ambiente sadio e ecologicamente equilibrado e o direito ao desenvolvimento e a liberdade. As políticas públicas, por sua vez, precisam viabilizar a compatibilização do desenvolvimento social e econômico, permitindo a aplicabilidade do direito inalienável ao desenvolvimento, e a preservação da qualidade do meio ambiente e do equilíbrio ecológico, tanto vislumbrando a garantia individual de uma vida digna, como o direito coletivo ao meio ambiente.

Denota-se que o grande diferencial também está na capacitação dos gestores e no investimento do planejamento, uma vez que bem administrados e planejados, possuem uma maior concentração de esforços direcionados, podendo mapear erros e acertos com maior facilidade.

Sabe-se que não há mais espaço para alegar ignorância ou desconhecimento da lei, porém, muitos pontos ainda precisam ser desmistificados com relação a produção rural e ao meio ambiente equilibrado.

O setor produtivo é o maior interessado na regulação e melhorias para a cadeia. Porém, o que está no papel precisa ser subsidiado na prática. A viabilidade ambiental precisa caminhar de forma equilibrada com a viabilidade econômica e social. As boas práticas já aplicadas precisam também ser consideradas como indutores de crescimento futuro, e não a criação de novas regras quando não se efetiva nem as existentes.

3. O *compliance* ambiental como medida para viabilizar o ESG no Agronegócio

A crescente busca por atender aos conceitos ESG e agregar maior valor de mercado às empresas do Agronegócio reflete a necessidade de adequação a diversas normas e requisitos previstos na legislação e uma das alternativas para o cumprimento dos critérios ESG se pauta a partir da aplicação dos programas de *compliance* no cumprimento da ética empresarial e integridade para alcance da proteção ambiental.

No âmbito do agronegócio, o *compliance* ambiental trabalha em seus quatro eixos: sustentabilidade, desenvolvimento, governança e integridade e poderá servir como instrumento de contribuição para o alcance das metas ESG, além de contribuir para a proteção ao meio ambiente por meio da atividade empresarial que respeite a legislação ambiental e seja sustentável.

Não obstante os gestores de empresas em seus atos de comando terem se distanciado do interesse coletivo de desenvolvimento socioambiental, agindo de forma insustentável e imprudente com o uso dos recursos naturais, promovendo sua degradação em prol do enriquecimento e do lucro imediato é certo que a governança detém todos os elementos que integram a ação corporativa e é o instrumento chave para a implementação do *compliance* ambiental, pois é por meio dela que se construirão os valores éticos que trarão por base a preocupação e as ações da empresa em prol da preservação dos recursos naturais e sua utilização consciente.

Os valores universais de integridade, ética empresarial, visando uma disputa mercadológica equilibrada, são o motivo que fez nascer o instituto do *compliance*. A seu turno, o caráter ambiental do *compliance* é oriundo da necessidade de cumprir metas de proteção dos recursos naturais e exigências sociais que foram transformadas em regras.

A criação de um programa de *compliance* na esfera ambiental pressupõe a intenção da iniciativa privada em mitigar a existência ou ocorrência de riscos ao meio ambiente evitando sanções econômicas que possam dificultar o andamento empresarial.

As ações de *compliance* podem ser implementadas nas empresas do setor do Agronegócio, tanto nas pequenas quanto nas grandes empresas, através do eixo da governança, ao estabelecer, por exemplo, mecanismos de conformidade, auditorias, incentivos de canais para formulação de denúncia sobre irregularidades e aplicação do Código de Ética e Conduta Ambiental[4].

---

4   TRENNEPOHL, Natascha; TRENNEPOHL, Terence, CARNEIRO, Pedro. *Compliance no direito ambiental*. *São* Paulo: Editora Revista dos Tribunais, 2020, p. 351.

Pode-se dizer que o *compliance* é um programa de implementação de boas práticas na atividade empresarial e ao mesmo tempo fiscalizador, controlando ações que possam causar um impacto negativo ao meio ambiente sob a autoria da empresa sendo que, havendo algum tipo de descumprimento da legalidade, deve-se cessar de imediato a atividade para prevenir a ocorrência de um dano ambiental bem como a aplicação de sanções aos que assim procederem.

Pontua-se que o *compliance* deve agir sempre alicerçado nos princípios da precaução e da prevenção, evitando a instauração de processos administrativos ambientais, responsabilização cível ambiental ou em decorrência do cometimento de crimes ambientais. Além disso, não só o Poder Público poderá restringir o exercício das atividades nos imóveis rurais a partir da aplicação, por exemplo, do embargo ambiental, mas também o setor privado, considerando os compromissos assinados por grandes empresas do setor do agronegócio responsáveis pelo beneficiamento e comercialização dos produtos oriundos da produção de um imóvel rural.

Portanto, um programa de *compliance* ambiental implica buscar a prevenção e o gerenciamento de riscos, adotar boas práticas de gestão socioambiental e integrar toda a atividade empresarial ainda que de pequeno porte, ajustar os processos produtivos com a preocupação em preservar o meio ambiente.

4. Compromissos do setor privado que refletem na atividade do produtor rural que não possui um programa de *compliance* ambiental e se adequou ao ESG

Alguns dos exemplos de regras e imposições criadas pelo próprio setor econômico em optarem por empresas que preservam o meio ambiente instrumentalizadas em diretrizes a serem seguidas pelo Agronegócio que podem ser citadas são a Moratória da Soja, o Compromisso Público da Pecuária e os Termos de Ajustamento de Conduta (TAC) firmados entre os maiores frigoríficos do Brasil e o Ministério Público Federal (MPF).

A Moratória da Soja já possui 15 (quinze) anos de existência e reflete exatamente como a governança empresarial pode auxiliar para a implementação do *compliance* ambiental no setor do Agronegócio. Trata-se de um compromisso assumido pelos signatários do acordo que está vigente desde 2006 com o intuito de eliminar a conversão de floresta em lavouras de soja no bioma Amazônia, valorizando a sustentabilidade ambiental da cadeia da soja nos mercados doméstico e internacional. O principal objetivo é eliminar o desflorestamento da cadeia de produção de soja o que traz impacto direto ao agronegócio dentro da porteira, ou seja, para o produtor rural que produz e comercializa os grãos[5].

Atualmente, entidades que reúnem empresas privadas responsáveis pelo beneficiamento e exportação da soja são signatárias do acordo da Moratória da Soja como a Associação Brasileira das Indústrias de Óleos Vegetais (Abiove) e a Associação Nacional dos Exportadores de Cereais (Anec), o que implica em responsabilização das empresas signatárias que adquirirem *commodities* oriundos de áreas objeto de desmatamento não autorizado, além das sanções do mercado externo.

Outros compromissos dos setores privados que demonstram a preocupação no cumprimento das exigências socioambientais mundiais são os Termos de Ajustamento de Conduta assinados pelos frigoríficos com o Ministérios Público Federal no ano de 2009 e o Compromisso Público da Pecuária proposto pelo Greenpeace e assinado pelos três grandes frigoríficos (JBS, Marfrig e Minerva) também no ano de 2009. Ambos têm por objetivo garantir a rastreabilidade da origem dos alimentos.

A transição para uma produção de carne mais responsável na Amazônia passa pela completa implementação dos compromissos assumidos em 2009 por diversas indústrias[6]. Tanto os Termos de Ajustamento de Conduta (TAC) assinados pelos frigoríficos quanto o Compromisso Público da Pecuária

---

5   ABIOVE ORG; Disponível em: https://abiove.org.br/relatorios/moratoria-da-soja-relatorio-14o-ano/. Acesso em: 18 fev. 2023.

6   BOINALINHA.ORG. Disponível em: https://www.boinalinha.org/post/as-diferencas-entre-os-compromissos-da-cadeia-da-carne. Acesso em: 18 fev. 2023.

estabelecem critérios e condições para a compra de gado na Amazônia. As empresas signatárias dos compromissos têm como dever evitar que o gado de propriedades rurais que tenham passivo ambiental seja comercializado.

Em síntese, é possível vislumbrar que aquele produtor rural que não se adequar à legislação ambiental será penalizado não somente pelo Poder Público, mas também pelo setor privado. No âmbito do Poder Público, corre o risco de sofrer a aplicação de multas administrativas, responsabilização na esfera criminal e a obrigação de reparação dos danos causados ao meio ambiente, já no aspecto econômico, sua atividade pode ser inviabilizada a partir do momento em que as empresas não aceitem os produtos comercializados no interior das propriedades rurais.

Entretanto, é necessário ponderar que referidas ferramentas podem até ser capazes de visar benefícios alinhados ao ESG e toda a cadeia ambiental, porém o que ainda se encontra sem solução é a viabilidade prática para negócios de médio e baixo porte, associada aos demais elementos do ESG.

A rastreabilidade de alimentos visa assegurar o conhecimento sobre a procedência do alimento, porém nem todos os produtos possuem ciclos que começam e terminam em uma mesma propriedade rural, a exemplo do ciclo completo da pecuária.

O mercado brasileiro da carne bovina, por exemplo, encontra-se diante de alguns desafios comerciais em procedência de ferramentas que buscam viabilizar a agenda ESG no país. A rastreabilidade ambiental da carne bovina tem sido um dos principais expedientes da atualidade comercial e ambiental. Ocorre que a forma que buscam aplicar referido instrumento ainda não encontra consenso diante dos envolvidos.

Diante disto, também é importante esclarecer que a rastreabilidade sanitária é diferente da rastreabilidade ambiental. Segundo a Embrapa, a rastreabilidade dos alimentos a cunho sanitário, registra o desempenho zootécnico e as ocorrências sanitárias ao longo da vida do animal[7].

---

7   EMPRESA BRASILEIRA DE PESQUISA AGROPECUÁRIA (EMBRAPA). Rastreabilidade da carne bovina. Disponível em: https://www.embrapa.br/qualidade-da-carne/carne-bovina/rastreabilidade. Acesso em: 18 fev. 2023.

Por sua vez a rastreabilidade ambiental que visam, está voltada para identificar responsáveis por desmatamento e outros crimes ambientais. Nesse contexto é imprescindível combinar os três pilares do ESG. É notório que nesses casos a dimensão da pauta ambiental é muito maior, o que desequilibra a concorrência deste setor com os demais. Ainda não foi entregue um modelo de como referida rastreabilidade seja feita, apenas que seja.

O ciclo de cria, recria e engorda da cadeia pecuária muitas vezes não é exercido em uma só propriedade, também existe essa relação comercial entre os produtores até o ciclo final de abate em frigoríficos. Atualmente, para que um produtor tenha a mínima noção da situação ambiental da propriedade com que está comercializando, torna-se necessária uma análise dos documentos ambientais exigidos em determinada região.

A exemplo de Mato Grosso, para a pecuária extensiva, os principais documentos ambientais para a referida produção são o Cadastro Ambiental Rural registrado no Sistema Estadual Mato-Grossense e a Autorização Provisória de Funcionamento (APF), emitida pelo órgão estadual competente. Para referida consulta pública é necessário minimamente acesso à internet.

É possível concluir, portanto, que aquele produtor que não se adequar às normas ambientais poderá ser penalizado e seu negócio restringido em razão das restrições decorrentes da adesão de grandes empresas comercializadoras de *commodities* e gado. Entretanto, conforme já ressaltado nesta análise, a implementação de um programa de *compliance* ambiente adequado ao caso de cada negócio pode minimizar os riscos decorrentes de sanções por contrariedades à norma ambiental.

5. Quando um imóvel rural será considerado ambientalmente regularizado no Estado de Mato Grosso?

Conforme já dito, não só a adoção de práticas sustentáveis, mas também a regularização ambiental de imóveis rurais pelos produtores garantirá a longevidade e o sucesso das atividades econômicas responsáveis pela produção e pelo escoamento da produção para o mercado interno e externo, bem como garantirá o acesso a investimentos e financiamentos bancários privilegiados.

Entretanto, quando o assunto é regularização ambiental de um imóvel rural, alçam-se muitas dúvidas. A sensação é a de que existem solicitações e exigências incansáveis de serem cumpridas, e é por esse, dentre outros motivos, que o produtor rural precisa estar sempre atento e listar todas as necessidades legais de uma propriedade rural.

Inicialmente, segundo o Código Florestal[8], excetuados alguns casos, todo imóvel rural deve manter área com cobertura de vegetação nativa, a título de Reserva Legal, com percentuais mínimos em relação à área do imóvel, sendo eles: 80% em área de florestas; 35% em área de cerrado e 20% em área de campos gerais, para imóveis localizados na Amazônia Legal, já nas demais regiões do País: 20%.

Quanto à regularização ambiental, o primeiro passo legal perante os órgãos ambientais é o Cadastro Ambiental Rural (CAR), a principal ferramenta prevista na legislação ambiental para a adequação ambiental das propriedades rurais, conservação do meio ambiente e monitoramento de áreas em restauração.

No Estado de Mato Grosso, o CAR é gerenciado pelo Sistema de Cadastro Ambiental Rural (Simcar), ferramenta própria que se encontra em sincronização com o Sistema Federal (Sicar). Os cadastros reúnem informações das propriedades, como o quantitativo de Vegetação Nativa (AVN), Reserva Legal (RL), existência de Área Consolidada (AC), Áreas de Preservação Permanente (APP), Áreas de Uso Restrito (AUR), entre outros.

O CAR é obrigatório para todo e qualquer imóvel rural, independente do seu tamanho ou região, e o não cadastramento, dentre outros prejuízos, impede o produtor de aderir ao

---

8   BRASIL. Lei n. 12.651, de 25 de maio de 2012. Disponível em: https://www.planalto.gov.br/ccivil_03/_ato2011-2014/2012/lei/L12651compilado.htm. Acesso em: 18 fev. 2023.

Programa de Regularização Ambiental (PRA), deixando de obter benefícios previstos para regularização do imóvel, bem como impede a obtenção de financiamentos bancários, e até mesmo inviabiliza a comercialização da produção.

As obrigações previstas no Código Florestal com relação ao CAR são de responsabilidade do proprietário ou posseiro, e o Decreto Federal n. 7.830/2012 dispõe que o CAR deve ser declarado por parte do proprietário rural ou posseiro, ou até mesmo por um representante legalmente constituído.

Sendo assim após a inserção do CAR, além de documentações pessoais, o órgão ambiental irá analisar a dominialidade correspondente na parte cadastral, somente então passando a observar os pontos ambientais, identificando a tipologia vegetal da área e verificando se a reserva legal preenche o percentual estabelecido pela legislação, levantando também se há demais passivos ambientais. Após isso, o órgão ambiental emite um parecer com ou sem pendências. Se o parecer aprovou as informações declaradas e houve a validação do CAR sem que o imóvel apresentasse passivos, o imóvel estará regularizado.

Os imóveis que possuírem passivos ambientais relativos à Área de Preservação Permanente (APP), Área de uso restrito e Reserva Legal (RL) poderão aderir ao Programa de Regularização Ambiental (PR para regularizar seus imóveis, e após a assinatura e publicação do Termo de Compromisso Ambiental (TCA) ainda serão considerados imóveis em regularização, bem como os que ainda não tiveram o CAR analisado. É direito do proprietário do imóvel rural aderir ao PRA, criado pelo Código Florestal de 2012 e regulamentado pelo Decreto Estadual n. 1.491, de 15 de maio de 2018[9].

Nesse sentido, aqueles imóveis rurais que não se encontram, do ponto de vista ambiental, devidamente regularizados, podem ser restringidos na comercialização da matéria-prima produzida em seu interior. Por isso, é de suma importância que a implementação de um programa de *compliance* ambien-

---

9   MATO GROSSO. Decreto Estadual n. 1491, de 15 de maio de 2018. Disponível em: http://app1.sefaz.mt.gov.br/0325677500623408/7C7B6A934 7C50F55032569140065EBBF/FDEFD14C19539CCE8425828F005A6FCC. Acesso em: 18 fev. 2023.

tal nas propriedades rurais passe necessariamente pela verificação da condição dos imóveis rurais perante o órgão ambiental responsável pelo licenciamento da atividade e aprovação das informações de cunho ambiental.

6. Considerações finais

A adoção de uma postura sustentável pelo setor do Agronegócio em todas as suas fases é premissa inadiável e inevitável.

Entretanto, o ESG deve ser implementado de acordo com a capacidade econômica e a dimensão de cada empreendimento, e com cada atividade desempenhada. Logo, demanda estudo ambiental e, especificamente, a educação ambiental aos empregados e empregadores através da governança, para que a cultura de sustentabilidade não seja edificada somente para ganhos econômicos ou fins legais, mas, alcance o objetivo de transformar o pensamento de que a adoção de práticas sustentáveis é onerosa e não traz benefícios.

A criação de um programa de *compliance* ambiental nas propriedades rurais mostra-se como uma alternativa viável e que a longo prazo, seguindo as peculiaridades de cada caso, garantirá a implementação total do ESG nas propriedades rurais.

O produtor rural que implementar o programa de *compliance* ambiental em seu agronegócio deverá ter como premissa a prevenção de riscos, o gerenciamento daqueles já existentes, a correção de falhas nos sistemas de produção e na forma de produzir, inserir mecanismos de verificação do *status* de regularização ambiental da propriedade, bem como procedimentos para que haja auditoria, verificação de possíveis falhas que possam causar danos ao meio ambiente e especialmente a correção da cultura organizacional voltando-se para os padrões de sustentabilidade.

7. Referências bibliográficas

ABIOVE. ORG. Disponível em: https://abiove.org.br/relatorios/moratoria-da-soja-relatorio-14o-ano/. Acesso em: 18 fev. 2023.

BRASIL. Lei n. 12.651, de 25 de maio de 2012. Disponível em: https://www.planalto.gov.br/ccivil_03/_ato2011-2014/2012/lei/L12651compilado.htm. Acesso em: 18 fev. 2023.

BOINALINHA.ORG. Disponível em: https://www.boinalinha.org/post/as-diferencas-entre-os-compromissos-da-cadeia-da-carne. Acesso em: 18 fev. 2023.

EMPRESA BRASILEIRA DE PESQUISA AGROPECUÁRIA (EMBRAPA). Rastreabilidade da carne bovina. Disponível em: https://www.embrapa.br/qualidade-da-carne/carne-bovina/rastreabilidade. Acesso em: 18 fev. 2023.

MATO GROSSO. Decreto Estadual n. 1.491, de 15 de maio de 2018. Disponível em: http://app1.sefaz.mt.gov.br/0325677500623408/7C7B6A9347C50F55032569140065EBBF/FDEFD14C19539CCE8425828F005A6FCC. Acesso em: 18 fev. 2023.

PACTO GLOBAL REDE BRASIL. Entenda o significado da sigla ESG (Ambiental, Social e Governança) e saiba como inserir esses princípios no dia a dia de sua empresa. Disponível em: https://www.pactoglobal.org.br. Acesso em: 16 fev. 2023.

TRENNEPOHL, Natascha; TRENNEPOHL, Terence. *Compliance no direito ambiental*. São Paulo: Editora Revista dos Tribunais, 2020.

POTENCIALIDADES E LIMITAÇÕES DE MECANISMOS DE *COMPLIANCE*: UM ESTUDO DE CASO DE DUAS CADEIAS PRODUTIVAS AMAZÔNICAS

Ana Carolina Haliuc Bragança[1]
Rafael da Silva Rocha[2]

1. Introdução

O risco de ilegalidade de ativos ambientais produzidos ou explorados na Amazônia é alto. Entre 2019 e 2020, apenas 34% da produção de ouro do Brasil pôde ser avaliada como proveniente de fonte legal[3]. A maior parte do ouro de origem ilegal identificado no país provinha de permissões de lavra garimpeira em Mato Grosso e Pará[4]. Ao menos 45% dos imóveis rurais na Amazônia não atendem às exigências ambientais da Lei n. 12.651/2012 – a Lei de Proteção à Vegetação Nativa, e 84% do desmatamento ocorrido na Amazônia após

---

1   LL.M em Direito e Políticas Públicas de Meio Ambiente pela University College London. Especialista em Direito Ambiental pela UFPR. Formada em Direito pela USP. Procuradora da República no Estado do Amazonas e ex--coordenadora da Força-Tarefa Amazônia

2   Procurador da República no Amazonas, coordenador do GT Amazônia Legal da 4ª CCR/MPF e ex-coordenador adjunto da Força-Tarefa Amazônia. É graduado e mestre em Direito pela UERJ.

3   MANZOLLI, Bruno *et al. Legalidade da produção de ouro no Brasil.* Belo Horizonte: Editora IGC/UFMG, 2021, p. 10.

4   Idem, p. 10.

2008 deu-se ilegalmente[5]. Isso significa que, potencialmente, uma proporção significativa da produção agropecuária local ocorre sobre imóveis irregulares. Em ao menos 38% das áreas onde houve exploração de madeira nativa na Amazônia entre 2020 e 2021, o uso econômico ocorreu sem a devida licença ambiental[6]. Nessa porcentagem, está incluída a exploração criminosa de madeira em terras indígenas e unidades de conservação[7]. Assegurar que ouro, madeira, gado, soja e outros insumos ambientais e agropecuários produzidos na Amazônia tenham origem legal e, mais importante, desvinculada de crimes ambientais, constitui um enorme desafio.

Para empresas que utilizam esses insumos em suas cadeias produtivas, desvincular-se do risco de ilegalidade é uma necessidade. Para além de o mercado, cada vez mais, exigir que agentes econômicos avaliem os impactos que sua existência e operação produzem sobre o meio ambiente e as relações sociais, na perspectiva ESG, existe a possibilidade de empresas e empresários verem-se associados a redes criminosas que esgotam predatoriamente recursos naturais e violentam os povos e comunidades da floresta. Waisbich *et al.*, estudando as economias ilícitas ou contaminadas com ilicitudes na Amazônia, destacam os fenômenos de grilagem de terra, exploração ilegal de madeira, mineração ilegal e agropecuária com passivo de ilegalidades ambientais[8], ressaltando como tais ilícitos se interconectam com outros crimes, como corrupção, estelionato, lavagem de ativos, sonegação fiscal, tráfico de drogas e

---

5   RAJÃO, Raoni *et al.* The rotten apples of Brazil's agribusiness. *Science Magazine, s.l.*, v. 369, n. 6.501, p. 246-248, 2020. p. 247. Disponível em: https://www.science.org/doi/10.1126/science.aba6646. Acesso em: 26 fev. 2023.

6   VALDIONES, Ana Paula *et al. Mapeamento da exploração madeireira na Amazônia:* agosto de 2020 a julho de 2021. *s.l.:* Rede Simex, 2022, p. 9. Disponível em: https://idesam.org/wp-content/uploads/2022/11/Boletim_SIMEX_2021.pdf. Acesso em: 26 fev. 2023.

7   Idem, p. 9.

8   WAISBICH, Laura Trajber *et al. O ecossistema do crime ambiental na Amazônia:* uma análise das economias ilícitas da floresta. Rio de Janeiro: Instituto Igarapé, 2022, p. 6. Disponível em: https://igarape.org.br/wp-content/uploads/2022/02/AE-54-O-ecossistema-do-crime-ambiental-na-Amazonia.pdf. Acesso em: 26 fev. 2023.

de pessoas, homicídio, ameaça, posse ilegal de armas, organização criminosa[9]. Para um agente econômico, não compreender de onde provêm seus insumos originários da Amazônia pode significar a obtenção de benefícios oriundos, em última análise, de ecossistemas criminosos englobando delitos violentos e destruidores da floresta.

É nesse cenário que avulta a necessidade de se desenvolver mecanismos de *criminal compliance*, visando a evitar que agentes econômicos vejam-se imbricados em práticas criminosas e socioambientalmente perversas à Amazônia, ainda que a título culposo[10]. A idealização de práticas e estratégias de eliminação do risco de uso na cadeia produtiva de ativos ambientais contaminados exige que empresas e empresários busquem compreender os danos causados pela exploração ilegal desses ativos ambientais e matérias-primas. Essa compreensão parte, necessariamente, do estudo das cadeias produtivas de ativos ambientais na Amazônia: é preciso saber quem produz, onde, como e quanto se produz, para que se possa rastrear o risco de ilegalidade.

O presente artigo propõe-se a analisar duas cadeias produtivas fortemente presentes na Amazônia, as cadeias da pecuária e do ouro, buscando avaliar as limitações dos mecanismos de controle de origem desses ativos ambientais e as potencialidades a serem desenvolvidas para a minoração de riscos de contaminação dessas cadeias. Almeja-se, com isso, contribuir para o desenvolvimento de estratégias e práticas dentre os agentes econômicos para prevenção à incorporação de produtos de crimes ambientais à economia lícita nacional.

2. A cadeia da pecuária

A cadeia da pecuária é extremamente complexa. Ao longo de sua vida, o gado bovino pode ser transportado de uma fa-

---

9   Idem, p. 10.

10   BOTTINI, Pierpaolo Cruz; RIZZO, Beatriz Dias; ROCHA, Marcela. Algumas linhas sobre *compliance* criminal. In: CUEVA, Ricardo Villas Bôas; FRAZÃO, Ana (Coord.). *Compliance*: perspectivas e desafios dos programas de conformidade. Belo Horizonte: Fórum, 2018, p. 381-398.

zenda para outra várias vezes. Em muitos casos, são múltiplas as áreas de pastagem visitadas por um animal antes do abate. Isso significa que os frigoríficos não possuem, necessariamente, um único fornecedor para cada boi adquirido[11].

Por outro lado, a agropecuária com passivo ambiental é uma das economias que impulsionam "um ecossistema de práticas ilegais ambientais e não ambientais que se conectam e retroalimentam". Nesse contexto, afirma-se que a grilagem e posterior conversão do solo para atividades agropecuárias funcionam como um motor do desmatamento ilegal em áreas ambientalmente protegidas, como florestas públicas e terras públicas não destinadas[12].

Historicamente, a pecuária costuma ser associada a desmatamento ilegal, trabalho análogo à escravidão e invasão de terras públicas, especialmente na região amazônica, onde 75% das áreas desmatadas em glebas públicas não destinadas viraram pasto e assim permaneceram dez anos depois da conversão[13]. É importante ressaltar, porém, que 2% das propriedades na Amazônia e no Cerrado são responsáveis por 62% do desmatamento potencialmente ilegal no Brasil[14].

Ainda que a maior parte da produção agropecuária brasileira não esteja diretamente vinculada a crimes ambientais e conexos, grandes frigoríficos e redes de supermercados foram – e continuam sendo – sistematicamente cobrados por comercializarem carne proveniente de fazendas com graves irregularidades socioambientais, como desmatamento ilegal, autuação por trabalho escravo e invasão de áreas protegidas (terras indígenas e unidades de conservação). Em resposta às pressões do

---

11 DALLABRIDA, Poliana *et al. Monitor #16.* São Paulo: Repórter Brasil, 2022. Disponível em: https://reporterbrasil.org.br/wp-content/uploads/2022/09/220902-Monitor-Pecu%C3%A1ria-PT-06.pdf. Acesso em: 27 fev. 2023, p. 21.

12 WAISBICH, Laura Trajber *et al., op. cit.,* p. 8.

13 SALOMÃO, Caroline S. *et al. Amazônia em chamas:* desmatamento, fogo e pecuária em terras públicas. Nota técnica n. 8. Brasília: Instituto de Pesquisa Ambiental da Amazônia (IPAM), 2021. Disponível em: https://ipam.org.br/wp-content/uploads/2021/10/Amazo%CC%82nia-em-Chamas-8-pecua%CC%81ria-pt.pdf. Acesso em: 1º mar. 2023, p. 7-8.

14 RAJÃO, Raoni *et al., op. cit.,* p. 246.

mercado, de agentes públicos e da sociedade, as empresas desenvolveram sistemas de monitoramento e rastreabilidade dos seus fornecedores a partir do cruzamento de informações das guias de trânsito animal (GTAs) com o Cadastro Ambiental Rural (CAR) e outras bases de dados de acesso público.

O passo seguinte foi a implementação de critérios de restrição de compra de gado pelos frigoríficos, que ajustaram seus procedimentos internos e colocaram em prática mecanismos voltados à identificação e exclusão de produtores irregulares do mercado. É necessário reconhecer, desde logo, que se trata de objetivo difícil de ser atingido, na medida em que a complexidade da cadeia permite que os fornecedores bloqueados sempre encontrem compradores para os seus animais.

Esses critérios de restrição de compra estão previstos no Compromisso Público da Pecuária (firmado entre Greenpeace, JBS, Marfrig e Minerva) e, de modo semelhante, nos Termos de Ajustamento de Conduta (TACs) celebrados pelo Ministério Público Federal no Pará e nos demais Estados da Amazônia Legal, no âmbito da estratégia conhecida como "Carne Legal".

Inicialmente, para cumprir os critérios estabelecidos nos acordos, os frigoríficos passaram a realizar monitoramentos a partir de parâmetros próprios, estabelecidos em parceria com consultorias e organizações não governamentais[15]. Diante da necessidade de uniformização, o MPF desenvolveu o Protocolo de Monitoramento de Fornecedores de Gado da Amazônia[16], com orientação técnica do Instituto de Manejo e Certificação Florestal e Agrícola (Imaflora) e participação de empresas do setor.

O protocolo de monitoramento estabelece onze critérios, divididos em quatro categorias: i) análises geoespaciais: desmatamento ilegal, terras indígenas, unidades de conservação, embargo ambiental por desmatamento (vetor) e alterações nos limites do CAR; ii) análises de listas públicas oficiais: embargo ambiental e trabalho escravo; iii) análises de documentos: ca-

---

15 DALLABRIDA, Poliana *et al.*, op. cit., p. 8.
16 Documento disponível em: https://www.boinalinha.org/categoria/protocolo-de-monitoramento/. Acesso em: 4 mar. 2023.

dastro ambiental rural (CAR), licenciamento ambiental e guia de trânsito animal (GTA); iv) análises de produtividade: cálculo do índice máximo de produtividade da fazenda fornecedora para coibir "lavagem" de gado[17].

Em adição a esses critérios, os signatários do Compromisso Público da Pecuária devem cumprir um requisito relacionado ao "desmatamento zero", mais rigoroso do que o critério do "desmatamento ilegal", já que, no caso do desmatamento zero, não há uma regra de desbloqueio para propriedades que apresentem autorização de supressão de vegetação nativa (ASV) ou autorização de desmatamento (AD) emitida pelo órgão estadual competente.

Como parte de um sistema completo de MRV (monitoramento, relato e verificação), o protocolo de monitoramento deve ser implementado em conjunto com o protocolo de auditoria[18], que estabelece diretrizes e procedimentos para avaliação da conformidade das compras de gado. Ao final de um ciclo anual, o Ministério Público Federal recebe os relatórios de auditorias do período, inclusive das empresas que não assumiram nenhum compromisso de monitoramento de fornecedores[19].

Na perspectiva de um órgão de controle, analisar as movimentações de gado de aproximadamente 100 (cem) empresas, se consideradas apenas as plantas frigoríficas com maior capacidade de abate, é uma estratégia mais eficiente para reduzir o desmatamento do que vigiar individualmente centenas

---

17 O "índice de produtividade" definido pelo MPF é de 3 cabeças/hectares/ano. Acima disso, a propriedade é considerada suspeita de "triangulação", devendo apresentar uma autodeclaração acerca do sistema produtivo adotado, com evidências que justifiquem a produtividade superior à média.

18 Documento disponível em: https://www.beefontrack.org/public/media/arquivos/1653932196-completo_protocolo_de_auditoria-_portugues_-_boi_na_linha_-_imaflora_-_060-8088_-_alt6_web.pdf. Acesso em: 3 mar. 2023.

19 A análise das compras dos frigoríficos não signatários do TAC é realizada pela Universidade Federal de Minas Gerais (UFMG), por meio de um acordo de cooperação técnica com o Ministério Público Federal. A esse respeito, veja-se a apresentação dos resultados do 4º ciclo de auditorias do TAC da Pecuária – Pará. Disponível em: https://www.mpf.mp.br/pa/sala-de-imprensa/documentos/2022/apresentacao_resultados_4o_ciclo_auditorias_tac_pecuaria_pa_15-dez-2022. Acesso em: 2 mar. 2023.

de milhares de fazendas[20]. No entanto, mesmo apresentando elevados índices de conformidade das compras, um frigorífico pode continuar exposto aos riscos associados ao desmatamento e ao respectivo ecossistema de crimes.

Um dos elementos do sistema de *compliance* de uma empresa é uma política de comunicação que informe a conformidade de suas práticas com as normas específicas para o ramo de atividades desenvolvidas, preservando-se, assim, a imagem da instituição[21]. Porém, no caso específico da indústria da carne, o modelo de "produção sustentável" anunciado não corresponde, ainda, a uma cadeia de fornecimento totalmente descontaminada de ilícitos socioambientais.

A verdade é que nenhum frigorífico pode assegurar que o gado por ele adquirido não passou por uma área desmatada ilegalmente ou por uma terra indígena antes de chegar à última fazenda, de onde saiu para o abate. Mas aqui cabe uma ressalva: nem sempre os problemas residem nos elos intermediários da cadeia. Muitas vezes, os pecuaristas emitem as guias de trânsito animal em nome de fazendas limpas, que podem ser do mesmo dono, de parentes ou amigos. Ocultando a verdadeira origem do gado transportado, os fornecedores diretos conseguem ludibriar os sistemas de controle dos frigoríficos.

De fato, a GTA é suscetível a fraudes em relação a origem e destino dos bovinos, por ser um documento autodeclaratório. Vale lembrar que sua emissão é obrigatória para fins de controle sanitário dos rebanhos. Ou seja, não foi um instrumento pensado para fiscalização ambiental. Como as guias devem acompanhar toda e qualquer transferência de animais

---

20 Pesquisadores do Imazon e do ICV identificaram 110 empresas como responsáveis por 93% dos abates na Amazônia Legal, sendo que os frigoríficos que assinaram os TACs controlavam 70% da capacidade de abate. Por outro lado, na época do levantamento, 390 mil fazendas concentravam 93% do rebanho bovino da região. BARRETO, Paulo *et al*. *Os Frigoríficos vão ajudar a zerar o desmatamento na Amazônia?* Belém/PA: Imazon; Cuiabá: Instituto Centro da Vida, 2017. Disponível em: https://imazon.org.br/PDFimazon/Portugues/livros/Frigorificos%20e%20o%20desmatamento%20da%20Amaz%C3%B4nia.pdf. Acesso em: 1º mar. 2023, p. 13-14.
21 BOTTINI, Pierpaolo Cruz, RIZZO, Beatriz Dias, ROCHA, Marcela, op. cit., p. 395.

entre propriedades rurais ou entre fazendas e frigoríficos, seus dados podem ser utilizados para mapear a movimentação de gado e avançar no monitoramento da pecuária. No entanto, as agências estaduais de controle sanitário animal restringem o acesso às bases de dados das GTAs, sob a justificativa de que as informações pessoais, comerciais e patrimoniais dos produtores são protegidas pela Lei de Acesso à Informação (Lei n. 12.527/2011, art. 31, §1º, inciso I).

O resultado disso é que, na sistemática atual, o monitoramento dos frigoríficos é incapaz de rastrear os fornecedores indiretos. Uma alternativa seria consultar as GTAs emitidas pelos fornecedores dos fornecedores diretos. A partir dessa ideia, estão sendo desenvolvidas ferramentas de rastreabilidade baseadas na adesão voluntária de produtores rurais. Dessa forma, o controle teria um alcance limitado em relação à escala da cadeia produtiva, contemplando apenas um primeiro elo intermediário. Por outro lado, nada impede que um pecuarista que compre gado de diversas fazendas faça uma triagem prévia e informe aos abatedouros apenas os fornecedores indiretos sem problemas aparentes. Por essas razões, questiona-se a real efetividade dos novos sistemas de rastreabilidade propostos por grandes frigoríficos nos últimos anos[22].

A única iniciativa do Poder Público para, de alguma forma, tentar aprimorar o controle dos fornecedores indiretos na cadeia produtiva da pecuária é o "Selo Verde", lançado pelo governo do Estado do Pará. A equipe que desenvolveu a plataforma teve acesso a todas as GTAs emitidas pela Agência de Defesa Agropecuária do Estado do Pará (Adepará). Assim, além de analisar a conformidade ambiental do imóvel rural, o sistema consegue mapear as transações comerciais do proprietário, identificando possíveis irregularidades e contaminações por desmatamento e trabalho escravo na sua cadeia de fornecimento[23].

Especialistas apontam dois caminhos para melhorar a rastreabilidade da carne. Um deles seria continuar o monitora-

---

22 DALLABRIDA, Poliana *et al.*, op. cit., p. 20-23.
23 Idem, p. 14-16.

mento da cadeia produtiva com base no cruzamento de dados públicos já existentes. Nesse caso, as informações deveriam ser sistematizadas em uma plataforma transparente e eficaz, que permitisse analisar a origem dos animais desde o nascimento. Outro caminho seria rastrear individualmente os animais por meio de dispositivos tecnológicos (chips, brincos, colares)[24].

Não há, por ora, uma sinalização clara de que haverá mudanças no marco regulatório da atividade pecuária. Enquanto o país não avança nessa agenda, empresas brasileiras que possuem sofisticados mecanismos de *compliance* continuam sendo acusadas de envolvimento com desmatamento e outros crimes ambientais. Com isso, perdem a oportunidade de agregar valor à sua marca e aos seus produtos e, consequentemente, garantir acesso a mercados consumidores nacionais e internacionais cada vez mais exigentes.

3. A cadeia do ouro

3.1. A extração regular de minério

A exploração regular de recursos minerais no Brasil está condicionada à existência de uma autorização administrativa exarada pela Agência Nacional de Mineração e à outorga de uma licença ambiental, emitida pelo órgão competente na forma da Lei Complementar n. 140/2011. Sendo os recursos minerais bens de propriedade da União Federal, a exploração econômica desses insumos apenas pode ocorrer mediante autorização ou concessão deste ente, que se dá justamente por meio da atuação da ANM (v. arts. 20, IX, e 176, § 1º, CF/88). Quanto às licenças ambientais, são exigidas por força do art. 225, § 1º, incisos IV e V, da Constituição Federal, bem como dos preceitos da Lei n. 6.938/81 e das Resoluções n. 01/86, 09/90 e n. 237/97 do Conselho Nacional do Meio Ambiente (Conama).

---

24 Em 2021, um projeto de lei foi proposto na Câmara dos Deputados para exigir o uso de identificação eletrônica em animais criados em pastagens. No entanto, a proposta foi arquivada, tendo sido considerada prejudicial à pecuária brasileira por aumentar os custos de produção da atividade. Idem, p. 25.

A lavra de ouro, especificamente, pode ser realizada mediante dois distintos regimes minerários: o regime de permissão de lavra garimpeira (PLG), previsto na Lei n. 7.805/89, e o regime de concessão de lavra, previsto no Decreto-lei n. 227/67 (Código de Minas). Na Amazônia, especialmente no Pará e em Mato Grosso, predomina a exploração por meio de PLG[25]. A legislação não traça uma distinção técnica entre os dois regimes, relacionada ao modo como a lavra ocorre. A permissão de lavra garimpeira é definida legalmente como "o aproveitamento imediato de jazimento mineral que, por sua natureza, dimensão, localização e utilização econômica, possa ser lavrado, independentemente de prévios trabalhos de pesquisa, segundo critérios fixados pelo Departamento Nacional de Produção Mineral – DNPM" (art. 1º, parágrafo único, Lei n. 7.805/89). O ponto central da definição gira em torno da ausência de pesquisa prévia – requisito exigido para a outorga de concessões de lavra[26]. A obtenção de uma PLG, portanto, é facilitada em relação ao rito previsto no Código de Minas, o que constitui um incentivo à adoção do regime.

Extraído o ouro mediante permissão de lavra garimpeira, o titular da PLG pode comercializá-lo, atualmente, nos termos da Lei n. 12.844/2012. A venda do ouro extraído de uma PLG apenas pode ser feita a instituição financeira autorizada pelo Bacen a operar com ouro, conforme arts. 37, 38, e 39, II, de referida lei. Podem vender para a instituição financeira o próprio garimpeiro titular de PLG ou seus parceiros, a cooperativa titular de PLG, ou membros da cadeia produtiva. São membros da cadeia produtiva "todos os agentes que atuam em atividades auxiliares do garimpo, tais como piloto de avião, comerciantes de suprimentos ao garimpo, fornecedores de óleo combustível, equipamentos e outros agentes" (art. 38, § 3º, Lei n. 12.844/2012). São parceiros "todas as pessoas físicas que atuam na extração do

---

25 MANZOLLI, Bruno *et al.*, op. cit., p. 10. Por essa razão, neste trabalho, dar-se-á foco às questões envolvendo PLGs.

26 BRASIL. Ministério Público Federal. Câmara de Coordenação e Revisão, 4. *Mineração ilegal de ouro na Amazônia:* marcos jurídicos e questões controversas. Brasília: MPF, 2020, p. 18. Disponível em: https://www.mpf. mp.br/atuacao-tematica/ccr4/dados-da-atuacao/publicacoes/roteiros-da-4a-c-cr/ManualMineraoIlegaldoOuronaAmazniaVF.pdf. Acesso em: 28 fev. 2020.

ouro com autorização do titular do direito minerário e que tenham acordo com este na participação no resultado da extração mineral" (art. 38, § 4º, Lei n. 12.844/2012).

Para qualquer desses agentes promover a venda à instituição financeira, excluído o próprio garimpeiro ou cooperativa, deve ser apresentado "documento autorizativo de transporte emitido pelo titular do direito minerário que identificará o nome do portador, o número do título autorizativo, sua localização e o período de validade da autorização de transporte" (art. 38, § 1º, Lei n. 12.844/2012). Além disso, todos os agentes alienantes, inclusive garimpeiros, devem emitir declaração de origem do ouro identificando a área de lavra, o Estado ou Distrito Federal e o Município de origem do minério, o número do processo administrativo no órgão gestor de recursos minerais e o número do título autorizativo de extração (art. 39, I e § 2º, Lei n. 12.844/2012). Essa declaração deve ser arquivada pela instituição financeira adquirente (art. 39, § 2º, Lei n. 12.844/2012). Esse é o documento que consolida, no presente momento, informações sobre a regularidade da extração mineral, na medida em que é ele quem indica qual o processo minerário de que advém o ouro, quanto de ouro está sendo comercializado, e quem é o titular da lavra garimpeira de que se origina o ouro.

A partir da primeira aquisição, feita pela instituição financeira nos termos da Lei n. 12.844/2012, a circulação do ouro, isto é, as transações seguintes, têm sua regularidade comprovada mediante simples nota fiscal (art. 40, Lei n. 12.844/2012). Nessas notas fiscais, não há exigência de que seja consignado o título minerário de origem do ouro. Nesse espeque, a primeira transação é a única em que a origem do ouro é efetivamente declarada e a única em que alguma forma de controle pode ser exercida, no marco regulatório atual.

Não obstante, esse marco regulatório não é suficiente para evitar a incorporação ao mercado de ouro de origem ilícita[27]. As oportunidades de fraude avultam, e trazem para os

---

27 Idem, p. 112 e seguintes. Também RISSO, Melina *et al. O ouro ilegal que mina florestas e vidas na Amazônia:* uma visão geral da mineração irregular e seus impactos nas populações indígenas. Rio de Janeiro: Instituto Igarapé, 2021, p. 23-24.

adquirentes o risco de agregarem às suas cadeias de insumos minério de origem criminosa. A seguir, examinamos as oportunidades de fraude, cujo conhecimento é necessário para adoção de medidas preventivas.

3.2. As oportunidades de fraude

O regime de permissão de lavra garimpeira não exige do titular do direito minerário que ele realize pesquisas prévias visando a definir a extensão da jazida, avaliá-la e determinar a exequibilidade do seu aproveitamento econômico. Como mencionado, a característica diferencial do regime de permissão de lavra garimpeira não é propriamente técnica, mas normativa: lavra garimpeira é a lavra de aproveitamento imediato que, nos termos de normativa da agência reguladora, não exige pesquisa (art. 1º, parágrafo único, Lei n. 7.805/89). A ausência de tal exigência ou de qualquer outra previsão que delimite, de algum modo, a capacidade produtiva de uma PLG constitui uma primeira fragilidade no marco regulatório da produção e circulação de ouro. A rigor, uma quantidade infinita de minério pode ser declarada como proveniente de uma dada PLG, ainda que seja de fato proveniente de outros locais não autorizados, sem que qualquer forma de alerta seja acionado por parte dos órgãos reguladores ou dos agentes adquirentes do minério[28].

Relembre-se que, na primeira aquisição do ouro, cabe ao vendedor fazer uma declaração quanto ao título minerário de origem (art. 39, I, Lei n. 12.844/2013). Quanto ao adquirente, a legislação atual presume sua boa-fé desde que as informações pertinentes à declaração do vendedor encontrem-se fisicamente arquivadas na sede da instituição adquirente. É dizer: basta arquivar um documento em papel com a declaração de que o ouro veio de uma dada PLG para se presumir a boa-fé do comprador.

Na prática, o que tem ocorrido é a indicação na primeira aquisição, por vendedores, e por vezes pelas próprias institui-

---

28 BRASIL, op. cit., p. 25-26.

ções financeiras adquirentes, de origens fraudulentas de minérios. Ora se declara que o ouro é proveniente de uma dada PLG, quando advém de outro local; ora se declara que advém de uma PLG ou título minerário que sequer se refere a ouro; ora se declara que é proveniente de PLGs temporalmente sem vigência; ora se declara que a origem são PLGs em cuja área jamais ocorreu qualquer exploração minerária, consoante identificável por imagens de satélite; ora se declara que o ouro advém de áreas com PLG vigente, mas cuja lavra extrapola visivelmente os limites territoriais do título minerário[29].

Todas essas fraudes são detectáveis sem grande esforço na primeira aquisição, mediante consultas a sistemas da Agência Nacional de Mineração ou desenvolvimento de sistemas de análise de imagens de áreas com lavra autorizada. Não obstante, nenhuma checagem é realizada na prática, confiando-se na perspectiva legal de boa-fé, como demonstram achados em diversas investigações cíveis e criminais conduzidas pelo Ministério Público Federal[30].

A perspectiva de boa-fé, contudo, não isenta o adquirente do ouro de pressões mercadológicas de controle de origem, e nem é condizente com a perspectiva de ESG que exige a avaliação do impacto ambiental e social da operação da empresa.

No mais, especificamente no campo do Direito Ambiental, ante a guarida constitucional do dever de reparação de danos, já se argumentou pela inconstitucionalidade material da presunção de boa-fé, inclusive por meio das Ações Diretas de Inconstitucionalidade n. 7.243 e n. 7.245. Em sua última manifestação nos autos dessas ações de controle concentrado de constitucionalidade, a própria União Federal requereu fossem

---

29 Sobre o tema, v. o estudo de MANZOLLI, Bruno *et al.*, op. cit.

30 Cf. exemplificativamente BRASIL. Ministério Público Federal. *Em operação conjunta, MPF e PF combatem compra de ouro ilegal no oeste do Pará*. Pará: 10 maio 2018. Disponível em: https://www.mpf.mp.br/pa/sala-de-imprensa/noticias-pa/em-operacao-conjunta-mpf-e-pf-combatem-compra-de--ouro-ilegal-no-oeste-do-para. Acesso em: 28 fev. 2023. Também BRASIL. Ministério Público Federal. *MPF pede suspensão de instituições financeiras que compraram ouro ilegal no Pará*. Disponível em: https://www.mpf.mp.br/pa/sala-de-imprensa/noticias-pa/mpf-pede-suspensao-de-instituicoes-financeiras-que-compraram-ouro-ilegal-no-para. Acesso em: 28 fev. 2023.

as demandas julgadas parcialmente procedentes, para, dentre outros, atribuir-se "interpretação conforme a Constituição ao art. 39, § 4º, da Lei n. 12.844/2013, no sentido de que "(i) existe o dever de diligência dos administradores de se certificarem acerca da regularidade e da origem da documentação apresentada pelo vendedor de ouro", e para reconhecer-se que "(iii) não está afastada a responsabilização ulterior da pessoa jurídica adquirente e/ou do vendedor, caso comprovada a ocorrência de fraude ou ilegalidade na compra"[31]. Isso significa que, tanto do ponto de vista do mercado como do ponto de vista da tendência regulatória, caberá ao primeiro adquirente, bem como aos adquirentes sequenciais, certificar-se de modo mais fidedigno a respeito da legalidade da origem do ouro que adquirem, quando proveniente de permissões de lavra garimpeira.

À luz do marco regulatório atual, essa não é uma tarefa trivial para quem não é o primeiro adquirente. Isso porque o controle de circulação do ouro, após a primeira aquisição, dá-se exclusivamente por meio de nota fiscal, no âmbito da qual não há exigência, por ora, de consignação do título de lavra de origem. Se o primeiro adquirente vincula uma quantidade de ouro a uma dada PLG, ainda que seja falso esse vínculo, presume-se a legalidade da carga, e o minério passa a circular como se legal fosse, movimentando-se sem qualquer menção obrigatória ao título minerário original. Sem a indicação do título de origem, os adquirentes sequenciais não logram sequer verificar eventual ilegalidade por não saber onde a procurar.

Além disso, os processos produtivos de industrialização do ouro, já que encontrado em estados de pureza variada na natureza, pressupõem sua homogeneização em seu processamento para fabricação de barras, insumo tanto do mercado financeiro e cambial como dos usuários de ouro-mercadoria (na produção de joias, por exemplo). O amálgama entre cargas de minério de diferentes origens dificulta o rastreio se utilizados somente os mecanismos e documentos previstos pela le-

---

31 BRASIL. Advocacia-Geral da União. *Manifestação da AGU na ADI n. 72.243 – Petição n. 17.560.* Brasília: Advocacia-Geral da União, 27 fev. 2023, p. 14. Disponível em: https://portal.stf.jus.br/processos/detalhe.asp?incidente=6522631. Acesso em: 28 fev. 2023.

gislação atual. Mais uma vez, entretanto, essa dificuldade não desconstitui o dever de reparação de danos ambientais, de natureza constitucional, nem a pressão mercadológica pela garantia de origem e pela avaliação, pelos agentes econômicos, dos impactos ambientais e sociais de sua operação.

A solução é, identificados esses gargalos relativos a permissões de lavra garimpeira, a adoção de mecanismos preventivos à aquisição de ouro com origem criminosa pelo próprio mercado, inclusive em antecipação a eventuais mudanças no marco regulatório, que tendem a ocorrer a médio prazo, como demonstra a manifestação da Advocacia-Geral da União junto ao Supremo Tribunal Federal na ADI n. 7.243.

Esses mecanismos preventivos exigiriam, em primeiro lugar, que os adquirentes implementassem estratégias para identificar as instituições financeiras originariamente fornecedoras do ouro, isto é, responsáveis por sua primeira aquisição, ainda que se tratasse de fornecedoras indiretas. Aqui, valeria a máxima *know your supplier*, ainda que indireto. Em segundo lugar, é importante desenvolver junto aos fornecedores diretos e indiretos mecanismos de *disclosure* – publicização de informações – para que declarem quais são todas as PLGs de que adquirem ouro. Isso permitiria aos adquirentes fazer verificações adicionais, detectando, por exemplo, se ali constam PLGs inválidas, jamais exploradas, ou com limites de lavra ultrapassados. Ainda, esses dados poderiam ser comparados com outros dados públicos, como aqueles relativos à Contribuição Financeira de Exploração Mineral e a Relatórios Anuais de Lavra preparados pelos detentores de PLGs, para detecção de inconsistências.

Importante dizer que esses mecanismos não são, por si só, suficientes. Bastaria a uma instituição financeira adquirente seguir declarando ouro proveniente da área X como oriundo da PLG Y, plenamente regular, para a estratégia fracassar. Isso não isenta o mercado, ao menos, de envidar esforços para melhoria de seus sistemas de certificação de origem. Junto a isso, a mudança do marco regulatório é inevitável, em especial para estipularem-se limites à capacidade de lavra de cada título minerário, única medida capaz de evitar que uma PLG regular seja usada abertamente para lavagem de ouro proveniente de lavras criminosas.

Em suma, as ferramentas regulatórias atualmente disponíveis para controle de origem do ouro são frágeis. Não obstante, essas falhas são conhecidas, e as fragilidades que permitem a incorporação de ouro de origem ilegal às cadeias produtivas nacionais estão dadas. Cabe também ao mercado – embora não exclusivamente a ele – produzir soluções para garantia de origem do ouro que utiliza, sob pena de ser conivente com os variados crimes associados à exploração ilícita de ouro na Amazônia.

4. Considerações finais

É possível comprar ouro ou gado de origem legal na Amazônia? Existem mecanismos de rastreabilidade confiáveis que permitem separar o joio do trigo? Ou o melhor a fazer é evitar adquirir insumos produzidos ou explorados na região?

Ao longo deste artigo, demonstramos que a complexidade dessas cadeias produtivas e a fragilidade das ferramentas disponíveis para monitoramento e rastreabilidade de fornecedores tornam incerta, quando não desconhecida, a origem da matéria-prima, se não houver um acompanhamento diferenciado na relação comercial (comprar de uma fazenda especializada na criação de animais do nascimento ao abate, por exemplo). Essa incerteza passa a ter relevância penal quando o agente sabe ou deveria saber que está introduzindo em circulação um ativo que é produto de crime, podendo a ele ser imputados atos de receptação qualificada (art. 180, § 1º, do Código Penal[32]) ou lavagem (art. 1º, § 1º, incisos I e II, da Lei n. 9.613/98[33]).

---

32 "Art. 180. (...) § 1º Adquirir, receber, transportar, conduzir, ocultar, ter em depósito, desmontar, montar, remontar, vender, expor à venda, ou de qualquer forma utilizar, em proveito próprio ou alheio, no exercício de atividade comercial ou industrial, coisa que deve saber ser produto de crime: Pena – reclusão de 3 (três) a 8 (oito) anos, e multa."
33 "Art. 1º. (...) § 1º Incorre na mesma pena quem, para ocultar ou dissimular a utilização de bens, direitos ou valores provenientes de infração pe-

Enquanto ainda se discute, inclusive dentre agentes do mercado, a presunção legal de boa-fé do primeiro adquirente do ouro, isto é, se a instituição financeira seria ou não obrigada a ir além do mero arquivamento físico da documentação apresentada pelo vendedor para certificar-se da legalidade da origem do minério, pode-se dizer que existe um razoável consenso mercadológico sobre os deveres de diligência e cuidado do frigorífico (último adquirente do gado) – consenso esse materializado no Protocolo de Monitoramento de Fornecedores de Gado da Amazônia, que contou com a participação de empresas da indústria e do varejo de carnes na sua elaboração.

É bem verdade que existem abatedouros que ainda não realizam nenhum controle dos seus fornecedores. Na prática, pecuaristas bloqueados pelas empresas que assinaram o TAC com o Ministério Público Federal conseguem vender para as empresas que não assinaram. Isso gera um vazamento do efeito dos acordos e uma competição injusta com os frigoríficos que estão tentando assumir custos para excluir os fazendeiros que desmatam[34]. Essa posição de alguns atores do setor deve ser objeto de medidas contundentes, como restrições de mercado e sanções legais – civis e penais.

Na cadeia de produção e circulação do ouro, por sua vez, sequer mecanismos mercadológicos como o TAC da Pecuária existem, e as situações de cegueira do agente adquirente do minério – deliberada ou não – proliferam no contexto de um marco regulatório frágil e propenso a facilitar a introdução de ouro de origem ilegal em circulação.

Enfim, pecuária e mineração são atividades que produzem impactos sobre o meio ambiente e as relações sociais. No caso do Brasil, e mais especificamente da Amazônia, a exploração dos recursos naturais é cada vez mais associada à destruição da floresta e à violência contra povos indígenas e comunidades tradicionais. Sem um esforço adicional, além do que é exigido pelos marcos regulatórios atuais, as empresas que utilizam gado

---

nal: I – os converte em ativos lícitos; II – os adquire, recebe, troca, negocia, dá ou recebe em garantia, guarda, tem em depósito, movimenta ou transfere; (...)."

34 BARRETO, Paulo *et al.*, op. cit., p. 15-16.

e ouro como insumos da sua produção não são capazes de assegurar a legalidade da origem da sua matéria-prima. Nesse cenário, uma política de *compliance* eficaz para desvincular marcas e produtos de crimes ambientais e não ambientais, partindo do conhecimento dos marcos regulatórios, identificação de suas fragilidades e desenvolvimento de mecanismos de minoração de riscos, é mais do que um conjunto de regras para manter as operações das empresas dentro dos limites do risco permitido. É uma necessidade competitiva.

5. Referências bibliográficas

BARRETO, Paulo *et al*. *Os Frigoríficos vão ajudar a zerar o desmatamento na Amazônia?* Belém/PA: Imazon; Cuiabá: Instituto Centro da Vida, 2017. Disponível em: https://imazon. org.br/PDFimazon/Portugues/livros/Frigorificos%20e%20 o%20desmatamento%20da%20Amaz%C3%B4nia.pdf. Acesso em: 1º mar. 2023.

BOTTINI, Pierpaolo Cruz, RIZZO, Beatriz Dias, ROCHA, Marcela. Algumas linhas sobre *compliance* criminal. In: CUEVA, Ricardo Villas Bôas; FRAZÃO, Ana (Coord.). *Compliance*: perspectivas e desafios dos programas de conformidade. Belo Horizonte: Fórum, 2018, p. 381-398.

BRASIL. Advocacia-Geral da União. *Manifestação da AGU na ADI n. 72.243 – Petição n. 17.560*. Brasília: Advocacia-Geral da União, 27 fev. 2023. Disponível em: https://portal.stf. jus.br/processos/detalhe.asp?incidente=6522631. Acesso em: 28 fev. 2023.

_____. Ministério Público Federal. *Apresentação dos Resultados do 4º Ciclo de Auditorias do TAC da Pecuária – Pará*. Disponível em: https://www.mpf.mp.br/pa/sala-de-imprensa/documentos/2022/apresentacao_resultados_4o_ciclo_auditorias_tac_pecuaria_pa_15-dez-2022. Acesso em: 2 mar. 2023.

_____. Ministério Público Federal. Câmara de Coordenação e Revisão, 4. *Mineração ilegal de ouro na Amazônia: marcos jurídicos e questões controversas*. Brasília: MPF, 2020. Disponível em: https://www.mpf.mp.br/atuacao-tematica/ccr4/

dados-da-atuacao/publicacoes/roteiros-da-4a-ccr/Manual-MineraoIlegaldoOuronaAmazniaVF.pdf. Acesso em: 28 fev. 2020.

_____. Ministério Público Federal. *Em operação conjunta, MPF e PF combatem compra de ouro ilegal no oeste do Pará.* Pará: 10 maio 2018. Disponível em: https://www.mpf. mp.br/pa/sala-de-imprensa/noticias-pa/em-operacao-conjunta-mpf-e-pf-combatem-compra-de-ouro-ilegal-no-oeste-do-para. Acesso em: 28 fev. 2020.

_____. Ministério Público Federal. *MPF pede suspensão de instituições financeiras que compraram ouro ilegal no Pará.* Disponível em: https://www.mpf.mp.br/pa/sala-de-imprensa/noticias-pa/mpf-pede-suspensao-de-instituicoes-financeiras-que-compraram-ouro-ilegal-no-para. Acesso em: 28 fev. 2020.

_____. Ministério Público Federal. *Protocolo de Auditoria dos compromissos da pecuária na Amazônia.* Brasília: MPF, 2021. Disponível em: https://www.beefontrack.org/public/media/arquivos/1653932196-completo_protocolo_de_auditoria-_portugues_-_boi_na_linha_-_imaflora_-_060-8088_-_alt6_web.pdf. Acesso em: 3 mar. 2023.

_____. Ministério Público Federal. *Protocolo de Monitoramento de Fornecedores de Gado da Amazônia.* Brasília: MPF, 2021. Documento disponível em: https://www.boinalinha. org/categoria/protocolo-de-monitoramento/. Acesso em: 4 mar. 2023.

DALLABRIDA, Poliana *et al.* Monitor #16. São Paulo: Repórter Brasil, 2022. Disponível em: https://reporterbrasil.org. br/wp-content/uploads/2022/09/220902-Monitor-Pecu%-C3%A1ria-PT-06.pdf. Acesso em: 27 fev. 2020.

MANZOLLI, Bruno *et al. Legalidade da produção de ouro no Brasil.* Belo Horizonte: Editora IGC/UFMG, 2021.

RAJÃO, Raoni *et al.* The rotten apples of Brazil's agribusiness. *Science Magazine*, s.l., v. 369, n. 6501, p. 246-248, 2020. Disponível em: https://www.science.org/doi/10.1126/science.aba6646. Acesso em: 26 fev. 2023.

RISSO, Melina *et al. O ouro ilegal que mina florestas e vidas na Amazônia:* uma visão geral da mineração irregular e seus impactos nas populações indígenas. Rio de Janeiro: Instituto Igarapé, 2021.

SALOMÃO, Caroline S. *et al. Amazônia em chamas:* desmatamento, fogo e pecuária em terras públicas. Nota técnica n. 8. Brasília: Instituto de Pesquisa Ambiental da Amazônia (IPAM), 2021. Disponível em: https://ipam.org.br/wp-content/uploads/2021/10/Amazo%CC%82nia-em-Chamas-8-pecua%CC%81ria-pt.pdf. Acesso em: 1º mar. 2023.

VALDIONES, Ana Paula *et al. Mapeamento da exploração madeireira na Amazônia:* agosto de 2020 a julho de 2021. s.l.: Rede Simex, 2022. Disponível em: https://idesam.org/wp-content/uploads/2022/11/Boletim_SIMEX_2021.pdf. Acesso em: 26 fev. 2023.

WAISBICH, Laura Trajber *et al. O ecossistema do crime ambiental na Amazônia:* uma análise das economias ilícitas da floresta. Rio de Janeiro: Instituto Igarapé, 2022. Disponível em: https://igarape.org.br/wp-content/uploads/2022/02/AE-54-O-ecossistema-do-crime-ambiental-na-Amazonia.pdf. Acesso em: 26 fev. 2023.

PAGAMENTO POR SERVIÇOS AMBIENTAIS E BIOCRÉDITO: CAMINHOS CONVERGENTES PARA A PRESERVAÇÃO DA BIODIVERSIDADE

Rochana Grossi Freire[1]

1. Introdução

Na promessa de ser o país do futuro por seu vasto capital natural, o Brasil poderá ganhar destaque na Agenda Global 2030 e nas metas climáticas para 2050[2], sobretudo ao considerar-se efetivamente o desenvolvimento de um mercado consistente para pagamentos por serviços ambientais e emissão de biocréditos, por meio de um fluxo de receita potencial disponível para financiar a conservação e a gestão da biodiversidade.

O que evidencia essa possibilidade são os rumos traçados na 15ª Conferência sobre Biodiversidade (COP-15), ocorrida em dezembro de 2022, na cidade de Montreal, no Canadá.

---

1   Jornalista e Economista. Mestre em Marketing de Serviços. Especialista em Valoração Econômica de Ativos Ambientais. Coordenadora de ESG da 2Tree Ambiental – Grupo Mosello Lima Advocacia. Conselheira da Câmara Econômica do Forest Stewardship Council (FSC). Conselheira Fiscal da Eternit SA. Fundadora da RP Management – Capacitação em Gestão de Riscos e dos cursos ESG de Verdade. Professora Titular do MBA ESG e Impact da Trevisan Escola de Negócios e Exame Academy. E-mail: rochanagrossifreire@gmail.com.

2   Limitar novos aumentos de temperatura a menos de 1,5 a 2°C. Para que isso ocorra até 2050, é necessário reduzir as emissões em 25% a 50% até 2030, em comparação com os níveis anteriores a 2019.

Depois de quatro anos após a última conferência global sobre biodiversidade, o Acordo Kunming-Montreal surge com metas claras de proteção à terra e ao oceano, de modo a evitar a crescente extinção das espécies.

Segundo dados apresentados pela ONU, o globo terrestre passa por um processo de degradação alarmante, comprometendo a vida de um milhão de espécies animais e vegetais dentre um universo de oito milhões. Para mitigar os danos e construir novos rumos, os 195 países signatários do Acordo se comprometeram, até 2030, a incluir 30% do planeta em áreas de proteção ambiental, o que na atualidade não ultrapassa 17% para zonas terrestres e 10% para oceanos.

Em complemento à preservação da biodiversidade, o acordo traçou caminhos para que países em desenvolvimento possam financiar a proteção dos recursos naturais, mitigando processos de desertificação, eventos climáticos extremos, aumento do nível do mar, entre outros, que podem ser traduzidos como alternativas embrionárias na busca por justiça climática. O montante acordado entre os signatários aponta para um aporte de 20 bilhões de dólares anuais até 2025 e mais 30 bilhões de dólares anuais até 2030 pelos países desenvolvidos.

Nos últimos anos tem se evidenciado um crescimento de programas e projetos de PSA que buscam dar valor às ações de preservação e restauração e permitem regenerar e manter os serviços ambientais, ao contribuir para o uso sustentável do território. Sob o ponto de vista econômico, além de adicionar valor ambiental às áreas elegíveis, as receitas a partir de projetos de PSA tem agregado valor financeiro a governos, iniciativa privada e comunidades.

De acordo com Salzman *et al.* (2018), se identificam na atualidade 550 programas de PSA em nível mundial, nos quais se realizam transações anuais no montante de 36 a 42 bilhões de dólares. A modalidade de PSA de regulação e qualidade hídrica é a mais madura na escala global. Em termos de valores transacionados e distribuição geográfica resultaram, até 2015, em 24,7 bilhões de dólares em 62 países.

Atualmente, cerca de 70% dos programas de PSA implementados no mundo desenvolvem ações para a conservação e restauração de áreas em ecossistemas estratégicos associados a bacias hidrográficas, regulação e qualidade hídrica. As experiências internacionais evidenciam a existência de múltiplos fatores que incidem nos impactos e adicionalidades deste tipo de mecanismo em escala territorial.

Desta forma, a efetividade e continuidade no tempo se potencializam à medida que o instrumento econômico de PSA se desenvolve em torno de um conhecimento comum e confiante, adicionado à uma estrutura sólida de identificação e envolvimento dos atotes-chave no desenho e implementação de acordos[3].

2. Pagamento por Serviços Ambientais (PSA)

No Brasil, a Lei n. 14.119, de 13 de janeiro de 2021[4], que instituiu a Política Nacional de Pagamento por Serviços Ambientais (PNPSA), apresenta-se como um regramento positivo para as relações contratuais entre entes públicos e privados; povos indígenas e comunidades locais; pagadores e provedores de serviços ambientais, sob o ponto de vista de orientar a conservação, a recuperação e/ou incremento da biodiversidade.

No tocante à disposição normativa, destaca-se o art. 3º da PNPSA, que disciplina, mas não exaure, as modalidades de pagamento por serviços ambientais.

"Art. 3º São modalidades de pagamento por serviços ambientais, entre outras:

I – pagamento direto, monetário ou não monetário;

III – compensação vinculada a certificado de redução de emisbanas;

III – compensação vinculada a certificado de redução de emissões por desmatamento e degradação;

IV – títulos verdes (*green bonds*);

V – comodato;

VI – Cota de Reserva Ambiental (CRA), instituída pela Lei n. 12.651, de 25 de maio de 2012.

---

3   MURADIAN y RIVAL, 2013.

4   BRASIL, 2021. Disponível em: http://www.planalto.gov.br/ccivil_03/_ato2019-2022/2021/lei/L14119.htm. Acesso em: 5 jan. 2023.

§ 1º Outras modalidades de pagamento por serviços ambientais poderão ser estabelecidas por atos normativos do órgão gestor da PNPSA.

§ 2º As modalidades de pagamento deverão ser previamente pactuadas entre pagadores e provedores de serviços ambientais".

Outro ponto de atenção da Legislação, é o art. 4º, que dispõe sobre os objetivos da PNPSA, expondo diferentes possibilidades de aplicação da modalidade de pagamento por ser movendo a incorporação de medidas de perdas e ganhos em suas cadeias produtivas e a criação de um mercado de fomen movendo a incorporação de medidas de perdas e ganhos em suas cadeias produtivas e a criação de um mercado de fomento ao desenvolvimento sustentável.

"Art. 4º Fica instituída a Política Nacional de Pagamento por Serviços Ambientais (PNPSA), cujos objetivos são:

I – orientar a atuação do poder público, das organizações da sociedade civil e dos agentes privados em relação ao pagamento por serviços ambientais, de forma a manter, recuperar ou melhorar os serviços ecossistêmicos em todo o território nacional;

II – estimular a conservação dos ecossistemas, dos recursos hídricos, do solo, da biodiversidade, do patrimônio genético e do conhecimento tradicional associado;

III – valorizar econômica, social e culturalmente os serviços ecossistêmicos;

IV – evitar a perda de vegetação nativa, a fragmentação de habitats, a desertificação e outros processos de degradação dos ecossistemas nativos e fomentar a conservação sistêmica da paisagem;

V – incentivar medidas para garantir a segurança hídrica em regiões submetidas a escassez de água para consumo humano e a processos de desertificação;

VI – contribuir para a regulação do clima e a redução de emissões advindas de desmatamento e degradação florestal;

VII – reconhecer as iniciativas individuais ou coletivas que favoreçam a manutenção, a recuperação ou a melhoria dos serviços ecossistêmicos, por meio de retribuição monetária ou não monetária, prestação de serviços ou outra forma de recompensa, como o fornecimento de produtos ou equipamentos;

VIII – estimular a elaboração e a execução de projetos privados voluntários de provimento e pagamento por serviços ambientais, que envolvam iniciativas de empresas, de Organizações da

Sociedade Civil de Interesse Público (Oscip) e de outras organizações não governamentais;

IX – estimular a pesquisa científica relativa à valoração dos serviços ecossistêmicos e ao desenvolvimento de metodologias de execução, de monitoramento, de verificação e de certificação de projetos de pagamento por serviços ambientais;

X – assegurar a transparência das informações relativas à prestação de serviços ambientais, permitindo a participação da sociedade;

plena execução dos serviços ambientais;

XII – incentivar o setor privado a incorporar a medição das

plena execução dos serviços ambientais;

XII – incentivar o setor privado a incorporar a medição das perdas ou ganhos dos serviços ecossistêmicos nas cadeias produtivas vinculadas aos seus negócios;

XIII – incentivar a criação de um mercado de serviços ambientais;

XIV – fomentar o desenvolvimento sustentável."

A PNPSA também reconhece, que o mercado de pagamento por serviços ambientais, por si só, não abrange todas as necessidades requeridas para a plena preservação, recuperação e/ou incremento da biodiversidade. Faz-se imprescindível a integração com as demais políticas setoriais.

"§ 1º A PNPSA deverá integrar-se às demais políticas setoriais e ambientais, em especial à Política Nacional do Meio Ambiente, à Política Nacional da Biodiversidade, à Política Nacional de Recursos Hídricos, à Política Nacional sobre Mudança do Clima, à Política Nacional de Educação Ambiental, às normas sobre acesso ao patrimônio genético, sobre a proteção e o acesso ao conhecimento tradicional associado e sobre a repartição de benefícios para conservação e uso sustentável da biodiversidade e, ainda, ao Sistema Nacional de Unidades de Conservação da Natureza e aos serviços de assistência técnica e extensão rural[5]."

3. PSA privado no Brasil

O território brasileiro é formado por 8,5 milhões de quilômetros quadrados sendo aproximadamente 63,7% cobertos

---

5   Art. 4º, XIV, § 1º, PNPSA.

por florestas nativas, 23,2% ocupados por pastagens, 6,8 % pela agricultura, 4,8 % pelas redes de infraestrutura e áreas urbanas, 0,9 % culturas permanentes e apenas 0,6% abrigam florestas plantadas.

Desta forma, encontra-se três categorias de ativos potenciais elegíveis a Pagamento por Serviços Ambientais nos biomas Mata Atlântica, Amazônia, Cerrado, Pampa e Caatinga.

a. Áreas de Vegetação Nativa: conservada ou restaurada;
b. Áreas de Vegetação Nativa: recuperação ou incremento;
c. Áreas de Florestas Plantadas de Produção.

Assim sendo, demonstra-se a matriz de materialidade da 2Tree Ambiental[6], como iniciativa aplicada em projetos de Pagamento por Serviços Ambientais privados, de acordo com a CNAE 0220-9/06- Produção florestal- florestas nativas e suas subclasses: Conservação de florestas nativas ao (i) florestamento e o reflorestamento de florestas nativas, com o objetivo de manutenção da biodiversidade; e (ii) a utilização de tratos silviculturais em florestas nativas e para florestas plantadas de produção, positivada por ações de conservação, manutenção ou incremento de serviços ambientais.

A matriz já foi aplicada nos biomas Mata Atlântica, Amazônico e Cerrado, em áreas acima de 3 mil hectares. Seguindo o *step by step* do projeto de ponta a ponta, inicia-se com a identificação de consolidação dos recursos geradores de serviços ambientais e ecossistêmicos, a seguir aplica-se a metodologia sucessional de regeneração da vegetação.
[illegible]
sucessional de regeneração da vegetação.

Como terceiro passo, são analisadas a partir dos ativos as possibilidades de pagamentos por serviços ambientais pertinentes; na sequência elabora-se um planejamento de sistema e governança da área para aferição de indicadores e monitoramento de performance e, por fim, parte-se para a abordagem negocial junto a fundos e instituições financeira para captação de recursos.

6 2Tree Ambiental. Disponível em: https://2tree.com.br/.

3.1. Matriz de Materialidade PSA 2Tree Ambiental

4. Iniciativas mundiais de PSA

4.1. China

Na China, o PSA se tornou um elemento central da estratégia nacional ambiental[7] como parte do Programa de Conservação de Bosque Natural (NFCP – sigla em inglês) e do Programa de Conversão de Terrenos Inclinados (SLCP – sigla em inglês), também conhecido como Programa Grain to Green. Ambos se configuram como os maiores programas de PSA do mundo. A iniciativa surge em resposta à degradação ecossistêmica que se faz presente no país, derivada do rápido crescimento econômico[8].

Há duas décadas o Programa de Conversão de Terrenos Inclinados já apresentava como meta converter 14,67 milhões de hectares de terras agrícolas em florestas, o que representa 4,4 milhões de terrenos em declives superiores a 25 graus. Para a China, este seria um aumento de 10% a 20% na área de floresta nacional e uma diminuição de 10% na área cultivada atual[9]. À época, os programas de PSAs foram implementados

---

7 SALZMAN et al., 2018.
8 OUYANG et al., 2016.
9 HYDE, BELCHER e XU, 2003; ZGTJNJ, 2001.

em mais de dois mil condados, em 25 províncias da China, em áreas de heterogeneidade ecológica e econômica. O orçamento inicial corresponde a US$ 40 bilhões.

4.2. Uganda

Em Uganda, ao leste da África, os programas de PSA foram implementados com compromisso de conservar as coberturas naturais a partir de propriedades privadas. Os resultados podem ser aferidos pela redução do desmatamento e no incremento de cobertura natural em 0,27 hectares por participante do programa.

4.3. Costa Rica

Durante a década de 1990, a Costa Rica experimentou uma mudança no setor ambiental, impulsionada pela legislação que favorece a conservação e proteção dos recursos naturais. A criação de instituições que remontaram o setor com uma troca significativa na forma como a sociedade percebe o manejo florestal, a conservação e o desenvolvimento sustentável dos recursos naturais.

O país incluiu previsões legais necessárias para salvaguardar o direito dos habitantes de desfrutar de um ambiente saudável e equilibrado, bem como ratificaram vários convênios sub-regionais, tais como: Convênio Regional de Manejo e Conservação e o Desenvolvimento de Plantações Florestais. Além disso, adicionaram a promulgação de novas leis: Ley Forestal n. 7.575, Ley de la Autoridad Reguladora de los Servicios Públicos, Ley Orgánica del Ambiente, Ley de Conservación de Suelos y Ley de Biodiversidad. Estas constituem o marco no qual executam o Programa de Pagamentos por Serviços Ambientais (PPSA). A Lei Florestal n. 7.575, no seu art. 46, criou o Fundo Nacional de Financiamento Florestal (Fonafifo) e estabelece seus objetivos.

"Art. 46. Se crea el Fondo Nacional de Financiamiento Forestal, cuyo objetivo será financiar, para beneficio de pequeños y medianos productores, mediante créditos u otros mecanismos de fomento del manejo del bosque, intervenido o no, los procesos de forestación, reforestación, viveros forestales, sistemas agroforestales, recuperación de áreas denudadas y los cambios tecnológicos en aprovechamiento e industrialización de los recursos forestales. También captará financiamiento para el pago de los servicios ambientales que brindan los bosques, las plantaciones forestales y otras actividades necesarias para fortalecer el desarrollo del sector de recursos naturales, que se establecerán en el reglamento de esta ley. El Fondo Nacional de Financiamiento Forestal contará con personería jurídica instrumental; salvo que el cooperante o el donante establezca condiciones diferentes para los beneficiarios."

O artigo discorre sobre a criação do Fonafifo, que tem como objetivo financiar iniciativa de reflorestamento, sistemas agroflorestais, recuperação de áreas, entre outros. O fundo também funciona como instrumento de captação de financiamento para projetos de pagamentos por serviços ambientais.

O Fonafifo tem propiciado a participação de entes internacionais como o Banco Mundial e o Fundo para o Meio Ambiente Mundial, por meio de Projeto de Ecomercados e do Governo alemão, através de KfW, que aporta recursos do Programa Florestal Huetar Norte. Entretanto, os recursos disponíveis para investimentos não têm sido suficientes, segundo a Fonafifo, para abastecer a crescente demanda.

Diante disto, o Fundo desenvolveu mecanismos e convênios com a iniciativa privada local para gerar fontes alternativas de financiamento para o Programa de PSA, os quais tem resultado em êxito e estão permitindo que mais produtores se beneficiem com os recursos mobilizados mediante a aplicação deste instrumento. O investimento da iniciativa privada é de aproximadamente US$ 7 milhões durante os últimos anos.

Para monitorar o Programa de PSA, o Fonafifo desenhou um esquema de gestão apoiado por tecnologia e profissionais especializados. Através da ferramenta, realizam-se os trabalhos necessários para garantir que os recursos sejam implementados em suas atividades fins de forma eficiente e cheguem a quem efetivamente entrega os serviços ambientais.

O monitoramento se realiza mediante várias atividades: visita *in loco* da área de PSA e das oficinas regionais de fazendas submetidas ao projeto, revisão de informativos dos chamados Regentes Florestales e de auditorias às quais o Fundo e o programa de PSA estão sujeitos.

O projeto é também acompanhado de ferramentas do SIG e Siap de monitoramento, que permite através de plataforma monitorar todas as informações dos contratos, combinando elementos como critérios técnicos, aspectos legais, geográficos e financeiros, permitindo a transparência e respaldo ao projeto. O Programa de PSA tem permitido alcançar os objetivos combinados com outras ações do Governo da Costa Rica que têm impactado positivamente em:

a) redução da taxa de desmatamento;
b) recuperação da cobertura florestal e terras degradadas;
c) mecanismo eficaz contra o corte ilegal;
d) promoção da produção da indústria florestal;
e) contribuição do desenvolvimento rural;
f) contribuição para redução da pobreza;
g) contribuição ao cumprimento das metas ambientais globais.

Os pagamentos por serviços ambientais na Costa Rica subdividem-se em modalidades de Manutenção da Cobertura Florestal, responsáveis pelas seguintes atividades:

a) proteção da vegetação (bosque);
b) proteção de recursos hídricos;
c) reflorestamento;
d) reflorestamento com espécies em vias de extinção;
e) regeneração natural;
f) sistemas agroflorestais;
g) sistemas agroflorestais de café;
h) sistemas agroflorestais com espécies em extinção;
i) sistemas mistos;
j) proteção pós-colheita.

4.3.1. Resultados dos Programas de PSA da Costa Rica

Montantes a serem pagos aos beneficiários dos Programas de PSA da Costa Rica (2022), divulgados pelo Fonafifo para contratos de 10 e 5 anos, detalha-se a seguir:

Tabela 1. Montante anual a reconhecer por hectare na atividade de Proteção do Bosque[10]

Actividad PSA	Vigencia del contrato (años)	Distribución del desembolso por año (colones por hectárea)										Monto total (colones)
		Año 1	Año 2	Año 3	Año 4	Año 5	Año 6	Año 7	Año 8	Año 9	Año 10	
Protección de Bosque	10	36 822,90	36 822,90	36 822,90	36 822,90	36 822,90	36 822,90	36 822,90	36 822,90	36 822,90	36 822,90	368 229/ha
Recurso Hídrico	10	46 029,10	46 029,10	46 029,10	46 029,10	46 029,10	46 029,10	46 029,10	46 029,10	46 029,10	46 029,10	460 291/ha
Regeneración Natural	5	23 589,60	23 589,60	23 589,60	23 589,60	23 589,60	-	-	-	-	-	117 948/ha
Manejo de Bosque	5	28 768,20	28 768,20	28 768,20	28 768,20	28 768,20	-	-	-	-	-	143 841/ha

Fecha: 27 de junio de 2022.
Fuente: Departamento de Gestión de Servicios Ambientales, resolución R-0066-2022-MINAE.
Actualización de los montos a pagar: los montos establecidos a pagar varían anualmente según el Índice de Precios al Consumidor (IPC).

Tabela 2. Montante anual a reconhecer por hectare ou árvore em atividades de Reflorestamento e Sistemas Agroflorestais

Actividad PSA	Vigencia del contrato (años)	Distribución del desembolso por año (colones por árbol)			Monto total (colones)
		Año 1	Año 3	Año 5	
Sistemas Agroforestales (SAF)	5	503,00	251,50	251,50	1 006/árbol
Sistemas Agroforestales con especies nativas	5	745,50	372,75	372,75	1 491/árbol
Sistemas Agroforestales en Plantaciones de Aprovechamiento Forestal (PPAF)	5	1 192,80	-	298,20	1 491/árbol

Fecha: 27 de junio de 2022.
Fuente: Departamento de Gestión de Servicios Ambientales, resolución R-0066-2022-MINAE.
Actualización de los montos a pagar: los montos establecidos a pagar varían anualmente según el Índice de Precios al Consumidor (IPC).

Tabela 3. Montante anual a reconhecer por hectare/árvore na atividade de Sistemas Agroflorestais Mistos

Actividad PSA	Vigencia del contrato en años	Sub-Actividad	Distribución del desembolso por año (colones por hectárea/árbol)					Monto total (colones)
			Año 1	Año 2	Año 3	Año 4	Año 5	
Sistemas Mixtos	5	Protección de cobertura	36 823,00	36 823,00	36 823,00	36 823,00	36 823,00	184 115/ha
		Regeneración natural	23 589,00	23 589,00	23 589,00	23 589,00	23 589,00	117 945/ha
		SAF[1]	299	299	299	299	299	1 495/arb

Fecha: 27 de junio de 2022.
Fuente: Departamento de Gestión de Servicios Ambientales, resolución R-0066-2022-MINAE.
Actualización de los montos a pagar: los montos establecidos a pagar varían anualmente según el Índice de Precios al Consumidor (IPC).
[1]: El monto a pagar es por árbol.

	10	409 518,00	163 807,20	122 855,40	81 903,60	40 951,80	819 036/ha
Reforestación especies nativas	16	614 278,00	245 711,20	184 283,40	122 855,60	61 427,80	1 228 556/ha
Plantaciones Forestales con Turnos de Rotación Reducidos (PFTRR)	6	195 415,50	97 707,75	-	97 707,75	-	390 831/ha
Reforestación especies de rápido crecimiento	10	363 201,50	145 280,60	108 960,45	72 640,30	36 320,15	726 403/ha
Reforestación especies de mediano crecimiento	16	409 518,00	163 807,20	122 855,40	81 903,60	40 951,80	819 036/ha
Reforestación especies nativas	16	614 278,00	245 711,20	184 283,40	122 855,60	61 427,80	1 228 556/ha
Plantaciones Forestales con Turnos de Rotación Reducidos (PFTRR)	6	195 415,50	97 707,75	-	97 707,75	-	390 831/ha
Reforestación proyecto piloto PSA + Crédito	6	390 831,00	-	-	-	-	390 831/ha

Fecha: 27 de junio de 2022.
Fuente: Departamento de Gestión de Servicios Ambientales, resolución R-0066-2022-MINAE.
Actualización de los montos a pagar: los montos establecidos a pagar varían anualmente según el Índice de Precios al Consumidor (IPC).

---

10 De acordo com a cotação do câmbio em 29 de agosto de 2022, R$ 1,00 corresponde a CRC 128,28 (Colón costa-riquenho).

Tabela 4. Dados da demanda anual de solicitações que se aplicam ao Programa de PSA comparada com a quantidade de hectares e árvores orçadas nos Decretos Executivos e Resoluções de PSA no período de 2010-2021[11]

Año	Cantidad de Solicitudes recibidas	Cantidad de Hectáreas solicitadas	Cantidad de Árboles solicitados	Cantidad de Hectáreas presupuestadas	Cantidad de Árboles presupuestados (1)
2010	2 297	173 111	876 538	23 244	600 000
2011	1 938	160 736	916 634	60 680	750 000
2012	2 469	150 751	930 783	74 069	750 000
[illegible]	[illegible]	[illegible]	[illegible]	[illegible]	[illegible]
2016	2 026	124 795	617 508	57 574	550 400
[illegible]	[illegible]	[illegible]	[illegible]	[illegible]	[illegible]
2015	2 437	158 935	970 201	48 460	500 400
2016	2 026	124 795	617 508	57 574	550 400
2017	1 440	115 686	549 493	39 410	550 400
2018	1 334	97 817	717 975	49 162	550 400
2019	1 349	94 372	757 911	48 834	550 400
2020	1 646	109 649	828 328	42 410	550 400
2021	1 365	108 281	408 130	500(2)	100.000
Total	21 782	1 320 631	9 067 618	558 321	7 167 400

Tabela 5. Distribuição dos contratos de PSA por tamanho de projeto para as atividades de Proteção, Reflorestamento, Regeneração e Manejo Florestal de 2012-2021

Año	Área PSA <= 50 (Ha)		Área PSA 50.1 - 100 (Ha)		Área PSA 100.1 - 300 (Ha)		Área PSA > 300.1 (Ha)		Total	
	N° contratos	Total de Área Contratada (ha)	N° contratos	Total de Área Contratada (ha)	N° contratos	Total de Área Contratada (ha)	N° contratos	Total Área Contratada (ha)	N° contratos	Total Área Contratada (ha)
2012	658	13 751	193	13 853	155	28 054	13	12 680	1020	68 338
2013	644	12 791	151	10 639	172	32 412	13	12 141	981	67 984
2014	508	9 527	115	8 117	101	18 547	14	12 706	739	48 896
2015	484	12 265	179	13 425	157	31 407	13	12 273	834	69 370
2016	445	10 557	125	10 130	86	18 828	9	8 995	666	48 510
2017	288	6 356	93	6 881	117	21 808	10	10 000	508	45 045
2018	283	6 411	105	7 190	140	24 093	11	9 967	539	47 661
2019	388	8 465	124	8 714	104	17 539	25	16 425	641	51 143
2020	370	7 538	86	6 280	50	9081	14	12 564	520	35 463
2021	110	2 514	23	1 560	12	1923	-	-	145	5 997
Total	4 178	90 175	1 194	86 789	1 094	203 692	122	107 751	6 593	488 407

Fecha de corte: 24 de enero del 2022.
Fuente: Departamento de Gestión de Servicios Ambientales, SiPSA Fonafifo. Los datos de los contratos de Sistemas Mixtos se incluyen en los siguientes cuadros.
Para el año 2021 no se formalizaron contratos en las actividades de Regeneración ni Manejo de bosque.

---

11 Fecha de corte: 24 de enero de 2022.
Fuente: Departamento de Gestión de Servicios Ambientales SiPSA Fonafifo. 2022.
(1): Información tomada de los Decretos Ejecutivos anuales de PSA (año 2010 al 2015) y de las Resoluciones Ministeriales Anuales de PSA (año 2016 al 2021).
(2): Corresponden a hectáreas del proyecto piloto PSA + Crédito. Las hectáreas presupuestas en Protección dependieron del monto establecido en la Directriz Ministerial DM-1052-2021.

4.4. México

No México, o primeiro programa de PSA teve início em 2003 e tem apresentado crescimento e benefícios exponenciais ao longo dos anos. Apenas 10 anos depois, 2,5 milhões de hectares de bosque natural já faziam parte do programa, tornando-se o maior programa de PSA da América Latina. Os resultados apresentam uma redução na probabilidade de desmatamento de aproximadamente 6% a 10% e 2% a 11% de tamento onde os níveis de pobreza são baixos e em alguns demonstrou que parece ser mais eficaz na redução do desmatamento onde os níveis de pobreza são baixos e em alguns Estados do México[12].

Em pagamentos por serviços ambientais é reconhecido, como projeto de PSA hídrico, o desenvolvimento das Serras de Coahuila e Veracruz. Para projetos de PSA de captura de carbono, o México apresenta resultados nas selvas Chiapanecas ou ainda no PSA para belezas cênicas e paisagens costeiras de Oaxaca.

Como parte da estratégia para promoção de pagamentos por serviços ambientais, a partir de 2003, o Governo Federal, através da Comissão Nacional Florestal (Conafor), atuou em duas iniciativas: no Programa de Serviços Ambientais Hidrológicos (PSAH) e no Programa para Desenvolvimento do Mercado de Serviços Ambientais por Captura de Carbono e Derivados da Biodiversidade, além do programa para Fomentar o Estabelecimento e Melhorias de Sistemas Agroflorestais (PSA-CABSA), no ano de 2004.

A partir de 2006, os programas se fundiram para um conceito apenas denominado Serviços Ambientais que compõem parte do PróArbol. A partir de 2007, os recursos destinados ao Programa por Pagamentos Ambientais foram incrementados cinco vezes. Entre 2003 e 2010, a Conafor assinou contratos envolvendo o montante de 5,2 milhões de pesos para a execução de 4.646 projetos de conservação em 2,7 milhões de hectares de território.

---

12 ALIX-GARCIA, SHAPIRO e SIMS, 2012.

Adicionalmente, apoiou a elaboração de 760 documentos para projetos entre os anos de 2004 a 2009 com investimento de 85 milhões de pesos, beneficiando mais de 5.400 propriedades rurais, comunidades e pequenos proprietários em todo o país. Em 2010 foram realizados pagamentos diferenciados por tipo de ecossistema, procurando vincular o montante de apoio ao custo de oportunidade em que incorrem os proprietários de terrenos florestais ao praticar atividades de conservação.

4.5. Colômbia

Na Colômbia, o marco da política pública e do normativo vigente estabelece o PSA como um incentivo econômico que reconhece os interessados em serviços ambientais, proprietários ou ocupantes de áreas e ecossistemas estratégicos, em ações de preservação ou restauração que regenerem ou mantenham os serviços ambientais, mediante um acordo entre as partes[13].

O território colombiano dispõe de 299.326 hectares submetidos a programas de pagamentos por serviços ambientais (dados de 2020), superando a meta estabelecida pelo próprio país de 250.000 hectares. No mesmo ano, foram reportados 24 projetos, envolvendo 79.414 novas áreas de conservação por projetos de PSA, beneficiando 3.780 famílias em 120 municípios. O objetivo é abranger até 1 milhão de hectares em programa de PSA.

A implementação do Programa Nacional de PSA da Colômbia aponta o cumprimento de diversas políticas públicas e, especialmente. o atual Plano Nacional de Desenvolvimento. o

O Programa de PSA governamental e para parceiros priva-em até 380.000 hectares.

O Programa de PSA governamental e para parceiros privados estratégicos se desenvolve através de cinco fatores-chaves:

I. Fortalecimento de Capacidades;
II. Instrumentação Jurídica;
III. Gestão e Articulação Institucional;
IV. Avaliação e Seguimento Institucional;
V. Sustentabilidade Financeira Institucional.

---

13 Decreto Ley n. 870, 2017; Decreto n. 1.007, 2018).

Estima-se que até 85% da água para consumo humano de cidades importantes como Bogotá, Medellín, Bucaramanga e Cali estão associadas ao ciclo hidrológico de páramos (considerados ecossistemas estratégicos por seu especial papel no ciclo hidrológico que sustenta o suprimento do recurso hídrico para consumo humano e desenvolvimento de atividades econômicas de mais de 70% da população colombiana).

O marco que normatiza o pagamento por serviços ambientais da Colômbia, diferentemente da PNPSA (Política Nacional de Pagamentos por Serviços Ambientais) brasileira, já impõe quatro possibilidades no regramento jurídico para os tipos de modalidades de PSA que são permitidas: a) qualidade e regulação hídrica, b) conservação da biodiversidade, c) redução e captura de gases de efeito estufa e d) serviços culturais, espirituais e de recreação.

"A 'Ley 99 de 1993' – 'Ley General Ambiental de Colombia'– disciplinou o Sistema Nacional Ambiental e o ordenamento ambiental territorial como '*la función atribuida al Estado de regular y orientar el proceso de diseño y planificación de uso del territorio y de los recursos naturales renovables de la Nación, a fin de garantizar su adecuada explotación y su desarrollo sostenible'*".
(Tradução: "A função atribuída ao Estado de regular e orientar o processo de desenho e planejamento do uso do território e dos recursos naturais renováveis da Nação, a fim de garantir sua adequada exploração e seu desenvolvimento sustentável").

4.6. Paraguai

O programa de Pagamento por Serviços Ambientais do Paraguai assim como em outros países da América Latina, subdivide-se em áreas temáticas, a saber: recursos hídricos, biodiversidade, ar, controle dos recursos naturais, mudanças climáticas, serviços ambientais, gestão ambiental e jurídica.

A valoração e retribuição dos serviços ambientais é regulamentada pela Ley n. 3.001/2006, que versa sobre proporcionar a conservação, a proteção, a recuperação e o desenvolvimento sustentável da diversidade biológica e dos recursos naturais do país, através da valoração e retribuição justa, oportuna e adequada dos serviços ambientais, bem como contribuir ao cumprimento das obrigações internacionais assumidas pela República do Paraguai.

A administração dos recursos derivados dos serviços ambientais e a definição e implementação de políticas para retribuição, no conceito de prestação de serviços ambientais, se realizam através do Fundo Ambiental mencionado no art. 36 da Ley n. 1.561/2000, "que cria o sistema nacional do meio ambiente, o conselho nacional e a secretaria do meio ambiente".

Ainda sobre a Ley n. 3001/2006, o art. 6º esclarece sobre a fixação de valores dos serviços ambientais, reajustados a cada cinco anos pelo índice de preços ao consumidor. O preço inicial é estabelecido em relação ao valor do benefício econômico, ambiental e sociocultural.

> "Artículo 6º. El Poder Ejecutivo establecerá el valor de los servicios ambientales, el que será actualizado cada cinco años, sin perjuicio del establecimiento de un índice de ajuste de precios para mantener dicho valor entre cada nueva valorización. Su precio inicial será establecido en relación con el valor o beneficio económico, ambiental o sociocultural que satisfaga."

Valores Nominais dos Certificados de Serviços Ambientais para as ecorregiões do Paraguai[14]

	ECORREGIÓN	Gs por Hectárea
1	LITORAL CENTRAL	5.152.526
2	SELVA CENTRAL	3.751.331
3	ÑEEMBUCU	3.554.037
4	ALTO PARANA	3.311.404
5	AQUIDABAN	2.606.295
6	CHACO HUMEDO	2.517.405
7	AMAMBAY	2.188.719
8	CHACO SECO	2.029.729
9	PANTANAL	2.003.945
10	CERRADO	1.962.768
11	MÉDANOS	894.933

Cuadro. Valores nominales por Ecorregión conforme a la Resolución SEAM Nº 1093/2013.

---

14 De acordo com a cotação do câmbio em 29 de agosto de 2022, R$ 1,00 corresponde a Gs$ 1.369,00.

5. Biocréditos

Os biocréditos provêm de instrumento econômico aplicado ao financiamento de iniciativas de três formas: aumentar a biodiversidade (como proteção e/ou restauração de espécies, ecossistemas ou habitats naturais), evitar a perda ou ainda premiar àqueles que conservam áreas intocadas de vegetação nativa. O esquema se dá através da comercialização de unidades de biodiversidade, na mesma medida do PSA, seguindo o princípio protetor-recebedor, em que quem preserva a biodiversidade recebe de investidores interessados em conservar o capital natural.

Uma vez adquiridos, os biocréditos podem ser retirados do mercado ou potencialmente vendidos em mercados secundários, semelhante às transações voluntárias de REDD+, embora com REDD+ isso aconteça apenas em pequenas quantidades. As receitas das vendas de biocrédito promoveriam a conservação ao financiar mecanismos equitativos de compartilhamento de benefícios em países tropicais de baixa e média renda, onde está localizada a maior parte da biodiversidade mundial[15].

Quando estruturados, os créditos de biodiversidade como mecanismo de conservação da biodiversidade tornam-se instrumentos financeiros atrativos para o setor privado e para governos sob a ótica do monitoramento de suas ações e compromissos de conservação.

Nesta linha, os biocréditos não se confundem com compensações de biodiversidade. Compreende-se aqui que os créditos são unidades de medida de preservação, ou seja, adota-se como instrumento financeiro preditivo e não apenas compensatório pelas perdas líquidas de biodiversidade. Para tanto, cumpre ressaltar a importância de uma legislação estruturada que não deixe lacunas no seu objetivo fim *ex-ante* de ganhos de preservação.

Em termos de estruturação de mercado, os biocréditos se assemelham ao mercado de créditos de carbono, ao propor-se uma unidade de medida a ser comercializada no mercado vo-

---

15 PORRAS, I e STEELE, P (2020).

luntário. Contudo, pelas características intrínsecas da biodiversidade, tipos de biomas, espécies, diversidade de serviços ecossistêmicos e interdependência entre eles, estabelecer indicadores e aferir tais quantitativos passa a ser um desafio.

Alguns caminhos vêm sendo utilizados para estabelecer métricas que possam corresponder a unidades de medida para créditos de biodiversidade, tais como: a diversidade de espécies, grupos taxonômicos e espécies com maior impacto em determinados habitats, o que diferencia as condições ecológicas de cada localidade. Um ponto a ser observado é como o uso da tecnologia em monitoramento traduzirá as informações coletadas *in loco* de forma a qualificar e aferir as condições reais dos ecossistemas.

5.2. Iniciativa de Biocréditos

5.2.1. *A experiência em créditos de Biodiversidade na Malásia*

A operação realizada para a comercialização de créditos de biodiversidade na Malásia, através do Malua BioBank, é fruto de parceria entre a New Forest, Equator LLC, Eco Products Funds LP e o governo de Sabah. Ainda em 2008, o programa previa a restauração e proteção de 34 mil hectares de recursos florestais, gerenciadas pela New Forest Asia.

O objetivo deste projeto era estabelecer concorrência com usos alternativos das propriedades. Para a operação, que envolvia populações de orangotangos selvagens e espécies ameaçadas de elefante, ursos e leopardos, o Eco Products Fund LP, biobanco, aportou US$ 10 milhões, para ações entre 2008-2014, com vistas à geração de certificados de biodiversidade a um valor de US$ 10 cada para 100 metros quadrados de áreas restauradas e protegidas de floresta tropical. Os certificados obtiveram registro por meio da TZ1 Limited, o que permite rastreabilidade e transparência no repasse de propriedade dos certificados.

Inicialmente, o projeto contou com o apoio de quatro empresas da Malásia do mercado de óleo de palma. Juntas, em

2012, as companhias IOI Corporation Berhad, TH Group, Kwantas Corporation Berhad e Perbadanan Kemajuan Pertanian Selangor efetivaram a compra de certificados de biodiversidade no valor de US$ 215.000,17. Os resultados financeiros da operação foram divididos entre as partes, incluindo a comunidade local que detinha a concessão da operação para extração de madeira.

> "Embora pioneiro em sua abordagem, o projeto lutou contra o estigma associado ao investimento com fins lucrativos. Também enfrentou o desafio de criar e comercializar certificados em um mercado imaturo e pouco regulamentado. A natureza voluntária das compras significava que era incapaz de resistir aos choques nos mercados econômicos, deixando de obter demanda previsível suficiente para tornar o projeto financeiramente viável"[16].

6. Considerações finais

Embora a preservação da biodiversidade esteja ganhando espaço nas agendas mundiais de sustentabilidade, principalmente nos últimos três anos, muitos são os desafios para o estabelecimento de um ordenamento jurídico global e nacional, de forma a dispor-se de políticas estruturadas de financiamento da conservação, incremento e mitigação das perdas líquidas de biodiversidade.

Ainda que em projetos aplicáveis, estruturados e comprovadamente rentáveis, os instrumentos de Pagamento por Serviços Ambientais e esquemas de Biocréditos precisam de maior clareza da legislação e amadurecimento do mercado financeiro para assumirem a condição efetiva de fazer a diferença em mudanças positivas para a biodiversidade.

A dificuldade de aferição da biodiversidade sob forma de unidade de medida passa pelo investimento público e privado em pesquisas científicas que corroborem nas melhores propostas de medição dos elementos da biodiversidade para a conversão das receitas em reinvestimento no próprio ambiente.

---

16 PORRAS, I e STEELE, P (2020).

De qualquer forma, todos os desafios são ínfimos se comparados à falta de conscientização da sociedade para a preservação do seu próprio habitat.

7. Referências bibliográficas

ALVARADO-QUESADA, I, HEIN, L e WEIKARD, HP (2014) *Market-based mechanisms for biodiversity conservation:* a review of existing schemes and an outline for a global mechanism.

BAKER, M (2019) Yaeda Valley annual report: reducing emissions from deforestation and forest degradation in the Yaeda Valley, Northern Tanzania. Carbon Tanzania. Disponível em: http://bit.ly/2YkFfC0.

BROCK, A (2015) "Love for sale": biodiversity banking and the struggle to commodify nature in Sabah, Malaysia. *Geoforum* 65: 278-290.

BROWNLIE, S, VON HASE, A, BOTHA, M, Manuel, J, BALMFORTH, Z and JENNER, N (2017) Biodiversity offsets in South Africa – challenges and potential solutions. *Impact Assessment and Project Appraisal* 35(3): 248-256.

BRUNNER, S and ENTING, K (2014). Climate *finance:* A transaction cost perspective on the structure of state-to-state transfers.

KOH, NS, HAHN, T and BOONSTRA, WJ (2019) How much of a market is involved in a biodiversity offset? A typology of biodiversity offset policies. *Journal of Environmental Management* 232: 679-691.

MAMED, Danielle de Ouro. *Pagamentos por serviços ambientais e mercantilização da natureza na sociedade moderna capitalista.* Tese de Doutorado. Pontifícia Universidade Católica do Paraná- 2016.

MATARRITA- VENEGAS, R (2018) Proyecto 'Iniciativa Finanzas para la Biodiversidad (BIOFIN)': Capítulo de Costa Rica. In: *Revisión de las Inversiones en Biodiversidas.* San Jose: BIOFIN.

MAZZA, L and Schiller, J (2014) The use of eco-accounts in Baden-Württemberg to implement the German Impact Mitigation Regulation: A tool to meet EU's No-Net-Loss requirement? A case study report prepared by IEEP. Disponível em: http://bit.ly/2xkEXiF.

OECD. *Transaction costs.* Disponível em: https://stats.oecd.org/glossary/detail.asp?ID = 3324.

PORRAS, I and ASQUITH, N (2018). *Ecosystems, poverty alleviation and conditional transfers:* guidance for practitioners. IIED, London.

_____; Chacón-Cascante, A (2018) *Costa Rica's Payments for Ecosystem Services programme.* IIED, London.

_____; e STEELE, P (2020) *Making the market work for nature.* IIED, London. Disponível em: https://pubs.iied.org/16664iied.

TASKFORCE ON NATURE RELATED FINANCIAL DISCLOSURES. *Introducing the TNFD Framework.* Disponível em: https://framework.tnfd.global/introducing-the-tnfdframework/.

WORLD BANK (2016). *Emissions trading registries:* guidance on regulation, development, and administration. Disponível em: http://bit.ly/2NjZ37u.

WUNDER, S (2006). The Efficiency of Payments for Environmental Services in Tropical Conservation. *Conservation Biology* 2 (10) 48-58.

La COP15 finaliza con un acuerdo histórico por la biodiversidade. Disponível em: https://www.unep.org/es/noticias-y-reportajes/reportajes/la-cop15-finaliza-con-un-acuerdo-historico-por-la-biodiversidad. Acesso em: 15 jan. 2023.

2023 será finalmente o ano das florestas?... Disponível em: https://www.cartacapital.com.br/sustentabilidade/2023-sera-finalmente-o-ano-das-florestas/. Acesso em: 15 fev. 2022.

Retomar o rumo para alcançar emissões líquidas zero: três prioridades cruciais para a COP27. Disponível em: https://www.imf.org/pt/Blogs/Articles/2022/11/04/getting-back-on-track-to-net-zero-three-critical-priorities-for-cop27. Acesso em: 10 mar. 2023.

_____. Disponível em: https://www.iied.org/. Acesso em: 12 fev. 2023.

AS FLORESTAS PÚBLICAS E A DUPLA FACE DA DEFESA DO MEIO AMBIENTE – DIREITO E DEVER FUNDAMENTAL – CONCESSÃO DE SERVIÇO OU DE USO DE BEM PÚBLICO?

Wesley Sanchez Lacerda[1]

1. Introdução

Da análise histórica do conceito de serviços públicos percebe-se uma variação sensível e que é própria e ínsita às opções constitucionais de um determinado Estado, tratando-se, pois de uma decisão política que pode, com certeza, sofrer alterações no futuro, de acordo com as diretrizes políticas contemporâneas, porventura eleitas.

Inobstante as imposições constitucionais quanto aos serviços públicos no Brasil traduzirem um compromisso à obrigatoriedade de satisfação dos interesses coletivos em geral, as mesmas, ao que parece, encontram-se diluídas em todo o texto constitucional, sem que se possa falar em um aparente rol *numerus clausus.*

Que o serviço público é uma incumbência do Poder Público ninguém duvida. A questão a ser apresentada no presen-

---

1 Doutorando em Direito pela Faculdade de Direito da Universidade Federal de Minas Gerais, na linha Direito Internacional, Direito Comparado, Estudos Culturais e Jusfilosóficos, sob a orientação da Prof.ª Dr.ª Mariah Brochado.

te trabalho cinge-se ao fato de as chamadas concessões de florestas públicas, no âmbito do dever de proteção ambiental configurarem-se como uma concessão de um serviço público ou concessão de uso de bem público.

Na redação paradigmática inserta no âmbito do art. 225 da CR/88 percebe-se uma derivação conceitual para inúmeras áreas do conhecimento jurídico. Desde o conceito clássico de nascituro, pois a partir de então tem-se uma ampliação de titularidade para aqueles que sequer foram concebidos (futuras gerações); uma nova categoria de bens de uso comum do povo; a saúde humana como um bem ambiental; a dupla face da proteção ambiental como direito e dever e com eficácia reflexiva (em face do cidadão, da coletividade e do Poder Público, reciprocamente) entre outras reescrituras implícitas, mas que são dali extraíveis por dedução lógica. Sem contar que, por força do art. 5º, LXXIII, da mesma CR/88, o meio ambiente passou a ser tutelado também pela ação popular, em patamares constitucionais idênticos aos do patrimônio público e da moralidade administrativa.

Comumente, o direito ao meio ambiente ecologicamente equilibrado é apresentado sob a égide dos direitos humanos ou fundamentais (conforme o referencial seja o internacional ou o interno) razão pela qual houve a importação, e consequentemente uma reinterpretação, de conceitos clássicos como mínimo existencial ecológico, dignidade ecológica, proibição de retrocesso ecológico, dentre outros.

Entretanto, merece análise o caso das concessões florestais pelo Poder Público, posto que, *pari passu* ao dever de defesa e preservação do meio ambiente que não se limita meramente a uma atividade regulatória, de normatização, fiscalização ou sancionatória, a transferência da exploração desses recursos naturais a particulares gera discussões na doutrina eis que, por força da Lei n. 11.284/2006, não resta claro tratar-se de uma concessão de serviço público ou concessão de uso de bem público.

Como parâmetro, para fins de desenvolvimento do raciocínio, cita-se os serviços de educação e saúde (também direitos humanos ou fundamentais), que são conduzidos tanto pelo Poder Público como também pelo setor privado, e que em muitos casos, o desempenho e protagonismo do setor privado suplantam a atuação pública. Assim, apesar de o formato constitucional indicar uma supremacia da atuação pública, em termos práticos, a prestação privada pode se apresentar como mais aparente, atuante e, por que não dizer, qualitativamente melhor. O referido quadro de anacronismo entre os serviços públicos e privados de educação e saúde deve-se, em muito, ao interesse de configuração do cidadão para a materialização daqueles direitos fundamentais. Explica-se: o principal interessado (o indivíduo) diante de seu protagonismo, acaba por contribuir para a manutenção dessa abertura sistêmica, ou seja, uma interessante *abertura* ou *convite* às configurações privadas.

Na tutela ambiental, a falta de vontade de configuração do cidadão acaba por concentrar essa titularidade em favor do Poder Público, devendo o Estado, como nunca, assumir a figura de protagonista do *serviço* de preservação ambiental e que, indiscutivelmente, traduz-se como um dever de prestação de atividade fruível não só coletiva mas também singularmente pelos chamados usuários/titulares, sendo uma atividade material, inquestionavelmente, que visa à satisfação da coletividade e como elemento ínsito aos interesses dessa e que, por último, não pode (e não deve) ser relegado à livre-iniciativa estando sob amplo espectro de normatizações de direito público.

Essa excessiva e casuística carga normativa (tutela ambiental), que passa por todos os níveis ou esferas de governo, também se apresenta como outra peculiaridade eis que, quando se fala em direitos fundamentais, normalmente tem-se normas tipicamente de baixa normatividade abstrata mas com forte densitometria no caso concreto. Afinal, os direitos fundamentais, por se tratarem de normas principiológicas, necessitam às vezes de um simples inciso no texto constitucional para dar ensejo a um amplo espectro de tutela, seja na saúde, na educação, no direito de ir e vir, na ampla defesa, na presunção de inocência etc. Já o direito fundamental ao meio ambiente ecologicamente equilibrado demanda uma excessiva configuração normativa, com extensa casuística e que deve permear todas as instâncias do Poder Público.

Logo, como todo esse arcabouço normativo e configuracional é imposto verticalmente, a "prestação privada" é exercida sem qualquer margem de discricionariedade, não havendo, portanto, uma "livre-iniciativa privada ambiental", mas uma adesão privada aos parâmetros normativos públicos, diferentemente do que ocorre com a saúde e a educação, onde há certas autonomias e normatizações particulares.

Portanto, mais do que nunca, esse excesso normativo ambiental, em todas as esferas, acaba por ser um indicativo da titularidade do Poder Público à prestação desse serviço, que inobstante também ser um direito fundamental do cidadão, mais se afigura como um dever público de prestação, seja por força das imposições constitucionais diluídas, não só no referido art. 225 da CR/88, mas em inúmeros outros dispositivos, seja pela falta de vontade de configuração ou protagonismo dos indivíduos, já que a dignidade ecológica pode impor limites à própria dignidade humana, ou seja, aquilo que o cidadão aspira para si mesmo. Entretanto, questões intrigantes emergem, uma vez que em se tratando de bens ambientais, sabidamente finitos, as chamadas concessões florestais, muitos antes dos parâmetros normativos administrativistas, deverão se curvar aos comandos ambientais, em uma espécie de *greening administrativo*.

Assim, para o desenvolvimento do tema, far-se-á uma breve análise quanto à evolução histórico-normativa da proteção florestal no Brasil e especificamente a institucionalização da exploração das florestas a partir do Código Florestal de 1934 e seus sucessores legislativos. Restará necessária uma análise acerca das peculiaridades do exercício desse direito/dever entre os múltiplos titulares e destinatários, posto que tanto os indivíduos quanto o Poder Público apresentam-se em uma relação de efeitos reflexos ou sinalagmáticos, bem como uma ligeira abordagem sobre as diferenciações entre os institutos da concessão de serviço público e de concessão de uso de bem público.

Sequencialmente, para efeitos de um recorte dissertativo, haverá a imersão no chamado regime de concessão de florestas públicas para fins de adotar-se uma posição quanto a uma melhor ou mais consentânea taxonomia, claro sob os limites da sustentabilidade e da defesa do meio ambiente, como Princípio Geral da Ordem Econômica (art. 170, VI, da CR/88).

2. Breve escorço sobre a evolução histórico--normativa da proteção florestal no Brasil

Mais do que evidente que os primeiros esboços normativos de proteção vegetal, claro, estão inseridos no bojo da legislação portuguesa vigente à época do chamado descobrimento, inicialmente com as Ordenações Afonsinas (1446), cuja tipificação do corte de árvores frutíferas alheias era denominado "crime de lesa-majestade", bem como a partir de 1521, com as Ordenações Manuelinas, que reiteravam essa mesma proibição de corte, além de estabelecerem parâmetros para a proibição de métodos capazes de causar sofrimento no momento da morte de perdizes, lebres e coelhos, o que já demonstrava o desenvolvimento de um certo *espírito humanitário*.

Com as Ordenações Filipinas (1603) foi mantido o mesmo nível de vedação ao corte de árvores frutíferas, porém com a estipulação de um patamar de valor (dano igual ou superior a trinta cruzados) cujo extrapolamento acarretaria a pena de degredo perpétuo para o Brasil. Ainda, nesse mesmo contexto, há um evidente antecessor normativo da poluição, uma vez que ali, havia a proibição de que qualquer pessoa jogasse material que pudesse matar peixes e sua criação ou sujar as águas dos rios e das lagoas.

Essa legislação alienígena passa a ter uma certa especificidade em relação ao Brasil a partir de 1542 com o advento da Carta Régia, cujas normas voltavam-se à disciplina do corte do Pau Brasil e à punição pelo desperdício de madeira. Evidentemente, aí estava a se tratar de uma via reflexa de proteção às florestas brasileiras, já que o *mote* principal eram os interesses da Metrópole nas riquezas materiais da Colônia. Tanto que em 1605, com a instituição do chamado "Regimento sobre o Pau Brasil" chegou-se à instituição da pena de morte para o corte dessa espécie de madeira sem a expressa autorização real ou do Provedor-mor, registrando-se que tal normativa é apontada como a primeira lei de proteção florestal do Brasil, sendo o *retro* referido regimento incluído no ano de 1609 no "Regimento da Relação e Casa do Brazil", considerado o primeiro tribunal brasileiro com sede em Salvador, jurisdicionando toda a Colônia.

Ainda merece apontamento a iniciativa de D. João VI no ano de 1817 ao editar o decreto de proteção das bacias do Rio

Carioca, cuja finalidade era a diminuição dos impactos das monoculturas sobre as florestas, sendo que, posteriormente, D. Pedro I, no ano de 1861, emitiu o decerto de plantio de novas mudas bem como a conservação da mata, viabilizando assim a formação da Floresta da Tijuca.

No plano penal registra-se ainda o Código Criminal do Império de 1830 que previa penalidades de multa e prisão para o corte ilegal de madeiras bem como o Código Penal de 1890 que determinava a prisão de 01 a 03 anos, além, de multa, para aquele que incendiasse plantações, colheitas, lenha cortada, pastos ou campos de fazenda de cultura ou estabelecimentos de criação, matas ou florestas pertencentes a terceiros ou à nação.

Em 1934, através do Decreto n. 23.793, tem-se o advento do primeiro Código Florestal, cujo contexto normativo, por força do art. 1º, muito antes da redação paradigmática do art. 225 da CR/88, já considerava as florestas como bem de interesse comum a todos os habitantes do país[2], revelando-se, pois, uma atitude visionária do legislador em dar conotações peculiares aos bens ambientais, muito antes de Estocolmo[3].

E foi justamente com o advento do referido Decreto 23.793, especificamente a partir de seu art. 36, que se passou a institucionalizar a chamada exploração das florestas de domínio público, inclusive sob uma extensa parte contratual, detalhada e casuística e com referência expressa à concorrência pública, *verbis:*

"Art. 36. Das florestas de dominio publico, só as de rendimento são susceptiveis de exploração industrial intensiva, sempre mediante concorrencia publica.
(...)

Art. 39. Preenchidas, pela repartição florestal competente, as formalidades do art. 37, será aberta concorrencia publica para o contracto, observadas as normas da legislação ordinaria.

---

2 "Art. 1º As florestas existentes no territorio nacional, consideradas em conjuncto, constituem bem de interesse commum a todos os habitantes do paiz, exercendo-se os direitos de propriedade com as limitações que as leis em geral e especialmente esse código estabelecem."
3 Conferência da ONU para tratar das questões relacionadas à degradação do meio ambiente, realizada entre os dias 5 e 16 de junho de 1972.

§ 1º Nos editaes de concorrencia serão declaradas, expressamente, as obrigações a que ficarão sujeitos os concorrentes, relativas aos prazos do contracto e do inicio de sua execução, preço do arrendamento e modo do seu pagamento, clausulas technicas que, ouvida a repartição florestal competente, forem julgadas necessarias, sem prejuizo das disposições deste código".

Nas trilhas do direito intertemporal veio a lume no ano de 1965, o sucessor do Código de 1934 no advento da Lei n. 4.771/65, que manteve os *stands* até então conquistados, a exemplo do art. 1º do Código Florestal de 1934, quanto à taxonomia normativa das florestas e demais formas de vegetação como bens de interesse comum a todos os habitantes do país, consoante também seu artigo inaugural[4].

Prosseguindo na escala de ampliação do espectro de proteção normativa ao Meio Ambiente a Constituição da República reescreveu diversos dogmas clássicos na singela redação do *caput* do art. 225:

"Art. 225. Todos têm direito ao meio ambiente ecologicamente equilibrado, **bem de uso comum do povo** e essencial à sadia qualidade de vida, impondo-se ao Poder Público e à coletividade o dever de defendê-lo e preservá-lo para as presentes e futuras gerações".

Porém, será a partir do âmbito da Lei n. 9985/2000[5], quando é estabelecida uma dicotomia entre as categorias de Unidades de Conservação como de Proteção Integral ou de Uso Sustentável (art. 7º, I e II) que se passa a vislumbrar, de maneira mais clara, a forma de materialização jurídica das florestas públicas e, consequentemente, sua eventual exploração por particulares.

---

4   "Art. 1º As florestas existentes no território nacional e as demais formas de vegetação, reconhecidas de utilidade às terras que revestem, são bens de interesse comum a todos os habitantes do País, exercendo-se os direitos de propriedade, com as limitações que a legislação em geral e especialmente esta Lei estabelecem."
5   Regulamenta o art. 225, § 1º, incisos I, II, III e VII, da Constituição Federal, institui o Sistema Nacional de Unidades de Conservação da Natureza e dá outras providências.

Quanto às de Proteção Integral (art. 8º) tem-se a Estação Ecológica, Reserva Biológica, Parques Nacionais, Estaduais e Municipais como de posse e domínio públicos, sendo necessária a desapropriação (arts. 9º, § 1º, 10, §1º, 11, *caput*, e §§ 1º e 4º) e o Monumento Natural e Refúgio da Vida Silvestre, que podem ser de posse e domínio públicos ou privados (arts. 12, §§ 1º e 2º, e 13, §§ 1º e 2º), sendo necessária a desapropriação somente nas primeiras hipóteses.

No que tange às de Uso Sustentável (art. 14) registra a Lei n. 9.985/2000 a Área de Proteção Ambiental e a Área de Relevante Interesse Ecológico, que podem ser públicas ou privadas (art. 15, §1º, e 16, §1º), a Floresta Nacional, Estadual ou Municipal, a Reserva Extrativista, a Reserva de Fauna e a Reserva de Desenvolvimento Sustentável, que são de posse e domínio público, com a necessidade de regularização fundiária através da desapropriação (arts. 17, §§ 1º e 2º, e 18, §1º, 19, § 1º, e 20, § 2º) e, por último, a Reserva Particular do Patrimônio Natural – RPPN, que é de posse e domínio privados (art. 21).

Portanto, ao que se percebe, pelo Sistema Nacional de Unidades de Conservação (SNUC), as Florestas Públicas (nacionais, estaduais ou municipais), inobstante estarem alojadas na categoria de uso sustentável, são, inexoravelmente, de posse e domínio público, demandando prévia e necessária regularização fundiária para fins de materialização jurídica.

Mais ainda, justamente sob a égide do Código Florestal de 1965, com as devidas alterações normativas advindas com o art. 225 da CR/88 e a Lei n. 9.985/2000, é que entrou em vigor a Lei n. 11.284/2006[6] que, entre outros impactos normativos, alterou o art. 19 da Lei n. 4.771/65:

"Art. 19. A exploração de florestas e formações sucessoras, tanto de domínio público como de domínio privado, depende-

---

6   Dispõe sobre a gestão de florestas públicas para a produção sustentável; institui, na estrutura do Ministério do Meio Ambiente, o Serviço Florestal Brasileiro – SFB; cria o Fundo Nacional de Desenvolvimento Florestal – FNDF; altera as Leis n. 10.683, de 28 de maio de 2003, 5.868, de 12 de dezembro de 1972, 9.605, de 12 de fevereiro de 1998, 4.771, de 15 de setembro de 1965, 6.938, de 31 de agosto de 1981, e 6.015, de 31 de dezembro de 1973; e dá outras providências.

rá de prévia aprovação pelo órgão estadual competente do Sistema Nacional do Meio Ambiente – Sisnama, bem como da adoção de técnicas de condução, exploração, reposição florestal e manejo compatíveis com os variados ecossistemas que a cobertura arbórea".

E, a exemplo do que já previa o Código Florestal de 1934, a Lei de Gestão de Florestas manteve o regime de concessão, exigindo licitação bem como lançando mão de alguns conceitos legais tais como *florestas públicas, concessão florestal, lote de concessão florestal* e *poder concedente*[7].

Percebe-se assim que, a despeito da evolução normativa desde a década de 1930, o trato publicista às florestas públicas, sob a modalidade *bens de uso comum do povo* foi mantido de forma integral e ampliativa. O mesmo se diga quanto à possibilidade de exploração por particulares nessas unidades de conservação de uso sustentável sob os ditames das concessões.

Questão que tem sido discutida pela doutrina, entretanto, é quanto à natureza dessas concessões florestais restarem alojadas como de serviço público ou de bem público, pois a própria Lei n. 11.284/2006 nada esclarece a respeito, razão pela qual alguns apontamentos acerca das especificidades dos bens ambientais e das concessões de serviços e de bens públicos apresentam-se como necessários.

---

7   "Art. 3º Para os fins do disposto nesta Lei, consideram-se:
I – florestas públicas: florestas, naturais ou plantadas, localizadas nos diversos biomas brasileiros, em bens sob o domínio da União, dos Estados, dos Municípios, do Distrito Federal ou das entidades da administração indireta; (...)
VII – concessão florestal: delegação onerosa, feita pelo poder concedente, do direito de praticar manejo florestal sustentável para exploração de produtos e serviços numa unidade de manejo, mediante licitação, à pessoa jurídica, em consórcio ou não, que atenda às exigências do respectivo edital de licitação e demonstre capacidade para seu desempenho, por sua conta e risco e por prazo determinado; (...)
IX – lote de concessão florestal: conjunto de unidades de manejo a serem licitadas; (...)
XV – poder concedente: União, Estado, Distrito Federal ou Município."

3. Reescrituras ambientais

Como apontado na introdução, há inúmeras peculiaridades no âmbito da tutela ambiental, visto que esta se apresenta como um feixe normativo complexo, caracterizando-se, ao mesmo tempo, como um direito e como um dever de todos. Há uma falta de vontade de configuração por parte do cidadão, eis que a dignidade ecológica pode traduzir-se em um limite à dignidade daquele titular, o que acarreta uma falta de protagonismo cidadão nas tutelas ambientais. Diferentemente do que ocorre nas outras categorias de direitos fundamentais, onde o cidadão é o principal interessado e atua proativamente nas causas, contribuindo para a manutenção da abertura do sistema de direitos fundamentais.

O direito fundamental ao meio ambiente gera prestações positivas e negativas até mesmo para o titular individual, com eficácias reflexivas (voltando-se contra o próprio cidadão). Percebe-se uma renitência em transplantar-se conceitos usualmente utilizados nos clássicos direitos fundamentais, fazendo-se apenas uma derivação ecológica com ligeiras adaptações de modo a servirem à causa humana verde.

Pelo fato de ser da essência dos direitos fundamentais tradicionais a sua plena justiciabilidade ante situações concretas e as necessárias configurações pretendidas pelo cidadão, vai se percebendo um distanciamento entre as causas ambientais e as demais tutelas individuais quando ingressadas no sistema jurídico.

Referida constatação aponta uma consequência direta das diferentes demandas (eficácias) geradas nessas relações de direitos fundamentais também distintas; da inquestionável abertura do sistema tradicional de direitos fundamentais mantida às custas das tutelas individuais pulverizadas no sistema e ajuizadas pelo cidadão – primeiro interessado na causa – em contraponto à alienação do indivíduo nas tutelas ambientais, sendo esta última um dos fatores de risco do fechamento do sistema de direito fundamental ao meio ambiente ecologicamente equilibrado.

Entretanto, nesse contexto de compartilhamento dos riscos onde as responsabilidades também devem ser distribuídas, surgem também limites ao indivíduo, à sociedade, à humanidade e às escolhas públicas. E limites como de primeira dimensão (abstenções) tidos como um conjunto de consequências que sujeitariam o Estado e os titulares num plano de eficácias múltiplas (vertical, horizontal e reflexiva).

Da constatação de um autêntico Estado Ambiental evidenciam-se zonas de não intervenção do Estado, da coletividade e do próprio indivíduo – 1ª dimensão, mas como limite também à esfera das autonomias individuais, um direito de defesa contra si próprio. A partir daí, neste *orbe,* o direito ambiental não deve "importar", porque é extremamente importante, mas "exportar" conteúdos axiológicos com efeitos de irradiação por todo o sistema como o fazem as demais categorias de direitos humanos seja no âmbito normativo, seja na administração seja nas justiciabilidades.

Como se sabe, a elaboração do princípio do mínimo existencial é típica e peculiar aos direitos sociais (onde infelizmente, precifica-se quase tudo). Entretanto, no paradigma ecológico, o bem ambiental apresenta-se como um valor intrínseco, como autêntico metavalor (sem preço).

Tanto o mínimo existencial como a reserva do possível têm origem germânica, mas é com o desenvolvimento da doutrina americana da teoria dos custos dos direitos, que ambos passam a ser autênticos e indissociáveis *alter egos,* cuja tendência irradiada pela jurisdição, não é outra senão a relativização dos direitos sociais, dando-se especial relevância a aspectos orçamentários e seus reflexos. Aliás, não é nenhuma novidade quanto ao fato de a reserva do possível ser a principal bandeira, indiscriminadamente empunhada quanto às justificativas de não configuração de tutelas fundamentais.

O mesmo se diga para outra conveniente bandeira acerca das imprecisões e abstrações quanto à composição do mínimo existencial. A vinculação do Estado se daria em face de condições mínimas de existência digna e não à totalidade das necessidades humanas.

A partir deste *ponto de não retorno* não se falaria em qualquer tipo de intervenção estatal que, adstrito à faceta negativa, deveria atuar positivamente para a garantia mínima igualitária. Frise-se porém, que segundo a deturpação da doutrina do mínimo existencial nem todas as prestações sociais estariam acobertadas pela gravitação do mínimo, percebendo-se assim, uma relativização conceitual daquilo que seria fundamental no plano social: só o mínimo seria fundamental.

Entretanto, ao que parece, no Brasil e em outros ordenamentos, o mínimo somente surge após o juízo de ponderação e inarredavelmente, toda a construção mínima é focada nos aspectos econômicos.

No turbilhão de sopesamentos irracionais de Habermas[8] ou "espectros de razoabilidade sem fim"[9] verifica-se a ausência de consenso daquilo que seja o mínimo, levando a uma abertura desqualificada do sistema. Somente após o juízo ponderativo seria densificado o mínimo existencial.

A construção germânica inicialmente, não apontava para tal conclusão uma vez que o mínimo seria exatamente aquilo que não estaria sob o crivo dos juízos de sopesamentos ou de relativização – por tratar-se exatamente de um mínimo de existência[10] – e talvez por isso alguns como Sarlet[11], analisando a questão do mínimo existencial, ainda sem o foro atrativo

---

8 ALEXY, Robert. *Teoria dos direitos fundamentais*. Tradução de Virgílio Afonso da Silva. São Paulo: Malheiros, 2011, p. 576.

9 SAMPAIO, José Adércio Leite. O retorno às tradições: a razoabilidade como parâmetro constitucional. In: SAMPAIO, José Adércio Leite (Coord.). *Jurisdição constitucional e direitos fundamentais*. Belo Horizonte: Editora Del Rey, 2003, p. 45-102.

10 Trata-se de dar efetividade aos direitos fundamentais da pessoa humana (art. 1º, II, CF) não cabendo ao administrador público preterir o Piso Vital Mínimo na medida em que não se trata de opção do governante ou mesmo como pretendem alguns, ainda com o olhar vinculado ao vetusto direito administrativo – de opção discricionária do administrador, uma vez que não estamos cuidando de juízo discricionário, muito menos de tema a depender unicamente da vontade política. In: FIORILLO, Celso Antonio Pacheco. *Curso de direito ambiental brasileiro*. 12 ed., rev., atual. e ampl., São Paulo: Saraiva, 2011, pp. 183-184.

11 SARLET, Ingo Wolfgang; FIGUEIREDO, Mariana Filchtiner. Reserva do possível, mínimo existencial e direito à saúde: algumas aproximações. In: SARLET, Ingo Wolfgang; TIMM, Luciano Benetti (Orgs.). *Direitos fundamentais, orçamento e reserva do possível*. 2. ed. Porto Alegre: Livraria do Advogado, 2010, p. 13-50.

ecológico chegam a elencar aquilo que comporia uma espécie de rol *numerus apertus*.

Porém, o desenvolvimento da doutrina descamba exatamente, como assevera Souza Neto[12], para a relativização exacerbada e com o perigo concreto de pinçar a reboque o estoque ecológico na tentativa de construção de um mínimo existencial completo, quando, a exemplo, indicam-se formas de como se deve dar o juízo de densificação para o caso concreto.

Apesar de o mínimo existencial ter surgido em um contexto típico dos "direitos a prestações" (classicamente 2ª geração e 2ª dimensão) a referida construção acabou por ser "exportada" às construções ecológicas fundamentais[13], desta vez sob a faceta do mínimo existencial ecológico ou socioambiental.

Sob tal enfoque derivado, considerando que os bens ambientais já existem e estão por aí, surgiriam questionamentos quanto a qual conjunto de prestações o Estado se encontraria vinculado sob a perspectiva ecológica: se fáticas, normativas, ou ambas. Diante das dimensões e eficácias múltiplas e reflexivas do direito fundamental ao meio ambiente é preciso salientar então que estariam obrigados às prestações, não só o Estado, como a sociedade e o próprio indivíduo titular.

Em relação ao Estado, prestações normativas e fáticas como governança de sustentabilidade[14] e, para a sociedade e o cidadão, prestações fáticas, essencialmente resumidas como abstenções preservacionistas, evitando-se os pulsos materiais de retrocessos (degradações). Já as prestações fáticas positivas, na eficácia horizontal e reflexiva, traduzir-se-iam nas reparações/recomposições em face de eventuais atuações danosas.

---

12 SOUZA NETO, Cláudio Pereira; SARMENTO, Daniel (Coord.). *Direitos sociais:* fundamentos, judicialização e direitos sociais em espécie. Rio de janeiro: Lumen Juris, 2010, p. 515-551

13 SARLET, Ingo Wolfgang; FENSTERSEIFER, Tiago. *Direito constitucional ambiental:* Constituição, direitos fundamentais e proteção do ambiente. 2. ed. São Paulo: Malheiros Editores, 2009.

14 BOSSELMANN, Klaus. *O princípio da sustentabilidade: transformando direito e governança.* Tradução de Phillip Gil França. São Paulo: Revista dos Tribunais, 2015, p. 145

Contudo, sob a doutrina do mínimo, que acaba sendo um resultado dos juízos concretos, partindo-se do pressuposto que o mínimo existencial abarcaria também "mínimas condições ecológicas", seria necessária uma outra operação com intuito de densificar o mínimo ecológico.

Ocorre que a mensuração econômica, que já é difícil no âmbito das individualidades que anseiam prestações inexistentes ou deficientes, restaria impossível para bens já existentes. E a avaliação neste último caso deveria ser feita considerando não a materialização, mas a conservação ou preservação do bem – diferença básica entre as prestações sociais e as ecológicas.

É evidente que, no trato social, algumas pretensões possam ficar mais sensíveis ao juízo de ponderação relacionado aos custos de tais direitos (sociais *stricto sensu*) e, com o aumento populacional, o aumento das demandas por prestações e em tese, o aumento dos custos para a materialização de tais bens, as grandezas passam a ser diretamente proporcionais.

Não que aqui se esteja a concordar com a relativização dos direitos fundamentais, mas no contexto de origem, a reserva do possível passa a ser um pouco mais lógica ou mais palatável na égide dos direitos sociais[15], onde há a inarredável construção dogmática da reserva do possível.

Já as "cláusulas de reserva ambientais" seriam (e são) por exemplo, no tocante ao crescimento econômico do país, a ausência de recursos financeiros para os proprietários manterem os estoques ecológicos, "as severas e burocráticas normas ambientais" que inviabilizam a produção, as atividades agropecuárias voltadas à nobre missão de matar a fome da população, o livre exercício de atividades, o sagrado direito à propriedade quase que retratando um quadro de desapropriações indiretas decorrentes de uns tais *ônus ambientais*, entre outras impropriedades.

Cláusulas de reserva que, em vez de serem opostas pelo destinatário tradicional (Estado) são apresentadas pelos pró-

---

15 CANOTILHO, José Joaquim Gomes. *Direito constitucional e teoria da Constituição*. 7. ed. Coimbra: Almedina, 2004, p. 481.

prios titulares, que não possuem nenhuma, ou quase nenhuma, vontade de configuração. Exatamente porque o direito fundamental ao meio ambiente acarreta limitações ao próprio *modus vivendi* do cidadão – que seria o titular por excelência daquele mesmo direito fundamental. Essa peculiar e excessiva relativização dos direitos sociais ante a tônica financeira é identificada também no próprio sistema normativo brasileiro, ainda que sob o reforço normativo da teoria dos princípios[16] consubstanciando-se o mínimo existencial e a reserva do possível como autênticos e indissociáveis *alter egos* sob conceitos também relativizados[17].

O direito fundamental ao meio ambiente ecologicamente equilibrado, ao contrário dos direitos de defesa e às prestações sociais e até mesmo em face dos outros reinos ambientais (Cultural, Trabalho e Urbano), encontra um sério óbice na sua efetivação qual seja: os titulares, em sua quase unanimidade, não o exercem, porque são degradadores por excelência e por natureza. Referido fenômeno guarda uma estrita consonância com aquilo que aqui é chamado de ausência de vontade de configuração.

Apesar da matriz de fundamentalidade, a fluidez e fruição de tais direitos fundamentais dependem, exclusivamente, de uma "exagerada configuração interna", diferentemente das outras categorias de gerações ou dimensões, que às vezes, sequer constam do catálogo, inobstante sua plena e eficaz operatividade.

---

16 "Em uma Constituição como a brasileira, que conhece direitos fundamentais numerosos, sociais generosamente formulados, nasce sobre esse fundamento uma forte pressão de declarar todas as normas não plenamente cumpríveis, simplesmente como não vinculativas, portanto, como meras proposições programáticas. A teoria dos princípios pode, pelo contrário, levar a sério a Constituição sem exigir o impossível. Ela declara as normas não plenamente cumpríveis como princípios que, contra outros princípios, devem ser ponderados e, assim, estão sob uma reserva do possível no sentido daquilo que o indivíduo pode requerer de modo razoável da sociedade". In: ALEXY, Robert. Constitucionalismo discursivo. Tradução de Luís Afonso Heck. 3. ed. rev. Porto Alegre: Livraria do Advogado Editora, 2011, p. 69.

17 SILVA, Virgílio Afonso da. *Direitos fundamentais – conteúdo essencial, restrições e eficácia.* 2. ed. São Paulo: Malheiros Editores, 2010, p. 205.

Quando o "cidadão" (*lato sensu*) invoca uma abstenção (direito de defesa) ou uma prestação (ação positiva) em face do Estado a sua posição de "lesado" é palatável e de fácil identificação. Contrariamente, na órbita do meio ambiente, especialmente o natural, o "titular" pode ser o próprio "lobo hobbesiano", que prefere "empurrar" a vontade de configuração e o "problema" para as gerações futuras. Por esta razão é que a "cobrança quanto à fundamentalidade" fica concentrada na hercúlea e às vezes quixotesca, substituição processual do Ministério Público, às respectivas procuradorias ambientais (vinculadas à Administração Pública), algumas ONGs e demais organizações internacionais.

Percebe-se pois, um quadro de autênticas abstenções (para o Estado, a sociedade e ao próprio indivíduo) sendo que a dignidade ecológica ou existencial ecológico (e não mínimo ecológico) melhor se aparenta, quando elaborados a partir de uma determinação negativa, seja aos próprios destinatários, seja aos titulares, pois, na verdade ao que parece, ambos fundir-se-iam em um só. Destinatários e titulares passariam, portanto, pelo fenômeno da *sinonímia*, razão pela qual a tradicional relação triádica dos direitos fundamentais, quando se fala em direito a algo – destinatário, titular e objeto[18] acaba por indicar apenas uma bilateralidade consistente no objeto e titular + destinatário.

Em um Estado Ambiental, visto como um estado sem fronteiras *versus* o fluxo de capital, também sem fronteiras, descortina-se uma globalização das responsabilidades (regulagem climática, florestas, Pantanal, ciclo das águas, temperatura dos mares, degelo etc.). Assim, tem-se não só um compartilhamento dos riscos (principalmente perigos) como essencialmente um compartilhamento de responsabilidades para a formatação de um autêntico Estado Ambiental sendo certo que Beck[19] ao trazer os "riscos" para o núcleo da teoria social acaba por concluir ser "a sociedade ambiental como chave para interpretar a atual fase da modernidade".

---

18 ALEXY, Robert. *Teoria dos direitos fundamentais...*, op. cit., pp. 194-201.
19 BECK, U. *La sociedad del riesgo. Hacia una nueva modernidad.* Madrid: Paidos, 1998.

Não se está aqui a defender a relativização como um fenômeno escorreito e justo, mas simplesmente que na esfera social ele ocorre e é aceito pelos próprios titulares como um "mal necessário". E, se esse mesmo "social" é relativizado nos contextos de tais crises, com a precificação (monetária) dos direitos, a sustentação do pilar do não retrocesso resta mitigada. Häberle[20] não só coloca a proibição do retrocesso como "afirmação histórica das garantias jurídicas revolucionárias de 1789", sendo necessário manter a imagem daquele homem revolucionário como também afirma que "todos os direitos fundamentais não são passíveis e carentes apenas de uma restrição legal como também de uma configuração legal"[21].

É de bom alvitre lembrar que, na elaboração da doutrina jusnaturalista a burguesia idealizou a si própria e após, para consolidar seu poder, apresentou as armas do positivismo. Entretanto, a construção da proibição de retrocesso está mais ligada ao meio ambiente do que a qualquer outra categoria de direitos fundamentais face à transgeracionalidade – ao caráter usufrutuário e às grandezas inversamente proporcionais.

Ridola[22], finalizando sua obra acerca da concepção da dignidade humana e o princípio da liberdade na comunidade europeia, deixa claro haver um significado imprescindível do nexo entre dignidade humana e liberdade de autodeterminação.

Porém, parece deixar claro também que a própria comunidade jurídica europeia, responsável pela criação do mínimo existencial e a reserva do possível, teme uma reconstrução da dignidade humana sob pilares objetivos ou coletivos, inclusive aqueles ligados às "futuras gerações"[23].

Surge então, uma outra tensão existente entre a bandeira da internacionalização dos direitos humanos e uma internali-

---

20 AYALA, Patryck de Araújo. *Mínimo existencial ecológico e proibição de retrocesso em matéria ambiental...* op. cit., pp. 329- 371

21 ALEXY, Robert. *Teoria dos direitos fundamentais...* op. cit., p. 333.

22 RIDOLA, Paolo. *A dignidade humana e o "princípio liberdade" na cultura constitucional europeia*; coordenação e revisão técnica Ingo Wolfgang Sarlet; tradução Carlos Luiz Strapazzon, Tula Wesendonck. Porto Alegre: Livraria do Advogado Editora, 2014, pp. 108-109.

23 RIDOLA, Paolo. *A dignidade humana e o 'princípio liberdade'...* op. cit., pp. 110-116.

zação dos direitos ambientais (esta empunhada pelos nacionais de países com significativos estoques naturais) e a bandeira da internalização dos direitos humanos (países desenvolvidos passando pelos fenômenos das pressões migratórias ou atentados terroristas) e internacionalização dos direitos ambientais (todos os países desenvolvidos).

Entretanto há, sim, a necessidade de um núcleo "duro" (não retrocesso) ante as peculiaridades do estoque central de capital natural, insubstituível, cuja manutenção ao longo do tempo urge extremamente necessária e, inclusive, já se apontando para uma dessocialização, ainda que parcial, dos direitos ecológicos sob pilares próprios e distintos, como bem ressaltado por Bosselmann[24].

Esse estoque caracteriza-se como um valor (constante) com "pulsos" de retrocesso material (degradações) *versus* progressão geométrica da população humana (variável). Razão pela qual, fala-se aqui, não em mínimo existencial ecológico, mas em um existencial ecológico alojado naquilo que se optar como mínimo existencial ou dignidade humana, contudo, como nítido limite às liberdades numa rota paralela de reconstrução dos pilares tradicionais da dignidade humana e com seríssimos limites de restrição às ponderações. Uma dignidade ecológica pois, passaria a ser não uma forma de concepção abstrata do indivíduo (aquilo que ele aspira para si com liberdade) mas, acima de tudo, com atitudes dignas daquele mesmo indivíduo, manifestadas por suas posturas coerentes absenteístas ou positivistas – aqui nesta última hipótese no sentido puro, claro, de prestações positivas.

Assim, diante de todo o contexto sistêmico, seja no panorama interno ou internacional, constata-se que a proteção ambiental, por ser um fator essencial à sadia qualidade de vida, constitui-se pressuposto para a garantia de um outro valor fundamental, qual seja: o direito à vida. E é essa importância primordial e fundamental que os bens ambientais possuem, que

---

24 SARLET, Ingo Wolfgang; *Estado socioambiental de direito e direitos fundamentais...* op. cit., p. 100.

invoca a supremacia de suas características (de bens finitos e passíveis de pulsos materiais de retrocesso – as degradações e explorações mediante concessões) em relação aos demais princípios gerais da ordem econômica insertos no art. 170 da CR/88.

4. As concessões de serviços e de bens públicos

Da redação do art. 175, *caput*, da CR/88[25] percebe-se ser da incumbência do Poder Público prestar os serviços públicos diretamente ou através das concessões, que devem ser precedidas de licitação sob os regramentos básicos das Leis n. 8.666/93[26] e 8.987/95[27], sendo que esta última, em seu art. 2º, define a concessão de serviço público como "a delegação de sua prestação, feita pelo poder concedente, mediante licitação, na modalidade de concorrência, à pessoa jurídica ou consórcio de empresas que demonstre capacidade para seu desempenho, por sua conta e risco e por prazo determinado".

A redação do art. 14 da Lei de Concessões é explícita quanto à exigência de prévia licitação:

"Art. 14. Toda concessão de serviço público, precedida ou não da execução de obra pública, será objeto de prévia licitação, nos termos da legislação própria e com observância dos princípios da legalidade, moralidade, publicidade, igualdade, do julgamento por critérios objetivos e da vinculação ao instrumento convocatório".

Pode se dizer, portanto, que a concessão de serviços públicos deve ser precedida de licitação, sendo possível afirmar a modalidade pertinente aos serviços públicos é a

---

25 "Art. 175. Incumbe ao Poder Público, na forma da lei, diretamente ou sob regime de concessão ou permissão, sempre através de licitação, a prestação de serviços públicos."

26 Regulamenta o art. 37, inciso XXI, da Constituição Federal, institui normas para licitações e contratos da Administração Pública e dá outras providências.

27 Dispõe sobre o regime de concessão e permissão da prestação de serviços públicos previsto no art. 175 da Constituição Federal, e dá outras providências.

concorrência, sendo a celebração com pessoa jurídica ou consórcio de empresas, não havendo precariedade, sem possibilidade de revogação unilateral do contrato, havendo ainda, por força da Lei n. 9.074/95[28] a necessidade de edição de lei autorizativa, à exceção dos serviços de saneamento básico, limpeza urbana e os serviços públicos que a CR/88, Constituições estaduais e leis orgânicas dos Municípios e do DF indicarem *ab initio* como passíveis dessa forma de delegação, além dos serviços indicados no art. 2º, § 3º, da Lei n. 9.074/95[29].

De igual modo, a Concessão de Uso, que também se rege pelo regime de direito público, sem caráter precário, como uma modalidade de contrato administrativo, cujos parâmetros normativos são muito semelhantes aos das concessões, cujo objeto porém, é o uso privativo de um bem público.

Sob o pálio da doutrina de Carvalho Filho[30]:

"Concessão de uso é o contrato administrativo pelo qual o Poder Público confere a pessoa determinada o uso privativo de bem público, independentemente do maior ou menor interesse público da pessoa concedente. Não é difícil observar que o núcleo conceitual da concessão de uso é idêntico ao das permissões e autorizações de uso: em todos, o particular tem direito ao uso privativo do bem público mediante consentimento formal emanado do Poder Público. Contudo a concessão apresenta alguns elementos diferenciais. O primeiro deles é a forma jurídica: a concessão de uso é formalizada por contrato administrativo, ao passo que a autorização e a permissão se formalizam por atos administrativos. Por isso, nestas fica claro o aspecto da unilateralidade, enquanto naquela reponta o

---

28 Estabelece normas para outorga e prorrogações das concessões e permissões de serviços públicos e dá outras providências.

29 "Art. 2º (...) § 3º Independe de concessão ou permissão o transporte:
I – aquaviário, de passageiros, que não seja realizado entre portos organizados;
II – rodoviário e aquaviário de pessoas, realizado por operadoras de turismo no exercício dessa atividade;
III – de pessoas, em caráter privativo de organizações públicas ou privadas, ainda que em forma regular."

30 Carvalho Filho, José dos Santos. *Manual de direito administrativo*. 30. ed. rev., atual. e ampl. São Paulo: Atlas, 2016, pp. 1244-1245.

caráter da bilateralidade. A discricionariedade é marca das concessões de uso, identificando-se nesse particular com autorizações e permissões de uso. Com efeito, a celebração do contrato de concessão de uso depende da aferição, pelos órgãos administrativos, da conveniência e oportunidade em conferir a utilização privativa do bem ao particular. Significa dizer que um bem público só será objeto de uso por ato de concessão se a Administração entender que é conveniente e que, por isso, nenhum óbice existe para o uso privativo. Ao contrário do que ocorre com os atos anteriores de consentimento, a concessão de uso não dispõe da precariedade quase absoluta existente naquelas hipóteses. Como bem assinala MARIA SYLVIA DI PIETRO, a concessão é mais apropriada a atividades de maior vulto, em relação às quais o concessionário 'assume obrigações perante terceiros e encargos financeiros elevados, que somente se justificam se ele for beneficiado com a fixação de prazos mais prolongados, que assegurem um mínimo de estabilidade no exercício de suas atividades'. Tem toda a razão a ilustrada publicista. Se o concessionário ficasse à inteira mercê do concedente, sendo totalmente precária a concessão, não se sentiria decerto atraído para implementar a atividade e fazer os necessários investimentos, já que seriam significativos os riscos do empreendimento. Isso não quer dizer, porém, que a estabilidade seja absoluta. Não o é, nem pode sê-lo, porque acima de qualquer interesse privado sobrejaz o interesse público. Mas ao menos milita a presunção de que, inexistindo qualquer grave razão superveniente, o contrato se executará no tempo ajustado pelas partes".

Sem adentrar às comparações a outras modalidades administrativas de utilização privativa de bens públicos, como permissão de uso, cessão de uso, concessão de direito real de uso ou concessão de uso especial para fins de moradia, é curial apontar que a concessão de uso, diferentemente das concessões de serviços públicos, não possuem disciplina normativa genérica em âmbito nacional, relegando-as às especificidades das disposições dos entes federativos.

Como a concessão de uso é voltada à utilização privativa de um bem público, pode-se concluir, como preleciona Di Pietro, que tanto os bens dominicais quanto os de usos comum ou de uso especial podem estar sob sua órbita gravitacional, eis que se encontram " fora do comércio jurídico de direito privado, de modo que só podem ser objeto de relações jurídicas regidas pelo direito público"[31].

Feitas essas breves considerações quanto às concessões de serviços públicos e de uso de bens públicos surge o questionamento quanto à classificação adequada das concessões florestais talhadas atualmente na Lei n. 11.284/2006 em um ou outro regime normativo: a exploração de florestas públicas seria um serviço público ou a utilização de um bem público?

Do item 1, onde foi apresentado um breve escorço histórico-normativo quanto à proteção das florestas no Brasil, percebe-se que desde o Código Florestal de 1934 essas já recebiam uma taxonomia como bens de uso comum do povo, o que favorece, *ab initio,* uma antecipação quanto à categoria de bens públicos tendo sido constatado, ainda naquele primeiro Código Florestal brasileiro, que já havia previsão normativa acerca das concessões públicas para sua exploração. Entretanto, é a partir da Lei n. 11.284/2006 que essas concessões florestais ganharam uma melhor e mais adequada autonomia normativa.

5. A Lei de Gestão das Florestas Públicas

Com a entrada em vigor da Lei n. 11.284/2006 percebe-se um amplo campo de normas específicas para as chamadas concorrências em matéria florestal e, mais do que nunca, aponta-se um norte comum, que é no sentido de otimização quanto à utilização desse bem (as florestas públicas) que possui relevância primordial tanto para a sociedade, para os indivíduos, para a ordem econômica e para o próprio Poder Público.

Como também já apontado em itens anteriores, a referida Lei n. 11.284/2006 define em seu art. 3º, I, aquilo que seriam as florestas públicas como qualquer floresta natural ou plantada localizada nos diversos biomas brasileiros, sob o domínio da União, Estados, Distrito Federal ou Municípios, bem como de entidades da Administração Indireta.

Apesar de não haver um consenso na doutrina quanto à real taxonomia dessa concessão (se de serviços ou de bens pú-

---

31 DI PIETRO, Maria Sylvia Zanella. *Direito administrativo,* p. 837

blicos) as disposições insertas nos arts. 34, 45, 53 e 77[32], ao disciplinarem os principais aspectos concorrenciais das concessões florestais deixam nítida uma preocupação recorrente do legislador com essa gestão das florestas públicas (bens ambientais de interesse social relevante) restar concentrada nas mãos de particulares, de modo a comprometer os princípios gerais da ordem econômica e, especialmente a proteção da concorrência. Nesse aspecto, acerca das preocupações concorrenciais, Marrara[33] assim preleciona:

---

32 "Art. 34. Sem prejuízo da legislação pertinente à proteção da concorrência e de outros requisitos estabelecidos em regulamento, deverão ser observadas as seguintes salvaguardas para evitar a concentração econômica: I – em cada lote de concessão florestal, não poderão ser outorgados a cada concessionário, individualmente ou em consórcio, mais de 2 (dois) contratos; II – cada concessionário, individualmente ou em consórcio, terá um limite percentual máximo de área de concessão florestal, definido no Paof. Parágrafo único. O limite previsto no inciso II do *caput* deste artigo será aplicado sobre o total da área destinada à concessão florestal pelo Paof e pelos planos anuais de outorga em execução aprovados nos anos anteriores."
"Art. 45. O controle do percentual máximo de concessão florestal que cada concessionário, individualmente ou em consórcio poderá deter, observados os limites do inciso II do art. 34, bem como o disposto no art. 77, ambos da Lei n. 11.284, de 2006, será efetuado pelo Serviço Florestal Brasileiro, nos termos do inciso XIX do art. 53 da mesma Lei."
"Art. 53 (...) XVII – atuar em estreita cooperação com os órgãos de defesa da concorrência, com vistas a impedir a concentração econômica nos serviços e produtos florestais e na promoção da concorrência; XVIII – incentivar a competitividade e zelar pelo cumprimento da legislação de defesa da concorrência, monitorando e acompanhando as práticas de mercado dos agentes do setor florestal; XIX – efetuar o controle prévio e a posteriori de atos e negócios jurídicos a serem celebrados entre concessionários, impondo-lhes restrições à mútua constituição de direitos e obrigações, especialmente comerciais, incluindo a abstenção do próprio ato ou contrato ilegal; (...) XXI – promover ações para a disciplina dos mercados de produtos florestais e seus derivados, em especial para controlar a competição de produtos florestais de origem não sustentável."
"Art. 77. Ao final dos 10 (dez) primeiros anos contados da data de publicação desta Lei, cada concessionário, individualmente ou em consórcio, não poderá concentrar mais de 10% (dez por cento) do total da área das florestas públicas disponíveis para a concessão em cada esfera de governo."
33 MARRARA, Thiago. Aspectos concorrenciais da concessão de florestas públicas. Biblioteca Digital Revista de Direito Público da Economia – RDPE, Belo Horizonte, ano 8, n. 32, out./dez. 2010. Disponível em: http://www. editoraforum.com.br/bid/bidConteudoShow.aspxidConteudo = 70682.

"Com efeito, o Legislador, consciente da relevância pública, econômica e social dessas florestas, elaborou, normativamente, uma série de instrumentos no intuito de restringir a concentração desses bens públicos nas mãos de agentes particulares. Além disso, atribuiu ao SFB e demais órgãos gestores o dever de zelar pelo cumprimento de normas concorrenciais nos mercados de produtos e serviços florestais, levando ao conhecimento do SBDC eventuais infrações à legislação de defesa da concorrência.

Ocorre que, ao tratar da defesa da concorrência no mercado de produtos e serviços florestais, o Legislador federal agiu, por vezes, de modo inadequado. Isso se deve a duas razões. De um lado, são questionáveis os efeitos pró-concorrenciais das normas que limitam a assinatura de contratos de concessão e a concentração de florestas públicas por concessionárias (art. 34, inciso I e II), pois tais normas não consideram os impactos efetivos das concessões para os mercados relevantes atingidos. De outro, as normas limitativas de concentração de florestas impostas pela União (art. 34, inciso II, e art. 77) são discutíveis à luz da Constituição Federal, na medida em que mitigam o federalismo brasileiro ao imporem normas – falsamente gerais – a Estados e Municípios em matéria de gestão de bens públicos. Tais normas, além de frágeis do ponto de vista jurídico, certamente prejudicarão o emprego da gestão privada de florestas no âmbito estadual e municipal".

Prossegue o ilustre doutrinador[34]:

"Perante o texto normativo da LGF, a doutrina tem discutido a natureza jurídica da concessão florestal. Em realidade, a partir de uma interpretação literal do diploma que rege a matéria, não resta claro se há uma concessão de serviço público ou de bem público in casu. Parte dos especialistas entende, porém, se tratar de uma concessão de bem público. Nessa esteira, segundo Marques Neto, não obstante a concessão florestal se estruture na atividade de manejo da floresta, o que se transfere ao concessionário é, na verdade, a conservação e a gestão de um bem público, a saber: a floresta pública. Essa conclusão se depreenderia do rol de obrigações do concessionário previsto no art. 31 da LGF. O bem público concedido seria uma parte da floresta pública, ou seja, as "unidades de manejo" componentes de florestas federais, estaduais ou municipais. Em igual sentido, po-

---

34 Idem.

siciona-se Di Pietro. De acordo com a administrativista, não obstante a LGF tenha dado à concessão várias características semelhantes à da concessão de serviço público, regida pela Lei n. 8.987/1995, há que se considerar que "o manejo florestal sustentável para exploração de produtos e serviços" não é serviço público, mas tão somente uma atividade econômica de interesse público. Na verdade, o Poder Público transfere ao particular o poder de usar e explorar a floresta. Trata-se, pois, de uma concessão constitutiva, i.e. uma concessão de bem público – posição também sustentada por Oliveira".

Já para Carvalho Filho[35], ao que parece, a concessão florestal é uma delegação de serviços públicos:

"Concessão florestal, desse modo, é o contrato administrativo de concessão pelo qual o concedente delega onerosamente ao concessionário (pessoa jurídica, em consórcio ou não) o serviço de gestão das florestas públicas e, por conseguinte, o direito de praticar o manejo florestal sustentável para a exploração de produtos e serviços em área previamente demarcada (art. 3º, VII). Tal como sucede nas concessões em geral, o concessionário exercerá sua atividade por sua conta e risco e deverá demonstrar aptidão para seu desempenho".

Em que pese Marrara[36] entender não haver consenso acerca da real natureza jurídica das concessões florestais (se de serviços ou de bens) sustenta o referido autor que as maiores dúvidas, e portanto, as mais relevantes, seriam aquelas atinentes ao chamado ponto de vista prático administrativo da concessão florestal, posto que a gestão de florestas públicas por particulares deve ser capaz de assegurar os interesses públicos subjacentes a esses recursos naturais de extrema importância para o Estado, para a preservação e promoção de um meio ambiente equilibrado, para a economia e para diversas comunidades locais brasileiras.

Sem querer apresentar um contraponto ao referido trabalho, que tem seus méritos justamente por estar atento às questões da

---

35 Carvalho Filho, José dos Santos. *Manual de direito administrativo*. 30. ed. rev., atual. e ampl. São Paulo: Atlas, 2016, p. 441.

36 Idem.

livre concorrência, mas a delimitação do *objeto de concessão* como um bem público, dotado de especificidades elencadas desde o Código Florestal de 1934 e, mais do que nunca, sob o crivo do Legislador Constituinte Originário em seu paradigmático art. 225, é de suma importância para, justamente, antes de atender às preocupações com a livre concorrência, sobretudo, efetivar a primazia da defesa do meio ambiente, ambos topograficamente alojados no mesmo dispositivo constitucional.

As preocupações evidenciadas na Lei n. 11.284/2006 quanto ao perigo de controle ou concentração da exploração, via concessão, das florestas públicas nas mãos de particulares são louváveis, mas, ao que parece, são mais fulcradas no *mote* da livre concorrência. Entretanto, como os bens ambientais são bens públicos de uma categoria à parte e indispensáveis à sobrevivência humana, sua natureza peculiar deve ser ressaltada sempre, e de forma prévia, de modo a irradiar suas especificidades a todo o ordenamento jurídico. E tal preocupação, especialmente em homenagem às características especiais desses bens postos sob exploração particular vem estampada da advertência de Machado[37] quando aduz:

"A Lei 11.284/2006 procurou cercar a concessão florestal de regras protetoras, como o Plano Anual de Outorga Florestal – PAOF (art. 10) e vedação da outorga da titularidade imobiliária ou preferência na sua aquisição; acesso ao patrimônio genético para fins de pesquisa e desenvolvimento, bioprospecção ou constituição de coleções; uso dos recursos hídricos, acima do insignificante; exploração dos recursos minerais, exploração de recursos pesqueiros e comercialização de créditos decorrentes da emissão de carbono em florestas naturais (art. 16, § 1º). Não se pode, contudo, deixar de apontar o perigo em que se colocam as florestas públicas, pois do concessionário não se exige um conhecimento antigo ou tradicional de gestão sustentável, o que motivou a crítica de um experimentado geógrafo – Aziz Ab Saber – que disse: 'alugar uma floresta biodiversa? Se o governo não sabe como explorar a floresta de maneira sustentável, como os vencedores das licitações saberão?'.

---

37 MACHADO, Paulo Afonso Leme. *Direito ambiental brasileiro*. 24. ed., rev., ampl., e atual. São Paulo: Malheiros, 2016, p. 1038.

A existência de uma lei que protegerá especialmente algumas áreas não poderá permitir o enfraquecimento da proteção da qualidade de vida nas demais áreas. A maneira como as cidades se foram constituindo, na maioria dos países, criou dois mundos distanciados – o urbano e o rural. A própria ocupação e explotação do espaço rural, está levando à necessidade de serem reservadas áreas submetidas a regras mais severas. Não nos iludamos com a possibilidade de êxito dessa política pública, se continuarmos a cavar um fosso profundo entre o ser humano e o ambiente no qual ele vive".

A preocupação maior então, surge, não com a primazia da livre concorrência, mas com a defesa do meio ambiente, como um princípio de maior relevância na Ordem Econômica, pois influi e modifica diretamente a soberania nacional, a propriedade privada, a função social da propriedade, a livre concorrência, a defesa do consumidor, a redução das desigualdades regionais e sociais, a busca do pleno emprego e o tratamento favorecido para as empresas de pequeno porte[38].

6. Conclusão

Diante do que foi exposto, pode parecer que a taxonomia alternativa entre concessão de serviços ou concessão de uso no âmbito das explorações das florestas públicas por particulares seja desprovida de relevância.

Entretanto, a exemplo do que ocorre nas outras reescrituras ambientais, a delimitação dessa exploração, gravitando única e exclusivamente sob a tutela do uso de bens públicos apresenta alguns subterfúgios benéficos: primeiro porque, destoando dos outros tipos de bens públicos, os bens ambientais traduzem-se em estoques tendentes a sensíveis reduções, face às explorações e degradações (grandezas inversamente proporcionais); segundo, que, partindo-se dessas premissas, cada vez mais os parâmetros de concessão (conveniência e oportunidade) para a concessão de uso de tais bens, deverão ser revistos, sopesados e, por que não dizer, restringidos, em rumo à vinculação de um inarredável interesse público, repre-

---

38   Art. 170 da CR/88.

sentado pelo binômio – dever de proteção ambiental e sustentabilidade; por último, que somente com essa assunção pelo Poder Público, exercendo seu *dever fundamental,* talvez o cidadão, titular desse *direito fundamental,* possa sentir-se motivado a exercer o *munus* que lhe compete, assumindo de uma vez por todas, o protagonismo que lhe é exigido, cuja demanda é ínsita a todas as categorias de direitos fundamentais.

Assim, ao que parece, o Direito Administrativo também tem uma relevância ímpar quanto à configuração desse feixe complexo de posições normativas concernente ao dever de proteção ambiental, pois, a despeito de uma certa tendência em valorizar apenas os direitos individuais e coletivos, é fato que a Constituição da República prevê também os chamados deveres fundamentais, permitindo, ou pelo menos indicando, um equilíbrio de proteção entre gozo dos direitos individuais fundamentais e proteção eficiente de bens e valores jurídicos imprescindíveis para a realização dos fins do Estado democrático de direito.

7. Referências bibliográficas

ALEXY, Robert. *Teoria dos direitos fundamentais.* Tradução de Virgílio Afonso da Silva. São Paulo: Malheiros, 2011.

_____. *Constitucionalismo discursivo.* Tradução de Luís Afonso Heck. 3. ed. rev. Porto Alegre: Livraria do Advogado Editora, 2011.

AYALA, Patryck de Araújo. Mínimo existencial ecológico e proibição de retrocesso em matéria ambiental: considerações sobre a inconstitucionalidade do Código do Meio Ambiente de Santa Catarina. In: LECEY, Eladio; CAPPELLI, Silvia. *Revista de Direito Ambiental.* Ano 15, n. 60, out./ dez./2010, p. 329-371. São Paulo: Revista dos Tribunais, 2010.

BECK, U. *La sociedad del riesgo. Hacia una nueva modernidad.* Madrid: Paidos, 1998.

BOSSELMANN, Klaus. *O princípio da sustentabilidade:* transformando direito e governança. Tradução de Phillip Gil França. São Paulo: Revista dos Tribunais, 2015.

BRASIL. *Constituição da República Federativa do Brasil de 1988*. Disponível em http://www.planalto.gov.br/ccivil_03/constituicao/constituicaocompilado.htm >. Acesso em: 10 out. 2020.

_____. *Decreto n. 23.793, de 23 de janeiro de 1934*. Approva o codigo florestal. Disponível em http://www.planalto.gov.br/ccivil_03/decreto/1930-1949/d23793.htm. Acesso em: 20 out. 2020.

_____. *Lei n. 4.771, de 15 de setembro de 1965*. Institui o novo Código Florestal. Disponível em: http://www.planalto.gov.br/ccivil_03/leis/l4771.htm. Acesso em: 10 out. 2020.

_____. *Lei n. 8.666, de 21 de junho de 1993*. Institui o novo Código Florestal. Disponível em: http://www.planalto.gov.br/ccivil_03/leis/l8666cons.htm. Acesso em 10 out. 2020.

_____. *Lei n. 8.987, de 13 de fevereiro de 1995*. Regulamenta o art. 37, inciso XXI, da Constituição Federal, institui normas para licitações e contratos da Administração Pública e dá outras providências. Disponível em: http://www.planalto.gov.br/ccivil_03/leis/L8987compilada.htm. Acesso em: 10 out. 2020.

_____. *Lei n. 9.074, de 7 de Julho de 1995*. Estabelece normas para outorga e concessões e permissões de serviços públicos e dá outras providências. Disponível em: http://www.planalto.gov.br/ccivil_03/leis/L9074cons.htm. Acesso em: 10 out. 2020.

_____. *Lei n. 9.985, de 18 de julho de 2000*. Regulamenta o art. 225, § 1º, incisos I, II, III e VII da Constituição Federal, institui o Sistema Nacional de Unidades de Conservação da natureza e dá outras providências. Disponível em http://www.planalto.gov.br/ccivil_03/leis/l9985.htm. Acesso em: 10 out. 2020.

_____. *Lei n. 11.284, de 2 de março de 2006*. Dispõe sobre a gestão de florestas públicas para a produção sustentável; institui, na estrutura do Ministério do Meio Ambiente, o Serviço Florestal Brasileiro – SFB; cria o Fundo Nacional de Desenvolvimento Florestal – FNDF; altera as Leis n. 10.683, de 28 de maio de 2003, 5.868, de 12 de dezembro de 1972, 9.605, de 12 de fevereiro de 1998, 4.771, de 15 de setembro de 1965, 6.938, de 31 de agosto de 1981, e 6.015, de 31 de dezembro de 1973; e dá outras providências. Disponível em: http://www.planalto.gov.br/ccivil_03/_ato2004-2006/2006/lei/l11284.htm. Acesso em: 20 out. 2020.

CANOTILHO, José Joaquim Gomes. *Direito constitucional e teoria da Constituição*. 7. ed. Coimbra: Almedina, 2004.

CARADORI, Rogério da Cruz. *O Código Florestal e a legislação extravagante*: teoria e a prática da proteção florestal. São Paulo: Atlas, 2009.

CARVALHO FILHO, José dos Santos. *Manual de direito administrativo*. 30. ed. rev., atual. e ampl. São Paulo: Atlas, 2016.

DIAS, Edna Cardozo. *Gestão de florestas públicas*. Fórum de Direito Urbano e Ambiental – FDUA, Belo Horizonte, ano 5, n. 29, p. 3583-3589, set.-out. Disponível em: www.editoraforum.com.br/bid. Acesso em: 16 out. 2020.

DI PIETRO, Maria Sylvia Zanella. Gestão de florestas públicas por meio de contratos de concessão. *Revista do Advogado*, v. 107, p. 140-149, dez. 2009.

_____. Uso privativo de bem público por particular. 2. ed. São Paulo: Atlas, 2010.

_____. *Direito administrativo*. 28. ed. São Paulo: Atlas, 2015.

DOSSO, Taisa Cintra; MANIGLIA, Elisabete. Lei das florestas públicas. *Revista de Estudos Jurídicos – Unesp*, São Paulo, v. 11, n. 15, p. 301-308, 2006.

FERNANDES, Raimundo Nonato. Da concessão de uso de bens públicos. *Revista de Direito Administrativo*. Rio de Janeiro, out.-dez. 1974, pp. 01-11.

FIORILLO, Celso Antonio Pacheco. *Curso de direito ambiental brasileiro*. 12 ed., rev. atual. e ampl. São Paulo: Saraiva, 2011.

FREITAS, Rafael Véras de. A concessão de florestas públicas e o desenvolvimento sustentável. *Revista de Direito Público da Economia – RDPE*, Belo Horizonte, ano 7, n. 26, 2009. Disponível em: www.editoraforum.com.br/bid. Acesso em: 16 out. 2020.

GASPARINI, Diogenes. *Direito administrativo*. 17. ed. atual. por Fabrício Motta. São Paulo: Saraiva, 2012.

GRANZIERA, Maria Luiza Machado. Mecanismos de efetividade da lei sobre florestas públicas. *Revista de Direito Ambiental*, v. 13, n. 49, p. 201-216, 2008.

JUSTEN FILHO, Marçal. *Curso de direito administrativo*. 12. ed. São Paulo: Revista dos Tribunais, 2016.

LUFT, Rosângela. *Concessão de uso*. Enciclopédia jurídica da PUC-SP. Celso Fernandes Campilongo, Alvaro de Azevedo Gonzaga e André Luiz Freire (Coords.). Tomo: Direito Administrativo e Constitucional. Vidal Serrano Nunes Jr., Maurício Zockun, Carolina Zancaner Zockun, André Luiz Freire (Coord. de tomo). 1. ed. São Paulo: Pontifícia Universidade Católica de São Paulo, 2017. Disponível em: https://enciclopediajuridica.pucsp.br/verbete/115/edicao-1/concessao-de-uso. Acesso em 10 de Out 2020.

MACHADO, Paulo Afonso Leme. *Direito ambiental brasileir*. 24. ed., rev., ampl., e atual. São Paulo: Malheiros, 2016.

MARQUES NETO, Floriano de Azevedo. *Bens públicos:* função social e exploração econômica: o regime jurídico das utilidades públicas. Belo Horizonte: Fórum, 2009.

MARRARA, Thiago. Aspectos concorrenciais da concessão de florestas públicas. Biblioteca Digital *Revista de Direito Público da Economia – RDPE*, Belo Horizonte, ano 8, n. 32, out.--dez 2010. Disponível em: http://www.editoraforum.com.br/bid/bidConteudoShow.aspxidConteudo = 70682. Acesso em: 16 out. 2020.

_____. *Bens públicos*: domínio urbano: infraestruturas. Belo Horizonte: Fórum, 2006.

_____. NOHARA, Irene. *Processo administrativo*: Lei n. 9.784/99 comentada. São Paulo: Atlas, 2009.

MEIRELLES, Hely Lopes. *Direito administrativo*. 42. ed. São Paulo: Malheiros, 2016.

MELLO, Celso Antônio Bandeira de. *Curso de direito administrativo*. 33. ed. São Paulo: Malheiros, 2016.

MELO, Stela Maria Ramos de. *Concessão de florestas públicas*. Fórum de Direito Urbano e Ambiental – FDUA, Belo Horizonte, ano 7, n. 40, p. 47-57, jul.-ago. 2008. Disponível em: www.editoraforum.com.br/bid. Acesso em: 16 out. 2020.

MILARÉ, Édis. *Direito do ambiente*. 6. ed. São Paulo: Revista dos Tribunais, 2009.

MORAES, Luís Carlos Silva de. *Código Florestal comentado*. 4. ed. São Paulo: Atlas, 2009.

OLIVEIRA, Rafael Carvalho Rezende. *Curso de direito administrativo*. 3. ed. São Paulo: Método, 2015.

OLIVEIRA, Raul Miguel Freitas de. *Concessão florestal*: exploração sustentável de florestas públicas por particular. 2010. Tese (Doutorado) – Faculdade de Direito, Universidade de São Paulo, São Paulo, 2010.

PAULO, Vicente e ALEXANDRINO, Marcelo. *Direito administrativo descomplicado*. 15. ed. São Paulo: Método, 2016.

RIDOLA, Paolo. *A dignidade humana e o "princípio liberdade" na cultura constitucional europeia*; coordenação e revisão técnica Ingo Wolfgang Sarlet; tradução Carlos Luiz Strapazzon, Tula Wesendonck. Porto Alegre: Livraria do Advogado Editora, 2014.

SAMPAIO, José Adércio Leite. O retorno às tradições: a razoabilidade como parâmetro constitucional. In: SAMPAIO, José Adércio Leite (Coord.). *Jurisdição constitucional e direitos fundamentais*. Belo Horizonte: Editora Del Rey, 2003.

SARLET, Ingo Wolfgang; FIGUEIREDO, Mariana Filchtiner. Reserva do possível, mínimo existencial e direito à saúde: algumas aproximações. In: SARLET, Ingo Wolfgang; TIMM, Luciano Benetti (Orgs.). *Direitos fundamentais, orçamento e reserva do possível*. 2. ed. Porto Alegre: Livraria do Advogado, 2010.

_____; FENSTERSEIFER, Tiago. *Direito constitucional ambiental:* constituição, direitos fundamentais e proteção do ambiente. 2. ed. São Paulo: Malheiros Editores, 2009.

_____; *Estado socioambiental de direito e direitos fundamentais*. (Org.). Porto Alegre: Livraria do Advogado, 2010.

SILVA, Vicente Gomes da. *Aspectos legais sobre a concessão de florestas públicas*. Fórum de Direito Urbano e Ambiental – FDUA, Belo Horizonte, ano 6, n. 26, mar. 2006. Disponível em: www.editoraforum.com.br/bid. Acesso em: 10 out. 2020.

SILVA, Virgílio Afonso da. *Direitos fundamentais – conteúdo essencial, restrições e eficácia*. 2. ed. São Paulo: Malheiros Editores, 2010.

SOUZA NETO, Cláudio Pereira; SARMENTO, Daniel (Coord.). *Direitos sociais:* fundamentos, judicialização e direitos sociais em espécie. Rio de janeiro: Lumen Juris, 2010.

RESERVA LEGAL: UMA ANÁLISE SOB A PERSPECTIVA DA SUSTENTABILIDADE

Tiago Souza Nogueira de Abreu[1]

1. Introdução

O Código Florestal (Lei n. 12.651/2012) é a norma federal que trata da proteção ambiental em seus mais variados aspectos no sistema jurídico brasileiro.

Resguarda notória singularidade conceitual o termo "meio ambiente" vez que naturalmente é exposto pela humanidade como necessário à sua subsistência. Tecnicamente, temos que se trata da "combinação de todas as coisas e fatores externos ao indivíduo ou população de indivíduos em questão, mais precisamente, é constituído por seres bióticos e abióticos e suas relações e inter-relações" (MILARÉ, 2009, p. 113).

Podemos afirmar que, no sistema jurídico brasileiro, o Direito Ambiental é autônomo, pois com a promulgação da Constituição Federal de 1988, por seu art. 225, ele se desmembrou do Direito Administrativo e possui princípios que lhe são próprios, quais sejam: prevenção, precaução, desenvolvimento sustentável ou ecodesenvolvimento, poluidor (ou predador)-pagador ou da responsabilidade, usuário-pagador, cooperação entre os povos, solidariedade intergeracional ou equidade, natureza pública (ou obrigatoriedade) da proteção ambiental,

---

1 Juiz de Direito. Ex-Presidente da AMAM – Associação Mato-Grossense de Magistrados (biênios 2019/2020 e 2021/2022) e Pós-Graduado em Direito Ambiental pela UFMT. E-mail: 11205@tjmt.jus.br.

participação comunitária ou cidadã ou princípio democrático, função socioambiental da propriedade, informação, limite ou controle, protetor-recebedor, vedação ao retrocesso ecológico, responsabilidade comum, e por fim, o princípio da gestão ambiental descentralizada, democrática e eficiente.

Dentre os vários princípios que formam a base do direito ambiental pátrio, podemos destacar que a correta aplicação do princípio do desenvolvimento sustentável ou ecodesenvolvimento, que segundo a doutrina "decorre de uma ponderação que deverá ser feita casuisticamente entre o direito fundamental ao desenvolvimento econômico e o direito à preservação ambiental, à luz do Princípio da Proporcionalidade" (AMADO, 2019, p. 89) é o maior desafio a ser enfrentando por todos os atores que atuam direta e indiretamente com o meio ambiente no país.

Num rápido passeio pela evolução legislativa, verifica-se incontáveis atualizações na matéria envolvendo o direito ambiental, e especialmente com o advento da Lei n. 12.651/2012, que revogou o antigo ordenamento e promulgou o atual Código Florestal brasileiro, principal legislação sobre o tema no Brasil, conforme já enfatizamos, revela que a preservação do "meio ambiente" sempre está em constante conflito de interesses que, por via de consequência, resulta em reações jurídicas na maioria das vezes imediatas e enérgicas pelo legislador brasileiro. Tanto que com a promulgação do novo Código Florestal, imediatamente inúmeras ações diretas de inconstitucionalidade (ADIN) e ações declaratórias de constitucionalidade (ADC) foram propostas questionando vários dispositivos legais.

Nesse artigo, de maneira muito singela e objetiva, iremos destacar a RESERVA LEGAL como objeto de estudo e colocar em confronto a legislação brasileira frente a esse binômio PRESERVAÇÃO × UTILIZAÇÃO e as suas implicações na propriedade, especialmente no bioma amazônico.

2. Reserva legal × Amazônia legal

A preocupação em preservar parte das matas das propriedades rurais é bem antiga em nosso país, já estando presente desde a época do Brasil colônia.

A denominação *reserva legal,* contudo, só veio a surgir a partir da Lei n. 7.803 de 1989, sendo que seu conceito está atualmente estabelecido no novo Código Florestal, no art. 3º, inc. III, que assim dispõe:

"Área localizada no interior de uma propriedade ou posse rural, delimitada nos termos do art. 12, com a função de assegurar o uso econômico de modo sustentável dos recursos naturais do imóvel rural, auxiliar a conservação e a reabilitação dos processos ecológicos e promover a conservação da biodiversidade, bem como o abrigo e a proteção de fauna silvestre e da flora nativa".

Ressalte-se que Reserva Florestal Legal ou simplesmente Reserva Legal são expressões sinônimas e decorrem de uma limitação ao direito de propriedade. Consiste, portanto, numa área dentro da propriedade rural que deve ser mantida com vegetação nativa, sendo permitido o uso dessa vegetação, mas não a sua destruição ou utilização com fim diverso a sua preservação.

Sua previsão encontra-se no art. 225, § 1º, inc. III, Constituição Federal (espaço territorial especialmente protegido) e art. 12 do Código Florestal (Lei n. 12.651, de 25-5-2012).

Tem-se, pois, que a reserva legal é área de interesse público, tendo em vista um meio ambiente equilibrado. Esse é o entendimento de Paulo Affonso Leme Machado (2002, p. 704) que diz:

"Não se pode negar que a Reserva Florestal Legal constitua um espaço territorialmente protegido. As modificações introduzidas em 1989 deram a essa reserva um caráter de inalterabilidade. Assim, não só a lei ordinária protege a Reserva Florestal Legal como a própria Constituição Federal".

Diferentemente da Área de Preservação Permanente, a reserva legal incide apenas na propriedade de domínio privado, e, nas palavras de Edson Luiz Peters e Paulo de Tarso de Lara Pires (2000, p. 83), "a vegetação é protegida como a própria finalidade da reserva".

A sua observância é imposta a todos os proprietários rurais, inclusive aqueles que tenham áreas desflorestadas. Antunes entende que "ela nada mais é do que a aplicação concreta de um princípio geral estabelecido pelo art. 1º do Código Florestal, que determina serem as florestas um interesse comum de todos os habitantes do país" (ANTUNES, 2002, p. 397). Para o mesmo autor, a norma é sábia, pois o bem tutelado aqui é a sanidade das terras, a higidez do ar, ou seja, aquilo que a Constituição Federal de 88 definiu como "meio ambiente ecologicamente equilibrado". Salienta ainda que é de interesse do proprietário a manutenção da reserva legal, pois ele, como todos os habitantes do país, desfrutará dos benefícios dela decorrentes.

Em consequência do exposto, a importância da reserva legal consiste na manutenção de amostras significativas de todos os ecossistemas que as gerações atuais estarão preservando para as gerações futuras. Ela ajuda a manter o equilíbrio do planeta e, consequentemente, a manutenção da vida na Terra. Isto porque, se a destruição das florestas permanecer no mesmo ritmo, não haverá vida na Terra daqui a alguns anos. A reserva legal é uma tentativa de assegurar a permanência de regiões florestadas no Brasil, para garantir a vida no futuro.

Em termos gerais, esse conflito já vem elucidado notadamente por regulamentos jurídicos, a exemplo do percentual de reserva legal dos imóveis rurais, contudo, verifica-se que o legislador sobrecarregou mais a proteção ao bioma "Floresta Amazônica" em detrimento aos demais biomas, estabelecendo uma reserva legal de 80% do total do imóvel, gerando, sem margem de dúvidas um discrime em relação as demais regiões, impactando não só o território dos estados que estão inseridos no bioma, como toda a atividade econômica e a própria propriedade privada. O art. 12 da Lei n. 12.651/2012 estabelece, *in verbis:*

"Art. 12. Todo imóvel rural deve manter área com cobertura de vegetação nativa, a título de Reserva Legal, sem prejuízo da aplicação das normas sobre as Áreas de Preservação Permanente, observados os seguintes percentuais mínimos em relação à área do imóvel, excetuados os casos previstos no art. 68 desta Lei: (Redação dada pela Lei n. 12.727, de 2012).
I – localizado na Amazônia Legal:
a) 80% (oitenta por cento), no imóvel situado em área de florestas;

b) 35% (trinta e cinco por cento), no imóvel situado em área de cerrado;

c) 20% (vinte por cento), no imóvel situado em área de campos gerais;

II – localizado nas demais regiões do País: 20% (vinte por cento)".

Nas palavras de Paulo Affonso e Leme Machado (2022, p. 803 e 804), "a Reserva Legal prevê a intervenção humana em seu espaço territorial, através do manejo sustentável. A Reserva Legal será dimensionada conforme esteja na Amazônia Legal e nas demais regiões do País".

Registre-se que o conceito de Amazônia Legal está expressamente previsto no art. 3º, inciso I, dessa Lei, compreendendo os Estados do Acre, Pará, Amazonas, Roraima, Rondônia, Amapá e Mato Grosso, e as regiões situadas ao norte do paralelo 13° S, dos Estados de Tocantins e Goiás, e ao oeste do meridiano de 44ºW, do Estado do Maranhão (Thomson Reuters, 2022, p. 231 e 232).

Com efeito, dentre outras previsões, temos certas áreas destinadas tão somente à proteção de suas funções ecológicas e, em regra, são reconhecidas pela intangibilidade e proibição de uso econômico direto. Frise-se que constitui uma restrição baseada no princípio constitucional da função socioambiental da propriedade.

Após tais constatações, conciliar o direito de propriedade, conservação, e uso sustentável das florestas e das demais formas de vegetação nativa não é tarefa das mais fáceis, diante da necessidade de tornar produtivo o imóvel rural sob pena de desapropriação. Porém, a dicotomia preservação e exploração da terra pode ser solucionada com uso racional dos recursos naturais.

O desenvolvimento sustentável é aquele que satisfaz as necessidades atuais, sem afetar a capacidade das gerações futuras de suprir suas próprias necessidades. Esse posicionamento é compartilhado por Frederico Amado (2019, p. 88 e 89), como visto abaixo:

"Tem previsão implícita na cabeça do artigo 225, combinado com o artigo 170, VI, ambos da Constituição Federal e expressa no Princípio 04 da Declaração do Rio: Para se alcançar um desenvolvimento sustentável, a proteção ambiental deve constituir parte integrante do processo de desenvolvimento e não pode ser considerada separadamente", tendo sido plantada a sua semente mundial na Conferência de Estocolmo de 1972. Antes, em 1950, a IUCN (World Conservation/Internacional Union Conservation of Nature) ofertou ao mundo um trabalho que pela primeira vez utilizou a expressão "desenvolvimento sustentável". No Brasil, não se trata de inovação do atual ordenamento jurídico ou da RIO 1992, pois já presente anteriormente em nosso ordenamento jurídico, vez que a Política Nacional do Meio Ambiente visará "à compatibilização do desenvolvimento econômico social com a preservação da qualidade do meio ambiente e do equilíbrio ecológico", nos termos do artigo 4º, I, da Lei 6.938/1981. Deveras, as necessidades humanas são ilimitadas (fruto de um consumismo exagerado incentivado pelos fornecedores de produtos e serviços ou mesmo pelo Estado), mas os recursos ambientais naturais não, tendo o planeta Terra uma capacidade máxima de suporte, sendo curial buscar a SUSTENTABILIDADE".

O que se tem de relevante é que dentro das políticas públicas, quanto a esse tema, existem pelo menos dois grandes contextos: o primeiro, se refere ao direito de propriedade, ao uso e extração dos recursos do solo, entre outros. Como paradigma, o outro grande contexto se apresenta com contorno de preservação, bioética, sustentabilidade, entre outros.

A reserva legal, inicialmente prevista de forma rígida no art. 16 § 2º, da Lei n. 4.771/65, foi amplamente alterada em sua interpretação e modificada pela Lei n. 12.651/2012, na tentativa de se amoldar a estes dois grandes contextos, que por sua vez veio acompanhada da ADC 42[2] e das ADINs 4.901[3],

---

2 BRASIL. STF. ADC n. 42/DF. Rel. Min. Luiz Fux, julg. 28-2-2018. *DJU* de 13-8-2019. Disponível em: https://redir.stf.jus.br/paginadorpub/paginador.jsp?docTP = TP&docID = 750504737. Acesso em: 11-3-2023.
3 BRASIL. STF. ADIN n. 4.901/DF. Rel. Min. Luiz Fux – julg. 28-2-2018. *DJU* de 13-8-2019. Disponível em: https://redir.stf.jus.br/paginadorpub/paginador.jsp?docTP = TP&docID = 750504532. Acesso em: 11-3-2023.

4.902[4], 4.903[5] e 4.937[6], julgadas recentemente pela Corte Constitucional brasileira (2018-2019).

Nesse contexto, após inúmeras divergências acaloradas entre os ministros do Supremo Tribunal Federal, restou vencedora a salvaguarda da vontade legislativa, mantendo a interpretação histórica mais abrangente, ou seja, declarando legal a reserva legal de 80% no bioma amazônico, e autorizando, em específico, a compensação da reserva legal fora da propriedade original, desde que entre áreas de mesma identidade biológica/ecológica.

Ainda que os percentuais de reserva florestal protegidos por lei sejam computados com base no total de florestas e demais formas de vegetação nativas existentes e não sobre a totalidade de propriedade individualizada, fato é que o proprietário acaba por estar atrelado à necessidade de preservação sobre o elevado percentual de 80% sobre seus imóveis, visto que o uso sustentável da floresta primitiva, indicado na legislação, é de difícil aplicação prática, uma vez que não existem políticas públicas claras que permitam a exploração econômica desse ativo ambiental.

2.1. Rápida análise de dados oficiais

Alguns projetos como DETER (desativado em 2017) e DE-GRAD (descontinuado em 2016) não sobressaíram ao tempo. De outro lado, o projeto PRODES/INPE[7], que atualmente acompanha e monitora, por satélites, o desmatamento por cor-

---

4　BRASIL. STF. ADIN n. 4.902/DF. Rel. Min. Luiz Fux – julg. 28-2-2018. *DJU* de 13-8-2019. Disponível em: https://redir.stf.jus.br/paginadorpub/paginador.jsp?docTP = TP&docID = 750504579. Acesso em: 11-3-2023.

5　BRASIL. STF. ADIN n. 4.903/DF. Rel. Min. Luiz Fux – julg. 28-2-2018. *DJU* de 13-8-2019. Disponível em: https://redir.stf.jus.br/paginadorpub/paginador.jsp?docTP = TP&docID = 750504464. Acesso em: 11-3-2023.

6　BRASIL. STF. ADIN n. 4.937/DF. Rel. Min. Luiz Fux – julg. 28-2-2018. *DJU* de 13-8-2019. Disponível em: https://legis.senado.leg.br/norma/26365680. Acesso em: 11-3-2023.

7　DETER. *Observação da Terra* – INPE. Disponível em: http://www.obt. inpe.br/OBT/assuntos/programas/amazonia/deter/deter. Acesso em: 11-3-2023.

te raso em toda a área da Amazônia Legal, desde 1988, conta com a colaboração do Ministério do Meio Ambiente e do IBAMA com financiamento pelo Ministério da Ciência, Tecnologia e Inovação, continua em plena operação.

As imagens dos satélites utilizados nesse projeto são da classe LANDSAT, que possuem 20 a 30 metros de resolução espacial e taxa de revisão de 16 dias, o que garante confiabilidade e acreditação a nível mundial com índice de precisão próximo a 95%.

A primeira apresentação dos dados é realizada em dezembro de cada ano, na forma de estimativa. Os dados consolidados são apresentados no primeiro semestre do ano seguinte. Consta que as estimativas do PRODES são consideradas confiáveis pelos cientistas nacionais e internacionais[8] e são utilizados pelo governo brasileiro para estabelecimento de políticas públicas.

Com isso, é observável que houve interrupção da linha decrescente do desmatamento que perdurou até o ano de 2012. Após esse período, há evidência de aumento pequeno progressivo, com decréscimo na última apuração, vejamos:

Gráfico 1 – Taxa de desmatamento, Amazônia Legal, Estados – 1988/2022.

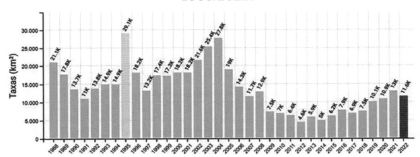

Fonte: PRODES (Desmatamento). Disponível em: http://terrabrasilis.dpi.inpe.br/app/dashboard/deforestation/biomes/legal_amazon/rates. Acesso em: 11 mar. 2023.

---

8   KINTISCH, Eli. *Carbon Emissions*. Science Magazine. Disponível em: http://www.obt.inpe.br/OBT/assuntos/programas/amazonia/prodes/pdfs/kintish_2007.pdf. Acesso em: 11-3-2023.

Gráfico 2 – Taxa de desmatamento, Amazônia Legal – 1988/2022

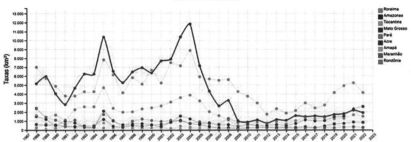

Fonte: PRODES (Desmatamento). Disponível em: http://terrabrasilis.dpi. inpe.br/app/dashboard/deforestation/biomes/legal_amazon/rates. Acesso em: 11 mar. 2023.

Observa-se que embora o desmatamento seja ainda uma realidade no Brasil, os índices vem diminuindo, não no ritmo esperado, mas vem desacelerando se comparado de maneira histórica.

Em contrapartida à desaceleração do desmatamento (o que daria a ideia de diminuição de receita) os avanços tecnológicos, o projeto ambiental sustentável e a melhoria no escoamento e distribuição de produtos, incluindo percentuais altos de exportação, trouxeram ganho de PIB e recorde de produção no agronegócio principalmente nos últimos dois anos (2021-2022).

No ano de 2020 a agropecuária havia crescido 4,2% com representatividade de 5% de todo o PIB nacional, o que demonstra a importância do setor para o país (Fonte: IBGE).

2.2. Do combate ao desmatamento IRREGULAR como necessidade estratégica

A legislação infraconstitucional brasileira sobre florestas é bastante ampla e tem se avolumado nos últimos anos, especialmente no que diz respeito à Amazônia (ANTUNES, 2015, p. 379).

É importante destacar que a forma como os governos do mundo todo tratam a sua biodiversidade, ecossistema e meio ambiente, interfere e impacta diretamente suas transações financeiras por meio de sanções econômicas ou obtenção de ajuda financeira internacional.

A proposta desse conjunto de países sugere que a preservação do bioma é a real pauta, incluindo a preocupação latente acerca da perda da biodiversidade e do desflorestamento. Com vistas a esse pensamento, as políticas públicas devem admitir que a ausência de combate ao desmatamento, pelo menos na visão global, gera perda de riqueza e eventuais sanções financeiras ou de exportação.

Nesse aspecto, para manter a reserva legal no bioma da Amazônia Legal em 80% devem surgir compensações sustentáveis, de maneira a permitir que o produtor rural que se estabeleça nessa região do país consiga manter sua atividade rural em isonomia de condições com os produtores das demais regiões, daí a importância de se implementar de fato, as políticas públicas do crédito de carbono, que a nossa vista, poderá solucionar o problema da mitigação do direito de propriedade no bioma amazônico de forma equilibrada.

2.3. A sustentabilidade: compensação e crédito de carbono

O mercado financeiro internacional, por meio da acepção da modalidade de negócios denominada "créditos de carbono", inclina para uma recompensa financeira aos países em desenvolvimento que consigam comprovar a redução de gases de efeito estufa.

O exigente mercado internacional vem desenvolvendo formas de consolidação dessa forma de negócio a fim de que haja a preservação do meio ambiente de maneira a restituir ou até mesmo mitigar o que seria desflorestado.

Em linhas gerais, o Acordo de Paris (2015)[9] contou com a assinatura de 195 países (ratificados por 147) e instituiu metas para países desenvolvidos e subdesenvolvidos e advertiu a necessidade de redução de uso de combustíveis fósseis como matriz energética, que intensificam a emissão de gases de efeito estufa (principalmente dióxido de carbono).

---

9   Acordo de Paris. Disponível em: https://brasilescola.uol.com.br/geografia/acordo-paris.htm. Acesso em: 11-3-2023.

Além disso, houve a estipulação da meta de manter ou evitar que a temperatura do planeta aumente de 2ºC. O Brasil, especificamente, se comprometeu em reduzir suas emissões de gases de efeito estufa em até 37% até 2025, estendendo o percentual de 43% até 2030.

Às portas da primeira etapa da meta (2025) o país se distanciou do seu cumprimento no acordo firmado o que dificultou a consolidação dos Estados nesse mercado de crédito promissor e acabou enrijecendo os requisitos federais.

O bioma amazônico além de ser o mais valioso internacionalmente é o mais engessado no território brasileiro. Conforme, ressaltando, a Corte Constitucional brasileira validou a reserva legal em 80% da propriedade, restringindo diretamente na extração das riquezas de quem tem o seu domínio.

Nesse norte, a saída política-ambiental sustentável e dinâmica para os proprietários e os entes federados que compõem a Amazônia Legal, é a transformação em realidade das políticas públicas do sequestro de carbono, transformando esse ativo em algo palpável e rentável.

É necessária a criação de um modelo econômico que ofereça segurança jurídica aos Estados, aos produtores e à população, baseado na farta legislação existente e com vistas aos incisivos cumprimentos das metas estabelecidas de forma que destrave o mercado voluntário e possibilite parcerias de investimento no mercado do carbono.

Dessa feita, importante consignar que a Lei n. 14.119/2021 (institui a Política Nacional de Pagamento por Serviços Ambientais), ainda que timidamente, tentou equalizar todos esses requisitos e possibilitar pela via legislativa, a valoração do sequestro de carbono. Isso significa que um bem abstrato passa a valer como nota exequível e negociável, valendo-se do compromisso mundial, sem esquecer da necessidade da manutenção da biodiversidade, da propriedade privada e da atividade econômica.

3. Considerações finais

O maior desafio, quando se trata de discutir a questão ambiental, é o de conciliar o crescimento econômico com a preservação ambiental.

Para tanto, diversos princípios de índole constitucional e infraconstitucional se fazem presentes em nossa legislação com o escopo de proporcionar às presentes e futuras gerações as garantias de preservação da qualidade de vida, em qualquer forma que ela se apresente, conciliando elementos econômicos e sociais, isto é, crescendo de acordo com a ideia de desenvolvimento sustentável.

A crescente preocupação com o meio ambiente e a possibilidade real de catástrofe climática (que já se pronuncia no tempo presente) trazem fontes de negócios inesgotáveis e tornam a propriedade com função social e socioambiental valiosa cabendo ao poder público a aferição adequada, conscientização e confraternização entre legislação e de crescimento internacional, tomando parte da via adequada que é a sustentabilidade.

Nesse aspecto, a exemplo do que restou comprovado com o avanço tecnológico e no mercado internacional através do fomento da sustentabilidade, surge a necessidade de políticas ambientais mais inclusivas e voláteis, bem como a acepção de meios adequados de uso do solo e recursos naturais para a consolidação da segurança jurídica nacional e internacional acumulado ao ganho de capital.

4. Referências bibliográficas

AMADO, Frederico. *Direito ambiental.* 10. ed. Salvador: JusPodivm, 2019.

ANTUNES, Paulo de Bessa. *Direito ambiental.* 11. ed. Rio de Janeiro: Lumen Juris, 2008.

BRASIL. Supremo Tribunal Federal. ADI-MC n. 3540/DF. Rel. Min. Celso de Mello – *DJU* 3-2-2006. Disponível em: https://redir.stf.jus.br/paginadorpub/paginador.jsp?docTP = AC&docID = 387260. Acesso em: 11-3-2023.

_____. STF. ADC n. 42/DF. Rel. Min. Luiz Fux, julg. 28-2-2018. *DJU* 13-8-2019. Disponível em: https://redir.stf.jus.br/paginadorpub/paginador.jsp?docTP = TP&docID = 750504737. Acesso em: 11-3-2023.

_____. STF. ADIN n. 4.901/DF. Rel. Min. Luiz Fux, julg. 28-2-2018. *DJU* 13-8-2019. Disponível em: https://redir.stf.jus.

br/paginadorpub/paginador.jsp?docTP = TP&docID = 75 0504532. Acesso em: 11-3-2023.

_____. STF. ADIN n. 4.902/DF. Rel. Min. Luiz Fux, julg. 28-2-2018. *DJU* 13-8-2019. Disponível em: https://redir.stf.jus.br/paginadorpub/paginador.jsp?docTP = TP&docID = 750504579. Acesso em: 11-3-2023.

_____. STF. ADIN n. 4.903/DF. Rel. Min. Luiz Fux, julg. 28-2-2018. *DJU* 13-8-2019. Disponível em: https://redir.stf.jus.br/paginadorpub/paginador.jsp?docTP = TP&docID = 750504464. Acesso em: 11-3-2023.

_____. STF. ADIN n. 4.937/DF. Rel. Min. Luiz Fux, julg. 28-2-2018. *DJU* 13-8-2019. Disponível em: https://legis.senado.leg.br/norma/26365680. Acesso em: 11-3-2023.

DETER. OBSERVAÇÃO DA TERRA – INPE. Disponível em: http://www.obt.inpe.br/OBT/assuntos/programas/amazonia/deter/deter. Acesso em: 11 mar. 2023.

KINTISCH, Eli. Carbon Emissions. *Science Magazine*. Disponível em: http://www.obt.inpe. br/OBT/assuntos/programas/amazonia/prodes/pdfs/kintish_2007.pdf. Acesso em: 11 mar. 2023.

MACHADO, Paulo Affonso Leme. *Direito ambiental brasileiro.* 15. ed. São Paulo: Malheiros, 2002.

_____. *Direito ambiental brasileiro.* 28. ed. Salvador: Editora JusPodivm, 2022.

MILARÉ, Édis. *Direito do ambiente.* 6. ed. São Paulo: Revista dos Tribunais, 2009.

PARIS, Acordo de. Disponível em: https://brasilescola.uol.com.br/geografia/acordo-paris.htm. Acesso em: 11 mar. 2023.

PETERS, Edson Luiz. *Manual do direito ambiental.* Curitiba: Juruá, 2000.

PORTAL DO IBGE. *Agência de Notícias.* Disponível em: https://agenciadenoticias.ibge.gov.br/agencia-noticias/2012-agencia-de-noticias/noticias/35501-em-2020-primeiro-ano-da-pandemia-pib-recua-em-24-das-27-ufs. Acesso em: 12 mar. 2023.

REUTERS, Thomson. *Lei florestal. Uma análise após 10 anos.* São Paulo: Revista dos Tribunais, 2022.

ESG E RISCOS AMBIENTAIS: ALINHANDO O PRINCÍPIO DO POLUIDOR-PAGADOR E O SEGURO AMBIENTAL ÀS NOVAS EXIGÊNCIA DO MERCADO

Fabio G. Barreto[1]

1. Introdução

Prevenção e reparação e/ou indenização são preconizados pelo *Princípio do Poluidor-Pagador*.

Ambos os elementos do referido princípio dão sustentação às empresas para estarem alinhadas às questões ESG (*Environmental, Social and Governance*), nova ordem ditada pelo mundo corporativo.

Atendendo a esse princípio em sua totalidade e figurando como importante aliado para que as empresas estejam tanto aderentes as questões ESG quanto endossando as práticas ambientais já implementadas, tem-se o *seguro ambiental*, instrumento jurídico-econômico ainda em estágio de desenvolvimento no Brasil, mas que já começa a ganhar espaço no portfólio de seguros contratados pelas empresas potencialmente poluidoras.

No tópico 2 será abordado o *Princípio do Poluidor-Pagador* e seu funcionamento. Já no capítulo seguinte, apresenta-se o tema ESG e contextualiza-se sua aplicação. Para o tópico 4,

---

1 MBAs em Gestão e Tecnologias Ambientais e Gestão de Áreas Contaminadas & Revitalização de *Brownfields* pela USP e em Perícia e Valoração de Danos Ambientais pela PUC-Minas. Bacharel em Administração de Empresas pela Unip. Diretor Regional América Latina de Subscrição de Seguros para Riscos Ambientais em Seguradora Multinacional líder de mercado.

reserva-se os riscos ambientais e o *seguro ambiental*, com sua origem, suas principais coberturas e processo de colocação de uma apólice. No tópico 5, será feita uma correlação entre o referido princípio, o ESG e o seguro ambiental, objetivando apresentar de que forma os temas se convergem e como tanto o *Princípio Poluidor-Pagador* quanto o *seguro ambiental* estão alinhados às novas exigências do mercado e como as empresas potencialmente poluidoras podem se beneficiar dele.

Por fim, as considerações finais reforçam a importância de cada tema abordado e sua complementaridade, além de ressaltar a efetividade do *seguro ambiental* como importante aliado para se fazer valer o Princípio do Poluidor-Pagador e o ESG, uma vez que ainda se encontra em fase de desenvolvimento no mercado brasileiro.

2. Princípio do poluidor-pagador

De maneira inovadora, em 1981, o ordenamento jurídico brasileiro estabelece o então já consagrado internacionalmente[2] *Princípio do Poluidor-Pagador*, um dos princípios ambientais de maior importância para a proteção do meio ambiente.

Recepcionado pela Política Nacional do Meio Ambiente (PNMA)[3], ele nasce composto por *dois mecanismos* diferentes: as (i) medidas necessárias à preservação do meio ambiente (*prevenção*) e a (ii) reparação e/ou indenização dos danos ao meio ambiente caso este venha a ocorrer (*reparação e/ou indenização*).

O primeiro, alicerçado nos arts. 2º, 4º, VI, e 14 da referida lei, imputa sobre o potencial poluidor a obrigação de empreender medidas no exercício da sua atividade que assegurem a preservação tanto dos recursos ambientais quanto da qualidade ambiental necessária à manutenção do equilíbrio ecológico.

Já o segundo, fundado nos arts. 4º, VII, e 14, § 1º, da mesma lei, impõe ao poluidor a obrigação de reparar e/ou in-

---

2   O Princípio do Poluidor-Pagador foi adotado internacionalmente pelos países membros da Organização para a Cooperação e Desenvolvimento Econômico (OCDE) em 1972.

3   Lei n. 6.938, de 31 de agosto de 1981.

denizar os danos causados ao meio ambiente e a terceiros consequentes da sua atividade.

Antes da referida lei, a empresa causadora do dano ambiental passava impune. Muitas vezes resultado da ausência de práticas de gestão ambiental, do desconhecimento das limitações do meio ambiente em absorver poluentes e da desassociação entre os temas *desenvolvimento econômico* e *meio ambiente* pelas atividades em geral, a empresa poluidora legava um custo à sociedade que se refletia na perda dos recursos ambientais e consequentemente do equilíbrio essencial à vida, resultando numa *socialização* dessas perdas, enquanto absorvia apenas o lucro de sua atividade.

No entanto, com a chegada do *Princípio do Poluidor-Pagador*, busca-se que esses efeitos negativos indiretamente sofridos pela sociedade e meio ambiente decorrentes do processo produtivo, denominados *externalidades negativas*, sejam internalizados pela empresa potencialmente poluidora no seu custo de produção na medida em que se imputa a ele uma responsabilização jurídica-econômica de reparar e/ou indenizar os danos causados pela sua atividade, assim desonerando a sociedade desses efeitos.

Paulo de Bessa Antunes (2015, p. 148) ensina que o objetivo desse princípio é justamente "(...) evitar que os danos ao meio ambiente sejam utilizados como subsídios para a atividade econômica, (...) e faz isso por meio da imposição de um custo ambiental àquele que se utiliza do meio ambiente em proveito econômico".

Por esta razão é que, embora haja uma ênfase normativa sobre a reparação e/ou indenização do dano ambiental, mais importante, claramente, é a sua prevenção. Pois, se com a implementação de medidas preventivas os danos ambientais já ocorrem, que dirá sem elas.

Então, conforme as empresas poluidoras foram sendo responsabilizadas pelos danos ambientais causados por suas atividades, concomitantemente ao processo de conscientização da sociedade sobre os seus direitos (principalmente após a

Constituição Federal de 1988)[4] e ao aparelhamento dos órgãos ambientais com o objetivo de fiscalizar as atividades potencialmente poluidoras de maneira mais rigorosa, um processo de transformação importante começa a ocorrer: o meio ambiente ganha espaço na agenda corporativa, há uma revisitação sobre os processos produtivos, práticas de gestão ambientalmente adequadas passam a ser adotadas, além de uma percepção de que os custos de prevenção podem ser menores que custos de reparação e/ou indenização.

Ainda como resultado do *Princípio do Poluidor-Pagador*, o princípio da *prevenção*[5] ganha força no Brasil e estudos e análises de riscos e impactos ambientais começam a ser desenvolvidos com a finalidade de orientar as empresas potencialmente poluidoras nas tomadas de decisões a fim de se minimizar, e se possível evitar, danos ambientais futuros e consequentes indenizações relacionadas a reparação desses danos.

Esse cenário se agrava à medida que os danos ambientais começam a ganhar repercussão na mídia e sua associação à imagem das empresas responsáveis começam a resultar também em danos à sua reputação e consequente perda de valor de mercado, e em alguns casos extremos, a descontinuidade da operação, impactando diretamente vários *stakeholders*, dentre eles, acionistas e investidores.

Isso reforça ainda mais a importância e necessidade de se internalizar custos que suportem a empresa potencialmente poluidora a (i) seguir adotando compromissos e metas em linha com a progressiva agenda sustentável juntamente com a implementação de ações e práticas de gestão ambiental cada vez mais efetivas que criem valor para as organizações, o que

---

4 "Art. 225. *Todos têm direito ao meio ambiente ecologicamente equilibrado*, bem de uso comum do povo e essencial à sadia qualidade de vida, impondo-se ao Poder Público e à coletividade o dever de defendê-lo e preservá-lo para as presentes e futuras gerações" (BRASIL, 1981, grifo nosso).

5 Princípio que não será abordado neste artigo, mas a título de breve conhecimento, tem seu nascimento de maneira implícita no Princípio 5 da Declaração de Estocolmo, em 1972 e visa a adoção de medidas, incluindo estudos e análises de riscos, a fim de se prever e evitar danos ambientais já conhecidos.

nos leva a abordar o tema ESG (*Environmental, Social and Governance*), nova ordem corporativa, no capítulo seguinte; bem como (ii) seguir identificando, avaliando, mitigando e transferindo os riscos ambientais de sua operação, sejam novos ou até mesmo preexistentes (os chamados *passivos ambientais*), ainda por cima, numa *sociedade de risco*[6] cada vez mais consciente e engajada ambientalmente, razão pela qual o *seguro ambiental*, instrumento cujo risco ambiental pode ser transferido, será abordado no tópico 4.

3. ESG

Embora o termo ESG (*Environmental, Social and Governance*) tenha ganhado grande visibilidade no mundo dos negócios, de novo ele não tem nada; ainda que seja mais recente que o referido Princípio acima abordado.

Traduzida do inglês, a sigla ESG que significa Meio Ambiente, Social e Governança, aparece a primeira vez em 2004, em uma publicação do Pacto Global em parceria com o Banco Mundial, chamada *Who Cares Wins*. A iniciativa visava aumentar a compreensão das partes interessadas no mercado de capitais sobre os riscos e oportunidades ESG e a incorporação de suas métricas nas estratégias e decisões de investimento[7].

De lá para cá, elas passaram a ser consideradas essenciais, mas, realmente se tornaram efetivas a partir de 2019 após Larry Fink, o CEO da maior empresa em gestão de ativos no mundo, o BlackRock, ressaltar em sua famosa Carta Anual aos CEOs[8], a sua importância nos anos vindouros em função

---

6 Conceito concebido por Ulrich Beck, sociólogo alemão cuja produção literária mais proeminente foi a obra *Sociedade de risco – rumo a uma outra modernidade*.

7 *Who Cares Wins*, 2004-08 – Issue Brief. IFC – International Finance Corporation, 2004. Disponível em: https://documents1.worldbank.org/curated/en/444801491483640669/pdf/113850-BRI-IFC-Breif-whocares-PUBLIC.pdf. Acesso em: 21 mar. 2023.

8 Carta Anual 2019 aos CEOs. Disponível em: https://www.blackrock.com/corporate/investor-relations/2019-larry-fink-ceo-letter. Acesso em: 21 mar. 2023.

da transição de geração (*baby boomers* para *millenniuns*) e, com ela, a riqueza, e, portanto, as preferências de investimento.

No passado, as empresas estavam focadas no seu crescimento e lucratividade, sob o interesse de um único *stakeholder*, o acionista (ou *shareholder*), chamado de Capitalismo de *Shareholders*[9]. Contudo, esse modelo gerou distorções sociais e graves problemas ambientais, como viu-se no tópico anterior.

Mas, em linha com o movimento emergido em 2019 e em contraposição ao modelo acima, em 2020, o Fórum Econômico Mundial atualizou seu manifesto e endossou um novo conceito denominado Capitalismo de *Stakeholders*[10], cuja ideia central, segundo Marcel Fukuyama (2022), é:

> "As empresas deixem de gerar valor para um só stakeholder, o *shareholder* (acionista), e passem a multiplicar valor para todas as partes interessadas: colaboradores, membros da comunidade, fornecedores, consumidores e, claro, o acionista. Essa abordagem redefine o papel das empresas na sociedade e propõe um novo paradigma em que os negócios passem a gerar valor no longo prazo e criem bem-estar para as pessoas, para a sociedade e para o planeta".

Se com o advento do *Princípio do Poluidor-Pagador*, as empresas tiveram que internalizar custos com o objetivo de simplesmente "prevenir" as externalidades negativas em virtude de uma *legislação* ou *princípio*, além de assumir responsabilidades que antes não eram consideradas suas; agora, mais do que nunca, elas têm de internalizá-los por *pressão dos stakeholders*, sejam eles clientes, sociedade, mas principalmente, investidores e acionistas, com o objetivo de gerar valor no longo prazo, seja mantendo e melhorando sua reputação e/ou aumentando seu valor de mercado.

---

9 Modelo de capitalismo de Milton Friedman, economista ganhador do Prêmio Nobel que pregava que o retorno ao acionista (lucro) deveria ser o principal objetivo de uma companhia.

10 Modelo de capitalismo em que as organizações procuram criar valor a longo prazo, considerando as necessidades de todas as partes interessadas e a promoção do bem-estar social. Disponível em: https://www.amcham.com.br/noticias/sustentabilidade/capitalismo-de-stakeholders-conceito-principios-e-pilares. Acesso em: 21 mar. 2023.

Isso pressupõe que a aplicação do conceito ESG é uma "via de mão dupla"[11] na medida em que há objetivos interdependentes, ou seja, tanto sob o ponto de vista interno, da própria empresa, quanto externo, para quem analisa de fora a empresa.

No primeiro (conhecido como *seller side*) a empresa usa os critérios ESG para embasar sua estratégia corporativa e se posicionar publicamente junto ao mercado, representado pelos seus *stakeholders*. Já no segundo (chamado *buyer side*), o ESG é utilizado como métrica pelo *stakeholder*, com destaque aos investidores, para avaliar a empresa.

Dentre os três pilares do ESG, o "E" (*Environmental*) é frequentemente considerado o mais crítico. Isso ocorre porque as questões ambientais têm um impacto direto na saúde do planeta e, portanto, no bem-estar de todas as formas de vida que habitam nele. Além disso, a preocupação com o meio ambiente tem sido crescente na sociedade e isso tem sido refletido em regulamentações cada vez mais rigorosas e agendas político-ambientais cada vez mais comprometidas em todo o mundo.

Para melhor compreensão, esse pilar engloba tudo o que diz respeito à conservação e à redução de impactos negativos ao meio ambiente; ou seja, é a empresa implementar ações e práticas de gestão ambiental que visam proteger e conservar o meio ambiente. Suas métricas compreendem o combate ao aquecimento global, seja através da redução de emissões e/ou busca pela eficiência ou transição energética, a preservação da biodiversidade, a redução da poluição do ar e das águas, a redução do desmatamento, o uso consciente dos recursos hídricos, a gestão de resíduos, bem como, a remediação de passivos ambientais.

Todas as medidas acima listadas se apresentam como ações voltadas à prevenção/mitigação dos respectivos *perigos* e *riscos* a elas relacionados, os quais, liderados pelo aquecimento global e eventos climáticos extremos, que segundo José Joaquim Gomes Canotilho[12], se apresentam como *problemas am-*

---

11 Entendimento extraído do website da empresa Raízen. Disponível em: https://www.raizen.com.br/blog/esg-significado. Acesso em: 21 mar. 2023.
12 CANOTILHO, José Joaquim Gomes. Direito constitucional ambiental

bientais da modernidade, legados do desenvolvimento científico e industrial.

Nesse sentido, o *Princípio do Poluidor-Pagador* é uma importante base para a gestão ambiental e um dos pilares do desenvolvimento sustentável; e, consequentemente um grande aliado de qualquer empresa, principalmente as potencialmente poluidoras, na aderência das práticas ESG, pois as auxiliam a voltar seu olhar para dentro de si mesmas, de suas operações, sob a perspectiva de cada ponto acima, os quais, uma vez não identificados e tratados, representaram relevantes *riscos ambientais*.

Pois, cada vez mais os *stakeholders* em geral, e principalmente o investidor, querem ver se há coerência entre o que se diz e o que se faz. Não há mais espaço para o *greenwashing*[13] e tampouco discursos vazios apresentados em Relatórios de Sustentabilidade. Nesse tom, inclusive, Angela Donaggio (2021, p. 405) reforça que "(...) a prática do discurso ou *"walk the talk"* é crucial para que uma nova abordagem seja possível", no que tange a toda a questão ESG e suas métricas.

Isso quer dizer que, ademais da tradicional análise financeira através de balanços, demonstrações contábeis e outros documentos/informações relacionados, com a incorporação dos critérios ESG na análise da empresa, o investidor quer conhecer a fundo as ações e práticas adotadas por ela no que se refere aos temas ambientais, bem como, as métricas utilizadas para garantir que se atinja os resultados esperados. Mas, não só isso, e tão importante quanto, buscar conhecer como ela gerencia os *riscos* relacionados a cada uma desses temas.

E, quando se fala em gestão de *risco*, não há como se esquivar de abordar um dos seus instrumentos mais conhecidos

---

português: tentativa de compreensão de 30 anos das gerações ambientais no direito constitucional português. In: LEITE, José Rubens Morato; CANOTILHO, José Joaquim Gomes (Org.). *Direito constitucional ambiental brasileiro.* 2. ed. São Paulo: Saraiva, 2008.

13 "O termo é usado para definir as práticas adotadas por empresas que querem parecer ecologicamente, ambientalmente e socialmente corretas e responsáveis, no entanto, sustentam tais práticas somente em papéis, em campanhas publicitárias que tem o intuito somente de desviar a atenção do público para real impacto negativo causados por elas" (HALLA, 2021, p. 591-592).

e reconhecidos, o seguro, e neste caso, o *seguro ambiental*, tema a ser aprofundado no capítulo seguinte.

4. Riscos e seguros ambientais

As empresas em geral estão expostas a uma ampla gama de riscos, entre eles, os *riscos perigosos*.

Paul Hopkin (2018, p. 17, tradução nossa) explica que eles estão relacionados a certos eventos cujos riscos associados só podem produzir resultados negativos. Em geral, as organizações têm uma tolerância a esses *riscos perigosos* e estes precisam ser gerenciados dentro dos níveis que a empresa pode tolerar.

Esse tipo de risco está associado a uma fonte de dano potencial ou a uma situação com potencial para prejudicar os objetivos da empresa de forma negativa e o foco do seu gerenciamento é mitigar o impacto potencial. Se um risco de perigo se materializar, pode ter uma magnitude muito grande. Este evento de grande severidade terá um impacto na organização relacionado a possíveis custos financeiros incluindo a interrupção das operações, destruição de infraestrutura incluindo cenários de contaminação ambiental, danos à reputação e incapacidade de atuar no mercado.

Os *riscos perigosos* são os riscos mais comuns associados ao gerenciamento de riscos operacionais, seja de uma instalação industrial, comercial ou *utility*[14], e sua gestão é tradicionalmente tratada pelo mundo dos seguros, baseada na redução da probabilidade e severidade/impacto das perdas referentes a determinado risco.

Na esteira desse conceito, tem-se os *riscos ambientais*.

Para se ter uma ideia de sua dimensão e importância, o último relatório anual intitulado *The Global Risks Report 2023*[15], elaborado pelo Fórum Econômico Mundial em parceria com as empresas *Marsh McLennan* e *Zurich Insurance Group*, com

---

14 Significa instalações de empresas de serviços públicos ou entidades de utilidade pública (como água e saneamento, energia, entre outras).

15 Disponível em: https://www3.weforum.org/docs/WEF_Global_Risks_Report_2023.pdf. Acesso em: 24 mar. 2023.

base numa Pesquisa Global de Percepção de Riscos anual, que reúne as principais percepções de mais de 1.200 especialistas da rede diversificada do próprio Fórum, aponta que, dentre os 30 riscos globais classificados por severidade a longo prazo, os riscos ambientais ocupam 6 das 10 primeiras posições. São eles: 1ª posição: falha em mitigar as mudanças climáticas; 2ª posição: falha na adaptação às mudanças climáticas; 3ª posição: desastres naturais e eventos climáticos extremos; 4ª posição: perda de biodiversidade e colapso do ecossistema; 6ª posição: crises de recursos naturais; e 10ª posição: incidentes de dano ambiental em grande escala.

Com esse cenário apresentado, nada mais apropriado que entender um pouco mais do ilustre desconhecido instrumento, o *seguro ambiental* ou *seguro para riscos ambientais.*

Nada diferente na grande maioria dos seguros de danos, o *seguro ambiental* ou *seguro para riscos ambientais*, é um instrumento jurídico-econômico com fins sociais e, especificamente neste ramo de seguro, ambientais. Isso porque o seguro em si tem por objetivo promover o equilíbrio, continuidade e desenvolvimento da sociedade diante de infortúnios que podem advir sobre seus agentes econômicos – nesse caso, esses infortúnios seriam os *danos ambientais.*

Com base nos ensinamentos de Walter Polido (2015, p. 21), o seguro se apresenta como a "[...] melhor garantia de proteção criada pelo homem, até o momento" visto que permite a manutenção e continuidade da atividade econômica, "[...] minimizando as perdas e garantindo a estabilidade social".

O *seguro ambiental* surgiu em 1980 nos Estados Unidos após alguns eventos de contaminação ganharem repercussão nacional[16] e as seguradoras serem obrigadas a pagar indenizações milionárias relacionadas a danos causados a terceiros por cenários de contaminação que não estavam inicialmente previstos nas apólices de seguro de responsabilidade civil geral ou *general liability* (apólices destinadas a cobrir danos materiais e

---

16 Indica-se a leitura do artigo *The Love Canal Tragedy*, elaborado por BECK, E. em 1979 em que um desses casos é relatado. Disponível em: https://archive.epa.gov/epa/aboutepa/love-canal-tragedy.html. Acesso em: 26 nov. 2020.

corporais causados a terceiros decorrentes da atividade empresarial) das empresas – um entendimento dúbio na redação da apólice (contrato de seguro), levou os tribunais a uma interpretação favorável à condenação dos poluidores e consequentemente seus seguradores em favor dos inúmeros terceiros afetados.

Com isso, a cobertura para os riscos ambientais sai de dentro das apólices de responsabilidade civil geral para ter atenção e análise dedicadas através de um produto específico e de profissionais especializados, em razão da sua complexidade.

O mercado americano de seguros ambientais se desenvolve de maneira exponencial ao longo das décadas seguintes e em 2004 o produto chega ao Brasil através de uma única seguradora. Em razão de o mercado ter apenas um fornecedor, o seguro ambiental pouco se desenvolve, pois os potenciais segurados (não apenas empresas potencialmente poluidoras, mas, principalmente, empresas sujas atividades são potencialmente geradoras de *áreas contaminadas*), não têm opções para comparar se as coberturas são ou não adequadas e se o preço é ou não justo.

Em 2008, o mercado brasileiro vivencia a quebra do monopólio do ressegurador estatal e com isso algumas seguradoras estrangeiras que comercializavam o produto em suas casas matrizes, puderam trazê-lo para o Brasil criando um mercado com mais opções desde 2010 e que vem se desenvolvendo de maneira progressiva até os dias atuais.

Segundo Walter Polido (2019, p. 84):

"O objetivo desse programa de seguro, todo especial, deve se concentrar na possibilidade de concessão de cobertura ampla ao conjunto de riscos ambientais e inerentes às atividades empresariais do segurado, através da contratação de uma única apólice".

Por esta razão, tradicionalmente, um seguro ambiental conta com *três pilares* de coberturas em sua cobertura básica:

(i)   o *primeiro* deles, destinado a cobrir o próprio segurado, na medida em que amparará principalmente os custos de remediação (usualmente compreendidos todos os custos necessários a implementação do gerenciamento de uma área contaminada) do seu *próprio local*, ou seja, local de sua propriedade ou local sob sua responsabilidade, consequentes de uma contaminação de solo, água subterrâneas e outros meios atingidos;

(ii) o *segundo* destinado a cobrir os custos de remediação consequentes de uma contaminação de solo, água subterrâneas e outros meios atingidos *fora do local* de propriedade ou sob responsabilidade do segurado bem como os danos e/ou prejuízos causados a terceiros, sejam eles materiais (incluindo a perda de uso e consequente perda de valor de imóvel), corporais e morais, consequentes de uma poluição e/ou contaminação causada pela atividade. Neste tópico, também estão abrangidos os custos de defesa judicial que o segurado terá para se defender diante de reclamações desses terceiros afetados; e

(iii) por fim, um *terceiro* destinado a cobrir os danos a recursos naturais ou danos ecológicos *puros* que usualmente estão relacionados às indenizações estabelecidas na esfera civil pelo Ministério Público (MP) ou por qualquer outra autoridade competente que tutele as questões ambientais e representadas por um Termo de Ajustamento de Conduta (TAC) ou uma Ação Civil Pública (ACP).

Além delas, também é possível oferecer coberturas adicionais voltadas para a responsabilidade ou corresponsabilidade pelo transporte de produtos e resíduos; corresponsabilidade pela destinação final ambientalmente adequada de resíduos; assim como, custos com as medidas necessárias para o gerenciamento de crise diante de um evento catastrófico que resulte em mídia adversa; entre outras coberturas e produtos.

Quando do seu lançamento no Brasil, o seguro ambiental era caro; contava com exigências por parte da empresa potencialmente poluidora, tal como ter certificação ISO 14.001; a seguradora exigia a realização prévia de uma inspeção, a qual era cobrada do potencial segurado, bem como muitas informações eram solicitadas para uma análise extremamente criteriosa.

Já há alguns anos, o cenário está mais favorável e flexível à contratação de uma apólice. Com mais seguradoras operando nesse mercado, o preço do seguro (prêmio) se tornou mais acessível; as empresas potencialmente poluidoras necessitam basicamente demonstrar uma boa gestão ambiental das suas atividades; a inspeção ora é realizada antes, ora depois de efetivado o seguro, dependendo da complexidade do risco – com o custo assumido pela seguradora; e, as seguradoras estão mais focadas nas informações mais relevantes, apesar de o risco ainda receber uma análise criteriosa para aceitação.

Dentre os principais aspectos analisados estão: tamanho das plantas; receptores ecológicos e de saúde humana existentes nos seus entornos; produtos manuseados; existência de tanques de armazenamento; existência de contenção para os tanques e outras estruturas; histórico de eventos relacionados com o vazamento e liberação de poluentes e contaminantes, bem como incêndio; existência de passivo ambiental; ambiente regulatório; entre vários outros.

A contratação das apólices vem crescendo[17] à medida que as empresas potencialmente poluidoras (ou empresas potencialmente geradoras de áreas contaminadas) compreendem melhor a amplitude de suas coberturas e se conscientizam de sua necessidade. E nesse processo, cabe à seguradora demonstrar a efetividade do seguro como instrumento que subsidia essas empresas em atender os dois mecanismos abarcados pelo *Princípio do Poluidor-Pagador* bem como estar aderentes às questões ESG (*Environmental, Social and Governance*).

5. A correlação entre o princípio do poluidor-pagador e o seguro ambiental com as questões ESG

O processo de contratação do seguro ambiental envolve da parte da seguradora uma análise criteriosa das informações enviadas pela empresa potencialmente poluidora que se asse-

---

17 Essa informação pode ser obtida junto a Superintendência de Seguros Privados (SUSEP). Disponível em: http://novosite.susep.gov.br/.

melha a um processo de *due diligence*. Este processo sempre envolve uma visita *in loco* feita por engenheiro especializado da seguradora para conhecer os detalhes da operação bem como confrontar se as informações que estão nos documentos realmente se confirmam na prática do dia a dia da empresa, realizada antes do fechamento do seguro, quando possível.

Após cada visita, o engenheiro responsável coloca os resultados da inspeção em um relatório que subsidiará o subscritor[18] na definição dos termos e condições da apólice que será contratada.

Todavia, um dos resultados da inspeção e que a seguradora faz sem ônus para o futuro segurado, chama-se *loss control* ou controle de perdas. Seu objetivo é apresentar à empresa potencialmente poluidora ou geradora de áreas contaminadas, recomendações de melhoria para potenciais riscos identificados durante a inspeção, que não estão mapeados por ela ou que poderiam contar com uma medida de gerenciamento mais apropriada e com isso contribuir com a prevenção de futuras perdas e danos.

Dessa maneira, na medida em que uma empresa potencialmente poluidora ou geradora de áreas contaminadas contrata um *seguro ambiental*, ela está internalizando o custo da contratação da apólice de seguro que funcionará como mecanismo de prevenção, muitíssimo inferior ao que despenderia com eventual reparação e/ou indenização de um dano ambiental, tendo como benefício eventuais recomendações por parte da seguradora quanto a gestão dos riscos ambientais de sua operação.

Já como mecanismo de reparação e/ou indenização, à medida que o dano ambiental se concretiza (o que para a apólice de seguro se configura como *sinistro*), seja na forma de uma contaminação de solo e/ou água subterrânea, incluindo eventuais reclamações de terceiros afetados por esta contaminação, ou até mesmo do dano ecológico *puro*, requerendo do poluidor o firmamento de um TAC junto ao MP ou tendo uma ACP ajuizada contra ele, também pelo MP, em se tratando de um

---

18 Profissional que analisa o risco e faz a tomada de decisão seletiva pelo risco aceitável segundo os critérios de aceitação da seguradora.

evento coberto pela apólice, a seguradora indenizará esses danos e/ou prejuízos até o limite de cobertura contratada, minimizando os impactos financeiros sobre a empresa poluidora que não necessitará desembolsar nada, exceto: (i) a franquia (que é participação obrigatória do segurado em um sinistro); (ii) os prejuízos consequentes de um evento não coberto pela apólice; e (iii) os eventos cobertos cujos prejuízos superem o limite da apólice; garantindo assim, a continuidade das suas atividades, e beneficiando por consequência a coletividade.

Nessa esteira, sob a perspectiva ESG, tendo implementado práticas de gerenciamento ambiental apropriadas e que contribuem com a prevenção de futuras perdas e a minimização dos riscos e eventuais danos ambientais, em linha com o princípio da "prevenção" contemplado pelo *Princípio do Poluidor-Pagador*, a empresa não apenas estará aderente ao pilar "E" e bem vista diante de todos os seus *stakeholders*, principalmente investidores, como também a capacitará a ter a aceitação do seu risco pela seguradora, através de uma apólice de seguro para riscos ambientais, que a protegerá financeiramente de prejuízos relacionados à reparação dos danos ambientais bem como consequentes reclamações de terceiros, decorrentes de sua operação, com a indenização do seguro.

Por sua vez, contar com uma apólice de *seguro para riscos ambientais* permitirá a empresa estar aderente as questões ESG. Primeiro, porque sendo a apólice dedicada a cobrir os riscos ambientais de sua operação, está diretamente relacionado ao pilar "E". Segundo, porque tendo o seguro em si, que é um instrumento, embora jurídico, primariamente econômico, cujo objetivo, conforme visto anteriormente, permite a manutenção e continuidade da atividade econômica minimizando as perdas sofridas pela empresa e garantindo a estabilidade social, a faz aderente ao pilar "S". E, por último, considerando a análise criteriosa por parte da seguradora, em verificar não apenas os riscos ambientais e sua gestão, como também validar se a empresa se encontra em conformidade com as questões legais e regulatórias ambientais, em linha com o pilar "G".

Além do mais, a apólice endossará as práticas ambientais implementadas pela empresa (uma vez que a seguradora analisa a gestão dos riscos ambientais da operação bem como as métricas ESG estabelecidas) diante de seus *stakeholders*, que ao saber que riscos de tamanha relevância são assegurados por uma seguradora (preferencialmente com solidez financeira e especializada nesse segmento), transmite uma seriedade por parte da empresa em dar a devida atenção a esses riscos, como também uma tranquilidade aos *stakeholders* em manter uma relação com a empresa, principalmente, por parte dos seus acionistas e investidores, pois sabem que, caso advenha um evento adverso, estarão seguros de que a empresa não será afetada, ou tão afetada, financeiramente, inclusive a ponto de impedir a continuidade de suas operações, mantendo uma relação de longo prazo sólida entre eles.

Por fim, além da convergência entre os três temas – ESG, Princípio do Poluidor-Pagador e Seguro Ambiental – apresentada acima, contar com o *seguro ambiental* pode trazer ainda outros benefícios:

1. permitir que a empresa obtenha melhores taxas nos financiamentos, principalmente de projetos da ampliação e/ou expansão de suas operações. Em setembro de 2021, o Banco Central (BC) divulgou cinco normas (Resoluções BCB n. 139 e 140 e Resoluções CMN n. 4.943, 4.944 e 4.945), que tratam do gerenciamento de riscos sociais, climáticos e ambientais por parte dos bancos e que estabelecem regras para um reporte dessas questões que passará a ser obrigatório para as instituições financeiras a partir de 1º de dezembro de 2022. Com isso, os bancos estão cada vez mais seletivos na concessão de financiamentos e demonstrar que a empresa está aderente as questões ESG e apresentar uma apólice de seguro que garante esses riscos, pode colocar a empresa na posição de pleitear condições melhores, na medida em que o banco estará menos exposto aos riscos, principalmente, os riscos ambientais; e

2. permitir que a empresa esteja ainda mais habilitada ao processo de aplicação seja para fazer parte do seleto grupo de empresas ESG do ISE (Índice de Sus-

tentabilidade Empresarial) da B3, ou para se manter lá, dado que o *seguro ambiental* é um dos indicadores constantes do Questionário. E qual o benefício de fazer parte desse grupo? Primeiro, é comprovado pela B3, ao longo da existência do ISE, que as empresas que estão dentro dele possuem um valor de mercado 20 p.p. (pontos percentuais) maior do que as empresas que estão fora[19]. Não é à toa que de 2021 para 2022, houve um aumento de quase 70% do número de empresas buscando se aplicar ao processo de entrada no referido grupo. Coincidência com o "boom" vivenciado desde 2019 pelo mercado com o tema ESG? Tudo indica que não! Talvez por esta razão a B3 tenha aumentado o número máximo de participantes no Índice de 39/40 em 2022 para 69/70 em 2023.

6. Considerações finais

O *Princípio do Poluidor-Pagador,* já consolidado no arcabouço do Direito Ambiental brasileiro, tem no *seguro ambiental* importante aliado para fazer valer seus mecanismos junto aos agentes econômicos com atividade potencialmente poluidora ou geradora de áreas contaminadas.

Além disso, as exigências requeridas pelo referido princípio, quanto a análise de riscos ambientais e implementação de práticas apropriadas de gestão, concedem a empresa potencialmente poluidora ou geradora de áreas contaminadas, um fundamento que lhe dá sustentação e aderência às questões ESG.

O tema ESG ganhou enorme tração nos últimos três anos e tem sido uma nova exigência de mercado na criação de valor a longo prazo pelas empresas diante de seus *stakeholders.*

O *seguro ambiental* atua como aliado ao ESG, na medida em que a seguradora avalia a concessão da apólice demonstrando que o risco da empresa é segurável sob o ponto de vista

---

19 Informações podem ser obtidas no website da B3 / ISE. Disponível em: https://www.b3.com.br/pt_br/market-data-e-indices/indices/indices-de-sustentabilidade/indice-de-sustentabilidade-empresarial-ise-b3.htm.

ambiental, permitindo que ela esteja aderente as questões ESG, e ao mesmo tempo, endossando suas práticas ambientais como aceitáveis.

Cada vez mais o *seguro ambiental* tem encontrado espaço no portfólio de apólices de seguros contratadas por essas empresas, embora ainda seja necessária uma conscientização do valor deste instrumento cujo custo de internalização pela empresa, reflete mais um investimento do que uma despesa adicional.

Fica clara uma sinergia entre os instrumentos que tem como maior beneficiado a empresa potencialmente poluidora ou geradora de áreas contaminadas, mas também seus *stakeholders*.

O seguro ambiental se mostra efetivo em dois momentos:

a. através do processo de colocação do seguro ambiental que se efetiva com emissão da apólice, é possível observar a *efetividade* deste importante instrumento na medida em que atende o *Princípio do Poluidor-Pagador* na sua totalidade, pois funciona como mecanismo tanto de prevenção como de reparação e/ou indenização de danos ambientais, além de atender interesse legítimo de proteção ao patrimônio do segurado preocupado com os riscos do seu negócio; e

b. também *efetivo* pelo fato de ter a capacidade de transformar a situação existente, agregando valor diante de *stakeholders* que exercem influência sobre a empresa potencialmente poluidora como os (i) bancos financiadores de sua operação, os (ii) investidores atentos às práticas ESG (*Environmental, Social and Governance*), entre outros temas das agendas corporativas globais.

Embora os temas estejam alinhados às exigências de mercado, no que tange ao tema ESG, principalmente o *seguro ambiental*, deve continuar sendo explorado e trabalhado a nível de conscientização devido à sua importância para um equilíbrio social, econômico e ambiental; podendo-se afirmar que este instrumento tem tudo para ser percebido e recebido pelas empresas potencialmente poluidoras ou geradoras de áreas contaminadas como um grande aliado no cumprimento do *Princípio do Poluidor-Pagador*, na conformidade com as questões ESG, bem como da minimização de riscos, controle de perdas, continuidade dos negócios e geração de valor no longo prazo.

7. Referências bibliográficas

ANTUNES, P. de B. *Direito ambiental:* uma abordagem conceitual. 2. ed. São Paulo: Atlas, 2015.

BRASIL. *Lei n. 6.938/1981, de 31 de agosto de 1981.* Política Nacional do Meio Ambiente (PNMA).

_____. *Constituição da República Federativa do Brasil,* de 1988.

CANOTILHO, J. J. G. Direito constitucional ambiental português: tentativa de compreensão de 30 anos das gerações ambientais no direito constitucional português. In: LEITE, J. R. M.; CANOTILHO, J. J. G. (Org.). *Direito constitucional ambiental brasileiro.* 2. ed. São Paulo: Saraiva, 2008.

DONAGGIO, A. O papel das lideranças para uma abordagem ESG nas empresas no século XXI. In: NASCIMENTO, J. O. (Coord.). *ESG:* o cisne verde e o capitalismo de *stakeholder*: a tríade regenerativa do futuro global. São Paulo: Thomson Reuters Brasil, 2021.

FUKUYAMA, M. *Um novo capitalismo para reduzir desigualdades e enfrentar a emergência climática.* Instituto de Relações Governamentais, 2022. Disponível em: https://www.irelgov.com.br/capitalismo-de-shareholders-para-stakeholders/. Acesso em: 21 mar. 2023.

HALLA, G. ESG: perspectiva e responsabilidades da auditoria interna. In: NASCIMENTO, J. O. (Coord.). ESG: o cisne verde e o capitalismo de *stakeholder*: a tríade regenerativa do futuro global. São Paulo: Thomson Reuters Brasil, 2021.

HOPKIN, P. *Fundamentals of Risk Management: understanding, evaluating and implementing effective risk management.* New York: Kogan Page, 2018.

POLIDO, W. A. *Contrato de seguro e a atividade seguradora no Brasil:* direito do consumidor. São Paulo: Editora Roncarati, 2015.

_____. *Programa de seguros de riscos ambientais no Brasil:* estágio de desenvolvimento atual. 4. ed. atual. e ampl. Rio de Janeiro: ENS-CPES, 2019.